해방이후 재일한인 외교문서 해제집

┃제6권┃

(1975~1979)

동의대학교 동아시아연구소 편저

이경규 임상민 이수경 소명선 박희영
엄기권 이행화 이재훈 김선영 공저

박문사

머리말

　본 해제집은 동의대학교 동아시아연구소 인문사회연구소 지원사업(2020년 선정, 과제명 「해방이후 재일조선인 관련 외교문서의 수집 해제 및 DB구축」)의 4차년도 성과물이며, 해방이후 재일한인에 관련된 대표적인 사건을 이해하는데 중요하다고 생각되는 외교문서를 선별하여 해제한 것이다. 본 해제집『재일한인 관련 외교문서 해제집』은 1975년부터 1979년까지 한국정부 생산 재일한인 관련 외교문서를 대상으로, 한국정부의 재일한인 정책을 비판적이고 상대적인 관점에서 통합적인 연구를 추진하는 것을 목적으로 간행된 것이다. 제6권에서는 「재일본 한국인 유골봉환 건」, 「재일본 반한단체 동향」, 「재사할린 동포 귀환 문제」, 「재일본 한국인 북한 송환」 등에 관련된 외교문서를 다루었다.

　현재, 재일한인 사회는 탈식민과 분단의 재일 70년을 지나면서 한일 관계사의 핵으로 남아 있으며, 그만큼 한일과 남북 관계에서 이들 재일한인 사회가 갖는 의미는 강력하다고 할 수 있다. 바꾸어 말하면, 재일한인 사회를 한국과 일본 사이에 낀 지점에서 정치적이고 민족적인 이데올로기를 주입하여 부정적인 이미지로 읽어온 관점은 더 이상 유효하지 않다. 재일한인 사회는 한국과 일본을 상대화시키며 복합적인 의미망을 만들어내고 있기 때문에 오히려 한국과 일본, 그리고 남북 분단의 문제를 새롭게 재조명할 수 있는 위치로 자리매김할 필요가 있다. 특히, 현재 동아시아의 지형도가 급속도로 변화하고 있다는 점에서 남북의 역사적 관계사를 통합적으로 상대화할 수 있는 이른바 중간자로서의 재일한인 연구는 반드시 필요하다. 이에 본 연구팀은 재일한인 사회와 문화가 갖는 차이와 공존의 역학이 한국과 일본, 그리고 북한을 둘러싼 역동적인 관계망 속에서 어떠한 기제로 작동하고 있는지, 한일 양국의 외교문서를 통해서 살펴보고자 하는 것이다.

지금까지 재일한인 관련 외교문서에 대한 선행연구는 한일회담 관련 외교문서를 연구하는 과정 속에서 일부 재일한인의 북한송환사업 및 법적지위협정 문제를 다루고 있을 뿐, 해방이후부터 현재까지의 전체상을 파악할 수 있는 연구는 전무한 상태이다. 특히, 한국인 연구자는 재일한인 연구를 통해 일본의 내셔널리즘을 점검·수정하는 것에 집중한 나머지, 재일한인 사회와 문화에 한국이 어떠한 형태로 개입해 왔는지에 대해서는 그다지 관심을 두지 않았다. 따라서 본 연구팀에서는 한국정부의 재일한인 정책을 비판적이고 상대적인 관점에서 통합적 연구를 추진하기 위해, 한국정부의 재일한인 관련 외교문서는 물론이고 민단을 비롯한 재일한인단체가 발행한 자료를 수집하여 심화연구의 기초적인 자료로 활용할 계획이다. 이를 통해, 재일한인을 연구하는 한국인 연구자의 중립적인 포지션을 비판적으로 사유하고, 한국인의 내셔널리즘까지 포괄적으로 점검·수정할 수 있는 획기적인 토대자료 구축 및 새로운 연구방법론을 모색·제시하고자 한다.

　　본 해제집 제6권에서 다루게 될 외교문서에 대해서 간략히 소개한다. 「재일본 한국인 유골봉환 건」 관련 문서에서는 재일한인의 유골봉환을 둘러싼 한국정부의 일본정부 및 시민단체와의 교섭과 대응에 관한 내용이 주로 다루어지고 있다. 유골봉환에 관련된 문서에서는 한국 정부가 유골봉환 문제를 계기로 일본과 북한 간의 교류가 확대되거나 공식 접촉의 수단이 되지 않도록 북한을 지속적으로 견제하면서 일본과의 교섭을 하게 된 외교적 움직임을 확인할 수 있다. 또한, 유족들의 진정서와 관련 문서를 통해서 여전히 유골봉환을 둘러싸고 산적해 있는 난제들을 확인할 수 있는 자료이기도 하다.

　　그리고 「재일본 반한단체 동향」에 관련한 문서는 당시 한국 정부가 얼마나 긴장된 체제 경쟁 속에 갇혀 있었는지, 그 결과 얼마나 폐쇄적이고 편협한 시야로 세계를 보고 있었는지의 내용이 기술되어 있다. 그 당시의 반한단체에 대한 동향 파악 문서를 통해서 한국 정부가 어떠한 시각으로 재일한인 사회를 바라보고 있었는지를 엿볼 수 있는 자료이다.

　　「재사할린 동포 귀환 문제」에 관련한 문서는 한국 정부의 대응과 주변국과의 협의 과정, 사할린 한인 귀환 과정, 사할린 재판, 사할린 한인동포 귀환을 위한 진정서 등이 담긴 외교문서로 이루어져 있다. 특히, 박노학, 미하라 레이, 다카기 겐이치 등을 중심으로 한 민간 차원의 외교적인 활동이 다양하게 끊임없이 전개되는 과정을 확인할 수 있는 귀중한 자료이다.

「재일본 한국인 북한 송환」에 관련한 문서에서는 당시 한국 정부가 재일한인의 북송 문제를 한국과 일본 간의 정치적 유착을 위한 수단으로 삼았으며, 조총련 및 좌익의 방해공작이라는 인식에 머물러 있었다는 점을 확인할 수 있다. 그리고 이와 같은 외교적 대응방식은 결과적으로 일본에 거주하는 재일한인들의 분열을 조장하고 고착화시키는 결과를 초래하게 되는 과정을 이해할 수 있는 문서라는 점에서 자료적 가치를 평가할 수 있을 것이다.

본 해제 작업은 1년이라는 짧은 기간 동안에 1975년 8월부터 1979년 12월 사이에 한국정부 생산 재일한인 외교문서를 수집하여 DB를 구축하는 작업을 거쳤다. 이 시기에는 상태가 양호하지 못한 문서들이 많았다는 점에서 해제 작업 수행에 어려움이 많았던 것도 사실이다. 그러나 동아시아연구소의 인문사회연구소 지원사업 연구팀 연구진은 방대한 분량의 자료들을 조사·수집했고, 정기적인 회의 및 세미나를 통해서 서로의 분담 내용들을 공유·체크하면서 해제집 내용의 완성도를 높이는데 심혈을 기울였다.

마지막으로, 관련 자료 수집에 적극적으로 협조해주신 외교부 외교사료관 담당자 선생님들께 진심으로 감사드리며, 방대한 분량의 자료수집과 해제작업의 악전고투를 마다하지 않고 적극적으로 집필에 임해준 인문사회연구소지원사업 연구팀 선생님들께도 이 자리를 빌려 다시 한번 깊이 감사드린다. 그리고 이번 해제집 출판에 아낌없는 후원을 해주신 도서출판 박문사에 감사를 드리는 바이다.

2024년 6월
동의대학교 동아시아연구소
소장 이경규

목차

머리말 · 003
범례 · 008

제1부

재일본 한국인 유골봉환 건

① 재일본 한국인 유골봉환 관련 민원, 1975 ···19
② 재일본 한국인 유골봉환, 1977 ··29
③ 재일본 한국인 유골봉환 관련 민원, 1977 ···107
④ 재일본 한국인 유골봉환, 1978 ··123

제2부

재일본 반한단체 동향

① 재일본 반한단체 동향, 1975 ···151
② 재일본 반한단체 동향, 1976 ···161
③ 재일본 반한단체 동향, 1977 ···189

제3부

재사할린 동포 귀환 문제

① 재사할린 동포 귀환 문제, 1975 ·····················237
② 재사할린 동포 귀환 관계 진정서, 1975 ·····················259
③ 재사할린 동포 개별 귀환, 1976 ·····················271
④ 재사할린 동포 귀환 관련 행정소송, 1976 ·····················287
⑤ 재사할린 동포 귀환 관계 진정서, 1976 ·····················329
⑥ 재사할린 동포 귀환 문제. 전5권(V.1 기본문서), 1976 ·····················341
⑦ 재사할린 교민 귀환 문제, 1977 ·····················371
⑧ 재사할린 동포 귀환 문제, 1978 ·····················385
⑨ 재사할린 교민 귀환 문제, 1979 ·····················401

제4부

재일본 한국인 북한 송환

① 북한 선박 만경봉호의 일본 입항, 1975 ·····················435
② 일본 정부의 한국인 밀입국자 황정하 북한 송환 조치, 1975 ·····················445
③ 재일본 한국인 북한 송환, 1976 ·····················473
④ 북한 송환 대기 재일본 한국인 김미혜 탈출사건 ·····················483
⑤ 북한송환 대기 재일본 한국인 김태훈 일가족 탈출사건, 1978 ·····················491
⑥ 북한 송환 예정자 중 귀환 의사 변경 재일교포 처리문제, 1979 ·····················517
⑦ 재일본 한국인 북한 송환, 1979-81 ·····················551

부록 역대 외무부 장관과 주일대사 명단, 대사관 정보 ·····················577

해제집 이해를 위한 부가 설명

　　본 해제집은 해방 이후인 1975년부터 1979년까지 생산된 대한민국 외교문서 중 공개된 재일코리안 관련 사안들을 모아 해제한 것이다. 외무부 파일은 시기와 주제에 따라 분류되어 있으므로 본 해제집에 수록된 파일들도 그 기준에 의해 정리하였다. 본 해제집은 아래와 같은 기준에 의해 작성되었다.

1. 각 해제문은 제목, 해제, 본문, 이하 관련 문서를 수록하였다.

2. 관련 문서는 동일 내용의 중복, 재타자본, 문서상태 불량으로 인한 판독 불가, 여러 사안을 모은 문서철 안에서 상호 맥락이 연결되지 않거나 상대적으로 중요도가 덜한 부분, 개인정보가 담긴 부분은 채택하지 않았다.

3. 관련 문서는 생산 연도순으로 일련번호를 매겼고, 각 문서철의 기능명칭, 분류번호, 등록번호, 생산과, 생산 연도, 필름 번호, 파일 번호(사안에 따라서는 존재하지 않는 것도 있음), 프레임 번호 등 외교부의 분류 기준을 그대로 사용하였다.

4. 문서의 제목은 생산문서의 원문대로 인용하였으나 제목이 작성되지 않은 경우는 임의로 작성하였다.

5. 문서번호는 전술한 이유로 인해 미채택 문서가 있으므로 편집진의 기준대로 일련번호를 부여하였다.

6. 발신처, 수신처, 작성자, 작성일은 편집부의 형식을 따라 재배치하였다.

7. 인쇄 번짐, 원본 필름의 촬영불량, 판독 불가의 경우 □의 형태로 처리하였으나, 원문에서 판독하기 어렵더라도 동일 사안에서 여러 차례 반복된 단체, 지명, 인명 등은 표기가 명백한 부분을 기준으로 통일성을 기하였다.

8. 원문의 오기가 있더라도 표기를 그대로 따르는 것을 원칙으로 하였으나, 경우에 따라 임의로 띄어쓰기를 한 곳도 있다.

9. 개인정보 보호를 위해 외교사료관에서 검게 마킹한 부분이 있는데, 여기에 덧붙여 편집부에서 민감한 정보라 생각되는 부분은　****로 처리하였다.

10. 본문의 한자는 원문과 관계없이 한국어 문서일 때는 정자로, 일본어문서일 때는 약자로 표기하였으나, 문서의 특성에 따라 이를 혼용한 곳도 있다.

제1부

재일본 한국인 유골봉환 건

해방이후 재일한인 외교문서 해제집

제6권 (1975~1979)

『재일본 한국인 유골봉환 관련 민원 1975년』 문서철에는 제2차 대전 때 전몰한 오인욱 씨와 박상윤 씨의 유족들이 한국 정부에 고인들의 유골의 소재에 대해 문의하는 민원이 수록되어 있다. 먼저 오인성 씨는 일본 정부로부터 동생 오인욱 씨의 유골이 일본 후쿠오카 현에 있는 절에 안치되어 있다는 연락을 받았는데 일본 후생성이 보내온 유골 명부에는 등재되어 있지 않아 한국 정부에 청원서를 제출했다. 박남훈 씨는 지난 1월 외무부에 나가사키에서 사망한 부친 박상윤 씨의 유골의 소재를 문의하는 진정서를 제출한 이후 외무부의 답변이 없자 재차 7월에 진정서를 제출했다. 외무부는 일본 외무성에 유골의 소재를 조회한 결과 1945년 3월 15일에 나가사키 현 오시마 정(大島町)이 수리한 박상윤 씨의 매화장 허가증명서는 현존하고 있지만 본 허가서를 기재한 사람의 소식은 알 수 없다고 통지했다. 또한, 오시마 정에 있는 '귀명사(歸命寺)'의 과거 장부에도 박상윤 씨의 사망과 관련된 내용은 기재되어 있으나 유골의 행방은 알 수 없다고 회답했다.

이어서 살펴볼 『재일본 한국인 유골봉환 1977년』 문서철에는 학교법인 영광학원 이사 이영식(李永植) 목사의 유골봉환 사업이 비중 있게 수록되어 있다. 이영식 목사는 제2차 세계대전 당시 태평양 사이판 티니안섬에서 전몰한 무명 한국인 5,000여 명의 영령을 망향의 동산으로 봉환한다는 계획서를 보건사회부에 제출했다. 이에 보건사회부는 같은 해 3월 28일 외무부 장관에게 유골봉환에 필요한 외교적 조치와 함께 협조를 요청했다. 영광학원은 4월 1일 외무부 장관에게 「태평양 사이판·티니안도 전몰 무명한국인 영령 봉환 사업 계획」 이라는 제목의 별지 계획서를 송부하여 외무부의 협조를 재촉했다.[1]

결국 4월 21일 보건사회부는 영광학원 측에 봉환 사업 허가를 통보하며 망향의 동산 사용 문제는 모국방문 추진위원회와 협의할 것을 제안했다. 외무부도 주 아가나 총영사에게 영광학원의 봉환사업에 협조할 것을 지시했는데, 4월 20일 주 아가나 총영사관은 외무부 장관에게 영광학원의 유해 발견 경위에 대해 다음과 같이 보고했다. 아가나에 거주 중인 이영식 목사는 티니안도에 일제 강점기 때 징용으로 건너와 현재까지 거주하는 동포 전경운(全慶運) 씨의 안내로 1974년 현지를 답사하여 유골을 발견했는데 영사관과의 거리 및 교통 관계로 우선은 사이판 내의 한국인 친목회를 통하여 상세한 현지 현황을 조사 중이라고 했다. 또한, 영사관이 괌의 정청 당국에 유해봉환 협조를 문의한 결과, 유해봉환 사업은 한국 정부가 주도하여 수행되어야 협조가 가능하다는 답변과 함께 일본의 경우 후생성의 주도로 발굴반과 봉환반을

---

1) 동 계획서에는 오키나와 현인 동지회 및 미군 정부가 공동으로 일본인 묘지에 가매장한 무명 한국인 영령 유골이 유해 봉환 대상으로 지정되어 있는데, 현지 미공군기지 공사 관계로 묘지를 철거하게 되어 임시로 티니안 전몰자 공원에 유골을 안치한 후 봉환할 계획이라고 되어 있다.

파견하여 주로 현지에서 화장 후 분골을 봉환하고 있다고 보고했다. 5월 초에는 외무부 장관에게 한국 사회사업 대학 학장 이용택을 봉환 위원장으로 하는 봉환 일행이 당지에서 봉환작업을 예정대로 추진하고 있다고 보고하며, 5월 14일 오후 당지를 출발하여 오사카에서 일박을 한 후 5월 15일 11시 30분 일본항공 편으로 김포에 도착할 예정이라고 전했다.

실제로 「제2차 세계대전 사이판・티니안도 전몰 무명 한국인 영령봉환 사업결과 보고」[2]에 의하면, 4월 29일 봉환을 위한 제1진이 출국했고 4월 30일 현지에 도착하여 유해 운구 준비에 착수했다. 5월 7일 제2진으로 위원장 및 부위원장 일행이 출국하여 5월 10일 사이판에 도착했다. 5월 12일 위원 일행은 유해와 함께 사이판을 출발하여 5월 15일 김포공항을 통해 귀국한 후, 망향의 동산으로 이동하여 위령제를 지내고 단체묘인 '장미 묘역'에 유해를 봉안한 것을 확인할 수 있다. 동 결과보고서에는 현지 마리아나 정부 관계자 및 유지들의 요청에 의해 위령탑을 티니안 묘지공원에 건립할 것, 동 위령탑이 건립되면 현지와 망향의 동산에서 매년 위령제를 실시할 것, 그리고 앞으로도 인접한 다른 섬의 한국인 유해를 찾아 봉환한다는 계획도 수록되어 있다.

1977년 6월 18일에는 외무성 북동아과 엔도 과장이 주일대사관의 권병현 정무과장을 외무성으로 초치하여 지난 1975년 12월 26일에 해결안을 제시한 제2차 대전 당시의 구(舊) 군인과 군속 등의 한국인 유골 인도 문제에 관한 한국 정부의 답변을

---

2) 동 보고서에는 유해 발견부터 봉환까지의 경과가 상세하게 기록되어 있는데, 유해를 발견한 계기는 1975년부터 한국사회사업대학 후원단체인 괌 소재 국제복지문화센터(IWCC)가 사이판・티니안 지역을 중심으로 심신장애자, 노인, 부녀자를 대상으로 하는 특수 교육 및 사회교육을 위한 '마리아나 라이트 하우스 원(Mariana Light House園)'의 설립을 위해 사이판・티니안 지역을 방문 중, 제2차 세계대전 때 징용된 경남 창령 출신의 생존자 최몽룡 씨와 평안북도 출신의 김경운 씨를 만나 종전 당시 티니안에 8명의 한국 청년이 생존한 사실과 교포 2세들이 각 섬마다 상당수가 산재해 있다는 사실을 알게된 것이었다고 한다. 1975년 4월 23일부터 3일간 이영택 목사의 주선으로 당시 서울신문사 도쿄 특파원 이만세 씨가 사이판・티니안을 조사하여 제2차 세계대전 당시의 상황과 현지에 잔류한 교포들의 실상이 처음으로 한국에 알려졌다. 최몽룡 씨와 김경운 씨도 이영택 목사의 도움을 받아 1975년 9월 35년 만에 한국으로 돌아와 가족과 상봉 후 다시 티니안으로 돌아갔다. 1976년 10월 중순 재차 티니안을 방문한 이영택 목사는 티니안 시장 멘디올라(Mendiola) 씨로부터 "이 지역에서 희생된 한국인이 5,000여 명이나 되니 한국 정부에서도 위령탑을 세워 기념하는 것이 어떠냐"는 제안을 받았다고 한다. 하지만, 위령탑 건립보다는 유해 발굴을 우선시 했던 이영택 목사는 티니안 시의원 보라하 씨의 안내로 '오훌루(ohulu)'에 있는 일본인 묘지 근처의 정글에서 '조선인의 묘, 1946년 5월 28일 오키나와 현인 동지회, 미군 정부 건립'이라는 묘석을 발견하고 합사된 무덤 3기를 발견했다. 멘디올라 시장을 비롯한 여러 유지들과 관리대책을 상의한 결과, 1977년부터 이 묘역이 미공군 기지 건설공사 관계로 정리되기 때문에 '일본인 위령탑'이 세워진 공원묘지로 일단 이장하자는 의견이 나왔다. 이에 이영택 목사가 이장해야 한다면 한국의 '망향의 동산'으로 봉환하기로 결심하여 봉환계획을 추진하게 되었다는 것이다.

촉구했다. 이에 주일대사관 측은 이 시점에 유골 문제를 거론하는 이유를 외무성 측에 물었으나, 외무성 측은 특별한 이유는 없고 '관련자'가 최근 이 문제에 대해 문제 제기를 해 왔다고 설명했다. 주일대사관은 본국에 이 문제를 보고하겠다고 답하고 일본 정부의 제시안에 일본적십자가 북한의 적십자와 접촉하여 북한출신의 유골 조사 등이 포함되어 있었던 점을 지적하며 유골봉환문제가 북한과의 관계 발전으로 이어지는 것에 신중을 기해달라고 요청하자 외무성 측도 그렇게 하기로 답변했다.

1975년 12월 26일 일본 정부는 태평양 전쟁 당시 전몰한 재일한국인 유골봉환 건에 대해 다음과 같은 해결안을 한국 정부에 제의했다. ①후생성은 "1년 이내에 유족의 신청이 없는 경우, 잔여 유골에 대해서는 일본 정부가 적절히 조치한다"는 뜻을 명기, 일본 국내에서 유골 명단을 공시한다. ②공시함에 있어 후생성은 일본적십자를 통해 북한적십자에도 동일 명단을 통지하고, 유골의 인수 희망 여부를 조사하도록 의뢰한다. ③유족이 판명될 경우에는 종래대로 정당한 유족인지 여부를 확인한 다음 인도한다. ④공시 후 1년이 경과된 시점에서 유족이 판명되지 않은 대한민국을 본적지로 한 자의 유골은 다음과 같은 조건으로 한국 정부에 일괄 인도한다. 첫 번째 조건은 유골에 대하여 한국 정부가 적당한 제례를 행할 것, 두 번째 조건은 장래 유족이 판명되는 경우에는 거주지 이하를 불문하고 유골을 인도한다. 그리고 마지막 해결안으로 ⑤공시 후 1년이 경과된 시점에서 유족이 판명되지 않은 북한을 본적지로 하는 유골은 이를 북한 측이 인수할 것을 희망하면, 일본적십자와 북한적십자를 통해 인도하며 인수를 희망하지 않을 경우에는 후생성이 계속 보관한다.

이와 같은 일본 정부의 제시안에 대한 한국 정부는 일본 정부가 유골봉환을 구실로 북한과 공식 접촉을 가질 우려가 있고 또 유골을 북한에 봉환할 경우 "대한민국이 한반도에서 유일한 합법 정부"라는 한국 정부의 명분을 후퇴시킬 우려가 있다는 등의 문제점을 들어 일본 정부의 제시안을 보류해 왔다. 하지만 일본 정부의 독촉으로 재차 야기된 유골봉환 문제를 조속히 해결해야 할 필요성을 느낀 한국 정부는 다음과 같은 대안책을 마련했다. ①일본 후생성이 "1년 이내에 유족의 신청이 없는 경우, 잔여 유골에 대해서는 일본 정부가 적절히 조치한다"는 뜻을 명기, 일본 국내에서 유골 명단을 공시한다는 일본 정부의 국내 조치에는 반대하지 않는다. ②상기 절차 후, 남한을 본적지로 한 자의 유골 전부와 북한을 본적지로 한 자(북한지역 출신)의 유골 중 북한에 유족이 확인된 유골을 제외한 잔여 유골 전부를 대한민국 정부가 일괄 인수하여 본건 일괄 타결을 기한다. ③대한민국 정부는 전기 인수한 유골 중 유족 또는 연고자가 확인된 경우에는 유골을 유족 또는 연고자에게 인도한다. ④남한 내 유족이 거주하고 있지 않음이 확인된 북한 출신자 유골에 대해서는 다음과 같은 조건을 일본국 정부가 보장하면 북한에 유족이 확인된 유골을 북한 측에 인도하는 데에 반대하지 않는다. 첫째, 일본 측 제의대로 일본적십자와 북한적십자를 통해서만 인도한다. 둘째, 유골봉환이라는 인도적 문제처리가 일본과 북한 간 교류의 확대 또는 공식 접촉의 수단이 되어서는 안 된다. 셋째, 북한에 대한 유골봉환 시 일본 정부 관계자가 호송을 이유로 북한을 방문해서는 안 된다.

한국 정부의 이러한 대안책에 대해 1977년 10월 27일 일본 외무성 북동아 과장은 주일대사관 직원을 외무성으로 초치하여 태평양 전쟁 당시 전몰한 한국인 유골봉환에 대한 한국 정부의 제안내용 중 몇 가지 사항을 확인하고자 했다. 일본 정부는 ①후생성이 일본적십자를 통해 북한적십자에도 유골 명단을 통지하고 유골 인수를 희망하는 유족에 관한 조사 방법을 의뢰하는 것, ②한국 정부가 동 유골을 의식에 따라 제사를 지내는 것, ③장래에 북한 출신 유골로 판명이 나는 경우 유골을 인도하는 것에 한국 정부가 수락을 할 수 있는지에 대한 답변을 요구했다. 또한, 한국 정부가 제시한 세 가지 사항을 '조건'으로 제시하면 일본 정부로서는 문제가 있기 때문에 '조건'이 아닌 '강력한 희망'으로 변경해 주면 수락할 수 있다고 덧붙였다. 이에 주일대사관은 일본 정부에 한국 정부의 네 가지 대안 외에 추가로 북한에 대한 유골의 일괄인도에 관해서도 한국과 동일한 원칙으로 인도하는 것을 '다테마에'로 할 것을 요구했다. 구체적인 순서로는 기본적으로 적십자 루트를 활용하고 북한으로부터 일괄인도의 구체적인 희망이 표명된 단계에서 검토하는 것으로 했다.

이외에도 1977년 문서철에서 특기할 만한 사항으로는 북해도 한일우호 친선협회의 활동을 들 수 있다. 1977년에 창립 3주년을 맞이한 북해도 한일우호 친선협회는 77년도 총회가 회장 나카가와 이치로(中川一郎) 중의원의 주제로 7월 16일 삿포로의 후생연금회관 회의실에서 회원 100여 명이 참석한 가운데 개최됐다. 사회는 도의원 다카기 시게미쓰(高木茂光)가 맡았고 10여 명의 도의원과 각계 주요인사, 그리고 교포 등이 참석하여 회의가 진행됐다. 동 총회에서 친선협회는 북해도 한국 순난자 유골봉환 사업지원 및 총회 결의문 채택을 승인했다. 북해도 민단의 조사에 의해 일제강점기에 강제노동으로 동원되어 북해도에서 사망한 한국인의 무연골 200여 주가 도내 여러 사찰에 안치된 것이 확인되었기 때문에 이를 친선협회에서 주관하여 오는 10월에 한국으로 봉인할 계획을 세운 것이었다.3) 이 밖에도 회원 결속 강화

---

3) 유골봉환에 대한 구체적인 사항을 살펴 보면 유골수집기간은 1977년 8월 1일부터 9월 30일까지로 계획했다. 수집장소는 삿포로시에 위치한 경왕사(経王寺)로 정했고 위령제는 같은 해 10월 24일(월) 오후 1시에 북해도 후생연금회관에서 실시하기로 했다. 식전은 종교적 의식을 거행하지 않기로 했고 유골은 일본 정부대표, 본위원회대표, 도의회 한일의원연맹임원이 한국 충청남도 천안시에 위치한 망향의 동산에 봉환하기로 했다.

및 한일우호친선의 증대, 주한미군 철수의 조기철수 반대, 북한의 일본스파이 기지화 반대, 재일한국인의 법적지위 향상 등을 결의문으로 채택하여 일본의 관계 기관과 정계 등에 송부하기로 했다.[4]

같은 해 10월 26일 주삿포로 총영사관이 외무부 장관에게 보내는 보고서에 의하면, 북해도 민단지방본부가 조사 수집한 한국인 수난자 무연골 수는 254주로 10월 24일 경왕사에서 위령제가 거행됐다.[5] 위령제에는 총영사관 영사 전원과 민단 유력 인사가 참석했고 일본 측은 북해도 지사를 대신해 가시하라 부지사, 북해도 도의원 10여 명 등 유력 인사들 약 200명이 참석했다. 유골은 10월 26일 11시 40분 항공편으로 김포공항에 도착하도록 발송했다. 동 사업에 소요된 경비는 엔화로 약 600만 엔으로 민단에서 300만 엔, 친선협회 측에서 300만 엔을 염출하여 추진했다. 동 보고서에는 북해도 한국인 순난무연골자 명단이 첨부되어 있는데 254주가 안치되어 있던 사원명, 주소지, 전화, 주지명, 유골 명단 등이 상세하게 기록되어 있다. 전후 유골봉환 문제가 주로 한국과 일본의 중앙정부 간의 협의에 의해 추진되어 온 것을 생각하면 민단과 북해도 한일친선협회 및 한일의원연맹과 같은 지자체와 민간단체의 공동 사업으로 추진된 동 유골봉환의 사례는 유골봉환 문제해결을 위한 새로운 실마리와 가능성을 제공했다는 점에서 그 의의가 크다고 할 수 있다.

마지막으로 1977년도 문서철에는 제2차 대전 중 전몰한 한국인 정규환 씨의 유족 정용환 씨의 진정서와 관련 자료가 수록되어 있다. 유족 측이 일본 정부에 유골에 관해 직접 문의를 한 결과 후생성으로부터 ①정규환 씨의 유골은 유족의 거주지가 불명하고, 한국 정부로부터 송환 희망 여부가 없기 때문에 지금까지 후생성에 보관되어 있다는 것과 ②전몰자의 호적등본, 유족의 호적등본 및 한국 정부의 승인서를 첨부하여 일본 외무성 아세아국 북동아과로 제출하면 즉시 유골을 송환한다는 내용의 답변을 받았다. 진정인으로부터 이러한 내용을 접수받은 외무부는 8월 16일 주일 대사관에 유골봉환과 관련한 전몰자의 인적사항과 유골봉환 방안 등을 일본 정부와 협의하도록 지시했다. 주일대사관은 9월 30일 외무부에 유골봉환 협의에 참고하려는 목적을 이유로 유골 1주를 개별적으로 봉환할 경우의 봉환 절차의 선례를 문의해

---

4) 결의안에 포함된 북한의 일본스파이 기지화 반대와 관련해서 같은 해 7월 2일 북해도 경찰에 의해 북한의 공작원이 치토세(千歲), 도마코마이(苫小牧) 등지에서 스파이 활동을 한 혐의로 체포된 것을 거론하며 친선협회는 북한에 대해 대일(対日) 및 대한(対韓) 공작원의 일본침투를 즉시 중지할 것을 경고했다. 아울러 한국과의 국교를 방해하는 무원칙의 북한으로의 접근은 삼가야 한다고 표명했다. 또한, 재일한국인의 처우개선과 법적지위 향상을 위해 관계당국의 노력을 요청하며 사할린에 거주하는 한국인들의 조기귀환 실현에도 적극적으로 협력할 뜻을 밝혔다.
5) 주삿포로총영사관「한국인 수난자 무인 유골 봉안」(수신: 외무부 장관, 참조: 영사교민국장, 아주국장 1977.10.26.)

왔다. 그 사례로 1970년도와 1971년도 1월에 각각 유골 1주를 봉환한 적이 있었다고 덧붙였다. 이에 외교부는 보건사회부에 동 건에 대해서 문의를 했지만 보건사회부로부터 아직까지 단 1주 만의 유골을 봉환한 사례가 없다는 답변을 받았다. 하지만 외교부는 유골 1주만을 봉환한 사례가 없더라도 정규환 씨의 유골이 일본 후생성에 보관되어 있음이 확인되었고 유족이 조속한 유골봉환을 바라고 있다는 점을 들며 재차 보건사회부에 유골봉환 추진에 대한 협조를 구했다. 결국, 보건사회부는 외무부에 동 유골봉환 건에 대해 ①일본 측에서 과장급이 부산 김해공항까지 동 유골을 호송할 것, ②향전금은 한국 측과 일본 측이 각각 5만 원씩 지급할 것, ③부산 김해공항에서 전라남도 관계관에게 유골을 인계하여 유족에게는 동 도의 관계관이 유족의 주소지에서 직접 인계할 것 등과 같은 절차에 따라 일본 정부와 교섭할 것을 제안했다.

하지만, 동 유골봉환 건은 해를 넘겨『재일본 한국인 유골봉환 1978년』문서철에서 일본 외무성이 한국 정부에 유골봉환에 따른 구비서류의 제출을 요청한 것을 확인할 수 있다. 일본 정부는 유족을 확인할 수 있는 정용환 씨의 호적등본, 유족이 한국에 거주하고 있다는 것을 증명할 수 있는 주민등록초본, 그리고 외무부의 승낙서 등을 제출하면 심사 후 봉환 여부를 결정한다고 통보했다. 또한, 봉환하는 유골의 수가 적을 경우 주한일본대사관을 통해 유족에게 인도하는 방식도 고려하고 있다고 전했다. 결국, 한국 정부로부터 관련 증빙서류를 받은 일본 정부는 3월 23일 주일대사관에 유골봉환일자 및 절차에 대해 다음과 같이 제안했다. 유골봉환 일시는 3월 30일로 3월 말로 끝나는 회계연도로 인해 급하게 잡았다고 설명했다. 봉환 방법은 후생성 연호국 조사과장 외 1명이 일본항공 정기편으로 부산국제공항까지 호송하고 한국 측의 전라남도 관계관에게 인계할 계획이라고 전했다. 향전금은 한국 측에서 5만 원을 제의했지만 일본 측은 전례에 따라 2만 원을 고려중이며 주한일본대사 명의로 주부산 총영사관 직원이 대사를 대리하여 한국 측 관계관에게 전달하는 것을 제의했다. 위령식은 3월 29일 후생성 원호국 회의실에서 후생성 주최로 거행하고 위령식에 후생성 및 외무성 관계관이 참석할 예정이라고 전하며 주일대사관 측의 참석을 요청했다. 최종적으로 유골봉환은 일본 정부의 제안대로 3월 30일로 확정됐고 봉환 장소는 부산국제공항 귀빈실로 정해졌다. 일본 측은 후생성 조사과장 외 1명과 주부산 총영사 대리가 참석자로 결정됐고, 한국 측은 보건사회부 사회과장 외 1명, 전라남도 사회과장, 전라남도 장흥군 관계관, 유족대표, 외무부 관계관이 참석하기로 했다. 유골은 일본 측 후생성 원호국 조사과장의 책임하에 부산국제공항까지 인도한 후, 부산국제공항 귀빈실에서 보건사회부 사회과장이 유골을 인수하기로 했다. 인수 받은 유골은 귀빈실에서 전라남도 사회과장에게 인수인계하기로 했는데 이때 최종적으로 합의된 일본 정부와 한국 정부의 향전금 5만 원을 같이 전달하는 것으로 결정됐다.

다음으로 살펴볼 『재일본 한국인 유골봉환 관련 민원 1977년』 문서철에는 제2차 대전 당시 사망한 세 명의 재일본 한국인의 유골을 찾는 유족들의 진정서가 수록되어 있다. 태평양 전쟁 때 강제징용되었다가 사망한 권진기 씨의 유족은 외무부에 유골봉환을 희망하는 진정서를 제출했다. 이에 외무부는 주삿포로 총영사에게 진정인이 첨부한 사망통보서 사본에 적시된 쿠시로시(釧路市) 정광사(定光寺)에 유골이 있는지와 유골봉환 가능 여부를 조사하도록 지시했다.

오사카에 거주하는 재일동포 조천창규(早川漲圭) 씨는 형 이귀남 씨의 유골을 찾는 진정서를 외무부에 접수했다. 이귀남(李貴男) 씨는 제2차 대전 당시 일본군 해군 군속으로 징용되어 1945년 6월 30일 전사했고 고인의 유골은 1948년 5월 31일 황금환(黃金丸) 편으로 부산에 송환되어 당시 정부에 인도되었다고 했다. 보건사회부는 유골의 소재 확인 여부를 묻는 외무부에 보건사회부에서 보관 중인 제2차 세계대전 전몰자 명부에는 이귀남 씨의 유골 처리가 완료된 것으로 확인되나 고인의 인적사항 중 다소 상이한 점이 있기 때문에 유골의 진위 여부는 확인할 수 없다고 통보했다.

마지막으로 경북 안동군에 거주하는 유원장 씨가 부친 유학암 씨의 유골을 찾고 싶다는 진정서를 민원비서실장 앞으로 제출했다. 진정서는 보건사회부에 이첩되었는데 진정서 내용을 검토한 보건사회부는 유학암 씨의 유골이 1948년 당시 과도 정부의 외무부 부산 연락사무소에 유골이 인도되었으므로 인도된 유골의 소재 확인은 외무부가 처리할 사항이라며 외무부로 진정서를 반송했다. 또한 보건사회부에서는 2차 대전 전몰자 중 1974년 12월 21일 이후 송환된 유골에 대한 소재 확인 업무를 담당하고 있다고 덧붙였다. 진정서를 이첩받은 외무부는 정부기록보존소에 과도 정부 당시의 전황 문서가 보관되어 있는지 여부와 함께 보관되어 있다면 유학암 씨의 유골에 관한 서류의 사본을 요청했다. 하지만 정부기록보존소로부터 관련 문서가 없다는 답변을 받게 된다. 결국 외무부는 유원장 씨에게 일본 정부가 유골을 인도한 시기인 1948년 2월은 한국 정부 수립 전으로 전몰자 유골봉환에 관한 당시의 기록과 유골의 소재 확인이 곤란하다는 회신을 하게 된다.

지금까지 살펴본 것처럼 『재일본 한국인 유골봉환 1977년』 문서철에 수록된 유골봉환 관련 문서를 통해 한국 정부가 유골봉환 문제를 계기로 일본과 북한 간의 교류가 확대되거나 공식 접촉의 수단이 되지 않도록 북한을 지속적으로 의식하고 견제하며 일본과의 교섭을 진행했던 외교적 움직임을 포착할 수 있었다. 또한, 중앙정부뿐만 아니라 일본의 지자체와 민간단체가 주도적으로 유골 문제를 해결하려는 양상도 엿볼 수 있었다. 하지만, 1975년도와 1978년도 문서철에 수록된 유족들의 진정서와 관련 문서들은 광복 이후 미해결인 채로 산적해 있는 유골봉환을 둘러싼 난제들을 여실히 보여주고 있다.

┃ 관련 문서 ┃

① 재일본 한국인 유골봉환 관련 민원, 1975
② 재일본 한국인 유골봉환, 1977
③ 재일본 한국인 유골봉환 관련 민원, 1977
④ 재일본 한국인 유골봉환, 1978

① 재일본 한국인 유골봉환 관련 민원, 1975

○ ○ ○

기능명칭: 재일본 한국인 유골봉환 관련 민원, 1975

분류번호: 791.28 1975

등록번호: 8989(17794)

생산과: 동북아1과

생산연도: 1975

필름번호: P-0015

파일번호: 10

프레임 번호: 0001-0023

1. 보건사회부 공문—청원서 이송

보건사회부
번호 환위1438.5-54474
일시 1975.4.10.
발신 보건사회부장
수신 외무부 장관
제목 청원서 이송

  1. 전북 익산군 왕궁면 동용리 871번지 "오인성"으로부터 별첨과 같은 청원
이 있는 바, 이에 의하면 제2차 세계대전중에 전몰한 청원인의 제 安永(吳) 仁旭
의 유골이 현재 일본국에 안치되어 있다고 하나
  2. 일본 후생성에 보내온 유골명부에 등재되어 있지않아 확인이 불가능 하오
니 귀부에서 이를 일본국에 조회하여 등 유골의 안치여부를 당부와 청원인에게
통보하여 주시기 바랍니다.
  첨부: 청원서 1부. 끝.

2. 협조전—진정서 처리 의뢰

협조전
번호 기감125-1729
일시 1975.4.17.
발신 민원사무통제관
수신 동북아1과장
제목 진정서 처리 의뢰

  1. 별첨 진정서를 민원사무 처리규정에 의하여 7일 이내에 처리하고 진정인
에게 그 결과를 회신하는 동시에 동 조치공문 사본1매를 당실로 송부하여 주시
기 바랍니다.
  2. 지정에 대한 회신 공문 상단에 민원서류임을 표시하는 주인을 반드시 찍
고 상기 처리기한을 명시하시기 바랍니다.

3. (가) 대통령 민원비서실로부터 이첩, 처리의뢰된 진정서의 회신에는 진정인이 대통령 각하에게 행한 진정에 대한 회신임을 반드시 회신 공문상에 명시하고,

(나) 대통령 민원비서실로부터 결과보고를 청한 이첩건은 장관의 확인, 결재를 득한후 소정양식에 따라 보고하여야 하며,

(다) 기타 보고 요청이 없는 이첩건에 대하여는 최소한 국장 이상으로 결재 받으시기 바랍니다.
첨부: 진정서 1통 끝.

2-1. 첨부-진정서

保健社會部長官

貴下

全北益山都王宮面東龍里571番地
日本軍志願兵戰死者遺家族 吳仁晨 拜啓

仕體康寧하시며 公務에 얼마나 苦勞가 만하심니까 就伏白 小生의 本第 安(吳)永仁旭이가 日本時代 昭和16年度에 강압의로 日本軍 志願兵의로 入隊하여 平攘에서 訓練을 밧고 大□隊에 編入되여 ニユギニヤ(니유기니야)에서 戰死한 模樣이며 小生이 日本政府에 片紙을 냇드니 留守堂務局에서 答이 日本福岡縣에 잇는 잘(寺)에 安置하엿다고 하였는 바가 잇고 1972年에 對日民間請求權法 第11號에 따라 接受 1057號로 申告을 裡里稅務署에서 한 바가 잇고 其時 戰死者 名單에 잇섯는데 今般 保社社部에서 發行한 遺家族名單에는 업스니 엇던 일이 온지 農村에 잇는 民間으로 엇지 할 道理업서 長官에 問議依賴하오니 遺骨有無와 차저보내주시옵기 仰願하는 바입니다.

戰死者은 다음 別記와 갓음니다.
回答을 鶴首苦待하나이다.

余白

別記
出身地　全北益山郡王宮面東龍里 571番他
姓名　　安永(吳)仁旭
職位　　陸軍兵長
戰死地　니유기니야

戰死時日 昭和 18年 11月 18日
事由　　彈丸貫通

以上戰死者名單記錄

3. 전언통신문

전언통신문
일시 1975.4.21. 11:55
송화자 이재춘 외무부 동북아1과 서기관
수화자 가와시마 주한 일본대사관 1등 서기관
내용

이 서기관: 2차 대전중 일본군에 징모되어 전사한 사람의 유족으로부터 진정이 있으니 하기인의 유골의 유무와 그 소재를 조사하여 주기 바란다.

출산지: 전북 익산군 왕궁면 동용리 571
성명: 안영(安永) 오(吳) 인욱(仁旭)
직위: 육군 병장
전사지: 뉴기니아
전사년월일: 소화 18년 11월 18일
사유: 탄환 관통
유족 오 인성(형)은 일본의 유수 업무국으로부터 일본 현에 있는 절에 안치되었다는 통보를 받은바 있다 한다.

가와시마: 조사해 보도록 하겠으나 일본으로부터 진정인에게 보냈다는 통보 내용을 구체적으로 알았으면 좋겠다.

이 서기관: 진정인에게 일본국으로부터의 통보 서한 사본을 보내주도록 요청했다. 구체적 내용이 밝혀지면 추후 알려주겠다. 끝.

4. 외무부 공문–민원처리

외무부
번호 북일700-
일시 1975.4.22.
발신 외무부 장관
수신 보건사회부 장관
제목 민원 처리

　　1. 환위1438.5-54474(75.4.10.)에 대한 회신입니다.
　　2. 귀부로부터 이첩된 오 인욱의 유골 확인 진정에 대하여 별첨과 같이 조치하였으니 참고하시기 바랍니다.
　　첨부: 민원회신 사본. 끝.

4–1. 첨부–민원 회신

외무부
번호 북일 700-
일시 1975.4.22.
발신 외무부 장관
수신 전북 익산군 왕궁면 동용리 571번지 오인성 귀하
제목 민원 회신

　　1. 귀하가 보건사회부 장관 앞으로 보내신 "오인욱"의 유골 확인 진정에 대한 회신입니다.
　　2. 본건에 관하여는 우선 "오인욱"의 유골 유무와 그 소재를 주한 일본대사관에 확인 요청중인바, 일측의 회보가 있는대로 그 결과를 알려 드리겠읍니다.
　　3. 귀 진정에 의하면 "오인욱"의 유골이 일본 후꾸오까현 내의 절에 안치되었다는 일본 정부로부터의 회답이 있었다는 바, 동 회답 사본을 1통 보내주시면 본건 조사에 도움이 되겠읍니다.
　　4. 귀하의 건승을 빕니다. 끝.

5. 협조전-진정서 처리 의뢰

협조전
번호 기감125-1812
일시 1975.5.19.
발신 민원사무통제관
수신 동북1과장
제목 진정서 처리 의뢰

　　　*當部가 發信人에게 代해 行한 照會 回報임.
　　　1. 별첨 진정서를 민원사무 처리규정에 의하여 7일 이내에 처리하고 진정인
에게 그 결과를 회신하는 동시에 동 조치공문 사본1매를 당실로 송부하여 주시
기 바랍니다.
　　　2. 지정에 대한 회신 공문 상단에 민원서류임을 표시하는 주인을 반드시 찍
고 상기 처리기한을 명시하시기 바랍니다.
　　　3. (가) 대통령 민원비서실로부터 이첩, 처리의뢰된 진정서의 회신에는 진
정인이 대통령 각하에게 행한 진정에 대한 회신임을 반드시 회신 공문상에 명
시하고,
　　　　　(나) 대통령 민원비서실로부터 결과보고를 청한 이첩건은 장관의 확인,
결재를 득한후 소정양식에 따라 보고하여야 하며,
　　　　　(다) 기타 보고 요청이 없는 이첩건에 대하여는 최소한 국장 이상으로
결재 받으시기 바랍니다.
　　　첨부: 진정서 1통 끝.

5-1. 첨부-진정서

외무부 장관 각하
(북일700-16294(70-2317) 1975.4.22)

上記 番號로 보내주신 書信은 大端 感謝하게 拜承하였읍니다. 多忙하신 公務中에도
不枸하시고 오인욱(安永仁旭) 유골 件에 잇서 日本대사관에 調査中이라 하시니 成果
을 거두어 주시기 鶴首苦待하겠읍니다. 小生이 日本國에 書信往來은 六二五動亂에
업서지고 回顧하건데 1946年~1947年 양년間에 片紙을 住來가 있었든 바 日本大藏

省에 問議하였드니 日本國 留守業務局에 넘겨 주어서 留守業務局에서 死亡場所 二
ユ一ギニヤ 日字 昭和18年 10月　日 戰死, 戰友 3名(全北大場村, 大邱) 等의 姓名을
알여 주었으며 靈昏은 福岡縣 神祉에 安置되였다고 回答에 있었음니다.
仕體健安을 暗祝하며 끚임니다.

不備上白

1975.5.7.

全北益山郡王宮面東龍里 571

吳仁晟 拜白

6. 협조전—진정서 처리 의뢰

협조전
번호 기감125-1941
일시 1975.7.18.
발신 민원사무통제관
수신 동북아1과장
제목 진정서 처리 의뢰

　　1. 별첨 진정서를 민원사무 처리규정에 의하여 7일 이내에 처리하고 진정인
에게 그 결과를 회신하는 동시에 동 조치공문 사본1매를 당실로 송부하여 주시
기 바랍니다.

　　2. 지정에 대한 회신 공문 상단에 민원서류임을 표시하는 주인을 반드시 찍
고 상기 처리기한을 명시하시기 바랍니다.

　　3. (가) 대통령 민원비서실로부터 이첩, 처리의뢰된 진정서의 회신에는 진정인
이 대통령 각하에게 행한 진정에 대한 회신임을 반드시 회신 공문상에 명시하고,

　　　　(나) 대통령 민원비서실로부터 결과보고를 청한 이첩건은 장관의 확인,
결재를 득한후 소정양식에 따라 보고하여야 하며,

　　　　(다) 기타 보고 요청이 없는 이첩건에 대하여는 최소한 국장 이상으로
결재 받으시기 바랍니다.

첨부: 진정서 1통 끝.

6-1. 첨부-진정서

외무부 장관 귀하

그간도 국사에 분망하신대 개인 사정을 독촉하게 되여 송구하게 생각합니다.

본인은 지난 75.1.17일 부친 박상윤씨가 일제에 의하여 강제로 징용되여 日本長崎縣 西彼杵郡瀨黑瀨村長에서 사망하였음으로 그 유물 소재지를 확인해 줄 것을 진정한 바 있는대 동일자 외무부 장관으로부터 주한 일본대사관을 통하여 일본정부에 요청 하였다는 회신은 받았음니다마는 6개월이 경과하여도 하등의 소식이 없으 궁금하여 독촉하는 바이오니 그 결과를 알고저 하오니 하교하여 주시기 앙원하나이다

1975.7.12.

위 박남훈

영등포구 도림2동 229번지 18동 6반

7. 기안-민원 회신

번호 북일700-

시행일자 1975.7.25.

기안책임자 동북아1과 이재춘

수신 서울시 영등포구 도림 2동 박남훈 귀하

제목 민원 회신

　　　귀하가 75.1.17.자로 문의하신 박상윤씨의 유골 소재에 관하여 그간 일본 정 부를 통하여 조회한 결과 일본 외무성이 주한 일본 대사관을 통하여 별지와 같 이 회답하여 왔기에 이를 통지하여 드립니다.

　　　귀하의 건승하심을 빕니다.

첨부: 일본 정부 회답 사본. 끝.

7-1. 첨부-일본정부 회답 사본

七月二〇日

町田

記

　朴相充氏は、昭和20年長崎県西彼杵郡大島町において死亡したが、現左同町には韓国人遺骨は一体と見当らず同氏の遺骨がどこにあるのかは全つたく確認できない。また近隣に当時の正確な事情を知つている者がいないので、これ以上の調査は因難と思われるが、調査結果中参考となるべき事項次のとおり。

1. 昭和20年3月15日に長崎県大島町(当時黒瀬町)が受理した密城相充(朴相充)氏の埋火葬認可証明が現存している。なお本許可書記載の届出人である田勇人なるもののその後の消息は不明である。

2. 同町「帰命寺の過去帳に、密城相充氏が昭和20年3月24日に死亡している旨の記載があるが、当時の住職は既に死亡しており、同寺の無縁仏にも該当の遺骨はない。

3. 戦時中から終戦直後にわたり大島炭鉱に勤務又は関係していた者6名に問合せたところによれば、当時労務課に在籍していた「金けいしよう」という韓国人が韓国人労働者の担当であつた。同氏は戦後韓国に帰り韓国軍の伍長か軍曹の階級になり、その後再び大島町を訪れたことがある。

4. 上記帰命寺住職の未亡人は遺骨は韓国人寮の舎監又は家族が引取つたように記憶しているが、当時の舎監(炭鉱勤務者によれば松岡鎮永《韓国姓不詳》という者であつた由。)の行方は不詳である。

- -

　朴相允氏는 1945年 長崎県 西彼杵郡 大島町에서 死亡하였으나 現在 大島町에는 韓國人遺骨이 1柱도 發見되지 않아 同氏의 遺骨이 어디에 있는지 전혀 確認할 수 없다. 또한 그 近處에 當時의 正確한 事情을 알고 있는 사람이 없기 때문에 이 以上의 調査는 困難하다고 생각됨. 調査結果中 參考가 될 事項은 아래와 같다.

1. 1945年 3月 15日에 長崎縣 大島町(當時 瀬黑町)이 受理한 密城相允(朴相允) 氏의 埋火葬 認可証明이 現存하고 있다. 그런데 本許可書 記載 届出人인 田口勇人라는 사람의 그후의 消息은 不明하다.

2. 大島町「歸命寺」의 過去帳簿에 密城相允氏가 1945年3月24日 死亡하였다는 內容의 記載가 있으나 當時의 住持가 이미 死亡하였고, 同寺의 無緣仏에도 該當 遺骨은 있다.

3. 戰時中부터 終戰直后에 걸쳐 大島炭鑛에 勤務 또는 關係하고 있었던 者 6名에게 問議한 結果에 依하면 當時 労務課에 在籍하고 있던 「金경상」이라는 韓國人이

韓國人勞動者의 担當이었다. 同氏는 戰后韓國에 돌아가 韓國軍의 伍長인가 軍曹
인가하는 階級이 되어, 그후 다시 大島町을 訪問한 일이 있다.

4. 上記「歸命寺」住持의 未亡人은 遺骨을 韓國人寮의 舍監 또는 家族이 찾아 간것
   같이 記憶하고있으나, 當時의 舍監(炭鑛 勤務者에 依하면 松岡鎭永(韓國名 不詳)
   라는 사람이였다고함)의 行方은 不詳하다.

② 재일본 한국인 유골봉환, 1977

○ ○ ○

기능명칭: 재일본 한국인 유골봉환 1977

분류번호: 791.28

등록번호: 11187(17980)

생산과: 동북아1과

생산연도: 1977

필름번호: 2007-66

파일번호: 01

프레임 번호: 0001-0212

1. 1.20동지회 공문—태평양전쟁 한국인 전몰 무연고 유골봉환에 관한 일

1.20동지회
번호 1.20제18
일시 1977.2.21.
발신 회장 구태희
수신 외무부 장관
참조 아주국장
제목 태평양전쟁 한국인 전몰 무연고 유골봉환에 관한 일

    1. 재단법인 부산영원 "부영제16호"(75.5.15) 및 태평양전쟁 한국인유족회 태전한유 제75-001호(75.11.12.)와 관련입니다.

    2. 본 1.20동지회는 70.8.8. 임시총회 결의로 태평양 전쟁전몰한국인 유골봉환 사업을 후원하기로 결의한 이래 7년에 걸쳐 제1차 264위 및 제2차 911위 봉환을 후원하였습니다.

    3. 76.10.28.자 제3차 26위 봉환시까지 연고있는 유골은 거의 봉환이 완료되고 잔여유골은 무연고 남한출신분이 711위가 됩니다.

    4. 현재 제일동포의 유골을 "망향의동산"에 봉환하고 있는 실정에 비추어 볼 때 33년이 경과되도록까지 여러 정부방침으로 봉환하기로 결정된 전몰유골이 아직 봉환되지 못함은 심히 유감된 일로 생각합니다.

    5. 본 1.20동지회는 이 봉환사업이 유종의미를 거두기를 간절이 바라고 아래와 같은 실정을 참작하시와 신속히 선처있으시기 바랍니다.

아래

가) 부산시립 공원묘지 내 납골당에 현재 276위가 봉안되어 있으며 잔여 711위도 충분히 봉안할수 있는 시설이 이미 갖추워져있음.

나) 무연고 유골의 봉환은 73.11.22자 250여위가 일본 북구주로부터 봉환되어 목포시 납골당에 봉안된 전례에 따라 봉환절차는 일본 민간단체의 협찬으로 충분이 가능함.

다) 전항과 같이 잔여 남한 출신 무연고 유골은 일본민간단체 "태평양전쟁 전몰한국인 위령사업 협찬회."(회장 이사이 고지로)가 일본 정부와 교섭하여 민간사업으로 봉환할 의사를 밝히고 있음

라) 1971.11.20. 자 제1차 246위를 봉환한 재단법인 부산 영원이 정부 감독과 본 1.20 동지회 후원으로 부산에서 인수받어 봉안하면 됩니다.

마) 잔여 711위의 봉환에는 민간활동에 의한 사업으로서 정부 예산지원의 배려가 없이도 충분히 가능함.

끝.

서울시 중구 북창동 104 동아빌딩 502호

1.20동지회

회장 구태희

2. 협조문—문서이송

협조문

번호 교이725-230

발신일자 77.4.7.

발신 영사교민국장

수신 아주국장

제목 문서이송

보건사회부의 제2차 세계대전 전몰 무명 한국인의 영령 봉환에 관한 공문은 귀국 소관사항으로 사료되어 별첨과 같이 이송합니다.

첨부: 동공문 1부. 끝.

2-1. 첨부—보건사회부 공문—제2차 세계대전 전몰 무명 한국인 영령 봉환

보건사회부

번호 사회1461-□□□4

일시 1977.3.28.

발신 보건사회부 장관

수신 외무부 장관

제목 제2차 세계대전 전몰 무명 한국인 영령 봉환

1. 학교법인 영광학원 이사 이영식 목사로부터 별첨과 같이 제2차세계대전 당시, 태평양 사이판 티니안섬에서 전몰한 무명 한국인(5,000여명) 영령을 망향

의 동산으로 봉환코자 별첨 계획과 같이 요청하였는바.

　　2. 동 계획서에 의한 영령봉환에 대한 귀부의 외교적 조치등에 대하여 검토하여 가능여부와 절차 등에 대하여 회보하여 주시기 바랍니다.

첨부 태평양 사이판 티니안도 전몰 무명한국인 봉환 사업 계획 1부. 끝.

2-1-1. 첨부-학교법인 영광학원 공문-제2차 세계대전 전몰 무명 한국인 영령봉환

학교법인 영광학원
번호 학영 제77-15호
일시 1977.4.1.
발신 학교법인 영광학원 이사장
수신 외무부 장관
제목 제2차 세계대전 전몰 무명 한국인 영령봉환

　　1. 본 학원 설립자 이영식 목사의 주도 아래 국내외 유지들의 협력을 얻어 별지 계획서와 같이 제2차 세계대전 당시 태평양지역에서 희생된 무명 한국인 영령들의 유해를 "망향의 동산"으로 이장하고저 관계 요로에 요청하고 있읍니다.

　　2. 1977.3.28. 보건사회부장관으로부터 장관께 외교적 조치 등에 대하여 협조를 의뢰한 바도 있읍니다.

　　3. 본건에 대하여 누가 해도 해야 할 일을 순수한 민간의 힘을 모아 무고한 영령들을 고국의 품에 안치코저 관계자료를 첨부하여 요청하오니 선처하여 주시기 바랍니다.

첨부: 1. 봉환계획서 1부
　　　2. 보사부 공문 1부
　　　3. 마리아나 정부의 이장 허가서 1부
　　　4. 일본인 유골 봉환보고 1부.
　　　5. 임원 초청장 1부. 끝.

太平洋사이판 · 티니안島戰歿
無名韓國人英靈奉還事業計劃

學校法人 榮光學園
韓國大邱市南區大明洞2288
南大邱私書函21號
(韓國社會事業大學)

(太平洋사이판 · 타이안島 戰歿
無名韓國人英靈奉還 事業推進委員會)

太平洋사이판 · 티니안島 戰歿 無名韓國人
英靈奉還事業計劃書

1. 趣旨

光復後 國土가 分斷된 속에서 共産南侵으로 同族相殘의 慘劇을 치루었으나 4.19 義擧에 이어 5.16革命을 契機로 急進的인 發展을 이룩하여 中進國隊列를 넘어 先進 國을 바라보는 工業韓國으로서 안으로 福된 새마을이 이룩되고 밖으로는 國力이 伸 張되어 韓國의 이미지가 크게 浮刻되고 있음은 누구도 否認할 수 없는 事實입니다. 特히 不足한 物的資原과 共産北韓의 再侵威脅 속에서도 能率的인 總和體制를 通하 여 安定과 繁榮에의 土台위에 4次 國家經濟開發計劃의 1次年度인 1977年을 맞아 힘찬 前進이 繼續되고 있읍니다. 그러나 이러한 祖國의 희망찬 이 時点에서도 太平 洋戰爭에서 無辜하게 犧牲된 數많은 兄弟姉妹들의 英靈들이 忘却地帶에서 慰勞받지 못하고 있으니 이들은 第2次大戰中 太平洋地域 最激戰地였던 사이판, 티니안島에서 犧牲된 5,000余名의 孤魂들입니다. 그래서 뜻있는 有志들이 純粹한 마음으로 힘을 모아 關係當局의 協力을 얻어 억울하게 돌아가신 이들 兄弟들을 望鄕의 東山에 安置 함으로써 母國의 품에 고이 잠드시게 해 드리고져 합니다. 그리고 이 奉還事業計劃 은 將次 사이판, 티니안島에 建立될 이 英靈들의 慰靈塔과 記念事業을 推進하는 첫 事業으로 施行코져 하는 것입니다. 모든 節次가 順調롭게 이룩되도록 關係者의 協調

를 要望하는바입니다.

2. 經過

韓國社會事業大學設立者 李永植 牧師께서 1975年 5月 6日부터 8日까지 3日間 當時 서울新聞社 東京特派員으로 있던 李禹世氏를 同途하여 現地確認을 하고 大興寺 創建 主 李龍澤氏와 韓國아브델 社長 崔基兌氏와의 協議 끝에 現地僑胞 全慶運氏와 JUAN B. KING氏 等 僑胞와 티니안 出身 CRUZ 議員과 市長 MENDICLA氏 그리고 OLYMPIO T. BORJA 議員과 充分한 協議와 現地踏査를 거쳐 本 奉還事業計劃을 樹立한 것입니다.

3. 奉還對象

沖繩縣人 同志會 및 美軍政府共同으로 日本人墓地에 假埋葬되어 있는 많은 數의 無名 韓國人 英靈遺骨을 現地 美空軍基地工事關係로 撤去하게 되므로 臨時 티니안 戰歿者 公園에 安置하였다가 奉還할 計劃입니다.

4.奉還場所

望鄕의 東山

5. 組織

顧問	若干名
名譽委員長	1名
奉還事業推進委員長	1名
副委員長	1名
推進委員	若干名
事務局員	若干名

6. 經費

遺骸收集費	1,000,000원
運柩費	1,000,000 〃
移葬 및 慰靈碑建立費	2,000,000 〃
其他	1,000,000 〃
計	5,000,000 〃

7. 推進日程

1977年	3月13日까지		任員構成
	3月20日까지		移葬手續
	4月25日까지		慰靈碑 準備完了
	4月25日까지		運柩準備完了(現地)
	4月30日(土)		JAL962便 11:50 本國奉還 委員一行 서울出發
		13:20	大阪到着
	5月1日(日)	11:15	JAL943便 大阪出發
		15:35	괌 到着
	5月2日(月)	17:00	괌 出發
		17:30	사이판 到着
	5月3日(火)	17:00	사이판 出發
		17:10	티니안 到着
	5月4日(水)	17:00	티니안. 사이판 出發
		17:30	괌 到着
	5月5日(木)	16:30	JAL944便 괌 出發
		19:10	大阪 到着
	5月6日(金)	09:20	JAL961便 大阪 出發
		11:00	서울 到着
	5月6日(金)	午後	望鄕의 東山에 安置

2-1-1-2. 첨부—마리아나 정부 이장 허가서

Government of the Nurthern thariana Islands
Office of the Resident Commissioner
March 23, 1977

Dr. Tae Yung Rhee, President
Korea Social Work College & Junior College
P.O. Box 21
Nam-Daegu
Republic of Korea

Dear Dr. Rhee:

Reference is to your letter of March 23, 1977, in which you have requested approval for repatriation of the human remains (bones) to Korea, of Koreans who were buried in the Chulu area of Tinian, in the Northern Mariana Islands, during the early part of May, 1977. I would also like to acknowledge the attachment to your letter of "The Plan for Relocation of the Remains of Unknown War-Dead Koreans(World War II) in Saipan-Tinian Islands to "Mang Hyang Dong San" in Korea.

As you have indicated in your letter, that you will "fully abide with the laws, policies and regulations" of the Northern Marianas Government as to this exhumation and repatriation, and further, as you indicate that you have already obtained the concurrence and support of the Mayor of Tinian, of Tinian Senator Jose R. Cruz, and Saipan Senator Olympio Borja, I can tentatively state that I have no objection to this exhumation recovery and repatriation of the Korean remains to Korea.

However, our general policy is that such bones recoveries and repatriation should be carried out on a Government-to-Government basis...and not by individual persons and/or private associations. We have strictly adhered to this policy with the Government of Japan during their many years of Japanese Bones Recoveries in this area, and we do not feel that it is appropriate to deviate from that policy and procedure with Korean recoveries. For this reason, it would be desirable that you obtain and reinforce your request with a letter of support and concurrence from the Government of South Korea, which should be submitted to me, as soon as possible.

As your present request is only for bones recovery and repatriation to Korea, I will not address myself to the request you have in your. "The Plan for Relocation..." for the building of a Memorial Tower. If you wish to erect such a Tower, I will need considerable more details as to location of the Memorial, type and size of Memorial, sponsors, maintenance provisions, land to be utilized, etc. Again, the support and concurrence of the Government of South Korea for this construction would be needed. Mainly, I would like to make clear that approval of the recovery and repatriation of Korean Bones to Korea, does not, in itself, constitute approval of your constructing the Memorial. You will have to obtain separate approval for such a Memorial construction.

We are very sympathetic of the desires of your people to recover the remains of your deceased, and to return them, with due respect and homage, to their Homeland of Korea. You can be assured that we will treat your request for such a compassionate and worthy mission with full consideration. If you need further detailed assistance, please do not hesitate to contact the Acting Director for General Administration for the Northern Marianas Government, Mr. Dan E. Akimoto, who will act as my liaison and coordinator for. accomplishment of this worthy mission. Thank you.

Sincerely yours,
Erwin D. Canham
Resident Commissioner

cc: Executive Officer, NMG, Saipan
    Acting Director of General Administration, NMG, Saipan
    Resident Commissioner's Rep., Tinian, Northern Mariana Islands
    Mayor, Municipality of Tinian
    The Honorable Jose R. Cruz, Senator, Legislature of the Northern Mariana Islands.
    The Honorable Olympio T. Borja, Senator, Legislature of the Northern Mariana Islands
    Chief of Police, NMG, Saipan(Attn: Captain Antonio Benavente)
    Director of Health Services, NMG, Saipan

GOVERNMENT OF THE NORTHERN MARIANA ISLANDS
FOURTH NORTHERN MARIANA ISLANDS LEGISLATURE
P.O. BOX 929
SUSUPE, SAIPAN, MARIANA ISLANDS 96950

November 15, 1976

The Honorable Erwin D. Canham
Resident Commissioner
Government of the Northern Marianas
Saipan, Mariana Islands 96950

Dear Mr. Canham:

At the conclusion of World War II, a combined Japanese, Okinawa, and Korean graves were located in Chulu, Tinian Municipality. However, several years ago the graves of the Japanese and Okinawans were relocated to Taga House in San Jose Village and the Korean grave was left untouched to the present.

On Tinian, we have several Korean families who are residents and citizen of the Trust Territory that wants to relocate the graves of Korean to Taga House area.

I have discussed this matter with our Mayor Felipe Mendiola and agrees to the plan.

May I have your kind approval to effectuate the relocation process.

Thanking you in advance for your kind consideration.

Sincerely yours,
Senator Jose R. Cruz

GOVERNMENT OF THE NORTHERN MARIANA ISLANDS
FIFTH NORTHERN MARIANA ISLANDS LEGISLATURE
P.O. BOX 929
SUSUPE, SAIPAN, MARIANA ISLANDS 96950

March 23, 1977

To Whom It May Concern:

As Acting Speaker of the Northern Mariana Islands Legislature, I wholeheartedly support the letter of invitation made by the Honorable Felipe C, Mendipla, Mayor of Tinian, to the Spirit Dedication Promotion Association, a South Korean group which desires to build a memorial on Tinian for those Koreans who died during Norld War II.

I also wholeheartedly support the intention of representatives from the Republic of South Korea to visit Tinian to discuss the matter further with authorities concerned, including arrangements and methods of dedicating such a program.

As Acting Speaker, I wish to not only endorse and support the invitation to this organization, but I want to assume full responsibility in helping defray their expenses during their stay on Saipan and Tinian, and to ensure that they will not become a public charge.

Your cooperation is greatly appreciated.

Sincerely yours,
Senator Olympio T. Boria
Acting Speaker

2-1-1-3. 첨부-임원 초청장

MUNICIPAL GOVERNMENT OF TINIAN
OFFICE OF THE MAYOR
NORTHERN MARIANA ISLANDS
P.O. BOX 18
TINIAN, MARIANA ISLANDS 96980

March 23, 1977
Mr. Young Tak Lee, Chairman
Korean Fallen Heroes in island of Tinian
Pacific Ocean of the Spirit Dedication
Promotion Association
c/o Korea Social Work College
P. O. Box 21 Nam-Daegu, Korea

Re: Letter of Invitation

Dear Mr. Lee:

As a Mayor of Municipality of Tinian, I would like to extend my sincere and heartfelt letter of invitation to you as a Chairman of the Korean Fallen Heroes Association in Tinian and is presently residing at 45-4 Huam-dong, Yongsan-ku, Seoul, Korea, and Mr. Hae Nam Lee, your general secretary to come and visit our island of Tinian for the purpose of discussing the arrangement method and other necessary procedures for such dedication with its plans and program with the authority concern for the period of ten(10) days, commencing from May 1 to May 10, 1977.

During your forthcoming visit and future stay on the island with Mr. Hae Nam Lee, I am willing to assume full responsibilities to support all expenses during your stay in the Municipality of Tinian, including round trip expenses and other matters connected therewith.

Sincerely yours,

Felipe C. Mendiola

Mayor

Municipality of Tinian

CC: Resident Commissioner, NMIG

    Speaker, NMIL

    Subscribed and sworn to before me this 23 day of March, 1977.

3. 외무부 공문—제2차 세계대전 전몰 무명 한국인 영령 봉환

외무부

번호 북일700-

일시 1977.4.12.

발신 외무부 장관

수신 보건사회부 장관

제목 제2차 세계대전 전몰 무명 한국인 영령봉환

대: 사회1461-67914

　　대호 태평양 사이판. 티니안도 전몰 무명 한국인 영령 봉환 사업추진 계획은 영광학원으로 하여금, 동 사업을 추진토록 하고 북마리아나 군도의 행정당국이 요구하는 아국정부의 동의서를 귀부 장관 명의로 발부함이 좋을것으로 사료됩니다. 끝.

4. 보건사회부 공문–제2차 세계대전 전몰 무명한국인 영령봉환에 따른 협조 요청

보건사회부
번호 사회1461-5472
일시 1977.4.21.
발신 보건사회부 장관
수신 외무부 장관
제목 제2차 세계대전 전몰 무명한국인 영령봉환에 따른 협조 요청

　　1. 북일 700-12528(77.4.12)호와 관련임.
　　2. 대호에 의거 회신하여 주신 본건에 대하여는 별첨과 같이 이의 봉환을 시행토록 하였아오니, 동 영령 봉환 계획이 순조롭게 진행되도록 적극 협조하여 주시기 바랍니다.
　　첨부 공문사본 1부. 끝.

4-1. 첨부–보건사회부 공문–제2차 세계대전 전몰 무명한국인 영령 봉환 동의

보건사회부
번호 사회1461-
일시 1977.4.21.
발신 보건사회부 장관
수신 학교법인 영광학원 이사장(경북 대구시 남구 대명동 2288)
제목 제2차 세계대전 전몰 무명한국인 영령봉환 동의

1. 학영원 제77-11호(77.3.2)와 관련입니다.

2. 대호에 의거 신청하신 본건에 대하여는 이를 귀의와 같이 동의하오며, 망향의 동산 사용 문제는 모국방문 추진위원회와 협의하여 처리하심이 타당할 것으로 사료되오니 양지하시기 바랍니다.

첨부 외무부 공문 북일700-12523(77.4.12). 끝.

5 외무부 공문(발신전보)–영광학원에 대한 원조 지시

외무부
번호 WGM-0419
일시 261530
발신 장관
수신 주아가나 총영사

학교법인 영광학원(한국 사회사업대학)은 정부의 동의를 얻어 귀 관할 사이판. 티니안도 전몰 아국인 영령봉환 사업을 추진중인바, 여사한 유골봉환 사업은 당부도 이를 추진, 혹은 지원하고 있는 점에 비추어, 상기 사업추진중 동 학원으로부터의 요청이 있을시 가능한 협조를 하기바람.

6. 주아가나 총영사관 공문–"티니안"도의 태평양전쟁 전몰무명 아국인 영령봉환 사업

주아가나 총영사관
번호 아가영725-176
일시 1977.4.20.
발신 주아가나 총영사
수신 장관
참조 영사교민국장, 미주국장
제목 "티니안"도의 태평양전쟁 전몰 무명 아국인 영령봉환 사업

1. 당관은 지난 77.4.6. 당지거주 교포 이영식(李永植) 목사로부터 당관 관내 Tinian도에서 이목사 일행이 1974년초 발견하였다는 태평양 전쟁시 전몰 무명한 국인 유해본국 봉환사업에 관하여 별첨과 같은 계획서를 추진 접수하였습니다.

2. 이영식 목사에 의한 동 유해의 발견 경위는 이목사 자신이 티니안도에 일제시 징용으로 와 현재까지 거주하고 있는 아국교포 전경운(全慶運) 씨의 안내로 현지를 답사하여 발견하였다는 바, 당관은 거리 및 교통관계로(싸이판까지 항공편 40분, 싸이판에서 티니안까지 보트로 3시간 걸림) 우선 싸이판 도내 한국인 친목회를 통하여 보다 상세한 현지 현황을 조사중이며, 필요할 경우 직원을 직접 현지에 파견 조사할 것을 고려중에 있습니다.

3. 한편 괌 도내 Northern Mariana(Saipan, Tinian, Rota) Government 정청 연락 사무소를 접촉하여, 전몰 아국인 유해를 본국으로 봉환하게 될 경우의 제반협조를 문의한 결과, 별첨 봉환추진위원회가 상기 정청 당국으로부터 받은 공한 내용대로 동 사업이 정부가 주도하여 수행되어야(Government-to-Government basis) 협조가 가능하다는 답변을 들었으며, 일본의 경우 일 정부 후생성이 주도하여 발굴반 및 봉환반을 파견, 주로 현지에서 화장후 분골을 봉환하고 있다고 합니다.

4. 본건에 관하여 현재 당관은 앞으로 본국의 봉환사업 추진위원회가 당관 관내에서 추진하는 활동에 제반업무 협조를 할 방침인 바, 그 이상 당관이 조치하여야 할 사항이 있을 경우 하시하여 주시기 바랍니다.

첨부: 1. 상기 봉환 사업 계획서.
　　　2. Northern Mariana 정청의 공한.
　　　3. 이영식 목사 제공 사진 2매. 끝.

7. 외무부 공문(착신전보)–영광학원 사업 지원확인서 관련 건의

외무부
번호 GUM-0503
일시
발신 주아가나 총영사
수신 장관

대: WGM-0419, 연: 아가영 725-176

대호건에 관하여는 연호로 보고드린 바와 같이 우선 영광학원이 정부의 적극적인 지원하에 본 사업을 추진하고 있음을 NORTHERN MARIANAS 정청 당국에 제시하여야 하는바, 본사업을 추진하는 인사(LEE, TAE YOUNG 한국 사회사업대학 학장)가 당지 도착시 상기 정부의 지원확인서를 소지할 수 있도록 관계부처에(보사부) 조치하여 주실 것을 건의함. (북일)

8. 외무부 공문(발신전보)–영광확인 보사부 동의서 관련 답변

외무부
번호 WGM-0507
일시 061110
발신 장관
수신 주아가나 총영사

대: GUM-0503 연: WGM-0419
연호 영광학원은 보사부의 동의서를 기히 득한바 있으니, 귀관은 동 사업추진에 차질이 없도록 협조바람. (북일-)

9. 외무부 공문(착신전보)–주아가나 총영사 출장 및 봉환 위원장 일정 보고

외무부
번호 GMW-0506
일시
발신 주아가나 총영사
수신 장관

대: WGM-0419
1. 대호 영령 봉환교섭을 위하여 5.8-9 간 본직은 "SAIPAN"도에 출장 "NORTHERN

MARIANAS" 정청 "COMMISSIONER"를 방문하여 영광학원의 영령봉환 수속이 순조로히 진행되도록 필요한 조치를 하였음.

2. 한편 이용택 봉환 위원장 일행는 당지에서의 봉환작업을 예정대로 추진중인 바 5.14. 오후 당지를 출발 오사카에서 일박후 5.15. 11:30 일본항공 편으로 (JAL961) 영현과 함께 김포 도착 예정임. (북일, 총무)

10. 학교법인 영광학원 공문―제2 차 세계대전 사이판. 티니안도 전몰 무명 한국인 영령봉환 사업 결과 보고

학교법인 영광학원

번호 학영원 제77-82호

일시 1977.5.28.

발신 학교법인 영광학원 이사장

수신 외무부 장관

제목 제2차 세계대전 사이판. 티니안도 전몰 무명 한국인 영령 봉환사업 결과 보고

제2차 세계대전 사이판. 티니안도 전몰 무명 한국인 영령봉환사업을 정부 관계자 및 국내보도진 기타 관계기관의 적극적인 협조 아래 계획대로 무사히 추진하고 그 결과를 별첨과 같이 보고합니다.

첨부 제2차 세계대전 사이판. 티니안도 전몰 무명 한국인 영령봉환사업 결과 보고 1부. "끝"

10-1. 첨부―제2차 세계대전 사이판. 티니안도 전몰 무명 한국인 영령봉환사업 결과 보고

第2次 世界大戰 사이판·티니안島
戰歿 無名韓國人 英靈奉還 事業結果報告

大邱市南區大明洞 2288番地

1. 趣旨

　　光復後 國土가 分斷된 속에서 共産南侵으로 同族相殘의 慘劇을 치루었으나 4.19 義擧에 이어 5.16革命을 契機로 急進的인 發展을 이룩하여 中進國隊列을 넘어 先進 國을 바라보는 工業韓國으로서 안으로 福된 새마을이 이룩되고 밖으로는 國力 伸張 되어 韓國의 이미지가 크게 浮刻되고 있음은 누구도 否認할 수 없는 事實입니다. 特히 不足한 物的資源과 共産北韓의 再侵威脅속에서도 能率的인 總和体制를 通하여 安定과 繁榮에의 土臺위에 4次 國家經濟開發計劃의 1次年度인 1977年을 맞아 힘찬 前進이 繼續되고 있읍니다. 그러나 이러한 祖國의 희망찬 이 時点에서도 太平洋戰爭 에서 無辜하게 犧牲된 數많은 兄弟姉妹들의 英靈들이 忘却地帶에서 慰勞받지 못하 고 있으니 이들은 第2次大戰中 太平洋地域 最激戰地였던 사이판·티니안島에서 犧 牲된 5,000餘名의 孤魂들입니다. 그래서 뜻있는 분들이 純粹한 마음으로 힘을 모아 關係當局의 協力을 얻어 억울하게 돌아가신 이들 兄弟들을 望鄕의 동산에 奉安함으 로써 母國의 품에 고이 잠드시게 해드리고자 합니다. 그리고 이 奉遺事業計劃은 將 次 사이판·티니안島에 建立될 이 英靈들의 慰靈塔과 記念事業을 推進하는 첫 事業 으로 施行하는 것입니다.

2. 經過報告

　1) 1975年부터 韓國社會事業大學 後援財團인 괌島 所在 國際福祉文化센타(I.W.C.C.) 가 사이판·티니안 地域을 中心으로 한 太平洋地域의 心身障害兒, 老人, 婦女 子를 對象으로 한 特殊敎育 및 社會敎育을 爲한 「Mariana Light House 園」 設立關係로 現地調査次 韓國社會事業大學 設立者 李永植 牧師께서 사이판· 티니안을 訪問 中에 第二次 世界大戰當時 徵用된 生存 韓國僑胞 慶南 昌寧 出身 崔夢龍氏와 平北 出身 全慶運氏를 만나게 되어 티니안에 終戰當時 8名의 韓國靑年이 生存한 事實과 僑胞 二世들이 各섬 마다 상당수가 散在해 있다는 事實을 알게 되었읍니다.

　2) 1975年 4月 23日부터 3日間 李永植 牧師의 周旋으로 當時 서울新聞社 東京 特派員 李禹世氏가 괌과 사이판·티니안을 踏査하여 二次大戰 當時의 狀況과 現地에 殘留된 僑胞들의 實況을 처음으로 本國에 알리었으며

3) 李永植 牧師의 周旋으로 崔夢龍氏 및 全慶運氏는 1975年 9月에 本國에 와서 35年만에 家族을 찾아 相逢하고 돌아간 바 있습니다. 이러한 關係의 發展으로

4) 1976年 10月 中旬 再次 티니안을 訪問한 李永植 牧師에게 티니안 市長 Mendiola氏로부터 "이 地域에서 犧牲된 韓國人이 5,000餘名이나 되니 韓國政府에서도 慰靈塔을 세워 紀念하는 것이 어떠냐"고 提案을 받았습니다.

5) 李永植 牧師는 慰靈塔 建立보다도 우선 遺骸를 모신 墓地라도 찾았으면 하여 原住民들에게 探問한 結果 티니안市議員 보라하氏의 記憶에 의해 日本人 墓地 附近에 埋葬된 事實을 알게 되었으며

6) 보라하議員의 案內로 李永植 牧師와 僑胞 二世인 Juan B. King氏가 함께 티니안 「Chulu」에 있는 日本人 墓地 附近, 쟝글속 에서 마침내 "朝鮮人之墓, 一九四六年 五月 二十八日 沖繩縣人 同志會, 美軍政府 建立"이라는 墓石을 發見하고 合葬된 무덤 三基를 發見하였읍니다.

7) Mendiola 티니안 市長을 비롯한 여러 有志들과 管理對策을 相議한 結果 1977年부터 이 墓域이 美空軍基地 建設工事 關係로 整地하게 되므로 「日本人慰靈塔」이 세워진 公園墓地로 일단 移葬하자는 意見이 있어 李永植 牧師께서 移葬해야 한다면 本國의 「望鄉의 동산」으로 奉遺하기로 決心하고, 奉遺計劃을 推進하게 되었읍니다.

8) 1977年 3月 23日 學校法人榮光學園 理事長 名義로 保健社會部 및 在外同胞母國訪問後援會에 奉還許可 申請書를 提出하여 4月23日 社會1461-5472號로 奉還 同意를 받았으며

9) 1977年 3月 25日 奉還推進委員會를 構成하였고

10) 4月 29日 奉還을 爲한 第一陣이 本國을 出發 4月 30日 現地到着, 遺骸 運柩準備에 着手하였읍니다.

11) 5月7日 第二陣으로 委員長 및 副委員長 一行이 韓國을 出發하여 5月 10日 사이판에 到着, 5月 12日 遺骸와 委員一行이 사이판을 出發하여 5月 15日 今日 本國에 到着 "望鄉의 동산"에 奉還하게 되었읍니다.

12) 그리고 現地 政府關係者 및 有志들의 要請에 依해 앞으로 이들 英靈들에 對한 慰靈塔을 티니안 墓地公園에 建立할 豫定입니다.

3. 奉還推進委員

顧問	李永植 牧師(韓國社會事業大學設立者)
	桜内義雄 博士(日本衆議院議員)
	夢沼 強 先生(前 立川美空軍基地司令官顧問)

	OLYMPIO T. BORJA 博士(Mariana 議會議員) JOSE R. CRUZ 議員　　　(　　　〃　　　) FILIPE C. MENDIOLA 市長(티니안市) HERMAN M. MANGLONA(Mariana 議會議員)
名譽委員長	朴鉉燮(韓國B.B.S. 中央聯盟會長)
奉還推進委員長	李龍澤(韓國仏教育少年教化聯合會會長)
副委員長	李泰栄(韓國社會事業大學長) 南 博之(日本京都市企業診断士協會長) 崔基兌(韓國아브델會社長)
推進委員	全慶運(티니안生存僑胞) 李圭植(在日僑胞) 田浦 至(日本學芸協會長) JUAN B. KING(티니안僑胞二世)
遺骸發掘	ALFONSO S. BORJA

4. 奉還式順

　　1) 金浦空港

　　　　○發靷式 ·····················司會 安賢哲

　　　　　가. 國民儀禮 ·····················一同

　　　　　나. 三歸依 ·····················合唱團

　　　　　다. 般若心經讀經 ·····················大衆一同

　　　　　라. 請魂 ·····················法師

　　　　　마. 靈駕祝願 ·····················法師

　　　　　바. 極楽往生하소서 ·····················合唱團

　　　　　사. 委員長人事 ·····················李龍澤

　　　　　아. 廣告 ·····················元英祚

　　　　○乘車

　　　　○出發

　　2) 望鄉의 동산

　　　　○慰靈祭 ·····················司會 安賢哲

　　　　　가. 開會辭 ·····················司會者

　　　　　나. 國民儀禮 ·····················一同

　　　　　다. 三烯依 ·····················合唱團

　　　　　라. 經過報告 ·····················崔基兌

마. 般若心經讀經 ··大衆一同

바. 靈駕祝願 ··法師

사. 追悼辭 ···推進委員長 李龍澤

아. 弔辭 ···120同志會長 具泰會

자. 極楽往生하소서 ···合唱團

차. 廣告 ···元英祚

카. 念佛 및 焚香 ···委員 및 來賓

타. 四弘誓願 ···合唱團

파. 閉會 ··司會者

○奉安

5. 行列順序

  1) 金浦空港

    가. 太極旗

    나. 位牌

    다. 法師

    라. 遺骸

    마. 推進委員

    바. 合唱團

    사. 來賓

      ①各部處

      ② 一般

  2) 車輛行列

    가. Escort

    나. 委員長(李會長車)

    다. 法師 및 合唱團(保健學校버스)

    라. 遺骸車(大學버스)

    마. 推進委員(乘用車)

    바. 一般來賓

6. 日程

| 1977年 5月15日 | 11:45 金浦空港到着 |
| | 12:40 發靭準備完了 |

12:50	發靷儀式
13:20	金浦空港出發
15:00	望鄕의 동산 到着
15:20	慰靈祭
16:00	奉安
17:00	奉安完了

7. 奉還節次

1977.	5.4	保健社會部 英靈奉還 承認
	5.4	在外同胞母國訪問後援會 望鄕의 동산 墓地使用 承認
	4.29	推進委員 第一陣 本國出發
	5.7	推進委員 第二陣 本國出發
	5.11	MARIANA群島 TINIAN島 CHULU 日本人墓地 附近에 所在한 朝鮮人之墓 三基 發掘
	5.12	티니안서 遺骸 出發
	5.15	金浦空港 到着

遺骸週柩 韓國社會事業大學 R.O.T.C 學生 17名이 運柩
執典 道詵寺 李慧惺 스님 外 9名
合唱団 道詵寺 觀世音合唱團 30名
金浦→ 望鄕의 동산, 韓國社會事業大學 버스로 運柩
道骸奉安 望鄕의 동산 장미묘역(團体墓域)

8. 奉還場所
忠南天原郡聖居面料芳里
　　望鄕의 동산 「장미묘역」

9. 參席來賓
政府側
　　　保健社會部 社會課長 申燻湜
在外同胞母國訪問後援會
　　　同後援會 監査 車亨根 先生
　　　事務局長 林昌煥 先生
MARIANA 政府側

　　　　　上院議員 JOSE R. CRUZ. 議員

　　　　　티니안 市長 FILIPE C. MENDIOLA 市長

　　　　　티니안 市議員 ALFONSO B. BORJA 議員

　　　　　티니안 僑胞二世 JUAN B. KING 先生

　　其他

　　　　　日本京都市企業診斷士協會長 南博之先生

10. 戰沒無名韓國人墓碑文

　　지난날 第二次世界大戰中 나라 잃은 우리 民族은 日本軍에 强徵되어 헛되이 犧牲된 英靈, 그 數를 헤아릴 수 없거니와 더구나 1944年 7月 太平洋地域의 最激 戰地 사이판·티니안에서 戰歿한 5千餘名의 우리 韓國靑年들은 그 名字조차 물을 길이 없는 冤魂이 되었으니 하늘도 無心하여라 이 어찌 무고한 戰亡이 아니리오.

　　마침내 戰爭은 가시어지고, 光復三十餘年이어도 孤魂은 數萬里 異國의 地下 에서 돌아올 길 없이 蕭條한 나날을 보내야만 하였으니 이 또한 後人이 돌아보아 어찌 부끄럽고 슬프지 아니하리오.

　　삼가 옷깃을 여미고 精誠을 모두어 사이판·티니안 地域의 無名韓國人英靈遺 骸를 祖國의 품으로 奉還, 여기 「望鄕의 동산」 맑은 하늘 아래 길이 잠드시게 하노니, 英靈이시여 이제는 安眠하소서. 發展된 祖國의 모습에 기뻐하소서.

　　이제 奉還推進委員會는 함께 뜻을 모우고 關心있는 여러 나라 뜻있는 이의 協助를 얻어 이 事業을 推進하되 特히 韓國社會事業大學設立者 李永植 牧師의 獻身的인 애쓰심으로 이룩된 것이며, 이 모두가 다시는 戰爭없는 人類社會를 念 願하고 無名英靈들을 慰靈하며, 冥福을 빌고자 함이니 그 뜻을 삼가 이 돌에 새겨 세우는 바이다.

　　　　　　　　　　　1977年 5月 　 日 建立

11. 追悼辭

　　오늘 돌아오신 靈駕는 꽃다운 靑春으로 나라잃은 슬픔을 안고 가기도 싫은 싸움터를 울며 불며 强制로 日帝野慾의 祭物로 끌려가 異域萬里 太平洋 사이판 과 티니안 島에서 처참하게 散華한지 30餘年이 지난 오늘에서야 그렇게도 그리 던 故國땅에 돌아 오셨읍니다.

　　落葉은 歸根이요, 野獸는 歸死生窟이라고 하였는데 하물며 萬物의 영장이라

고 하는 사람이 죽어서도 故國땅에 묻히지 못하고 他鄕에서 기나긴 歲月 孤魂으로 彷徨하던 것을

朴正熙 大統領 閣下의 各別하신 配慮와 政府 관계당국의 여러분과 大韓佛敎 曹溪宗 護國 □悔 總本刹인 大道誅寺 李慧惺 住持 스님 그리고 韓國社會事業大學의 設立者이신 李永植 牧師님과 遺骸奉還推進委員會 여러분들과 사이판·티니안島 現地 官, 民 그리고 괌의 아가나 주재 韓國總領事館 직원 일동과 그곳 동포 여러분들의 積極的인 協助아래 無事히 奉還하게 되었읍니다.

英靈들이 强制로 끌려가 犧牲 당하므로써 우리나라 다른 젊은이들 이 억울한 犧牲을 더 많이 당하지 않도록 하신 功德이 컸음에도 不拘하고

第2次世界大戰이 끝난지 30餘年이 지난 오늘 님들을 奉還하게 된 것을 깊이 謝罪하오니 너그럽게 굽어 살펴 주소서.

님들이 마지막으로 보신 祖國은 日帝의 植民地下였으나 님들의 犧牲위에 祖國은 1945年 8月 15日 解放되었읍니다.

그리고 우리 民族의 뜻과는 달리 强大國의 뜻대로 38度線을 경계로 南과 北으로 分斷되었읍니다.

그러나 南쪽에서는 우리 民族史的 傳統性을 지닌 大韓民國을 建國하였읍니다.

조국 光復과 新生祖國의 기쁨과 希望에 찬 우리들에게 北韓傀儡集團이 不法으로 南侵하여 3年間이나 同族相殘의 피비린내 나는 悲劇을 겪기도 하였읍니다.

戰爭의 잿더미 위에서도 우리는 굽히지 않고 反共을 國是로 삼고 自主, 自由, 民主, 平等, 平和를 國基로 하여 祖國再建에 힘써 일해 왔읍니다.

現在는 우리 民族의 指導者이신 朴正熙 大統領 閣下를 中心으로 온 국민이 한데 뭉쳐 祖國近代化의 기치아래 自立, 自助, 協同精神으로 불철주야 일한 나머지 이제 우리 조국은 後進弱少國이란 代名詞를 벗어나서 그 힘이 世界萬邦에 펼치게 되었읍니다.

그대가 누구신가고 이름조차 물어볼 수 없는 영령들이시여!

해가 뜨고 지기가 며칠이며 나무잎이 피고 지고 낙엽이 떨어져 님들의 무덤위에 쌓이고 싸인지 몇몇년이 되었습니까.

故鄕은 어디이며 父母, 兄弟, 姉妹와 妻, 子息은 어디에 있으며 누구신지요.

말없는 영령들이시여!

몸은 이미 가셨지만 영혼이나마 極樂往生의 길에 몰라보게 發展한 오늘의 祖國의 참 모습을 한번 보시고 가십시오.

영령들이시여 잘 보셨읍니까?

이처럼 발전한 조국의 모습앞에 영령들의 그토록 피맺힌 한들을 푸시고 부디 極

樂淨土에서 모든 슬픔과 괴로움을 잊으시고 끝없는 福樂을 누리시기를 무릎 꿇어 빌겠읍니다.

가신 영령들에게 무어라고 위안을 드리며 무엇으로 명복을 빌어 드리겠읍니까. 다만 님들의 靈前에 엄숙히 다짐하옵건데 오늘에 사는 우리들은 다시는 님들과 같은 무의미하고 참혹한 죽음을 당하는 同胞가 없도록 안으로 온 國民이 總和團結하여 國力을 기를 것이며 밖으로는 이제 外敵이 함부로 넘겨보지 못하도록 國防을 튼튼히 하여 民族의 宿願인 祖國統一외 聖業을 期必코 完遂하겠읍니다.

英靈들이시여
아무쪼록 저승에서나마 오늘의 우리들이 民族中興의 大業을 完遂할 수 있도록 독려하여 주시고 지혜와 용기를 주소서.

그리고 三世의 여러 부처님이시여!
오늘은 六度의 문을 활짝 열어 한많고 설움많은 이 가련한 孤魂들을 한분도 빠짐없이 西方世界의 極楽淨土로 薦度하여 주시기를 祈禱드립니다.

나무아미타불, 나무아미타불, 나무아미타불

英靈들이시여!
이제 여러분의 祖國 大韓民國 望鄉의 동산에서 永遠히 永遠히 고히 고히 잠드소서.

서기 1977년 5월 15일

第二次世界大戰
太平洋 사이완 티니안島
戰歿無名韓國人
遺骸奉遺 推進委員會
委員長 李龍澤 합장

12. 弔辭

나라가 解放이 된지 三〇餘年이 지난 오늘 太平洋戰爭에서 日本帝國主義者들의 强制에 依해 徵用이나 徵兵 또는 學兵으로 動員되었다가 南洋에서 犧牲되었던 우리同胞의 英靈이 그토록 애타게 所望했던 祖國 땅에 소리없이 돌아오셨읍니다.

살아서는 日帝의 無慈悲한 魔手에 시달림을 받다가 죽어서까지 오랜 歲月을 忘却의 저편에 던져져 太平洋의 하늘아래 외로운 魂으로 떠돌아 다녀야 했던 苟

酷한 運命의 우리 同胞의 英靈이 이제겨우 그 恨을 풀어 돌아오게 되었으니 그 當時 살아남아 이제까지 삶을 누리고 있는 사람이나 오늘의 後人은 다만 肅然히 고개숙여 冥福을 빌 뿐입니다.

생각하면 人生에 있어서 勝者도 敗者도 못되는 存在처럼 기막힌 것은 없읍니다. 오늘 英靈을 맞이함에 勝者의 거룩한 獻身의 歸還도 아니며 그렇다고 지난 歷史 속에 스스로의 決斷에 依한 敗者의 조용한 迎接도 못되는 여러 英靈을 무슨 말로 어떻게 달래 드려야 할지 모르겠읍니다.

죽어서 떳떳이 장사지내지 못하고 그동안 南國의 孤島에 버려졌던 英靈은 分明히 그철줄 모르는 怨恨을 달래며 떠돌아 다녀야 했을 것입니다.

그러나 이제 돌아 오셨읍니다.

이곳은 여러 英靈의 祖國, 지난날의 恨을 푸시고 시름을 잊으시며 조용히 잠들 수 있는 분명한 우리의 祖國이며 그리고 永遠한 安息處입니다.

비록 生者와 死者 間에 서로 말을 잊은 이 슬픈 歸還입니다만 英靈이시여! 우리 겨레 스스로를 所重히 하는 뜻으로 이 자리를 愁嘆의 자리로만 만들수는 없읍니다.

人間이라면 本意아니게 戰場에 끌려나가선 絕對로 안되는 것이며 누구를 위해 무엇을 하려고 武器를 들고 勞役을 提供해야 하는가의 名分이 뚜렷하지 않을 때는 決斷코 이를 排擊해야 한다는 事實과 나의 祖國을 위해서가 아닌 異民族의 强要에 依한 運命의 決定이 있어서는 안된다는 뚜렷한 証拠를 여러 英靈의 歸還으로 다시한번 되새겨 보는 것입니다.

英靈이시여! 잘 오셨읍니다.

여러분의 祖國은 지금 歷史에 일찌기 보지못한 燦爛하고 偉大한 發展을 거듭하고 있읍니다.

이제 우리들의 繁榮은 삶을 위한 탈바꿈을 지나 福祉國家隊列에 들기 위한 줄기찬 前進을 거듭하고 있읍니다. 다만 그동안 民族 相殘의 쓰라림을 넘어 아직도 共産主義者들의 끊임없는 挑戰과 体制間의 葛藤을 겪고 있읍니다만 우리들은 여러 英靈을 따뜻이 맞이하는 슬기로운 後人임을 기뻐해 주십시오.

이는 여러 英靈의 高貴한 犧牲을 거울삼아 다시는 이 땅위에 더러운 歷史의 자취를 남기지 않으려는 우리들의 決意가 오늘의 榮光과 英靈을 맞이할 수 있는 餘裕를 만든 것입니다.

오늘 그 이름도 잊지못할 望鄕의 동산에 여러 英靈을 모시게 되었읍니다. 내 疆土의 흙은 길이길이 더불어 같이 할 것입니다.

九天에 계시는 英靈이시여! 恨많은 生涯의 시름을 잊으시고 내 祖國을 지키소서.

그리고 고이 고이 잠드소서

一九七七年 五月 十五日

一·二〇同志會

會長 具泰會 哭拜

13. 將來計劃

　　(1) 現地 MARIANA 政府關係者 및 有志들의 要請에 依해 慰靈塔을 티니안 墓地
　　　　公園에 建立할 豫定임.

　　(2) 동 慰靈塔이 建立되면 現地와 望鄕의 동산에 每年 慰靈祭을 드릴 豫定임.

　　(3) 앞으로 隣接 다른 섬에도 韓國人遺骸를 찾아서 奉還할 計劃임.

10-1-1. 자료-신문보도

서울신문 1977.5.21. 戰爭은 없어져라. 永遠히 없어져라

억울하게 끌려가 風雨에 시달린 寃魂 5千_아무도 찾는이 없는 密林 속에 『朝鮮人之
墓』묘비만 쓸쓸히 32년_이제 故國의 품속, 고이 잠드소서...

國內新聞報道記事

서울신문 1977.5.14. 「티니안의 冤魂」 還國_2차大戰때 희생된 5千位 15일 32년만에 金浦에

부산일보 1977.5.17. 돌아온 사이판의 寃魂

1977년5월17일 (화요일) (음력3월30일 갑술)

社說

僞裝間諜船의 浸透

—韓海상은 防備態勢가 거듭 促求된다—

돌아온사이판의 寃魂

85

한국일보 1977.4.20. 2次戰때 희생된 同胞 5千여位
南洋정글 孤魂이 돌아온다._티니안서 내달 還國 望鄕 동산에

동아일보 1977.5.17. 南洋孤魂5千位 32年만에 母國품에_戰爭은 永遠히 사라지라.

11. 외무부 공문(착신전보)-외무성의 유골문제 해결안 제시에 대한 한국측 검토 결과 촉구

외무부
번호 JAW-06486
일시 181409
수신시간 6.18. 16:52
발신 주일대사
수신 장관

　　연: JAW-12638(75.12.30)
　　1. 77.6.18. 외무성 북동아과 엔도 과장은 당관 권병현 정무과장을 외무성으로 초치, (2차 대전시) 구군인, 군속 등 한국인 유골 인도문제의 해결에 관하여 외무성이 75.12.26에 당관에 해결안을 제안한 사실을 상기시키고 현재 메구로 소재 "유천사"에 1147구가 보관되어 있는바, 종전후 30년이 경과한 지금 가급적 조속히 아국관계 유골을 반환하고 싶다고 하고 상기 일측 해결안에 대한 아측 검토 결과를 조속히 알려줄 것을 촉구해 왔음. (동해결은 사본을 제시함)
　　2. 이에 당관측은 이 문제를 이 시점에서 새삼 제기한데 특별한 이유가 있는지 물었던 바, 외무성측은 특별한 이유는 없고, 관련자가 최근 이를 제기해와서 외무성이 과거의 경위를 조사한 결과 아측의 회답이 상금 접수되지 않고 있어 이를 촉구하는 것이라고 답함.
　　이 문제에 관하여 일측 요망사항을 본국에 보고하겠다고 답했음.
　　다만, 일측 해결안을 즉석에서 일견한 바로는 일본 적십자사가 북괴측 적십자와 접촉, 북한출신 유골의 조사의뢰 부분이 포함되어 있음을 지적하고, 유골봉환문제 자체가 한국민에게는 상금도 SENSITIVE한 것이라 이 문제가 만약 북괴와의 어떠한 관련을 갖고 발전해 간다면 문제 해결을 더욱 어렵게 만드는 것이 염려된다고 하고 특히 북괴와의 관련 문제에는 신중을 기해줄 것을 요청해 두었음. 이에 외무성측은 한국측의 회답이 늦은것도 북과의 관련부분 때문인 것으로 짐작된다고 하고 신중을 기하겠다고 답하였음. (일정-북일)

12. 면담요록-후생성 제시안에 대한 한국측 의견 제시 촉구

면담요록

1. 일시: 1977년 6월 29일(수요일) 14:15시~14:30시
2. 장소: 동북아 1과
3. 면담자: 박련 동북아 1과장, 하마다 주한 일본대사관 1등 서기관
4. 내용:

> 하마다: 22차 대전중 전몰한 한국인의 유골봉환과 관련하여, 현재 후생성 에서 보관하고 있는 잔여유골의 봉환계획이 7월말까지 수립되지 않으 면, 유골봉환에 따른 비용을 내년도 예산에 반영시키기가 곤란함. 1975년 12월의 아측 제시안에 대한 귀측 견해를 가능하다면 7월중으 로 제시하여 주기를 희망함.
>
> 박과장: 우리도 이 문제를 무한정 현안문제로서 남겨둘 의사는 아니며, 조속한 봉환안치를 바라고 있으나, 귀 제시안에는 여러 문제점이 있으 므로, 이를 검토, 가급적 빠른 시일안에 우리의 입장을 알려주겠음. 끝.

13. 외무부 공문-재일본 전몰 한국인 유골봉환

외무부
번호 북일700-
일시 1977.7.7.
발신 외무부 장관
수신 수신처 참조
제목 재일본 전몰 한국인 유골봉환

　　1. 태평양전쟁 당시 전몰한 재일 한국인 유공봉환건과 관련하여 일측은 1975.12.26. 별첨(1)과 같은 일측 해결안을 제시하여 온 바 있읍니다.
　　2. 전기 일측안의 요지는
　　　　1) 일본 적십자사로 하여금 북괴 적십자사를 통하여 북한출신 유골의 유 족을 확인.

2) 유족이 판명될 경우에는 동 유골을 북괴에 인도한다.는 것인바, 이 경우 일정부가 유골봉환을 구실로 북괴와 공식접촉을 가질 우려가 있을 뿐만 아니라 유골의 북괴에의 봉환은 "대한민국이 한반도에서 유일 합법정부"라는 우리의 명분을 후퇴시킬 우려가 있는 등 여러가지 문제점이 있어, 전기 일측안에 대한 아측 회답을 보류하여 왔읍니다.

3. 그러나 일정부는 일측안에 대한 아측의견을 재차 독촉하고 있으며, 또한 본건을 가급적 조속히 타결하여 유골을 봉환 안치할 필요가 있음에 비추어, 전기 일측안에 대하여 별첨(2)와 같은 아측 대안을 제시코자 하는 바, 이에 대한 귀부 의견을 77.7.16.까지 회보하여 주시기 바랍니다.

첨부: (1) 일측 최종안 1부.
     (2) 아측 대안 1부.

수신처: 보건사회부장관, 중앙정보부장, 재무부장관. 끝.

13-1. 별첨-일측 최종안과 아측 최종안[1]

(別添1)

2次大戰中 戰歿 在日韓國人 遺骨奉還과 關聯한 日側 最終案

(1) 厚生育은 "1年以內에 遺族의 申請이 없는 경우, 殘餘遺骨에 對하여는 日本政府가 適切히 措置한다"는 뜻을 明記, 日本國內에서 遺骨 名單을 公示함.
(2) 公示를 함에있어 厚生者은 日本赤十字社를 通하여 北韓赤十字社에도 同一名單을 通知하고 遺骨의 引受希望 與否를 調査토록 依賴함.
(3) 遺族이 判明될 境遇에는 從來대로 正當한 遺族인지 與否를 確認한 다음 引渡함.
(4) 公示后 1年이 經過된 時点에서 遺族이 判明되지 않은 大韓民國을 本籍地로한 者의 遺骨은 다음과 같은 條件으로 韓國政府에 一括 引渡함.
가. 遺骨에 처하여 韓國政府가 適當한 祭禮를 行함.
나. 將來 遺族이 判明되는 境遇에는 居住地 如何를 不問하고 遺骨을 引渡함.
(5) 公示后 1年이 經過된 時点에서 遺族이 判明되지 않은 北韓을 本籍地로 하는 遺骨

---

1) 번호 체계가 공문에 표기된 순서를 따르지 않아 통합하여 처리하였다.

은 이를 北韓側이 引受할것을 希望하면, 日赤—北赤을 通하여 引受하며, 引受를 希望하지 않을 境遇에는 厚生者이 繼續 保管함.

(別添2)

我側代案

(1) 日本厚生有이 "1年以內에 遺族의 申請이 없는 境遇, 殘餘遠骨에 對하여는 日本政府가 適切히 措置한다"는 뜻을 明記 日本國內에서 遺骨 名單을 公示한다는 日本政府의 國內措置에는 反對하지 않음.

(2) 上記節次后, 南韓을 本籍地로 한 者의 遺骨全部와 北韓을 本籍地로 한 者의 遺骨中 南韓에 遺族 或은 緣故者가 있는 適骨은 大韓民國政府가 一括 引受함.

(3) 大韓民國 政府는 前記 引受한 遺骨中 遺族이 確認될 境遇에는 遺骨을 遺族에게 引渡함.

(4) 南韓內 遺族 或은 緣故者가 居住하고 있지 않음이 確認된 北韓地域 出身者 遺骨에 對하여는 大韓民國 政府가 이를 引受하는 問題를 固執하지 않으며, 아래와 같은 條件을 日本國 政府가 保障하면, 人道的인 見地에서 同道骨을 出身地域으로 奉還하는데 굳이 反對하지 않음.

　가. 日本側 提議대로 日赤—北赤을 通해서만 引渡함.

　나. 遺骨 奉還이라는 人道的 問題 處理가 北韓과의 公式接触 또는 支流拡大의 手段이 되어서는 안됨.

　다. 北韓에 對한 遺骨奉還時 日本政府 關係者가 護送을 理由로 北韓을 訪問해서는 안됨.

(別添1)

兩側案의 要旨
(日側案에 처한 我側 代案의 要旨)

(1) 日政府의 遺骨名單公示: 同意토록함.

(2) 日本 赤十字社의 北傀赤十字社에 對한 遺骨名單의 通報: 我側 案에서는 同意與

否에 言及치 않고 事實上 默認토록 함.

(3) 遺骨奉還方法:

   가. 日側案에서는 日赤이 北赤을 通하여 遺族이 確認될 때에는 遺骨을 遺族에게 引渡하고, 또한 遺族이 確認되지 않는 北韓出身(北韓 本籍地) 遺骨中 北赤이 引受를 希望하지 않을 경우에는 日政府가 繼續 保管토록 되어있음.

   나. 그리고 南韓出身 遺骨에 對하여는 將次遺族이 判明될 경우에는 居住地 如何를 不問하고 遺骨을 環族에게 引渡한다는 條件으로 韓國政府에 一括引渡한다는 內容임.

   다. 따라서 日側案에 依하면, 遺族이 確認되지 않은 北韓出身 遺骨도 北赤이 希望하면 引渡키로 되어 있으며, 北赤이 希望하지 않을 경우에는 日側이 繼續 遺骨을 保管토록 되어있어, 遺骨奉還 問題가 完全히 妥結되지 않을 뿐더러 日本과 北傀의 接觸 可能性을 그대로 남겨둘 憂慮가 있음.

   라. 上記에 비추어 我側代案에서는 北韓地域에 遺族이 判明된 遺骨을 北傀側에 引渡한다는 데는 反對하지 않으나, 遺族이 判明되지 않는 北韓出身 遺骨과 南韓出身遺骨을 다함께 一括韓國政府에 引渡토록 要請 하고있음.

   (경우에 따라서는 我國이 保管中, 北韓出身 遺骨의 遺族이 判明되면 이를 引渡할 경우가 發生할수 있음.)

(4) 다만, 日側이 北韓出身 遺骨을 北傀에 引渡할 경우에도 遺骨을 어디까지나 日赤-北赤을 通해서만 引渡토록 하고 遺骨奉還을 口實로 日·北傀間 交流를 擴大하거나 公式接触手段으로 삼지 않을 것 等 몇 가지 條件을 提示하고저 함.

(別添3)

我側代案

(1) 日本厚生省이 "1年以內에 遺族의 申請이 없는 境遇, 殘餘遠骨에 對하여는 日本政府가 適切히 措置한다"는 뜻을 明記 日本國內에서 遺骨 名單을 公示한다는 日本政府의 國內措置에는 反對하지 않음.

(2) 大韓民國 政府가 이를 一括 引受한다.

(3) 北韓을 本籍地로 한 者(北韓 地域 出身)의 遺骨中 北韓에 遺族이 確認된 遺骨을 除外한 殘餘 遺骨을 大韓民國 政府가 引受하는 問題는 이를 固執치 않는다.

(4) 大韓民國는 前記 引受한 遺骨 中 遺族 또는 緣故者가 確認된 境遇에는 遺骨을

遺族 또는 緣故者에게 引渡함.

(4) 南韓 內 遺族이 居住하고 있지 않음이 確認된 北韓出身者 遺骨에 對하여는 아래
와 같은 條件을 日本國政府가 保障하면 同 遺骨을 北韓側에 引渡하는데 反對하
지 않음

1) 日本側 提議대로 日赤-北赤을 通해서만 引渡함.

2) 遺骨奉還이라는 人道的 問題 處理가 日北韓 政府間 交流의 擴大 또는 公式接
觸의 手段이 되어서는 안 됨

3) 北韓에 對한 遺骨奉還時 日本政府 關係者가 護送을 理由로 北韓을 訪問해서는
안 됨.

(별첨2)

아측대안

(1) 일본 후생성이 "1년 이내에 유족의 신청이 없는 경우, 잔여 유골에 대하여는 일본
정부가 적절히 조치한다"는 뜻을 명기, 일본국내에 대하여는 일본정부가 적절히
조치한다"는 뜻을 명기, 일본 국내에서 유골명단을 공시한다는 일본정부의 국내
조치에는 반대하지 않음.

(2) 상기 절차후, 남한을 본적지로 한 자의 유골 전부와 북한을 본적지로 한 자의
유골중 남한에 유족 혹은 연고자가 있는 유골은 대한민국 정부가 일괄 인수함.

(3) 대한민국 정부는 전기 인수한 유골중 유족이 확인될 경우에는 유골을 유족에게
인도함.

(4) 남한내 유족이 거주하고 있지 않음이 확인된 북한 지역 출신자 유골에 대하여는
대한민국 정부가 이를 인수하는 문제를 고집하지 않으며 아래와 같은 조건을 일
본국 정부가 보장하면, 인도적인 견지에서 동 유골을 "출신지역으로 봉한하는데
굳이 반대하지 않음.

가. 일본측 제의대로 일적―북적을 통해서만 인도함.

나. 유골 봉환이라는 인도적 문제처리가 북한과의 공식접촉 또는 교류 확대의
수단이 되어서는 안됨.

다. 북한에 대한 유골봉환시 일본정부 관계자가 호송을 이유로 북한을 방문해서
는 안 됨.

我側代案

(1) 日本厚生有이 "1年以內에 遺族의 申請이 없는 境遇, 殘餘遠骨에 對하여는 日本政府가 適切히 措置한다"는 뜻을 明記 日本國內에서 遺骨 名單을 公示한다는 日本政府의 國內措置에는 反對하지 않음.
(2) 上記 節次后, 南韓을 本籍地로 한 者의 遺骨 全部와 北韓을 本籍地(□□□□□)로 한 者의 遺骨中 北韓에 遺族이 確認된 遺骨을 除外한 殘餘遺骨 全部를 大韓民國政府가 一括引受하여 本件 一括妥結을 □□□토록함.
(3) 大韓民國政府는 前記 引受한 遺骨中 遺族 또는 緣故者가 確認된 境遇에는 遺骨을 遺族에게 引渡함

我側代案(□□2案)

(1) 日本厚生有이 "1年以內에 遺族의 申請이 없는 境遇, 殘餘遠骨에 對하여는 日本政府가 適切히 措置한다"는 뜻을 明記 日本國以에서 遺骨 名單을 公示한다는 日本政府의 國內措置에는 反對하지 않음.
(3) 韓國政府는 前記 引受한 遺骨中 遺族 또는 緣故者가 確認된 境遇에는 遺骨을 遺族 또는 緣故者에게 引渡하거나 引渡를 爲하여 適切하다고 判斷되는 國內措置를 取할 것임.
(3) 前記公示期間中 南韓地域內에 遺族이나 緣故者가 確認되지 아니한 北韓出身者(北韓을 本籍地로 하는者) 遺骨에 對하여는 다음과 같이 處理토록 함.
　(가) 遺骨確認 節次및 遺骨引渡 方案에 關하여 別途 韓日 兩國間의 外交經路을 通하여 繼續 協議토록함.
　(나) 前項中 兩國間의 外交上 妥結이 이루워질 때까지 遺骨은 日政府가 應分의 礼儀을 가추어 繼續 保管함.
　(라) 前記 日本政府가 保管할 遺骨中에는 그 遺族 또는 緣故者가 南韓地域에 居住하고 있음이 判明될 境遇에는 遲滯없이 韓國政府에 引渡토록 함.

(별첨2)

아측대안

(1) 일본 후생성이 "1년 이내에 유족의 신청이 없는 경우, 잔여 유골에 대하여는 일본 정부가 적절히 조치한다"는 뜻을 명기, 일본 국내에서 유골 명단을 공시한다는 일본 정부의 국내조치에는 반대하지 않음.

(2) 상기 절차후, 남한을 본적지로 한 자의 유골 전부와 북한을 본적지로 한 자의 유골 중 남한에 유족 혹은 연고자가 있는 유골은 대한민국정부가 일괄 인수함.

(3) 대한민국 정부는 전기 인수한 유골중 유족이 확인될 경우에는 유골을 유족에게 인도함.

(4) 남한 내 유족 혹은 연고자가 거주하고 있지 않음이 확인된 북한 지역 출신자 유골에 대하여는 대한민국정부가 이를 인수하는 문제를 고집하지 않으며, 아래와 같은 조건을 일본국 정부가 보장하면, 인도적인 견지에서 동 유골을 출신지역으로 봉환하는데 굳이 반대하지 않음.

　가. 일본측 제의대로 일적—북적을 통해서만 인도함.

　나. 유골봉환이라는 인도적 문제 처리가 북한과의 공식 접촉 또는 교류확대의 수단이 되어서는 안됨.

　다. 북한에 대한 유골봉환시 일본정부 관계자가 호송을 이유로 북한을 방문해서는 안됨.

(별첨1)

양측안의 요지
(일측안에 대한 아측대안의 요지)

(1) 일정부의 유골 명단 공시: 동의토록 함.

(2) 일본 적십자사의 북괴 적십자사에 대한 유골명단의 통보: 아측안에서는 동의여부에 언급치 않고 사실상 묵인토록 함.

(3) 유골봉환 방법:

　가. 일측안에서는 일적이 북적을 통하여 유족이 확인될 때에는 유골을 유족에게 인도하고, 또한 유족이 확인되지 않는 북한출신(북한 본적지) 유골 중 북적이 인수를 희망하지 않을 경우에는 일정부가 계속 보관토록 되어있음.

　나. 그리고 남한출신 유골에 대하여는 장차 유족이 판명될 경우에는 거주지 여하를 불문하고 유골을 유족에게 인도한다는 조건으로 한국정부에 일괄 인도한다는 내용임.

다. 따라서 일측안에 의하면, 유족이 확인되지 않는 북한출신 유골도 북적이 희망하면 인도키로 되어 있으며, 북적이 희망하지 않을 경우에는 일측이 계속 유골을 보관토록 되어 있어, 유골봉환 문제가 완전히 타결되지 않을뿐더러, 일본과 북괴의 접촉 가능성을 그대로 남겨둘 우려가 있음.

라. 상기에 비추어 아측 대안에서는 북한지역에 유족이 판명된 유골을 북괴측에 인도한다는데는 반대하지 않으나, 유족이 판명되지 않는 북한출신 유골과 남한 출신 유골을 다함께 일괄 한국정부에 인도토록 요청하고 있음.

(경우에 따라서는 아국이 보관중, 북한출신 유골의 유족이 판명되면 이를 인도할 경우가 발생할 수 있음)

(4) 다만, 일측이 북한출신 유골을 북괴에 인도할 경우에도 유골을 어디까지나 일적—북적을 통해서만 인도토록 하고, 유골봉환을 구실로 일.북괴간 교류를 확대하거나 공식 접촉수단으로 삼지 않을 것 등 몇 가지 조건을 제시하고저 함.

(별첨2)

2차 대전중 전몰 재일한국인 유골봉환과 관련한 일측 최종안

(1) 후생성은 "1년 이내에 유족의 신청이 없는 경우, 잔여유골에 대하여는 일본정부가 적절히 조치한다"는 뜻을 명기, 일본 국내에서 유골명단을 공시함.

(2) 공시를 함에 있어 후생성은 일본적십자사를 통하여 북한 적십자사에도 동일 명단을 통지하고, 유골의 인수 희망 여부를 조사토록 의뢰함.

(3) 유족이 판명될 경우에는 종래대로 정당한 유족인지 여부를 확인한 다음 인도함.

(4) 공시후 1년이 경과된 시점에서 유족이 판명되지 않은 대한민국을 본적지로 한 자의 유골은 다음과 같은 조건으로 한국정부에 일괄 인도함.

가. 유골에 대하여 한국정부가 적당한 제례를 행함.

나. 장래 유족이 판명되는 경우에는 거주지 여하를 불문하고 유골을 인도함.

(5) 공시후 1년이 경과된 시점에서 유족이 판명되지 않은 북한을 본적지로 하는 유골은 이를 북한측이 인수할 것을 희망하면, 일적—북적을 통하여 인수하며, 인수를 희망하지 않을 경우에는 후생성이 계속 보관함.

(별첨3)

아측대안

(1) 일본 후생성이 "1년이내에 유족의 신청이 없는 경우, 잔여 유골에 대하여는 일본 정부가 적절히 조치한다"는 뜻을 명기, 일본국내에서 유골명단을 공시한다는 일본 정부의 국내조치에는 반대하지 않음.

(2) 상기 절차후 남한을 본적지로 한 자의 유골 전부와 북한을 본적지로한 자(북한지역 출신)의 유골 중 북한에 유족이 확인된 유골을 제외한 잔여유골 전부를 대한민국 정부가 일괄 인수하여, 본건 일괄 타결을 기함.

(3) 대한민국 정부는 전기 인수한 유골중 유족 또는 연고자가 확인된 경우에는 유골을 유족 또는 연고자에게 인도함.

(4) 남한내 유족이 거주하고 있지 않음이 확인된 북한 출신자 유골에 대하여는 아래와 같은 조건을 일본국정부가 보장하면, 북한에 유족이 확인된 유골을 북한측에 인도하는데 반대하지 않음.

　　가. 일본측 제의대로 일적—북적을 통해서만 인도함.

　　나. 유골봉환이라는 인도적 문제 처리가 일·북한간 교류의 확대 또는 공식접촉의 수단이 되어서는 안됨.

　　다. 북한에 대한 유골 봉환시 일본정부 관계자가 호송을 이유로 북한을 방문해서는 안됨.

14. 보건사회부 공문-재일본 전몰 한국인 유골 봉환

보건사회부
번호 사회1461-52
일시 1977.7.18.
발신 보건사회부 장관
수신 외무부 장관
참조 아주국장
제목 재일본 전몰 한국인 유골 봉환

1. 북일700-1148(77.7.7)에 대한 것임.

2. 제2차 대전 전몰 한국인 유골 봉환에 따른 외교적 문제처리는 귀부 전담 사항으로서, 귀부에서 적의 처리하시되, 다만 유골 봉환시에는 종전 절차에 따라 시행토록 하여 주시기 바랍니다. 끝.

15. 주삿포로 총영사관 공문—북해도 한일우호 친선협회 77년도 총회개최

주삿포로 총영사관
번호 삿총725-823
일시 1977.7.20.
발신 주삿포로 총영사
수신 외무부 장관
사본 주일대사
참조 아주국장
제목 북해도 한일우호 친선협회 77년도 총회개최

1. 북해도 한일우호친선협회 77년도(3회)총회가 회장 나까가와 이찌로(중의원 의원) 씨의 주재로서 7.16일 오후 6시부터 9시까지 삿포로시 내 후생년금회관 회의실에서 회원 100여명이 참석 개최되었음을 보고합니다.

2. 동 친선협회는 창립 3주년이 되었으며, 특히 금번의 총회에는 회장 나까가와씨가 직접 참석하여 회의를 주관하였으며, 사회에는 북해도 도의원 다까기 시개마쓰씨가 회의 진행을 하였고 10수명의 도의원 및 각계 주요인사, 교포 등 100여명이 참석하여 진지하게 회의가 진행되고 그후 성대한 간친 파아티가 개최되었습니다.

3. 석순에 의하여 한일양국의 국기 앞에서 양국 국가가 연주되었고 회장의 인사, 총영사의 축사 후 의사 심의에 임하였으며, 76년도 사업보고 및 결산보고, 감사보고, 77년도 사업계획, 예산안, 회칙개정안, 역원개선 등이 만장일치로 채택되었습니다. (동내용은 별첨 참조)

4. 특히 동 총회에서 협회 사업으로 승인된 사항은 북해도 한국 순난자 유골 봉환사업지원 및 총회 결의문 채택이였으며, 과거 일제 시대 강제노동 동원으로 북해도에서 사망한 한국인의 유골을 당지 민단에서 조사한바 도내 각 사찰에

안치되어 있는 무연불 2백여주를 확인하였음으로 이를 친선협회에서 주관하여 금년 10월에 한국으로 봉환할 계획을 추진중에 있습니다.

또한 총회 결의문(별첨) 채택으로 회원 결속강화 및 한일우호친선의 중대, 재한 미군 철수의 조기철수반대, 북괴의 일본스파이 기지화 반대, 재일한국인의 법적 지위 향상 등을 결의문으로서 일본관계 정계 등에 송부하기로 하였음.

첨부: 1. 제3회 통상총회 보고서
　　　 2. 회칙 및 역원명부
　　　 3. 결의문안
　　　 4. 한국순난자 유골봉환의 취지 및 실시 계획 각1부. 끝.

15-1. 첨부-결의문(안)

決議(案)

日韓両国国民が、共に安定と繁栄を維持し、ひいてはアジアの平和を確立するための要諦は、両国間の親睦と連帯である。

近時、動もすれば日韓関係が一部マスコミの影響によって曲解され、韓国理解を妨げている傾向は遺憾に堪えない。我々は、大韓民国の実情が正しく認識され両国民の友好を増進するよう勢力する。

韓半島の平和と安全の維持は、日韓両国国民の最大の関心事である。また、雨北の平和統一の達成を冀い、隣人として努力を惜しむものではない。しかし、在韓米軍の早急な撤退は避けるべきであり、韓国との国交を妨げるような無原則な北朝鮮への接近は慎むべきことを表明する。

去る七月二日道警によって北朝鮮の工作員が千歳苦小牧等地でスパイ活動をした事で逮捕された。このような北朝鮮の密派工作員は日本国内において数多く活動をしていることは想像に難くない。

我々は北朝鮮当局に対し対日及び対韓工作員の日本密派を即時中止するよう警告する。

日韓両国の恒久の親善関係を希求する我々は、大東亜戦争中韓国青年が数多く強制連行され、その上本道の建設、炭礦等の労務に服し、殉難された孤魂の遺骨を我等の誠意で母国に奉還することによって戦時中の日本国の過誤が贖罪できるよう努力する。

在日韓国人の人権を擁護し生存を保証することは、両国国民の友好強化の前提である。我我は、在日韓国人の処遇改善と法的地位向上のため関係当局の努力を要請する。また、サハリン在住韓国人の早期帰還実現に積極的に協力する。
　　我々は、全国の同志相携えて日韓親善運動の発展に一段と寄与する決意を表明すると共に以上の諸点につき政府に関係当局の最大の努力を訴えるものである。

一九七七年七月十六日

北海道日韓友好親善協会　通常総会

15-2. 첨부-한국순난자 유골봉환의 취지 및 실시 계획

韓国殉難者遺骨表還の趣旨及び実実施計画

主旨：第2次世界大使中、強制連行され、本道の建設、炭鉱、港湾等の事業所において、労務に服され、不幸にて、疾病故等により、殉難された韓国の青年方々の御霊に対し、追悼の誠を捧げるとともに、平和の誓いをあらたにし、韓日両国との友好親善を永遠に深めようともものである。

一、遺骨収集期間：１９７７年８月１日～９月３０日
二、遺骨収集場所：経王寺(札幌市豊平区豊平条４丁目)
三、慰霊祭：１９７７年１０月２４日(月)午後１時
　　式場：北海道厚生年金会館(札幌市中央区北1条西１２丁目)
四、遺骨奉還日：１９７７年１０月２６日(水)
五、主催者：北海道韓国殉難者遺骨奉還実行委員会
六、参列予定者：駐日大韓民国大使、駐札幌総領事、在日韓国留民団中央本部団長、民団道本部団長、日韓親善協会運合会会長、国会議員、日本政府代表、道知事、道議会議長　道議会日韓議員運盟会長、札幌市長、道議員、民団々員、産業・経済・政治・言論・宗教・文化・労組等諸団体、行政機関、道民代表等約５００名
七、式典：宗教的儀式を伴わない。
八、遺骨奉還：遺骨は日本政府代表、本委員会代表、道議会日韓議員連盟役員が韓国、忠清南道天安市所在の"望郷の丘"(在外同胞墓地)に奉還する。

16. 협조문—업무이관

협조문
분류기호 및 문서번호 북일700-197
발신일자 77.8.3.
발신 아주국장
수신 영사교민국장
제목 업무이관

　　1. 북해도 한·일 친선우호협회 금년도 총회가 7.16. 삿포로시에서 열린 바, 동
　　　협회의 금년도 사업으로서 현재 북해도 내 각 사찰에 안치되어 있는 한국
　　　순난자 유골 200주를 금년 10월에 고국으로 봉환하기로 하였다 합니다. (별
　　　첨 주삿포로 총영사 공한 참조)
　　2. 상기와 같은, 일본 후생성에서 보관하고 있지 않는 유골의 봉환문제는 귀국
　　　소관으로 사료되어 이를 이관하오니 적의 처리하시기 바랍니다.
　　첨부: (1) 주 삿포로 총영사 공한사본 1부.
　　　　　(2) 상기 유골봉환 사업계획서 사본 1부. 끝.

17. 중앙정보부 공문—재일본 전몰 한국인 유골봉환

중앙정보부
번호 중칠삼400
일시 77.8.4.
발신 중앙정보부장
수신 외무부 장관
제목 재일본 전몰 한국인 유골봉환

　　　1. 북일-700-1148(77.7.7)에 의거 재일 전몰 한국인 유골 봉환 교섭에 따른
당부 의견을 다음과 같이 회보합니다.
　　　2. 귀부에서 마련한 아측 안에 대한 이견은 없으나 대일 교섭에 있어 다음
사항을 강조함이 필요할 것으로 사료됩니다.

가. 본건은 유골 봉환 교섭에 국한한 것이며, 이것이 일본의 대북괴 교섭 또는 연락의 전례가 될 수 없음.

나. 아측안(북일700-1148, 77.7.7 첨부 중 2. 아측대안) 4번의 가, 나, 다 항을 일측이 이행한다는 보장을 요구함. 끝.

18. 협조문—공문이첩

협조문
분류기호 및 문서번호 교일725-153
발신일자 77.8.9.
발신 영사교민국장
수신 아주국장
제목 공문 이첩

1. 보건사회부에서는 제2차 대전중 전몰한 한국인 하본규환(河本奎煥)의 유족 "정용환"의 진정에 대해 별첨과 같이 사실 여부의 확인 요청 및 일본 후생성 답변에 대한 당부의 의견을 문의하여 왔습니다.

2. 상기와 같이 일본국 후 생성에서 보관하고 있는 유골의 봉환 문제는 귀국 소관으로 사료되어 이첩하오니 적의 처리하시기 바랍니다.

첨부: 보건사회부 공문 및 진정서 사본 각 1부. 끝.

19. 보건사회부 공문—진정 내용 조회

보건사회부
번호 사회1461-78157
일시 1977.7.21.
발신 보건사회부 장관
수신 외무부 장관
제목 진정 내용 조회

1. 환위 1435-80279('76.11.15)호와 관련입니다.

2. 대호로 귀부에 조회한 2차 세계대전 중 전몰한 재일본 한국인 하본규환 (河本奎煥)의 유족 "정용환"이 일본 후생성에 직접 조회하여 별첨 진정 내용과 같이 회답하여 왔는바.

3. 동 진정내용에 대하여 사실여부를 확인하여 회보하여 주시기 바라며.

4. 동 유골봉환에 따른 일본 후생성 답변에 대하여 귀부의 의견을 회보하여 주기 바랍니다.

첨부 진정서 사본 1부. 끝.

19-1. 첨부-진정서

戰歿者遺骨送還에 關한 問議書

維新課業遂行과 國民總和, 國民의 □□業務에 晝夜努力하시는 貴下의 勞困에 深甚한 誠意를 表하는 바입니다.

저는 日帝時에 强制徵兵 當하였든 戰歿者의 第가 되는 者이온대 累次 貴下의게 書面으로 戰歿者 確認과 遺骨送還을 促求하였든 바 戰沒者 本籍地가 다르다니 또는 日本國에 조회하여 回信한다는 等의 事由로 于今까지 아무런 回報가 없어 本人이 卽接 日本國에 問議하였든바 아래와 같은 回信이 왔기에 貴下께 善處를 바라는 바입니다.

記(日本厚生省의 回信)

1. 戰沒者 河本奎煥의 遺骨은 日本政府에 保管되여 있음.
2. 戰沒者 遺家族의 現住地 不明으로 現在까지 送還하지 못하고 있음.
3. 戰沒者와 遺家族이 關係, 戶籍 등 초본과 韓國政府 外務部의 承認書를 添附送付하면 送還하여 준다.

*此書類는 日本政府 外務省 亞細亞局 北東亞細亞課에서 受付함.

如上과 같은 回信이 왔으니 貴下께서 □甚考察하시와 外務部의 承認 等의 節次 等에 關하여서 手續節次 等을 仔細히 下命하여 주시길 바라며 隨伴되는 諸事와 遺骨의 送還에 萬全을 期하여 주시옵기를 伏望하옵고, 아울러 政府當局에서는 좀더 誠實하고 責任있는 處事를 實行하여 주시옵기를 要求하고 伏乞하나이다.

國運의 所致로 兄弟의 生命을 잃은 遺家族의 悲憤과 他國萬里에서 30餘年 외로히 悲憤을 삼키고 있는 靈魂, 하루라도 빨리 故國땅에 묻쳐야하겠다는 靈魂을 遺族은 하루빨리 우리의 先塋墓下에 安葬하고저 하는 心情을 잘 參酌하여 주시옵기를

再三 請願하나이다.

1977年 7月 12日

全南 長興邑 坪場里
問議者 鄭用煥 謹白

保健社會部長官 貴下

追參 1. 戰沒者 河本奎煥의 本籍이 틀리다는 回信은 1976.11.5. 字
  2. 日本政府에 照會한다는 回信은 1976.11.17.字로 있음. 其后 一切 消息이 없음.

20. 협조문—진정서 처리 의뢰

협조문
번호 기감125-283
발신일자 1977.8.11.
발신 민원사무통제관
수신 동북아1과장
제목 진정서 처리 의뢰

  1. 별첨 진정서를 민원사무 처리 규정에 의하여 7일 이내에 처리하고 진정인에게 그 결과를 회신하는 동시에 동 조치공문 사본1매를 당실로 송부하여 주시기 바랍니다.
  2. 지정에 대한 회신 공문 상단에 민원서류임을 표시하는 주인을 반드시 찍고 상기 처리기한을 명시하시기 바랍니다.
  3. (가) 대통령 민원비서실로부터 이첩, 처리의뢰된 진정서의 회신에는 진정인이 대통령 각하에게 행한 진정에 대한 회신임을 반드시 회신 공문상에 명시하고,
    (나) 대통령 민원비서실로부터 결과보고를 청한 이첩건은 장관의 확인, 결재를 득한후 소정양식에 따라 보고하여야 하며,
    (다) 기타 보고 요청이 없는 이첩건에 대하여는 최소한 국장 이상으로 결재 받으시기 바랍니다.
첨부: 진정서 1통 끝.

20-1. 첨부-협조문

在日戰沒者(河本奎煥) 遺骨送還에 關한 問議

維新課業遂行과 國力培養에 晝夜로 努力하시는 貴下의 勞困에 對하여 眞心으로 敬意를 表하는 바입니다.

小生은 日帝時 强制徵兵 當하여 臺灣方面에서 戰沒되였든 河本奎煥의 弟되는 者이온대 數年 前부터 政府當局(保健社會部)에 累次問議한 바 있으나 于今껏 確實한 回信이 없어 日本政府當局에 本人이 卽接 問議하였든 바 下記와 같은 回信 있아오니 善處하여 주시옵기를 仰願하니이다.

記(日本厚生省으로부터)

一. 河本奎煥의 遺骨은 遺族의 住地 不明, 韓國政府로부터 送還希望要求가 없어 于今까지 日本政府當局에 保管되여 있음.

二. 戰沒者의 戶籍謄抄本과 遺族의 戶籍謄抄本과, 韓國政府 外務部의 承認書를 添附하여 日本政府 外務省 亞細亞, 北東亞細亞課로 提出하여 주면 卽時 送還하여 주겠음

上記와 같은 事由이오니 貴下께옵서 努力하시와 하루라도 빨리 送還되도록 努力하여 주시옵기를 仰願하나이다. 國運의 탓으로 日軍으로 끌려가 數萬里 異域에서 戰死되여 30餘年間 異域 땅에서 외로히 그리운 故國의 山川을 바라보고 있는 가엾은 靈魂을 하루라도 빨리 故國 땅으로 모셔와 先塋의 山所에 安葬하고 가엽슨 넋을 慰安코조 한 遺族의 心情을 深甚思料하시와 早速한 時日內에 送還되도록 懇切히 祈願하면서 貴下의 健勝을 비나이다.

1977年 8 月 日

全羅南道 長興邑 坪場1區
問議者 鄭用煥 □書

保健社會部長官 貴下

參照 (戰沒者 身柄)

一. 全羅南道 長興郡 長興邑 坪場里438 河本奎煥(鄭奎煥)

二. 入隊日 1944. 8月 서울, 産山23部隊

三. 戰死日 1945. 1. 9. 14時

四. 戰死場所 臺灣 方面

五. 戰死通報 1945. 8. 14.

六. 戰死通報 光州兵事部長 二宮晉一

21. 외무부 공문—재일본 전몰 아국인 유골봉환

외무부
번호 북일700-
일시 1977.8.13.
발신 외무부 장관
수신 주일대사
제목 재일본 전몰 아국인 유골봉환

　　　대: (1) JAW-12638(75.12.30.)
　　　　　(2) JAW-06486(77.6.18.)
　　대호, 전몰 아국인 유골봉환 문제에 대한 일측 최종안에 대하여, 별첨과 같
이 아측대안을 확정하였는바, 이를 일측에 제시하고 결과를 회보하여 주시기
바랍니다.
　　첨부: 상기 아측대안 1부. 끝.

22. 외무부 공문—유골봉환

외무부
번호 북일700-
일시 1977.8.18.
발신 외무부 장관
수신 주일대사
제목 유골봉환

　　　연: 북일700-20287(76.11.24.)
　　1. 제2차 세계대전중 전몰한 아국인 하본규환(河本奎煥)의 유골봉환과 관련,
연호 인적사항 확인 지시에 대한 회신이 상금 없는바, 조속히 보고하시기 바라
며, 동인의 유골봉환이 가능하다고 하는 경우, 상기 유골의 봉환방안을 일측과
협의, 아울러 보고하시기 바랍니다.
　　2. 상기관련, 동인의 유족(제, 정용환)이 일정부측에 직접 문의하였던바, 일

정부(후생성)는 아래와 같이 회신한바 있다 하니 참고바랍니다.

-아래-

가. 하본규환의 유골은 유족의 거주지 불명,

나. 전몰자의 호적등본, 유족의 호적등본 및 한국 정부(외무부)의 승인서를 첨부하여 일본정부(외무성 아세아국 북동아과)로 제출하여 주면 즉시 송환하여 주겠음. 끝.

23. 외무부 공문-민원회신

외무부

번호 북일 700-

일시 1977.8.18.

발신 외무부 장관

수신 전남 장흥군 장흥읍 평장리 1구 전용환 귀하

제목 민원 회신

1. 귀하가 77.8.2. 외무부 장관 앞으로 보내신 진정에 대한 회신입니다.

2. 귀하의 진정과 관련, 당부는 귀하의 진정을 토대로 주일대사관을 통하여 일측에 하본규환씨의 유골봉환 방안을 문의중에 있으며, 일정부로부터 회보있는대로 회신할 예정이니 양지하시기 바랍니다. 끝.

24. 주일대사관 공문-유골확인

주일대사관

번호 일본(정)700-4316

일시 77.8.22.

발신 주일대사

수신 장관

참조 아주국장

제목 유골확인

대: 북일 700-16901(1977.8.18.)
　　1. 대호, 하본규환(河本奎煥)의 인적사항 확인 요청에 대하여 일측은 별첨과
같이 77.6.17.자로 후생성의 유골봉환자 명부가 그간 조사 결과에 따라 정정되
었다고 통보하여 왔습니다.
　　2. 동인의 유골봉환 가능 여부 및 그 절차에 대하여는 추보 위계임니다.
첨부: "하본규환"의 인적 사항 확인 통보 사본 1부. 끝

25. 외무부 공문–민원 회신

외무부
번호 북일700-
일시 1977.9.29.
발신 외무부 장관
수신 전남 장흥군 장흥읍 평장리 1구 전용환
제목 민원 회신

　　1. 귀하께서 77.8.2. 서한으로 봉환을 요청한바 있는 "하본규환(河本奎煥)"씨
의 유골의 인적사항등에 대하여 당부는 주일대사관을 통하여 일본 후생성에 재
확인 요청한바, 동 성은 그간 조사 결과에 따라 다음과 같이 유골신원을 정정
통보하여 왔습니다.
　　2. 동 유골의 봉환 가능여부 및 그 절차에 관하여는 주일대사관을 통하여
계속 일측과 협의하고 있으며, 그 결과가 밝혀지는 대로 귀하에게 통보해 드릴
것이오니 양지하시기 바랍니다.
　　　　　　　　　　　　　-다음-
　　1. 성명: 河本奎煥
　　2. 본적:
　　3. 참고사항
　　　가. 1944.9. 입대
　　　나. 1945.1.9. 오후 1시 전사(대만 방면)

다. 1945.8.14. 전사 통지(당시 광주 병사부장 二宮晉一명의로 통고되
었음). 끝.

26. 외무부 공문(착신전보)—유골 개별 봉환 절차 선례 조사 지시

외무부
번호 JAW 09905
일시 301121
수신시간 77.9.30. 14:01
발신 주일대사
수신 장관

대: 북일 700-16901
1. 대호 협의에 필요하니 개별적으로 유골 1주를 봉환할 경우의 봉환절차의 선
례를 조사 회시바람.
2. 유골 1주를 봉환한 예로는 70년도 및 71년도 1월에 각각 2회가 있었다 함.
(일정-북일)

27. 진정서—재일본 전몰자 유골송환 촉구 상신

在日戰沒者(河本奎煥) 遺骨送還促求上申

貴下께서 發送한 1977.9.29.字 回信은 1977.10.7.字에 受信하였읍니다. 內容을 檢討
한 바 本人이 主張한 바와 다름이 없고, 1977.7.4.字 日政府 厚生省 援護局 調査課長
으로부터 ①戰沒者와 遺家族과의 關係를 證明할 수 있는 戶籍膳抄本과 ②大韓民國
外務部 長官의 유骨送還申請承認書만 慘付하여 日政府에 提出하면, 遺骨送還을 하
여주겠다는 대도 不拘하고, 유骨봉환 可能如否 및 節次에 關하여 日政府와 協議하여
結果를 通報하겠다니, 정말 本人은 理解가 가지 않읍니다.
勿論 國家와 國家間의 政府的 立場에서 애로가 많으리라고 믿읍니다만 우리 유家族

의 心情을 좀더 理解하시고 誠意껏 努力하시어 早速한 時日內에 送還되록 仰望하옵고 다음 參考書類를 同封 提出하나이다.

1977.10.7.

全羅南道 長興郡 長興邑 坪場里 437

問議者 鄭用煥 □□

大韓民國 務部長官 貴下

다음
① 戰沒者戶籍謄抄本 2通
② 日政府厚生省回信寫本 1通

27-1. 첨부-일본 정부 후생성 회신 사본

拝啓
御書面拝見しました。
　故河本奎煥の御遺骨は、今日まで御遺族の現住地が不明でありましたため、現在、当局において保管しております。
　つきましては、御兄弟であるあなたが故奎煥殿の御遺骨の受領を希望される場合は、あなたと戦没者との身分関係を明らかにすることができる戸籍の謄(抄)本およびあなたの現在地を明らかにすることができる書類のほか、大韓民国外務部の承認書をそえて日本国政府に申請することとなつております。
　なお、上記申請書は日本国の外務省アジア局北東アジア課において受付けしておりますので御了承願います。

敬具

　　昭和５２年７月４日

厚生省援護局調査課長

28. 외무부 공문—민원 회신

외무부
번호 북일700-
일시 1977.10.18.
발신 외무부 장관
수신 전남 장흥군 장흥읍 평장리 1구 정용환
제목 민원 회신

  귀하께서 1977.10.7.자 서한으로 재요청한바 있는 "하본규환" 씨의 유골봉환에 관하여, 당부는 현재 관계부처 및 주일대사관과 협조, 봉환협의를 일측과 추진중입니다.
  하루라도 빨리 유골을 봉환 안치코자 하는 귀하의 심정은 충분히 이해하고 있으나, 유골봉환을 위해서는 일본정부측과 절차상 문제에 관하여 교섭이 필요하므로 일측과 교섭이 끝나는대로 귀하에게 연락하여 드릴 것이오니 양지하시기 바랍니다. 끝.

29. 외무부 공문—전몰 아국인(河本奎煥씨) 유골봉환

외무부
북일 700-
일시 1977.10.18.
발신 외무부 장관
수신 보사부 장관
제목 전몰 아국인(河本奎煥씨) 유골봉환

  대: 사회1461-78157(77.7.21.)
  1. 대호, 2차 대전중 전몰 아국인 "하본규환"(河本奎煥)의 유족 정용환씨의 민원내용과 관련, "화본규환"의 인적사항 등에 대한 동 민원인의 주장을 바탕으로, 일측에 동 유골의 신원을 재확인 요청한 바, 일본 후생성은 유골의 신원인 정용환씨가 주장하는 바와 같음(별첨 일측 통보내용)을 정정 통보하여 왔습니다.

2. 이에 당부는 정용환씨에게는 이러한 사실을 별첨 공한사본과 같이 알리고, 한편 주일대사관에는 일측과의 봉환절차 협의를 지시한바 있읍니다.

3. 이와 관련, 주일대사관은 1주의 전몰 아국인 유골봉환 절차에 관한 선례를 문의하고 있는 바, 1주 봉환의 선례가 있으면 교섭에 참고코저 하니 회보하여 주시고, 또한 정규환씨의 유골봉환 절차에 대한 귀부 견해를 당부로 회보하여 주시기 바랍니다.

첨부: (1) 유골신원 정정 통보 내용.
　　　(2) 상기 민원회신 사본 1부. 끝.

30. 외무부 공문(발신전보)—유골봉환 절차에 대한 일측 반응 확인 지시

외무부
번호 WJA-10240
일시 181300
발신 장관
수신 주일대사

대: JAW-09905(77.9.30.)
대호 유골의 봉환절차에 관하여 선례등을 참작, 관계부처와 협의중에 있으나, 유족들이 조기봉환을 원하고 있으므로 귀공관에서는 우선 일본측의 동 유골봉환 절차에 관한 견해를 타진 보고바람.

(북일-　　)

31. 보건사회부 공문— 전몰아국인(河本奎煥) 유골 봉환

보건사회부
번호 사회1461-14589
일시 1977.10.24.
발신 보건사회부 장관

수신 외무부 장관
참조 동북아 1과장
제목 전몰아국인(河本奎煥) 유골 봉환

    1. 북일700-38827('77.10.18) 호와 관련입니다.
    2. 대호로 문의하신 河本奎煥의 유골봉환 절차에 있어서 당부는 아직까지
단 1주만의 유골을 봉환한 사례가 없음을 알려드립니다. 끝.

32. 협조문—문서 이관

협조문
분류기호 및 문서번호 북일700-288
발신일자 1977.10.26.
발신 아주국장
수신 영사교민국장
제목 문서 이관

    77.10.26.(수)자로 당국에 이송되어온 별첨 보사부 공한("평화기원 한국인
위령비 건립에 따른 협조")을 검토한 바, 여사한 2차 대전중 전몰 아국인 영령을
위한 위령비 건립사업은 귀국 소관으로 사료되어 이를 반송합니다.
    첨부: 상기 보건사회부 협조 공한. 끝.

33. 주삿포로총영사관—한국인 수난자 무연 유골 봉안

주삿포로 총영사관
번호 삿총725-
일시 1977.10.26.
발신 주삿포로 총영사
수신 외무부 장관

참조 영사교민국장, 아주국장
제목 한국인 수난자 무연 유골 봉안

　　연: SAW-1005, 삿총725-372
　　1. 그간 북해도 민단지방본부에서 조사 수집한 한국인 수난자 무연 유골수는 254주로서 민단은 북해도 한일친선협회 및 한일의원연맹과의 공동 사업으로서 10.24일 삿포로시 소재 "경왕사"에서 위령제를 거행하였습니다.
　　2. 동 위령제에는 총영사관 영사전원 및 민단 유력인사, 일본측에서는 북해도 지사를 대신하여 "가시하라" 부지사, 북해도 시장비서, 북해도 도의원 10여명, 북해도 불교 연합회 성려(각 지방) 20여명, 기타 유력인사 등 약 200명이 참석하여 불공과 추도사(우종 총영사, 조영주 민단중앙본부단장, 북해도 지사)를 하였습니다.
　　3. 동 유골은 10.26일 11:40시 항공편으로 김포공항에 도착토록 발송하였으며 동 유골을 수행하는 봉안단은 동일 KAL704편으로 김포공항에 도착 예정입니다.
　　4. 동 사업에 소요된 경비 일화 약 6백만엥은 민단에서 300만엥, 친선협회 측에서 300만엥을 염출하여 추진되었습니다.
　　첨부: 1. 무연 유골명단(254주)　　　　2부.
　　　　　2. 봉안 일정　　　　　　　　　　2부.
　　　　　3. 봉안 수행단 명단　　　　　　2부.
　　　　　4. 사업 예산표　　　　　　　　　2부.
　　　　　5. 당지 일간지 기사 2종　　　각 2부. 끝.

33-1. 첨부—봉안 일정

遺骨奉安日程表				
日字	時間	內容	主催	備考
10.24.	11:00	慰靈祭	經王寺	札幌
	15:00	遺骨包裝	日本通運(株)	包裝完了
10.25.	18:15	遺骨千歲出發	日本通運(株)	JAL520便
	19:45	〃　羽田到着		
10.26.	09:30	遺骨羽田出發	日本通運(株)	JAL951便

	11:40	〃　金浦到着		望鄉의 동산 安□
	10:00	遺骨隨行員千歲發		JAL504便
	13:30	〃　羽田發		KAL704便
	18:00?	晚餐	母國訪問推進委	
	20:00	엔파이어호텔		宿所
10.27.	08:30	호텔出發→望鄉의 동산		
	10:00	移葬式		
	12:00	午餐		
	13:00	墓碑除幕式		
	16:00	호텔到着		
	18:00?	晚餐	韓日議員連盟	

33-2. 첨부-수행원 명단

遺骨奉安隨行員名單					
役職	姓名	職業	役職	姓名	職業
□團長	朴準龍	道.日韓親善協會副會長 民團北海道本部團長	團長	□□	道.日韓議員連盟 幹事長
團員	姜信學	道.日韓親善協會副會長 道.商銀理事長	副團長	武部勤	道.日韓親善協會副 幹事長(道議員)
〃	金本正	道.日韓親善協會副會長 民團道本部顧問	幹事長	高木繁光	道.日韓親善協會 事務局長(道議員)
〃	崔東洵	民團道本部顧問	團員	木村喜八	道議員
〃	金重輝	〃　副團長	〃	遠藤義教	道.佛敎連合會 事務局長
〃	朴弘律	〃　〃	〃	紫田薰心	〃　代表
〃	孫柱雲	〃　副議長	〃	海野覺而	〃　〃
〃	金琮斗	〃　監察委員			
〃	琴泰絃	〃　事務局長			
〃	池宗洲	〃　宣傳部長			
〃	朴張植	〃　組織部長			

〃	朴英培	〃　　函館支部事務部長			
〃	外　約 6名　追加				

33-3. 첨부–사업예산표

支出の部			
(1)基礎的踏査	1．文書作成費		
		印刷費(文書、名簿、用紙)	100,000
	2．通信費		460,000
	（切手代4,500ヶ所以上2回郵送)		
	3．電話料(各寺へ催足、確認)		250,000
	4．交通費(寺へ訪問、出張)		250,000
	5．事務統計費		100,000
	（基礎調査より統計まで)		
	6．会□費		50,000
		小計 1,210,000	
(2)遺骨収集費	1．寺院謝礼費		
	110ヶ所道内各寺院へ寸志		350,000
	2．移送費		
		油類代	100,000
	3．遺骨包装修理費		
	包装布、箱等の取□、修理		250,000
		小計　700,000	
(3)慰霊祭費	1．祭壇費　230柱5段で1列50箱並べ		600,000
		適所菊花で囲む	
	2．献花(1本200円×300名分)		60,000
	3．供物(もり菓子2ヶ所)		10,000
	4．弔花(生花2ヶ所)		20,000
	6．看板代		
	屋外立看板代	1.80m×90	10,000
	屋外横看板代	3m×2尺	20,000

	式場横看板代	3.60m×3尺	25,000
			1~6まで
(3)慰霊祭費	7．会場量料	80,000	
	独室　2ヶ所		25,000
	マイク使用料		10,000
		小計	860,000
(4)本国送還費	1．千歳～ソウル迄運賃		1,730,000
千歳よりソウル迄	2．金浦より墓地まで〃		100,000
	3．供物、献花		50,000
	4．奉安随行委員費		100,000
	1名120,000×5名		600,000
		小計	
		2,480,000	
(5)事務局費	3．通信費(電話、文書発信)		
	10万円×2ヶ月		200,000
	4．事業報告書作成費		
	1,000×300部		300,000
	5．予備費		200,000
		小計	700,000
合計	(1)より(5)まで		5,950,000

寺院名	구	所在地 住所	電話	住職名	遺骨名単
曹光寺	079	旭川市	01670	安堂俊弘	金俊石
大宝寺	076	〃	01672 3~4749	池田洋立	郭在元
大徳寺	079-15	〃 山部町	01672 2714	大野秀	徐美子 徐相浩
西教寺	095	士別市泉山系2丁目	01652 3~3306	富良義教	岡田静代子 木村幸子 秋山政吉
海覚寺	06		01654	高林鶴子	玄十仲
妙顕寺	098-22	中川郡美深町系1丁11	01656 2~1606	世経英龍	洪京守
道徳寺	071-07	空知郡中富良野町相中	01676 2/30	奥田寛成	金十伊 朝鮮人
本勝寺	071-22	上川郡美瑛町下宇頭列	01669 2~0183	松念碧文	辛里星 杉本英楢 杉本貞子 成保啓鴻
円明寺	078-13	上川郡当麻町市街6	01668 2302	大橋淡生	都相建 都相番
善覚寺	098-05	上川郡風連町南759	01653 2311	安富良彰	李朝善成
神楽寺	071-15	上川郡神楽町12~6	01683 2355	加藤俊良	金令秀

(1)　　　　旭川支部

寺院名	〒	所在地 住所	電話	住職名	檀員名單
本成寺	074	深川市5条3番16号		平通明	李景根
眞照寺	077	留萌市沖見町2~56		酒井秀哭	梁宏也
楹泉寺	〃	〃 〃 6	01664 2~6145	大西キミコ	田中一郎
					李金相岩
					鄭龍雨
東広寺	078-61	宗谷郡〇町商町34		成沢恒一	李根郎
眞言寺	097	椎内市中央5丁目11番21	01620 2~1846	島田光壽	金鳳姫
					權奉額
					朝鮮人(22名列)
浄楽寺	098-33	天塩郡天領府他町6丁目	01632 3~1109	三上憲之	柳獨秀三
正法寺	098-35	天塩郡天領町 本町16	016337 3~234	山本	李大鳳
仏心寺	098-△	宗谷郡德北村宮武鬼毛別		金春実	
					鄭国仲
					無 名
昭康寺	098-50	枝幸郡歌登町		大山滋	
					無 石
大禅寺	066	千葉市千代田町2	01232 3~2609	坤見哲條	尹文權
十正寺	〃	〃 清水町1丁目	01232 3~2643		李判養
日禅寺	〃	〃 末広町寝1丁77	01232 3~2446	西尾格堂	思 見

寺院名	〒	所在地 住所	電話	住職名	遺骨名単
経王寺 照顧寺	060	札幌市豊平区平岸3条3丁目　〃 白石区栄水4条1丁目	011~3064 011~2014	松井義海 眞田量深	元浩萬東男會子出圭萬海　金恩太郷國先徳仰在雲三派権元今清順泉
					林海深三建成震山長文在太成金頼学三利相奉流永烟旦村甲成
					盧郷趙金林杏朴姜孫青柳張金金姜李柳鄭洪郷卞姜金金全全
経王寺	012	高槻市豊平上源3丁目	011 811~3812 〃		

寺院名	〒	所在地 住所	電話	住職名	遺骨名簿
浅草観音寺	047	小樽市富岡1~19~21	013*23~6869	阿部瑞俊	呉山直鎭
法雷寺	〃	〃 若竹枝1丁目冰35	0134 23~2690	龍山帖	金荷伊 雨順伊
円成寺	〃	〃 信徳6丁目9品7		龍本延勝	原善用 敎
敎立寺	048 -03	寿都郡寿都町字矢本町	01336 2~5270	余川啓震	李應權
正覚寺	044	虻田郡仮字港町143	01363 2~0076	武田慶震	林作之
眞竜寺	069 -16	〃 豊浦町眞竜1	013645 2643	松板宝丸	金重変
本覚寺 夕張受教 等育学院	069 -12	夕張郡おん町5丁目 会議所栗町美次座内町069	01289 2~2009	宮崎政子	金震夏 郡福得
普過寺	052	伊達市網代町8	01442 2~3163	孤野利久	林年光 小見
法得寺	059 -09	白老郡白老町東町1区	01448 2~3265	渡辺智雄	寧太娘
安養寺	069 -15	室弘郡早来町字栄町	01403 2~2166	小林佑導	坂本清一
望洋寺	053	苫小牧市旭町61	01444 23~2046	吉田守賢	田中ハシ子
眞礁寺	059 -07	白老郡白老町虎杖浜町243	01448 2~2166	金谷義男	宮本仙一

寺院名	〒	所在地 住所	電話	住職名	檀得名単
熱情寺	090	北見市花月町	0157 23~2559	鶴野正孝	金鶴鶴女 姜在彦 李在浩 余石元 金銀植 中村幸一 張晋哲 鄭永岩山良重 張土春 林石熊
東光寺	099	紋別町	01527 3408	二村寿数	李田部南一元
福王寺	090 -00	別町米町	01527 6~2337	福井催泉	徐明錫
常楽寺	0909 -00	紋別郡丸瀬布町100	018947 26/9	竹村照道	李重国京春
広徳寺	099 -23	網走郡女満別町	01527 3406	河再洋陽	金京信
正法寺	093 -17	紋別郡越武町又木510	01580 6~2350	伊藤彰全	大林繁永助
順慧寺	093 -00	網走郡清川前町16	01527 6~2230	青木住信	厳永順
天恵寺	090	北見市山下町/丁8	0157 23~4030	安藤琛成	金白徳
女満別(清温寺)	099 -23	網走郡女満別町西5区			朴三疾
真宗寺	099 -06	紋別郡遠別町定節通	01588 3~3406	大久道隆	林音松煙
西勝寺	091 -00	常呂郡瑞田彦北園	01579 2606	大野家珠	俞住

(6)　　　　　　　　北見支部

寺院名	干	所在理 住所	電話	住職名	遺骨名簿
潮 德寺	055-01	竹原郡河辺町本町山辺	01457元 ス-2/00	伊藤老状	李在孝
真言言寺	017-23	竹原郡日高町宇日高 118	0/4576 9,053	伊藤花散	李在烈
日 高寺	055	水龍郡富川町	0/4576 ス-601b	珠龍寧性	丁鳳基
光 照寺	017	潮灯郡河河町幸偽5m	0/04元 ス-2062	蔵明神雲	趙呂吉 崔河太 黄蘭在
					吴昌石 金東浩 金三元
様似弘寺	068	様似郡 様似			玄明応 金甲愛
蔣祥寺	056	勝内郡 勝内町本勝町	0/216 ス-2017	小郡阿某定	金成泰
様似小寺		様似郡 様似			
様似(岡本寺)		//			

(4) 日高支部

16

寺院名	平	所在地 住所	電話	住職名	遺骨名等
万　徳院	坪	宮本懐内町117	012-63 x-2160	高鶴長春	柳本基雄 巌　徳来 閔　憂成 李山體国 金山徳来 黄　末春 安平祐恨 孫本斗相 平山夏殷 徳島福没 金山東来 吉川順富 姜　永昌 金山奉植 新井尼興 清城相堅 金　鉄仙 玉田丸子 金　仁鶴 金　末仙 朴　奉光 村　在元 李　鍾箕 台海金任 朴　弘基 金本環堪 壹山州同 李　甲来 林　在春 無　名
行　順寺 沼　見寺 東　光寺 北界等寺 明　福寺	坪 02-07 02-09	美唄市茶志内町 美唄市進徳町1区 美唄市前美唄町 （判読不能） 煙草町中州57 7	012-68 x-3862 0266 3-3726 0266 012-70 3-32/6	細門信夫 高端英聖 東城重建 梅上鉄龍 金子儀夫	

寺院名	丁	所在地 住所	電話	住職名	意見希望
光照寺	074-02	岐阜内片市切山仏心橋止	0123-62 2-73	沢田華一	懷 正水
浄徳寺	074-13	多別市工手町町173	0123-62 2-1897本	菅原宮山	金本良春
					伊藤呵子
					成 方年
禅林寺	074-08	雨龍郡 北竜村	01240-04 78-2001	林	金子猛志
成和殿会	074-08	前龍郡徳加内内 北丁	01122 5-2617	菊地何夫	朴井松雄
西暁寺	074-04	雨龍郡徳加内内的薬茶村	01155 5-2017	竹村霜喃	天前行子
					新 不悲竹
弊信寺	073-02	空知郡沙川町1的5丁目	0125-52 25-04	竹村秀全	春 同甲
大寒寺	074-12	空知郡 北村快		山原鼠區	佐本トゥエ
					佐本 千
					佐本德志
					瓜森竹
本善寺	075	多別市北永業1	0123 2-2413	山浄秋水	貝 頌舟
					徐 炳鐵
					金 民子
					無 名
西宅寺	072	美唄市 大温山化4	0126 3-2015		李 鎧元
驛泉寺	073-31	色加郡栗沢美流渡本町		佐藤宣陽	川本相竜
					金子南夫
					金 玉世
					金山政鐵
				(埼玉)	梁村栄鐵
					栽田永子
					金本大味
				(埼玉)	曹 成男
					無 名
					金子相鵬
					大山元鵬

(8)   空知支部の

寺院名	〒	所在地 住所	電話	住職名	壇信名単
勝象寺	049-31			佐藤霊陽	山下甲俊 成田基錫
本徳寺 西散寺 東慈寺	020 049-19 049-25		0138 019345	荒井勝後 宮川教浩 藤 不退	雁 猫龍 宮本徹伝 金 栄澤 新 丑元 鞠 野鯉墓 曹 玉流速 宮本仁志 金 羽光龍
満玄寺 大慈寺	049-13 049-51		01216 010216	大浄海澄 大徳徹道	李 敬珠 张 汝東女 小林儀兼 海川貫垣 豊川順東 橋本明子
光喜寺 浄土寺	049-15 049-31		01212	格球塔雲 阿部定雲	不明 鄭平帝 并金賢 金光来浩 賣 徳富
宮 琳寺					
豊明寺 西念寺	049-05		01378 01299-2	中西栄安 三浮大楊	荒 刑福 不田一郎 青 祗勝 盧 千萬

寺院名	〒	所在地住所	電話	住職名	遺骨名単
仏心寺	085	釧路市春採5丁目6~1	0154 46~6083	山辺芳雄	崔昌子
					崔花子
					崔咲子
					崔太日燦
					金秉萬
					黄福板
					余洞春成
					西野漢季
					秋田東仁
					張錫出
本行寺	085	釧路市弥生2丁目11	0154 41~6329	菅原武也	金正成
					金在福
					李昌風
					朴通信
定光寺	085	釧路市柴町3~3~3		高橋邦夫	朴琴洙
					李東陽
					大田定長
					張判奉
					三栖谷美
					忠梅聖
					李山福洙
					得3順
常龍寺	089 -01	白糠郡白糠町東6の1区		水野正道	崔三水原清
場龍寺	089 -23	川上郡標茶町		西島全穂	羽本龍三郎
					崔旦甲
					高岩雨順
					李吉叔
頭正寺		川上郡弟子屈町			金通鳴
恵隆寺	088 -25	野付郡別海町別海緑町6リの2		村田概護	渋谷鳴雨

(110)

釧路支部(1)

寺院名	〒	所在地 住所	電話	住職名	遷骨名単
竹宣寺	086-11	標津郡中標津町西5條1	01537 ②~2230	栗原祥瑞清	全守華
法圓寺	〃	〃 〃 彰光2	01537 ②~2270	義盛 準	金成鎮源
大乘寺	080	帶広市西6條南13目	0155 ②~4619	豊田淑道	李昌均 雨橋均玉
聖教寺	080-13	河西郡土幌町本通	01564 ⑤~2076	岩田叔逐	李申福 甚福寄龍
證道寺	089-37	足寄郡足寄町西1西12	01562 ②~2169	安藤證定	李参金 金原雲
照覺寺	089-38	〃 〃 稻畓	01562 ②~9931	西垣將覺	金原明雲
最源寺	090-11	河西郡音更町希望が丘		田中恭定	金正造
鶴林寺	089-13	添田郡中札内村	01566 ⑦~2153	山口鶴仏	金仁玉
放光寺	089-63	中川郡豊頃町大通1目		井上正道	伊相連
鳳恩寺	082	河西郡芽室町西士狩	01556 ②~4323	小山大英	尹永擧 尹徳伊
正眞寺	089-41	中川郡池田町十希	01557 ④~2032	羽賀正邦	李永百
玄道寺	081-03	河西郡清水町西2区	01566 ⑥~2166	太田曲國	金林惠子
総林寺	080-16	〃 上土幌町		上金義朗	徐好根 京北星 池田政一

34. 외무부 공문(착신전보)-한국측 대안에 대한 일본측 문의사항

외무부
번호 JAW-10725
일시 281820
발신 주일대사
수신 외무장관

    대: 북일 700-1338
    연: JAW-06486, 10478, 12638(75.12.30.)
    1. 주재국 외무성(북동아 과장)은 77.10.27. 당관 직원을 외무성으로 초치, 대호 "재일본 전몰 아국인 유골봉환" 별첨 아측의 대안에 대하여 다음과 같은 일측 대안을 제시하였음.
    다음(일측 대안)
    가. 아측 대안에 대한 확인사항
    1) 일측안("구군인 군속 등 한국인 유골 인도문제의 해결안")
    제2항("공시에 있어 후생성은 일적을 통하여 북조선 적십자 사회에도 동 리스트를 통지하고 유골인수를 희망하는 유족에 관한 조사 방법을 의뢰한다")에 대하여 아측이 이를 수락할수 있는지 여부.
    2) 일측안 (3)의 (가)항("이들 유골에 대하여 한국정부가 의식에 따라 제사를 행함")에 대하여 아측이 이를 수락할 수 있는지 여부.
    3) 일측안 (3)의 (나)항(장래 유족이 판명된 경우에는 그 거주지의 여하를 불문하고 유골을 인도함)이 장래 북한 출신 유골로 판명된 경우를 포함하고 있는바, 아측은 이를 수락할 수 있는지 여부
    나. 아측안 (4)항이 (가,나,다) 3개의 "조건"을 일본국 정부가 보장할 것을 규정하고 있는데 대하여, 일측으로서는 실제로 일적—북적을 통하여 북한 출신 유골을 북측에 인도할 것이고, "나" 또는 "다"항에 언급한 일은 실제로 없을 것이지만, 한국측이 이상 3가지를 조건으로서 제시하면 일측으로서는 문제가 있으며 이를 조건이 아닌 한국측의 "강력한 희망"으로 해주면 수락할 수 있음.
    다. 일측안에 다음을 (5)항으로 추가 제안함.
    "북조선에 대한 일괄 인도에 관하여도 한국과의 동일한 원칙으로 인도하는 것을 (다데마에)으로 함. 그 구체적 순서에 관하여는 기본적으로는 적십자 루트를 활용하는 것으로 하고 북조선으로부터 일괄인도의 구체적 희망이 표명된 단계에

서 검토함이 생각됨"

라. 이상 이외에는 아측 대안에 일측으로서는 이견(구이찌가이)이 없으며 이상 일측 대안에 대한 아측의 회답을 조속 제시해주기 바람.

2. 당관측은 이를 본국에 보고하겠다고 답하였음.

당관측은 또한 상기 유골봉환은 일측이 장기간에 걸쳐 조기 타결을 희망해 온 현안이고 아측이 금번 결단을 내려 대안을 제시한 배경을 설명하면서, 앞으로 양국간의 여타 제반 현안문제에 대하여도 일측이 조기 타결에 적극적으로 성의를 보여주도록 촉구하였음.

이에 외무성측은 원칙적으로 찬의를 표명하고 다만 임시국회가 끝날때까지는 물리적으로 시간의 제약이 있음을 말하였음.

(일정-북일, 교일)

35. 전언통신—전몰 아국인(河本奎煥) 유골봉환

전언통신
번호 북일(전)77-40
일시 1977.10.29.
발신 외무부 장관
수신 보건사회부 장관
참조 사회국장
제목 전몰 아국인(河本奎煥) 유골봉환

연: 북일700-38827(77.10.18.)
대: 사회1461-14688(77.10.24.)

1. 연호 하본규환(河本奎煥)씨의 유골봉환 문제에 관하여는, 동 유골을 일본 후생성에서 보관중임이 확인되었고, 또한 유족 정용환씨가 유골의 조속한 봉환 안치를 간절히 바라고 있음을 감안할때, 정부는 1주의 유골이더라도 이의 봉환을 조속 추진함이 가할 것으로 생각됩니다.

2. 이런점에 비추어, 당부의 하본규환씨 유골봉환을 위한 대일본정부 교섭을 위하여 1주 봉환의 사례 혹은 기록이 없더라도, 동인의 유골봉환을 위하여 아측이 일측에 요구할 절차에 관한 귀견을 조속 회보하여 주시기 바랍니다. 끝.

36. 보건사회부 공문—태평양 전쟁시 전몰 한국인 유골 봉환 교섭

보건사회부
번호 사회1461-17080
일시 1977.12.7.
발신 보건사회부 장관
수신 외무부 장관
참조 아주국장
제목 태평양 전쟁시 전몰 한국인 유골 봉환 교섭

　　　일본 후생성에 보관중인 전몰 한국인 유골중 유족이 판명된 河本奎煥 씨 유골을 다음 절차에 따라 조속 송환토록 교섭 바랍니다.
　　　　　가. 일본측에서 과장급이 부산(김해공항)까지 동 유골을 호송토록 하고.
　　　　　나. 향전금은 한국측 및 일본측이 각 50천원을 지급토록 함.
　　　　　다. 부산(김해공항)에서 전라남도 관계관에게 인계하여 유족에게 주소지에서 직접 인계토록 함.
　　　　　　유족: 전남 장흥군 장흥읍 평장리 1구 "정용환". 끝.

37. 외무부 공문—전몰 아국인 정규환의 유골봉환

외무부
번호 북일700-
일시 1977.12.14.
발신 외무부 장관
수신 주일대사
제목 전몰 아국인 정규환의 유골봉환

　　　연: 북일700-16901(77.8.18.)
　　　대: JAW-09905
　　　연호 河本奎煥의 유골봉환을 위하여 귀관에서는 아래 지침에 따라 일측과 교섭하되, 유족인 정용환씨가 동 유골의 봉환 안치를 위하여 오랫동안 정부에 진정하여 왔음을 감안, 조속 타결되도록 노력하시고, 봉환절차에 관한 일측 입장을 보고하시기 바랍니다.

-아래-

　1. 일본정부측에서는 후생성 관계관이 부산(김해공항)까지 동 유골을 호송토록 함.

　2. 향전금은 한국측 및 일본측이 각 5만원(한화)씩을 지급토록 함.

　3. 부산(김해공항)에서 전라남도 관계관에게 유골을 인계하여, 유족에게는 동 도 관계관이 유족의 주소지에서 직접 연계토록 함. 끝.

38. 진정서

在日戰死者 河本奎煥 遺骨送還 促求問議

1977年 丁巳年도 저물어 갑니다. 貴下께서 77.10.18.字 回信 이후 아무 通知가 없고, 1977.11.19.字 長興郡廳으로부터 釜山으로 遺骨이 送還되오니 待期하라는 連絡 이후 于今까지 每日々々 通告를 苦待하였으나 아무런 連絡이 全無하오니 如何한 經緯이온지 좀 連絡通知나 하여 주엇쓰면 하나이다. 도대채 무엇이 어떻게 되여서 어떻게 되는지 連絡이나 하여주어야 할게 아닌가 生覺되옵니다. 勿論 國家와 國家間의 外交交涉上 難点이 있으리라 思料되오나 그 경위를 遺家族의게 알여주워야 하지 않겠읍니까. 도무지 政府 當職者가 하고 잇는 處地를 이 遺家族은 納得이 아니 가옵니다. 하루속히 해명과 同時에 故人의 遺骨送還을 促求하나이다.

貴官의 健勝을 祝福하옵고, 새해의 榮光을 祈願하나이다.

1977年 12月 20日

鄭用煥 謹白

大韓民國外務部
亞洲局長 貴下

39. 외무부 공문(발신전보)

외무부
번호 WJA-12362
일시 261720
발신 장관
수신 주일대사

연: 북일700-2393(77.12.14.)
연호, 하본규환 유골봉환 추진건에 관하여 유족들이 거듭 진정하고 있으니
귀관 교섭경위 및 일측입장을 조속 보고바람.

(북일-   )

③ 재일본 한국인 유골봉환 관련 민원, 1977

○ ○ ○

기능명칭: 재일본 한국인 유골 봉환 관련 민원, 1977

분류번호: 791.28

등록번호: 11188(26382)

생산과: 동북아1과

생산연도: 1977-1977

필름번호: 2007-66

파일번호: 2

프레임 번호: 0001-0084

1. 보건사회부 공문–유골송환에 대한 진정서 이첩

보건사회부
번호 사회 1461-4□618
일시 1977.1.11.
발신 보건사회부 장관
수신 외무부 장관
제목 유골 송환에 대한 진정서 이첩

　　　당부에 제출된 별첨 진정서의 내용을 검토한 바, 태평양 전쟁 당시 일본에
강제 징용된 사람의 유골 □□□□ 진정 내용이므로 관계서류를 귀부로 이첩하
오니 해당인의 유골이 송환되도록 협조하여 주시기 바랍니다.
　　　첨부: 진정서 1부. 끝.

1-1. 첨부–진정서[1]

진정서

보건사회부 장관님 귀하.
다사다난했던 병진년 한 해도 서서히 저무는 이때 장관님 옥체 안녕하십니까?
정사에 분주하실줄 알면서도 소인 삼가 진정드리고자 합니다.

저는 서울 특별시 서대문구 녹번동 녹번아파트 1동 3층 1호에 거주하는 권진국입니
다.
다름이 아니옵고, 일제 압박 당시 전북 전주시 고사정 230번지에 주소를 둔 저의
형님 권진기(日本名: 安本政彦)가 강제 징용으로 일본에 끌려가 현지에서 병사하였
다는 통보를 釧路市黑金町 十三丁目 三拾二番地 菅原組로부터 받았읍니다.
통보에 의하면 고인의 유골을 첨부한 증빙서와 같이 釧路市禪寺 定光寺에 안치하여
두었으며, 후일 고국으로 송환하겠다는 內容이었는데 형님의 生死에 對하여 애테우
던 저희 가족들에겐 이 소식을 接하고 큰 슬픔과 비애에 잠기지 않을수 없었습니다.
그러나 통보된 內容과는 달리 수십년이 지난 지금까지 유골에 대한 소식이 없어 보

---

1) 첨부 서류 중 제적등본은 생략

사부에 들려 일제 압박당시의 전몰사망자 명단을 확인하였지만 누락되어 있었습니다. 저는 그 순간 더욱 비통하였으며 형님의 유골을 찾아야만 한다는 결심을 더욱 굳게 하였지만 그 방법이 막연하기만 합니다.

장관님!

글로는 이 애절한 사연을 표현할 수가 없군요. 분명 저의 형님 유골은 언어와 풍습과 국적이 다른 타국, 싸늘한 지하 어딘가에 버려져 있다는 것은 부정할 수 없는 사실 아닙니까? 형제의 精을 느끼고 서로를 위로하고 격려해줄 무렵 저희들 형제는 이별하였으며 수만리 타국에 끌려가 저의 형님은 사망하였습니다. 그러기에 더욱 그리웁고, 유골이나마 고국 산천 조상님들 곁에 모시고 싶은 마음 간절하답니다.

애절한 한 國民의 所望이오니 거두어 주시고, 바쁘신 정사 처리에나마 넓으신 아량을 베푸시어 배려와 선처있으실 줄 믿으며 이에 진정서를 작성 제출합니다.

첨부 서류:

1. 증빙서 사본 3부
2. 제적등본 1부.

1976.12.30.

진정인

서울특별시 서대문구 녹번동 녹번아파트

1동 3층 1호.

권진국

당시의 직계가족사항

창씨명

부친	權應周	(安權應周)	1961年 작고
모친	沈春澤		1950 〃 〃
장형	良九	(安本良九)	1947 〃 〃
누님	良順	출가	
〃 〃	良畢	〃 〃	
〃 〃	鏞述	〃 〃	
형	漢鎭	(安本豊三)	

※ 일제시 일군 육군 항공대에 출정 전사 유골을 찾았음

　　　　鎭起(安本政彦)

※ 유골을 찾고 싶은 분 1943年4月頃에 강제징용 당하여 사

鎭栂(安本政信)

진정서 제출인
菅原組로부터의 書信도 있어 유골이 이제오나 저제오나 기다리다가 8.15 해방의 기쁨을 맞고 그 후 6.25를 맞고 무지의 탓으로 이제껏 지나오다 유골은 찾고싶은 마음으로 번거로움을 끼쳐 죄송합니다.

2. 외무부 공문—유골 봉환

외무부
번호 북일700-
일시 1977.2.2.
발신 외무부 장관
수신 주삿뽀로 총영사
제목 유골봉환

1. 서울특별시 서대문구 녹번동 녹번아파트 1동 3층 1호에 거주하는 권진국 (49세)은 1943. 4.월경 강제 징용되었다가 1944. 1. 30. 일본에서 사망한 권진국의 형 권진기(權鎭起 창씨명 安本政彦)의 유골봉환을 희망하는 진정서를 외무부로 보내 왔습니다.
2. 진정인이 첨부한 사망 통보서 사본을 별첨 동봉하오니 동 사본내에 언급된 釧路市 禪寺 定光寺에 상기인의 유골이 안치되어 있는지 및 동 유골의 봉환 가능여부를 조사 보고하시기 바랍니다.
첨부: 상기 사망통보서 사본 1부. 끝.

3. 외무부 공문—유골 소재 확인

외무부
번호 북일700-

일시 1977.3.14.
발신 외무부 장관
수신 보사부 장관
제목 유골 소재 확인

    1. 일본국 오사까에 거주하고 있는 재일동포 조천창규(早川漲圭)씨는 별첨 서류를 첨부하여 동인의 형인 이귀남(李貴男, 창씨명 早川貴男)씨의 유골을 찾아줄 것을 당부에 진정하여 왔는바, 동 유골의 소재를 확인할 수 있는지 여부를 당부로 회보하여 주시기 바랍니다.
    2. 참고로 상기 이귀남씨는 제2차 세계대전시 일본군 해군 군속으로 징용되어 1945.6.30. 전사했으며, 동 유골은 1948.5.31. 황금환(黃金丸) 편으로 부산에 송환되어 당시 미군 정부측에 인도되었다고 합니다.
첨부: 상기 제출 서류 사본. 끝.

3-1. 첨부-제출서류

証明書

本籍　朝鮮全羅北道全州主相生町160番地
氏名　早川貴男
生年月日　大正5年10月17日

    上記の戦死者に対する霊璽(位はい)は、昭和23年5月31日佐世保港出帆の「黄金丸」便により釜山に送還し、同地において、朝鮮臨時政府日本課長に引き渡したことを証明します。

昭和51年1月21日

厚生省援護局業務第二課長

–––––––––––––––––––––––––––––––

業務二第　1008号の5
昭和51年1月21日

早川漲圭殿

厚生省援護局業務第二課長

　証明書の送付について
　本日、電話をもつて御依頼のありました御令兄故早川貴男殿に対する霊璽が送還済み
であることの証明書を別添のとおり送付します。

(添付書類　証明書1通)

————————————————————————

援発第18号の82

死亡証明書

本籍　　　　朝鮮全羅北道全州府相生町160
所属部隊　　第103海軍施設部
階級(身分)　海軍軍属
氏名　　　　早川貴男
生年月日　　大正5年10月17日
死亡年月日　昭和20年6月30日
死亡区分　　戦死
死亡場所　　ルンソ島マニラ東方山中
　　　　　　　上記のとおり相違ないことを証明します。
　　　　　　　　　昭和50年10月30日

厚生省援護局長　　山高章夫

————————————————————————

業務第1008号の94

証明書
　1　昭和23年2月3日佐世保港出帆の「ぼごた丸」便により4342柱(うち霊璽376

8柱)を釜山に送還し、同地において、朝鮮過渡政府外務部釜山連絡事務所長に引き渡した。

2　昭和23年5月31日佐世保港出帆の「黄金丸」便により2920柱(うち霊璽2572柱)を釜山に送還し、同地において、朝鮮臨時政府日本課長に引き渡した。

上記のとおり朝鮮出身海軍関係者の遺骨を還送したことを証明します。

　　昭和50年9月30日

　　　　　　　　　　　　　　　　　　　　厚生省援護局業務第二課長

- -

姓名：　李貴男

官等：　海軍軍属

本籍地：全羅南道長城郡長城邑聖山里

住所：　全羅南道長城郡北面聖徳里317

死亡年月日 및 場所：1945年 8月 24日 舞鶴港內

- -

4. 보건사회부 공문—유골소재 확인

보건사회부
번호 사회700-3834
일시 1977.3.21.
발신 보건사회부 장관
수신 외무부 장관
제목 유골 소재 확인

    1. 북일700-8515(75.3.14)호와 관련입니다.
    2. 제2차 세계대전 전몰자 유골에 대하여는 당부에 비치되어 있는 제2차 세계대전 전몰자 명부에 의거 확인한 바.
    3. 귀부에서 조회한 "이귀남"의 유골 소재에 대하여는 동 명부에 별첨 사본과 같이 "이귀남"의 유골처리는 완결되었으나, 동인의 인적 사항중 다소 상이한 점이 있어 그 진위를 확인할 수 없으니 이점 양지하시기 바랍니다. 끝.

5. 대통령비서실 공문—청원서 처리[2]

대통령비서실
번호 대비민125.1-2861
일시 1977.4.6.
발신 대통령비서실장
수신 외무부 장관
제목 청원서 처리

    별첨 민원서류를 이첩하니 적의 처리하고 그 결과를 청원인에게 회신바랍니다.
    첨부: 청원서(704-96) 1부. 끝.

---

 2) 첨부된 문서 중 민원사무통제관이 발송한 협조전은 생략하고, 협조전에 첨부된 진정서만 수록하였다. 민원사무통제관이 발송하는 협조전은 모든 문서의 본문 내용이 동일하다.(이하 동일)

5-1. 첨부-진정서

진정서
本籍 安東郡 北後面 薪田洞 壹六壹번지
住所 上仝
事件當事者 劉鶴岩(日本名 玉川鶴岩)
　　　　　壹九貳拾년 五월 二拾五일생
　진정인 劉鶴岩 자 劉源長
　　　　　壹九四參년 四월 貳參일생

　　維新課業遂行과 總力安保 國民의 生命과 財産保護 人權伸張을 爲하여 不撤晝夜 努力하시는 외무부 장관님의 健勝을 祈願하나이다.

　　不肖小生이 진정코져함은 不肖小生의 父 劉鶴岩은 壹九四五年 參月 九日 日帝의 大東河戰爭中 징용에 강제로 종발되어 海軍施設本部補給部 官職 海軍軍屬으로 服務中 東京都深川區都深宿舍에서 戰死하였다는 日本厚生省 援護局長 武藤琦郎 昭和 45年 6月 30日(西紀 1970년도) 받았으며(證明書) 西紀 壹九七五年 3월 17日字 日本厚生省 援護局 業務 第二課長으로부터도 本人의 父 劉鶴岩 遺骨을 昭和 23년 2월 3日(西紀 1948년 2월 3일 佐世保港 出帆 ボコダ丸便으로 送還 當時 朝鮮過渡政府外務部釜山連絡事務所에 引渡되었다는 回答 昭和52년 3월 1日(今年) 日本 業務二第1008號の129로 當時 回答을 받았으며

　　其後 本國의 行政 착오로 日本에서 戰死하였단 連絡 通報도 없으며 日本援護廳에서 確實히 遺骨을 外務部釜山連絡所에 引渡하였단 근거 書類에 依據 20년이 지난 오늘에도 명확한 回答이 오는데 韓國政府에선 戰死하였단 連絡과 遺骨도 遺家族에게 引繼하여 주지 않고 今日에 이르고 있으니 實로 통탄해 마지 않는 바임은 물론 이 원한 맺인 통탄을 누구게 해야할지 또한 子息된 道理로 이러한 日本國 回答을 받고보니 國家的 수치감마져 드옵니다.

　　日本에선 他國 他民族의 戰死와 場所 日字 遺骨 船在名 外務部釜山連務所로 引渡하였단 回示를 明確親切히 하여 주는데 당시 韓國政府에선 連絡마져 해주지 않고 日本으로 받은 遺骨의 行方은 어떻게 되었는지 존경하옵는 장관님께서 철저한 조사하여 遺骨을 돌려주시고 日本國으로부터 汚名을 씻게하여 주시옵소서,

　　其後 기다리다 지친 小生本家에선 그때 같이 징용갔던 分으로부터 틀림없이 死亡되었단 이야기를 근거로 壹九六六년 5月 貳拾五日 오후 拾시 北後面 薪田洞 壹六壹번지에서 死亡하였다고 死亡申告하고 茶禮까지 지내왔으니 이 웃지못할 피 맺힌

사연을 누구에게 원망할까요. 요는 당시 한국정부의 행정착오로 빚어진 사건이오니 이 日本 원호청 증명서와 遺骨引渡回答을 根據로 戰死와 遺骨送還을 규명 遺族에 돌려주시옵고 자손된 도리와 원한을 풀어주십오기 바라옵고 이에 진정서를 올립니다.

壹九七七년 參월   일

민원인 유원장 올림

유첨 1. 전사증명서 사본 1부
　　 2. 유골송환回答 사본 1부.

5-1-1. 첨부—전사증명서

援発第18号の16

証明書

1.	本籍	朝鮮慶尚北道安東郡北後面薪田洞161番地
2.	氏名	玉川鶴岩
3.	生年月日	大正9年5月25日
4.	所属部隊	海軍施設本部補給部
5.	官職	海軍軍属
6.	死亡の年月日時	昭和20年3月10日　時刻不詳
7.	死亡の場所	東京都深川区深川宿舎
8.	死亡の理由	戦死

上記証明する。

昭和45年6月30日

厚生省援護局長　武藤琦一郎

5-1-2. 첨부—유골송환회답

業務二第1008号の129

昭和52年3月1日

玉川鶴岩　御遺族様

厚生省援護局業務第二課長

故玉川鶴岩殿の御遺骨について(回答)

　当課は、旧海軍の残務処理を担当しているところであります。

　昭和５０年３月１７日付当局の局長あて御照会のありました故海軍軍属玉川鶴岩殿の御遺骨のことについては、回答が大変おそくなりましたことを深くおわび申し上げます。

　御尊父の御遺骨は昭和２３年２月３日佐世保港出帆のボコダ丸便で釜山に送還いたし、同地において当時の朝鮮過政府外務部釜山連絡事務所に引き渡したところでありますから事情何とぞ御了承下さい。

　末筆ながら故人の御冥福と御遺族各位の平安をお祈り申し上げます。

6. 기안-진정서 이첩

분류기호 문서기호 교일725-
시행일자 77.4.8.
기안책임자 김창엽 교민 1과
경유수신참조 보건사회부 장관, 사회국장
제목 진정서 이첩

　　경북 안동군 거주 "유원장"씨는 그의 부친 "유학암"씨의 유골을 찾게해 달라는 별첨 진정서를 당부로 우송한바, 그 내용을 검토한 바, 귀부 소관사항으로 사료되어 동 진정서를 이첩하오니 적의 처리하신후 그 결과를 당부에 회보하여 주시기 바랍니다.
　　첨부: 진정서 1부. 끝.

7. 기안-진정서 처리

분류기호 문서기호 교일725-

시행일자 77.4.8.
기안책임자 김창엽 교민 1과
경유수신참조 유원장 귀하, 경북 안동군 북후면 신전동 161
제목 진정서 처리

　　　귀하가 77.3.24일 당부에 제출한 진정건은 보건사회부(사회국) 소관 사항으로 사료되어 동부로 이송하였아오니 양지하시기 바랍니다. 끝.

8. 기안–진정서 처리

분류기호 문서기호 교일725-
시행일자 77.4.13.
기안책임자 최충주 교민 1과
경유수신참조 유원장 귀하, 경북 안동군 북후면 신전동 161 번지
제목 진정서 처리

　　　귀하의 건승을 기원합니다. 귀하가 청와대 민원비서실장 앞으로 제출하신 진정서(77.3.)는 보건사회부에 이첩하였으며, 동부로부터 조사 결과가 회보되는 대로 귀하에게 통보해드릴 예정이오니 양지하시기 바랍니다. 끝.

9. 보건사회부 공문–진정서 반송

보건사회부
번호 사회 725-6□573
일시 1977.4.14.
발신 보건사회부 장관
수신 외무부 장관
제목 진정서 반송

1. 교일725-12301(77.4.9)호와 관련입니다.

2. 대호로 이첩한 진정서를 검토한 바, 진정인이 확인한 "유학암"의 유골은 1948년 당시 과도정부 외무부 부산 연락사무소에 유골이 인도되었으므로 기 인도된 유골의 소재 확인은 귀부에서 처리할 사항이므로 반송하오니 적의 처리하기 바라며

3. 당부에서는 2차 대전 전몰자중 1974.12.21 이후 송환된 유골에 대하여 소재 확인 업무를 담당하고 있음을 첨언합니다.

첨부 민원서류 1건. 끝.

10. 협조문-진정서 이첩

협조문
분류기호 및 문서번호 교일725-82
발신일자 77.4.26.
발신 영사교민국장
수신 아주국장
제목 진정서 이첩

유원장씨가 제출한 별첨 진정서 내용을 재검토해본 바, 귀국 소관으로 사료되어 이첩하오니 적이 처리하시기 바랍니다.
첨부: 동 진정서 2부 및 기타 관계서류. 끝.

11. 협조문-보존문서 확인 조회

협조문
번호 북일700-125
발신일자 1977.6.3.
발신 아주국장
수신 문서통신관리관
제목 보존문서 확인 조회

1. 별첨 진정서의 진정인인 유원장씨(경북 안동군 북후면 신전동 161)는 일제 당국에 의하여 강제 징용되어 일본에서 사망한 부친인 유학암씨의 유골의 인도를 요청하고 있읍니다.

2. 유원장씨가 일정부 당국에 확인한 바에 의하면, 유학암씨의 유골은 48.2.3. 일본의 사세보항으로부터 부산에 송환되었으며, 당시 과도 정부 외무부에 인도되었다고 합니다.

3. 따라서 과도정부 당시의 전항 문서가 귀실에 보관되고 있는지 여부를 확인하여 주시고, 만약 보관되어 있다면 유학암씨의 유골에 관한 일건서류의 사본을 당국으로 송부하여 주시기 바랍니다.

첨부: (1) 상기 유원장씨의 진정서 사본 1부.
　　　(2) 일본 후생성 회신사본 1부. 끝.

12. 협조문-보존문서 확인 조회

협조문
번호 문서120-149
발신일자 77.6.7.
발신 문서통신관리관
수신 아주국장
제목 보존문서 확인 조회

　　대: 북일700-125
　　대호로 조회하신 문서는 당담담관실에서 보존하고 있는 문서목록에 수록되어 있지 않이함을 통보합니다. 끝.

13. 정부기록보존소 공문-보존문서 확인조회에 대한 회신

정부기록보존소
번호 기록127-403
일시 77.8.□.

발신 정부기록보존소장
수신 외무부 장관
참조 아주국장
제목 보존문서 확인조회에 대한 회신

　　북일700-20128(77.6.4)로 의뢰한 "유학암"씨의 유골에 관한 문서는 당소로
이관되지 않았으니 양지하시기 바랍니다. 끝.

14. 외무부 공문—진정서 회신

외무부
번호 북일700-21819
일시 1977.6.15.
발신 외무부 장관
수신 경북 안동군 북후면 신정동 161번지 유원장 귀하
제목 진정서 회신

　　귀하가 청와대 민원비서실로 제출하신 진정서에 대하여, 당부에서는 관계
각 기관과 협조, 귀하의 부친 유학암씨의 유골소재를 조회하였으나, 일본 당국
이 유골을 인도하였다는 시기인 1948년 2월은 아국정부 수립전으로서, 전몰자
유골봉환에 관한 당시의 기록과 유골의 소재를 확인키가 곤란합니다.
당부는 앞으로도 유골소재 확인을 위해 노력하겠으며, 추후 그 소재가 확인되는
대로 귀하께 재회신해드릴 것이오니 양해하시기 바랍니다. 귀 가족께 심심한
위로의 말씀을 드리며, 귀하의 건승을 빕니다. 끝.

15. 외무부공문(발신전보)—권진국 유골봉환 관련 조사 결과 재촉

외무부
번호 WSA-0805

일시 201120
발신 장관
수신 주 삿뽀로 총영사

    연: 북일 700-2650(77.2.2.)
    연호, 권진국의 유골봉환에 관한 진정과 관련, 귀관의 조사 결과 조속 회보
바람. (북일-   )

④ 재일본 한국인 유골봉환, 1978

○ ○ ○

기능명칭: 재일본 한국인 유골봉환, 1978

분류번호: 791.28

등록번호: 17984(12499)

생산과: 일본담당관실

생산연도: 1978-1978

필름번호: 2008-31

파일번호: 13

프레임 번호: 0001-0139

1. 외무부 공문―정규환 유골봉환 관련 교섭경위 및 외무성 입장 보고

외무부
번호 jaw-011□2
일시 131741
수신시간 78.1.13. 18:43
발신 주일대사
수신 장관

　　대: WJA-12362, 북일700-16901
　　연: AJW-09905
대호, 정규환 유골봉환과 관련 그간 교섭경위 및 외무성의 입장을 다음 보고함.
1. 76.12.17 당관의 요청을 외무성은 하본규환(정규환)의 유골의 인적사항 확인을 후생성에 요청한결과 유족 정용환이 제출한 인적사항과 동일한것으로 판명되어 77.6.17 자로 후생성이 명부를 개정하였음.
2. 78.1.12. 당관이 동유골의 봉환을 요구하는 한편 봉환 절차에 대한 일측 견해를 요청한데 대하여 외무성은 후생성과 협의후 회답하겠다고 하였음.
3. 78.1.12. 당관은 대호(북일700-2393)지침에 따라 아측의 입장을 제시한데 대하여 일측은 아래와 같이 회답함.
가. 아측이 유골봉환에 따른 구비서류를 외무성 북동아과에 제출하면 후생성이 이를 받아 동서류로서 심사하여 봉환여부를 결정할것임.
나. 봉환절차에 관하여는 서류심사후 구체적으로 아측과 협의토록 할것이나 일측은 봉환유골의 수가 적을경우, 주한 일본대사관을 통하여 유족에게 인도하는 것을 고려하고 있음.
다. 구비서류
1) 유족 정용환의 호적등본(유족임이 판명될수 있도록 명기된 것)
2) 유족 정용환이 한국에 거주하고 있다는 증명서(예로서 주민등록초본)
3) 외무부 또는 당관의 승락서(승락서는 일정한 양식이 없으나 한국의 공적기관이 유족의 봉환요청을 인정하는 것이어야함)
4. 상기에 따라 우선 구비서류를 당관에 송부하여 주시기 바라며, 전례로서 아측의 승락서를 제출한 사실여부 및 있다면 그내용을 알려 주시기 바람. 봉환절차에 관해서는 봉환이 결정된 단계에서 재차 협의토록 할것임.
(일정-북일)

2. 외무부 공문─정규환씨의 유골봉환

외무부
번호 북일 700-3313
일시 1978.1.26.
발신 외무부 장관
수신 전남 장흥군 장흥읍 평장리 1구 정용환 귀하
제목 "정규환"씨의 유골봉환

　　　새해 귀하의 댁내 만복이 깃드시기를 빕니다,
　　　당부가 77.10.18.자 공한으로 귀하께 알려드린 바와 같이 정부는 그간 정규환(鄭奎煥)씨의 유골봉환이 조속히 이루어지도록 일본정부측과 적극 교섭하여 왔습니다.
　　　동 유골봉환의 절차에 관하여 일본정부측과 구체적 협의를 하는 단계에서 일측은 유족의 소재 확인을 위하여 귀하의 주민등록초본등 증빙서류를 제시하여 줄것을 희망하고 있어, 관계서류 제출 및 구체적인 봉환절차에 관하여는 보건사회부와 긴밀히 협조 추진 중에 있음을 우선 알려드립니다.
　　　앞으로 일측과의 교섭에 진전이 있는대로 당부에서 직접 혹은 보건사회부를 통하여 귀하께 알려드리겠읍니다.
　　　귀하의 건승을 빕니다. 끝.

3. 외무부 공문─정규환씨의 유골봉환

외무부
번호 북일700-
일시 1978.1.26.
발신 외무부 장관
수신 보건사회부장관
제목 "정규환"(鄭奎煥)씨의 유골봉환

　　　　연: 북일(전)77-40(77.10.29.)

대: 사회1461-17060(77.12.7.)

　　1. 2차 대전중 전몰 아국인 정규환(鄭奎煥)의 유골봉환과 관련하여 연호로 귀부와 기히 협의한바와 같이, 당부는 동 유골봉환을 위하여 일본정부측과 교섭하여 왔읍니다. 동 유골봉환의 절차에 관하여 구체적 협의를 하는 단계에서 일측은 유족 정용환씨의 한국거주 사실확인을 위하여 동인의 주민등록초본등을 제시하여 줄것을 요청하고 있는 바, 귀부에서 동 서류를 유족이 제출토록 하여, 당부에 송부하여 주시기 바랍니다.

　　2. 일측은 봉환의 구체적인 절차(호송관의 직위, 향전금등)에 관하여는 상기 서류등 접수후 구체적으로 아측과 협의할 것을 희망하고 있으나, 봉환유골 수가 1주임에 비추어, 주한 일본대사관을 통하여 유족에게 인도하는 방법 등을 고려하고 있다 하니, 이에 대한 귀부 의견을 아울러 알려주시기 바랍니다. 끝.

4. 탄원서

謹啓

複雜多難했던 77. 丁巳年을 送舊하고 希望찬 戊午年을 맞이하여 貴下의 萬福을 祈願하는 바입니다.

在日戰歿者(鄭奎煥) 遺骨送還에 있어 努力하시는 貴下의 勞苦에 對하여 小生은 恒時 敬意를 表하옵고 하루 速히 送還되도록 再三 仰託하나이다.

78.1.24.字 保健社會部로부터 通報를 받았고 또, 78.1.26.字 貴下의 下信을 받고 小生은 旣히 戶籍謄抄本等을 保健社會部와 貴部에 送付하였고 小生의 住民證 寫本을 貴部에 送付하오니 諒知하시고, 모든 節次에 萬全을 期하여 주시옵기를 伏乞하옵고, 이만 再上信하나이다. 貴下의 健勝을 祈願하옵고 이만 不備敬□

　　　　　　　　　　　　　　　　　　　78.1.31.

　　　　　　　　　　　　　　全南長興郡長興邑坪場里 1區438

　　　　　　　　　　　　　　　　鄭用煥 謹□

大韓民國 外務部

　　亞洲局長 공로명 貴下

5. 외무부 공문―정규환씨의 유골봉환

외무부
번호 북일700-
일시 1978.2.7.
발신 외무부 장관
수신 주일대사
제목 정규환(鄭奎煥)씨의 유골봉환

대: JAW-01182(78.1.13)

1. 대호 정규환(鄭奎煥)의 유골봉환 협의를 위하여 일측에 제시할 관련 증빙서류를 아래와 같이 송부하니 조속 추진하시기 바랍니다.

2. 대호 4항 아국정부의 승인시 제시문제와 관련하여 76.10.28의 22주 유골봉환시에는 사전「당부-주한일본대사관」간의 Note Verbale 교환으로서 하였으나, 금번 경우는 유골 1주 봉환을 위한 것이며, 또한 유족인 정용환씨가 조속봉환을 위하여 거듭 진정하여 왔음에 비추어, 본건 조속추진을 위하여는 적절한 형식의 귀관 승인으로서 함이 가할 것으로 판단되니, 조치하시기 바랍니다.

첨부: (1)정용환의 주민등록 초본 1부.
　　　(2)정용환의 호적등본 1부. 끝.

6. 보건사회부 공문―전몰아국인 유골봉환에 따른 관계서류 제출

보건사회부
번호 사회1461-2122
일시 1978.2.16.
발신 보건사회부장관
수신 외무부 장관
제목 전몰아국인 유골봉환에 따른 관계서류 제출

1. 북일 700-3314(78.1.26)와 관련임.

2. 대호로 요청한 전몰 아국인 정규환의 유족인 정용환의 주민등록표를 별첨

과 같이 송부합니다.

첨부: 주민등록표 1매. 끝.

7 외무부 공문(착신전보)–유골 봉환시 주한 일본대사관에 구상서 사본 송부 요청

외무부

번호 JAW-02455

일시 241021

수신시간 78.2.24. 13:48.

발신 주일대사

수신 장관

대: 북일 700-3285

대호 76.10. 유골 봉환시, 본부가 주한 일본대사관에 발송한 구상서 사본을 지급
송부 바람. (일정-북일)

8. 외무부 공문–정규환 유골봉환

외무부

번호: 북일700-

일시 1978.2.27.

발신 외무부 장관

수신 주일대사

제목 정규환 유골봉환

연: 북일700-3285

대: JAW-02455

대호, 76.10. 유골 22주 봉환시의 아측 구상서를 별첨 송부하니, 정규환의
유골봉환건을 조속 추진하여 주시기 바랍니다.

첨부: 상기 구상서 사본 1부. 끝.

9. 외무부 공문(착신전보)—정규환 봉환 관련 외무성 연락 사항 전달

외무부
종별 긴급
번호 JAW-03485
일시 241127
수신시간 78.3.24. 13:26.
발신 주일대사
수신 장관

　　연: JAW-01182
　　대: 북일700-3289
연호 정규환의 봉환일자및 절차에 관하여 78.3.23 외무성은 당관에 다음과 같이
제안하여 온 바 검토후 지급회시바람.
1. 일시: 78.3.30
(일측은 3월말로 끝나는 금회계년도 이내에 봉환을 하기위하여 일시를 촉박히
집계된점을 설명하여왔음)
2. 방법: 후생성 원호국 조사과장 외 1명(2명)이 일본항공 정기편으로 부산국제
공항까지 호송, 한국측 관계관(전라남도)에 인계함(일측호송자 성명 및 항공편
은 아측회답 접수후 결정 통보하겠다함)
3. 향전금
일측은 전례(한화 2만원)에 따라 주한 일본대사 명의로 지급할것을 생각 하고
있으나 아측의 제의(한화 5만원)를 고려 검토후 통보하겠다고 함 일측은 또한
향전금 전달방법으로서 주부산 총영사관 직원이 대사를 대리하여 한국측관계관
에게 전달할것을 제의하여 왔음.
위령식 3.29 후생성 원호국 회의실에서 후생성 주최로 위명식을 기행토록하
며 후생성 및 외무성관계관이 참석할예정임. 일측은 대사관측의 참석을 요청
해왔음.
5. 유골인수 아측관계관의 직위 및 성명도 아울러 회시 바람(일정-북일)

10. 전언통신—정규환씨의 유골봉환

전언통신
번호 북일(전)78-04
일시 1978.3.25.
발신 외무부 장관
수신 보건사회부장관
제목 "정규환"씨의 유골봉환

연 (1) 북일700-3314
(2) JAW-03485

연호, 정규환의 유골봉환과 관련하여 일본측은 봉환일시 및 절차에 관하여 다음과 같은 계획(안)을 제시하여 온바 있으니, 유골인수시 제반절차에 관한 귀부 의견을 지급 회보하여 주시기 바랍니다.

-아래-

1. 봉환일시: 78.3.30(목)
2. 절차: 일본 후생성 원호국 조사과장 외 1인이 부산 국제공항까지 호송, 아측 관계관(전라남도)에게 인계함.
3. 향전금: 전래 및 아측의 제의(₩50,000-)를 고려중임.
   또한, 향전금은 주부산 일본총영사관 직원이 주한 일본대사 명의로 아측 관계관에게 전달함.
4. 위령식: 3.29. 일본 후생성 원호국 회의실에서 후생성 주최로 거행하며, 후생성 및 외무성 관계관이 참석함. 끝.

송화자: 동북아1과 이재석
수화자: 사회과 박성운(70-3724)
시간: 3.25. 11:40.

11. 외무부 공문(발신전보)—정규환 유골봉환 일시 및 절차 확정 보고

외무부
종별 긴급

번호 WJA-03470
일시 281530
발신 장관
수신 주일대사

대: JAW-03485(78.3.25.)
대호, 정규환의 유골봉환 일시 및 절차에 대한 일측제의와 관련, 다음과 같이 관계부와 협의, 확정하였으니, 이를 지급 일측에 통보하고 봉환에 차질없도록 조치바라며, 호송 항공편 및 시간을 3.29(수) 오전중 회보바람.
1. 봉환일시: 일측 제의대로 78.3.30(목)
2. 장소: 부산 국제공항 귀빈실
3. 참석자
　　가. 아측: 보사부 사회과장 외 1명
　　　　　　　외무부 관계자(상금 미정임)
　　　　　　　전라남도 사회과장
　　　　　　　전라남도 장흥군 관계관
　　　　　　　유족대표
　　나. 일측: 후생성 조사과장 외 1명
　　　　　　　주 부산총영사(대사 대리)
4. 절차
　　가. 일 후생성(조사과장) 책임하에 부산 국제공항까지 호송.
　　나. 보사부 사회과장이 동 공항 귀빈실에서 유골 인수
　　다. 보사부는 동 공항 귀빈실에서 전라남도 사회과장에게 유골을 인계코자
　　　　함.
5. 향전금은 귀과에서 일측과 적의 협의바람.
　　동 향전금은 유골 인수인계시 전라남도 사회과장에게 전달토록 함. (북일-)

12. 외무부 공문(착신전보)–일측 호송자 부산국제 공항 도착 예정 보고

외무부
종별 긴급

번호 JAW-03573
일시 281609
수신시간 78.3.28. 16:38.
발신 주일대사
수신 장관

　　연: JAW-03485
　　1. 연호 유골 봉환을 위한 일측 호송자는 78.3.30. 오후 2:50 JAL-971편으로 부
산국제 공항 도착예정임.
　　2. 호송책임자는 후생성 원호국 조사과장 마루야마 가즈오, 동조사과 계장 고바
야시 도미사부로 및 외무성 북동아과 사무관 다까하시 이상 3명임(일정-북일)

13. 보건사회부 공문—전몰아국인 정규환 유골 봉환 계획 통보

보건사회부
번호 사회1435-4165
일시 1978.3.29.
발신 보건사회부장관
수신 외무부 장관
제목 전몰아국인 정규환 유골 봉환 계획 통보

　　1. 외무부 북일(전)78-04 (78.3.25)호와 관련입니다.
　　2. 전몰아국인 정규환의 유골봉환 절차에 대하여 별첨과 같이 통보합니다.
첨부 유골봉환 계획 1부. 끝.

13-1. 첨부—제2차 세계대전중 전몰한 재일본 한국인 유골봉환 계획

제2차 세계대전중 정몰한 재일본 한국인 유골봉환 계획

　　1. 봉환일자: 1978.3.30.
　　2. 봉환장소: 부산 국제공항 귀빈실

3. 참석자

    가. 일본측: 후생성 조사과장 외 1명

              주 부산 총영사(대사대리)

    나. 아측: 당부 사회과장 외 1명

           전라남도 사회과장

           전라남도 장흥군 관계관

           유족대표

           외무부 관계관

4. 봉환절차

    가. 일본측 후생성(원호국 조사과장) 책임하에 부산국제공항까지 인도.

    나. 당부 사회국 사회과장이 동공항 귀빈실에서 인수

    다. 당부는 부산 국제공항 귀빈실에서 전라남도 사회과장에게 인계코자 함,

    라. 유골 인수인계시 일본측 향전금과 당부의 향전금 50,000원을 전라남도
       사회과장에게 전달함,

제2부

재일본 반한단체 동향

해방이후 재일한인 외교문서 해제집

┃제6권┃(1975~1979)

「1970년대 재일본 반한단체 동향」은 1970년대(1975년~1979년) 일본에서 이루어졌던 '반한'활동에 관한 '외교문서'의 내용을 종합·정리한 것이다. 이 문서철 해제의 근거 문서는 국가 간에 주고받는 통상적인 외교문서라기보다 주로 주일대사관 및 영사관이 본국 외무부에 보낸 보고서이다.

이 문서철을 이해하기 위해서는 전후 일본의 자본주의와 반공 체제에 비판적이었던 사회주의 청년단체나 많은 진보 지식인 세력이 당시 정서적으로 북한 체제에 경사되어 있었던 점을 알아 둘 필요가 있다. 그들의 활동에는 재일조선인총연합회(조총련) 조직원 혹은 조선민주주의인민공화국(편의상 국내에서 사용하는 북한으로 표기) 체제를 지지하는 사람들이 동참하는 사례가 많았고, 조총련과 공산주의, 사회주의 성향의 진보 지식인 그룹의 연계 활동도 많았다. 특히 1965년의 한일기본조약 체결 후, 조총련 이탈 동포가 급증하면서 조총련 주동의 한미일 자본주의·반공 체제에 대한 과격한 반대 및 비난 활동을 전개하는 사례가 증가하는데 이러한 움직임을 일본(인)의 「반한」 현상으로 보는 경우도 많았다.

관계 외교 문서철에서 보듯이 일본에는 북측 정부로부터의 경제적 지원으로 창설한 조총련과 같은 단체 외에는 일본인에 의해 「반한」을 주된 목적으로 하는 특정 조직 및 단체는 거의 존재하지 않는다. 단, 예를 들자면 반전 평화주의를 표방하는 단체가 베트남 전쟁을 반대하는 차원에서 베트남에 군대를 파견한 한국을 겨냥한 「반한」 활동을 전개하고 있으며, 국제펜클럽이나 변호사협회가 당시 한국의 군부정권에 의한 인권탄압을 비판하며 반대하는 운동에 조총련계 세력이 동참하거나 연대하여 강한 「반한」 운동으로 전개하였기에 "일본(인)의 활발한 「반한」 활동"으로 보이게 된 것이다

그 외, 한국계 재일동포들의 반한 운동, 특히 한국의 독재정치와 강한 민족의식을 가지고 모국 유학을 택하였던 재일동포 유학생들을 정치사상범으로 몰고가는 모국의 인권탄압에 대하여 거센 저항을 보이는 소위 베트콩파의 「반한」 활동이 외교 문서에 강조되어져 있다. 주지하듯이 군부정권 하에서 이루어진 소위 '재일한국인 조작 간첩사건'의 김동휘, 김오자, 김종태, 이동석, 최창일 등 13명의 희생자는 재심에서 이미 무죄를 확정받았다. 하지만 그 당시 정치범이라는 누명으로 구속된 동포 학생들의 무죄 주장과 모국의 반독재 민주화 투쟁을 슬로건으로 하는 베트콩파는 초기 활동 이념이나 목적은 달랐어도 위와 같은 주장을 펼치며 세력 확보를 하던 종북성향 단체나 사회주의 체제 옹호 단체들과 정치적 연계를 하면서 운동 세력을 확장하였기에 관련 문서철에서는 베트콩파를 '조총련의 앞잡이'로 기재하고 있는 것을 볼 수가 있다.

한편, 이 문서철은 시간적으로나 사건, 사실적 내용이 분산되어 중복 · 기술된 부분도 있기에 내용을 다음과 같이 분류 재정리하여 독자들이 이해하기 쉽게 하였다.

① 「반한」단체의 성립과 활동(개황적인 접근),
② 재일한국인 단체의 「반한」활동과 「베트콩파」의 출현,
③ 일본 혁신세력의 「반한」움직임과 세력내 갈등(두 개의 「반한」조직의 탄생),
④ 언론의 「반한」보도 내용,

상기 기술 내용의 출처는, 해당 문서의 내용을 종합적으로 기술했을 경우에는 앞부분에, 개별적 사안별로 기술했을 경우에는 주석을 달아 문서번호:페이지로 표시했다. 다만 문서에서 같은 사안을 산발적으로 기재하고 있을 경우에는 주된 기술의 출처만 표시하고 산발적인 기술의 출처 표시는 생략하였다.

1. 「반한단체」의 성립과 활동(1950년대-1970년대)

1) 일조국교정상화국민회의
  · 창립: 1973년
  · 창립 멤버: 아스카다 카즈오(飛鳥田一雄), 이치카와 마코토(市川誠), 이치카와 후사에(市川房枝), 이와이 아키라(岩井章) 등
2) 일조협회
  · 창립: 1951년
  · 대표(1974년 현재): 와타나베 사헤이(渡辺佐平)
  · 활동 방침: 일조 문화교류·무역 및 어업 관계의 정상화 촉진 등
  · 조직: 도쿄에 중앙본부를 두고 각 지역에 연합회·지부를 설치함. 한때 15,000명의 회원을 확보하고 있었다.
  · 기관지:『일본과 조선』(발행부수 1만 부)

일조협회는 1951년 당시 참의원 의원이었던 쿠루마 타쿠도(来馬琢道)가 중심이 되어 남북한과 우호관계를 맺는다는 취지로 결성되었다. 정치적·사상적으로 중립을 표방하여 왔으나 일본공산당이 주도권을 장악하면서 이 협회는 친북 일변도의 성향을 보이게 된다. 1955년 하타나카 마사하루(畑中正治)의 주도하에 전국대회를 개최하면서 협회의 조직 기반을 구축하였다. 이때 북측 정부로부터 적극적인 지원을

받은 것으로 알려져 있다. 1965년과 1967년, 1968년, 1971년, 1975년 등 빈번하게 협회의 대표, 실무진이 북한을 방문하고 있으며 1965년 2월 9일 북한의 대외문화연락협회장(서철)과 공동성명을 발표하기도 했다.

3) 일한연대연락회의
  · 결성: 1974년
  · 목적: 일본의 대한정책 전환 촉구, 한국의 민주화 투쟁 지지
  · 조직구성: 회장- 아오치 신(青地晨)
    연락책임: 덴 히데오(田英夫)
  · 주요활동: 김대중 사건, 민청학련 사건과 관련하여 주일대사관 앞 시위(1974)
  · 「김지하를 구원하는 모임」과 공동으로 한일 양 정부를 규탄하는 시민대회 개최(1975)
  · 미야자와 기이치 외상 방한 반대 집회(1975)
  · 한민통과 합동으로 김대중 구출을 위한 시민대회 개최(1975)
  · 한일 정기 각료회담 반대 집회(1975)
  · 장준하 추모 세미나 개최(1975)
  · 한일조약 10년 역사 말소를 위한 집회(1975)
4) 일조학생연대위원회
  · 결성: 1974년
  · 위원회의 구성: 1975년 12월 말 당시 전국 50여 대학 800여 명으로 구성
  · 위원회의 성격 및 활동: 도쿄 토요(東洋)대학, 츄오(中央)대학 등에서 "남한 청년 학생들을 비롯한 각 계층 인민들의 민주화 투쟁을 지지하며 그와의 연대를 강화"하는 집회를 갖고 주일대사관 앞에서 시위를 벌이는 등의 활동을 전개해 왔다.
5) 주체사상연구소
  · 결성: 1969년 친북성향의 학자, 문화인, 청년학생 등이 중심이 되어 일본 국내에 60개의 연구조직이 결성됨.
  · 활동 내용: 연구회의 전국적인 연대를 강화하기 위한 집회
  · 김일성 저작의 연구 결과를 중심으로 발표회 등의 집회
  · 연구회 대표단의 북한 방문:
    시미즈 요시하루(清水嘉治)(칸토 가쿠인(関東学院) 대학 교수/1974.8.13)
    후쿠시마 마사오(福島正夫)(와세다(早稲田) 대학 교수/1974.9.30)
    쿠리키 야스노부(栗木康信)(센슈(專修) 대학 교수/1975.4) 등

주체사상연구소는 일본 내의 대표적인 친북 조직으로, 이들의 집회에는 조총련 간부, 때로는 북한의 대표단이 참가하고 있었다.

6) 소효(総評 · 日本労働組合総評議会)

1950년 좌익계 노조에 반발하여 GHQ의 지지를 받으며 결성된 노조의 전국적 조직인 소효는 1972년에 「일조노동자교류연대회」를 창립하고 북한을 지지하며 북한과의 교류를 확대하기 시작했다. 반면, 일본 정부 및 재계에 대한 정책의 전환을 촉구했다. 1972년 사와이 아키라(沢井昭) 대표, 1974년 이치가와 마코토(市川誠) 소효 의장 등 노조 대표단이 북한을 방문하고 북한과의 문화 교류, 노동자연대를 활성화 시키면서 김일성의 5대 강령을 지지하였다. 활동을 전개하면서 한국에 대한 비판적인 반대입장을 표명하였다. 일본 정부의 대한 정책의 전환을 촉구하며 한국에서의 정치범 석방을 요구하기도 했다. 1974년 육영수 여사 저격 사건과 관련한 일본 정부의 조총련 규제에 대해서도 비판적인 입장을 표명하였다.

7) AA문제연구회
  · 결성: 1965년
  · 대표: 우츠노미야 토쿠마(宇都宮徳馬)
  · 취지: 일본과 북한의 국교정상화, 한국의 민주화운동 지지

그 외의 「반한단체」(설립 연도 · 설립 당시의 대표)로 분류되는 단체 및 한국의 정치, 인권상황 비판 · 반대 단체를 정리하면 다음과 같다.(원문 인용)
  · 일조우호촉진의원연맹(1971년 · 히사노 다다하루(久野忠治))
  · 일조무역회(1956년 · 아이카와 리이치로(相川理一郎))
  · 일조문화교류협회(1972년 · 다카기 다케오(高木健夫))
  · 일조체육교류협회(1972년 · 야마구치 히사타(山口久太))
  · 일조학술교류촉진위원회(1964년 · 무다이 리사쿠(務台理作))
  · 일조자유왕래실현연락회의(1963년 · 하타나카 마사하루(畑中正治))
  · 재일조선인귀국협력회(1958년 · 카네다 토미타로(金田富太郎))
  · 일본조선연구회(1961년)
  · 일조노동자교류연대연락회의(1972년)
  · 일조사회과학자연대위원회(1972년)
  · 일조과학기술교류협력위원회(1965년)
  · 재일조선인민족교육문제간담회(1965년)
  · 재일조선인의인권을지키는회(1963년)
  · 재일한국인정치범을구원하는 모임(1976 · 미야자키 시게키(宮崎繁樹))
  · 한국문제긴급국제연대상설위원회(1976 · 오다 마코토(小田実))

- 김지하구원회(1974・오다 마코토(小田実))
- 『동아일보』를 지원하는 모임(1974・이이누마 지로(飯沼二郎))
- 도쿄변호사협회(이소베 야스시(磯部靖))
- 일본종교자평화협의회(오오니시 료케이(大西良慶))
- 일본펜클럽(이시카와 타츠조(石川達三))
- 일본AA작가회의(노마 히로시(野間宏))
- 기생관광에 반대하는 여성의 모임 등

「반한」단체의 활동 대상이 국가(한국)나 국민(한국인)이 아니라 한국에서 이루어지고 있는 정치문제, 인권문제에 초점이 맞추어져 있다는 것을 알 수 있다. 또한, 「반한」단체로 기록되어 있는 단체 중에는 본래 「반한」과는 상관 없이 다른 목적으로 만들어진 것도 적지 않았다.

2. 재일한국인 단체의 「반한」활동과 「베트콩파」의 출현[1]

1) 재일한국청년동맹(한청)의 「반한」활동

한청(민단의 산하단체로서의 인가 취소 이후 「구(旧)한청」으로 표기)은 1960년대 중반부터 한국정부에 대하여 비판적 입장에 서왔고 민단으로부터 이탈한 이후에는 「베트콩파」의 전위행동대로서 극렬한 「반한」활동을 전개해왔다. 인가 취소를 당한 구한청은 1974년8월15일 당시 대통령 암살을 시도하였던 문세광사건 이후 활동에 제약을 받고 있었지만 1975년부터는 「반한」내용의 영화 상영, 연극 공연 등 문화활동, 집회 개최 등의 활동을 재개하고 있으며, 1976년에는 명동사건[2]의 관련자를 비롯한 정치범의 석방을 요구하는 "100만명 서명운동"을 전개하기도 했다. 이 서명의 결과는 작가로서 정치활동을 해온 오다 마코토(小田実)를 통해 미국 의회와 유엔 사무국에 제출되었다. 한편, 구한청은 다음과 같은 「반한」활동을 계속해갔다.

민주화운동 및 언론 자유 지원을 위한 집회
- 일시: 1975년 1월 19일
- 집회장소: 코라쿠엔(後楽園)회관(東京都文京区)
- 집회규모: 약 400명

---

1) 2007-0066-15/11201/791.72JA pp.22-24, 59-83, 88-94, 107-116
2) 1976년 3월 1일, 명동성당에서 신부, 목사, 교수 등이 민주구국선언문을 발표한 유신체제하 최대의 반정부선언사건.

- 집회목적: 한국의 민주화운동 및 언론(『동아일보』)의 자유 수호·지원
- 참가자 : 한청계의 일부를 제외하고 대부분 좌익계 일본인

국민투표 반대·박정희 대통령의 사임 요구 집회
- 일시: 1975년 2월 2일
- 집회장소: 일본청년회관(東京都新宿区)
- 집회규모: 약 100명

국민투표 반대 시위
- 일시:1975년 2월 12일
- 참가규모: 약 80명
- 시위장소: 주일 한국대사관

그밖의 「반한」 시위
- 일시: 1977년 4월 17일
- 참가규모: 약 200명(한청이 동원한 것으로 보이는 자 포함.)
- 시위장소: 주일 대사관(대사관 침입 시도로 일본 경찰과 충돌)

2) 재일한국학생동맹(한학동)³⁾의 한국 국내 정치 비판·반대 운동－4·19혁명 16주년 기념,「반한」 집회 및 시위
- 일시: 1976년 4월 18일
- 장소: 젠니츠(全日通) 노동회관
- 참가인원(예상): 약 150명

3) 재일조선청년동맹(조청)⁴⁾의 「반한」 집회 및 시위
　① 4·19 기념 조선인 청년 집회
- 일시: 1976년 4월 18일
- 장소: 시바공원 23호지(芝公園23号地·도쿄도립 시바공원 집회광장)
- 참가인원(예상): 약 2000명
　② 한국의 혁명투쟁 지지·한일유착 반대를 위한 시위
- 일시: 1977년 4월 19일

---

3) 한학동은 해방직후 결성되는 재일조선인학생동맹이 좌경화되자 우파가 이탈하여 1950년에 조직한 단체이다. 한학동은 한국전쟁이 발발하자 한국 지원을 위해 「재일한교자원군(在日韓僑自援軍)」을 파견하기도 했다. 그러나 한청과 함께 민단에서 이탈하여 「베트콩파」에 속하게 되었다.
4) 조선청년동맹(조청)은 해방직후 결성되는 재일본조선인연맹(조련)의 청년부였던 것이 1949년 GHQ에 의한 조련 해산과 함께 해산되었다가 1955년5월의 조총련 결성과 더불어 부활된 조직이다. 조련이 북한 지지 단체였던 것처럼 조청도 친북 단체로 볼 수 있다.

・ 장소: 시바공원, 신바시(新橋), 긴자(銀座), 롯폰기(六本木) 등
・ 참가인원: 약 2700명(가쿠마루(革マル, 일본혁명적공산주의자동맹 혁명적마르크스주의파) 등과 연대로 벌인 시위로 참가인원이 많아짐.)

4) 재일본조선인총연합회(조총련)
・ 일시: 1976년 4월 19일
・ 장소: 쿠단(九段)회관
・ 집회목적: 4.19혁명 16주년 기념 집회
・ 참가인원: 약 1000명(예상)

5)「베트콩파」의 출현과「반한」활동의 활성화
　① 문서상의「베트콩파」의 의미: 본래 민단 산하에 속해 있었던 소위「베트콩파」란 북한 및 조총련과 같은 맥락에서 한국의 정책과 민단의 시책에 비판 및 반대를 하는 자(단체・조직)들을 가리킨다. 이들은 조총련의 사주를 받으면서도「한국」또는「민단」의 이름으로「반한(반정부)」「반민단」활동을 전개했기 때문에「베트콩파」라는 속칭이 붙여졌다.
　②「베트콩파」출현 경위: 1961년 한국의 군부 쿠데타를 지지하고 반공의 기치를 선명히 하는 권일(權逸)이 민단중앙본부단장에 취임하자 민단 내의 진보적 혁신세력 (반 권일파, 북한파 등)이「유지간담회」를 만들어 한국 내 정치에 비판적 자세를 보이다가 1967년 한국민주회복통일촉진국민회의의 김재화가 반공법 등으로 구속되면서 반정부, 반민단 활동을 노골적으로 펴기 시작하였다. 이「베트콩파」는 1970년까지 민단 조직에 '침투'하여 한때 민단도쿄본부, 대한부인회도쿄본부, 민단가나가와켄 본부, 재일한국청년동맹 등 민단 조직의 일부가 이들의 세력권에 들어가기도 했다. 그러나, 1971년에「베트콩파」의 민족통일협의회 대표 배동호가「제2의 4・19」를 획책하는 등 반정부, 반민단 활동의 실체가 폭로되어「베트콩파」세력은 민단으로부터 제명되기에 이른다. 이후, 민단으로부터 이탈한「베트콩파」는 북한 및 조총련의 통일전선전술의 전위단체로서「반한」활동을 노골적으로 전개・리드하기 시작하였다.
　③「베트콩파」의 사령탑「한민통」의 결성과「베트콩파」의 활성화[5]
　「베트콩파」리더들은 1973년의 김대중사건을 계기로「한국민주회복통일촉진국민회의 일본본부(한민통)」를 결성하고 이를 정점으로「반한」활동을 조직적으로 전개해갔다. 한민통은 김대중을 의장으로 추대하고 김재화 의장대행, 배동호 상임고문,

---

[5] 2007-0066-15/11201/791.72JA pp.68-69

정재준, 곽동의 등 「반한」활동의 지도적인 인물들이 포진하고 있었다.

「베트콩파」는 한국과 국제정세의 변화에 대응하여 활동내용을 바꾸어가기도 했다. 김대중·김지하 구원, 그밖의 (특히 재일동포)정치범의 석방, 일본기업의 한국 진출 반대, 주한미군 철수, 학원침투 간첩단 사건의 진상규명과 조작·연루된 재일동포의 석방, 한국 민주화운동의 지원 등을 내걸고 집회와 시위를 계속해갔다.

특히 7·4공동성명 이후 「베트콩파」는 북한이 내거는 국제적 연대 투쟁활동의 중심체로서, 일본 내의 「반한」활동을 통하여 「반한」의식을 높였고 「반한」단체·좌익 세력·친북 세력 등 「반한」세력의 리더·대변자적 역할을 수행했다. 뿐만 아니라 미주 및 유럽의 「반한」단체와의 연대를 통하여 「반한」활동의 확대와 강화를 꾀했다. 「베트콩파」의 6개 단체(위에 기술한 민단 내의 4개 단체와 민족통일협의회, 민단자주수호위원회)의 통일·연계와 「베트콩파」의 행동방향을 조정하는 한민통은 1976년 8월 일본을 포함한 15개국의 「반한」인사 83명을 도쿄에 초청하여 「한국문제 긴급 국제회의」를 개최하기도 했다. 이 회의에서 한국의 인권문제, 남북통일문제, 주한미군철수문제 등을 거론, 전세계 「반한」세력의 확대와 연대·결속을 획책하였다. 그러나 한일국교정상화 이후, 재일동포의 한국 국적 취득과 일본으로의 귀화 등으로 조총련계 이탈 동포로 인한 감소 추세와 한국의 재일동포에 대한 총화정책의 일환으로 이루어진 조총련계 동포의 모국(한국)방문, 그리고 「베트콩파」내부의 활동자금 부족 등으로 이 조직은 위축되어갔다. 한민통은 활동자금난 해소와 청년 상공인 포섭을 위하여 청년상공회를 조직·운영하였으나 같은 「베트콩파」의 나종경이 설립한 재일한국인 생활협동조합과 대립하였다. 또 조총련을 노골적으로 지지하는 한민통의 노선에 반발하는 자도 속출하여 「베트콩파」의 결속은 무너져갔다.

한편, 그 외의 한국의 정치, 인권문제에 비판·반대하는 재일한국인 단체를 들면 다음과 같다.(결성년·대표)

- 한국민주회복통일촉진국민회의(1973·김재화)
- 구 민단도쿄본부(1971·정재준)
- 김대중 구원위원회(1973·정재준)
- 민족통일협의회(1972·배동호)
- 민주주의 민족통일위원회(1971·박덕만)
- 재일한국인정치범 구원위원회(1974·변태성)
- 조국통일 재일지식인 담화회(1973·김달수)
- 재일한국인 민주간담회(1973·조기형)

- 구 민단 가나가와켄본부(1972 · 김윤종)
- 와세다대학, 오사카대학의 한국인 동창회

한국정부(공관)로서는 재일한국인의 「반한」활동에 가장 민감할 수밖에 없었을 것이다. 실제로 「반한」활동을 가장 '절실하게' 전개한 것은 재일한국인이었다.

한국정부(공관)는 재일한국인의 「반한」활동 단체를 「베트콩파」라 불렀다. 베트콩이란 「남베트남해방민족전선」의 약칭으로, '월남(베트)'의 '공산(콩)'세력을 의미한다 (『広辞苑』참조). 당시 한국 특히 주일공관이 한국계 재일동포의 「반한」활동단체를 조총련이나 조청과 같은 공산세력과 동일시하고 있었음을 알 수 있다.

3. 일본 혁신세력의 「반한」 움직임과 세력내의 갈등 – 두 개의 「반한」단체의 탄생

소효 사무국장 이와이 아키라(岩井章)의 활약

『아사히신문』 1976년 3월 23일 석간 기사에서 보는 이와이의 움직임

이와이는 한반도의 상황 · 정황에 일반시민의 관심이 적은 점을 우려하고 한반도 문제에 관한 대중운동을 일으킬 것을 목적으로, 학생 · 문화인 · 노조 · 오다 마코토 (小田実)와 같은 언론인과 언론기관, 그리고, 사회당 · 공산당 · 공명당 등이 참가하는 운동의 센터를 만들고자 했다.

운동의 기본 목적(슬로건)은 (한반도에서의) 미군 철수, 일한 유착의 단절 (일본정부의 대한정책 재검토) 이지만 참가자(단체나 정당)의 입장을 고려하여 그 내용을 조정할 수 있다고 했다.

이와이는 공명당 노동국장 오키모토 야스유키(沖本泰幸), 공산당 위원장 미야모토 켄지(宮本顕治)를 방문하여 한반도 문제에 대한 대중운동의 필요성을 설명하고 협력을 요청하고 있다. 사회당 위원장 나리타 토모미(成田知己)에게는 이미 취지를 설명했고 양해를 얻었다고 했다. 당시, 연립 수권태세를 갖추기 위하여 사회당 · 공명당 · 민사당의 통일전선 구축이 논의되고 있을 때, 이와이는 한반도 문제에 대한 대중운동을 위해서 사회당 · 공산당 · 공명당의 통일전선 구축을 구상하고 있던 것이다.

『아사히신문』1976년 3월 24일 조간 기사에서 보는 이와이의 움직임

이와이의 요청에 대하여 공명당은 "검토하겠다."며 민사당의 견해도 타진하는 것이 어떻겠느냐는 제안을 했다. 공산당은 이와이의 제안에 찬성을 표하였고, 한반도

문제에 대한 혁신통일전선에 대해서까지 논의가 이루어졌다.

이와이의 한반도 문제에 대한 대중운동 추진의 견해는 다음과 같다.

"우리들은 일본의 평화와 민주주의의 전진, 국민생활의 옹호를 위해, 일본정부가, 남조선의 인민을 탄압하고 있는 박정권을 지지하지 않을 것을 요구하며, 남북조선의 자주적 평화통일을 방해하고 있는 일본정부의 조선정책을 근본적으로 바꿀 것을 촉구한다. 이 과제를 달성하기 위해서는 국민, 정당, 민주단체가 통일전선을 갖추고 결전하는 길 이외에 방법이 없다. 학자, 문화인, 소효, 노동연합, 사회당·공산당·공명당이 중심이 되어 4월부터 11월까지 다양한 활동을 전개할 것이다."

그리고 다음과 같은 구체적 활동 스케쥴을 제시했다.
· 도쿄에서 토론 집회(4월)
· 도쿄에서 대중집회와 시위(6월·7월)
· 7월 하순부터 스리랑카에서 열리는 비동맹회의에 대표단 파견
· 도쿄에 각국 대표를 초청하여 국제회의 개최(10 또는 11월)

참고로 스리랑카 비동맹회의 대표단 파견과 관련된 움직임을 보면, 이와이를 중심으로 한 좌파 「반한」 연대단체가 스리랑카에서 열리는 비동맹회의에 대표단을 파견한다는 계획과 관련하여 한국(외무부), 주일 한국대사관, 주 콜롬보 대표부 간의 정보 교환이 이루어지고 있었다.

김일성의 참가, 쿠바 카스트로의 참가가 예상되며, 일본정부도 참관인 자격으로 참가를 계획하고 있다는 사실이 확인되었다. 다만, 회의 기간중(비자 제한 기간)에는 비회원국 단체의 입국을 허용하지 않는다는 스리랑카 당국의 방침에 따른다면 이와이 등이 계획하고 있는 대표단의 파견은 불가능할 것이라는 점도 확인되었다(1975년 5월 12일 현재).6)

「조선문제간담회」의 설립과 혁신 정치세력내의 갈등

1976년 5월 6일 이와이의 주선으로 소효 의장 이치가와 마코토, 평론가 나카노 요시오(中野好夫) 등 학자, 문화인, 혁신단체 대표가 출석하여 「조선문제 간담회」의 발기인회가 열렸다. 도쿄토 지사 미노베 료키치(美濃部亮吉), 요코하마 시장 아스카

---

6) P-0020-06/10039/791.72JA pp.15-16, 21-25

타 이치오(飛鳥田一雄) 등 80여 명의 인사가 간담회 결성에 찬동한다는 의사를 전해 왔다.

발기인 회의에서는 간담회의 활동 목적, 슬로건 등을 협의했으나 "일한" 관계자, "일조"관계자가 한자리에 모여있었기 때문에 결국 "남북" 지지자 간의 이해와 주장 이 복잡하게 얽혀 결론을 도출하지 못하고 간담회의 발족은 6월 21일로 미루었다. 그때까지 소위원회를 만들어 문제를 다듬기로 했다.

이와이가 구상하고 있는 간담회는 사회당·공산당·공명당 중심의 통일전선으로 주목을 받아왔다. 이는 당시의 사회당 내 우파 에다 사부로(江田三郎) 부위원장이 공명당의 야노 준야(矢野絢也) 서기장, 민사당의 사사키 코조(佐々木更三) 부위원장 과 함께 「새로운 일본을 생각하는 모임」에 참가, 공산당을 제외한 사회당·공명당· 민사당 노선을 지향하는 움직임과 충돌할 수밖에 없었다. 이 충돌은 정치세력, 특히 야당 진영 안의 노선대립에 박차를 가하게 된다.[7]

혁신 세력 내 두 개의 한반도 문제에 대한 조직-「조선의 자주적 평화통일을 지지 하는 일본위원회」와 「조선민족의 자주적 통일을 지지하는 모임」의 탄생

이와이가 주도하는 「조선문제간담회」를 모체로, 1976년 6월 21일 「조선의 자주적 평화통일을 지지하는 일본위원회」가 발족했다. 이와이의 구상으로는 사회당·공산 당·공명당의 통일전선 회의체였지만 이 위원회(간담회)가 지나치게 강한 정치적 색채를 띠고 있다는 이유로 공명당은 소극적인 자세로 바뀌고 있었다. 이 위원회 발족과 함께 "김대중씨 등의 민주구국선언을 지지하고 그들의 투쟁에 연대한다. 일 본정부의 남북통일 방해에 반대하며 대 조선정책의 근본적인 전환을 촉구한다."는 성명서를 채택했다.[8]

「조선민족의 자주적 통일을 지지하는 모임」

한편, 1976년 5월 27일에는 사회당의 덴 히데오 참의원 의원, 아오치 신(青地晨, 『반골의 계보』저자로 사회적 영향력이 큰 평론가)이 중심이 되어 사회당·공명당· 민사당 및 자민당 국회의원을 비롯하여 학자, 문화인, 노동 관계자가 결집하는 모임 인 「조선민족의 자주적 통일을 지지하는 모임」이라는 발기인 모임이 열렸다. 발기인 모임에서는 남북공동선언에 토대한 한반도의 자주적 평화통일을 지지하고 한국의 정치범 석방 요구와 구원 활동 등을 목적으로 하는 「조선민족의 자주적 통일을 지지

---

7) P-0020-06/10039/791.72JA p.19
8) P-0020-06/10039/791.72JA pp.50-51.

하는 모임」을 정식으로 발족시킬 것을 확인했다. 이 모임은 개인 자격 참여를 원칙으로 하는 탈정치운동체라는 것을 강조하고 있지만 공산당을 제외시키고 사회당·공명당·민사당의 연대회의로 사실상 정치적 성격을 띠고 있었다.[9]

1976년 7월 4일 「7·4공동성명」의 날에 맞추어 「조선민족의 자주적 통일을 지지하는 모임」의 설립총회가 열렸다. 이로서 혁신 정치 세력 안에, 한반도문제 혹은 한국의 국내정치에 대해서는 다같이 비판·반대하면서 정치적으로는 견해를 달리하는 두개의 단체가 생기게 되었다. 설립총회에서는 다음과 같은 요망사항이 채택되었다.

· 한국에 무원칙으로 진출하고 있는 일본 기업을 규제하는 국회 특별위원회 설치
· 일본정부는 남북 평등의 조선정책을 입안할 것
· 미국은 안전보장정책을 재검토하여 남북 대화가 가능하도록 환경을 조성할 것
· 유엔은 한국의 인권문제에 대한 분명한 입장을 밝힐 것
· 당파, 신조를 초월하여 우리들의 행동에 참가해 주기 바람.

일본의 혁신계 지식인이나 정치인들은 민주주의와 인권 존중을 중시해야 한다는 원칙론적인 신념·규범·가치를 내걸었다. 이웃나라에서의 독재정치, 인권유린에 눈을 감을 수 없기 때문에 「반한」활동을 전개한다는 내용을 표명하고 했다. 그러나 그들의 「반한」활동은 「조선민족의 자주적 통일을 지지하는 모임」(사회당·공명당·민사당 주축)과 「조선의 자주적 평화통일을 지지하는 일본위원회」(사회당·공산당·공명당 주축)가 각자 별도로 결성되어져 갈등을 보이고 있었던 사실에서 알 수 있듯이 자신들의 정치적 계산에 따라 이루어지고 있었다.

나가며

1970년대는 한국 국내에서는 박정희 독재체제의 강화, 장기화가 이어지면서 한편으로는 반독재·반유신 혹은 민주화·인권 운동이 끈질기게 이어지는 시기이기도 했다. 일본에서의 「반한」운동도 국내에서의 반독재·민주화 운동과 무관하다고 볼 수는 없다. 재일동포들에게 한국은 자랑해야 할 자존의 근원이었기에 독재와 인권이 유린되는 나라라고 비난받고 빈축의 대상이 되는 조국은 고통을 안겨주었다. 거기에 김대중과 한민통과의 관계에서 보는 것처럼 한국의 반독재·민주화 운동 혹은 정치

---

9) P-0020-06/10039/791.72JA pp. 43-44, P-0020-06/10039/791.72JA pp.45-48

적 움직임과 연계되는 「반한」 활동이 활발해지기도 했다. 무엇보다 일본에서, 특히 「베트콩파」와 같은 재일동포의 「반한」 활동이 거세게 전개된 이유에 대해서는 이 문서철에서는 명확히 밝히거나 보고되어 있지 않다. 단, 당시의 사회적 정황으로 보았을 때 한국보다 비교적 사상이념이 자유로운 분위기였던 일본에서 성장한 재일동포 모국 유학생들이 간첩이란 누명으로 희생이 된 재일교포 간첩단 사건 (학원침투간첩단 사건)에서 다소의 움직임을 읽을 수 있다. 즉, 일본 지배하에서 되찾은 모국의 발전과 민족에 대한 자긍심으로 자신의 정체성 찾기를 위해 많은 동포 청년들이 모국 유학의 길에 올랐다. 하지만 그들은 모국땅에서 간첩으로 내몰리며 체포되고, 재판에서 사형까지 받게 되었건만 동포의 대변기관이라고 믿어온 민단조차 침묵으로 일관하였다. 동포청년들에 대한 기민적 태도를 보이는 민단과 조국의 배신감에 대한 분노가 강한 「반한」 활동으로 표출되었고, 초기 이념은 달랐으나 동포 유학생 석방 등의 주장을 펼치는 사회주의 단체 및 친북 성향 조직과 연계를 하게 된 움직임을 읽을 수 있다.

한편, 이 문서철에서 주목할 내용은 일본에서의 「반한」활동 단체로 부각된 「베트콩파」의 활동이라고 볼 수 있다. 한국정부나 주일 공관의 입장에서 본다면 「한국계동포」가 「반한」의 선봉에 서는 행위를 용서할 수 없던 것이다. 그렇기에 한국 국내의 비판 세력들보다 일본이라는 외국에서 정부 비판을 하는 것을 조총련과 같은 적대적인 세력의 동조자로 몰아가기 쉬웠고, 한국민이 자기 얼굴에 침을 뱉는 행위는 곧 비국민으로 치부해버리기 쉬운 구조로 이어진 것이었다. 자기의 조국인 한국을 비판하는 것은 적과 동조하며 연대하는 「반동분자」로 인식되었다. 조국이 재일동포를 기민으로 만드는 또 하나의 메카니즘이 1970년대 독재 체재 속에서 만들어지고 있었음을 엿볼 수 있다.

일본인들의 「반한」 활동에는 크게 두 개의 흐름이 있었다. 국제펜클럽이나 변호사협회처럼 정치와 무관하게 보편적인 정의의 논리나 윤리의 차원에서, 한국에서의 독재정치·인권유린을 비판, 반대하는 흐름이 있었고, 그와 달리 정치의 논리나 가치에 입각해 「반한」활동을 하는 흐름이 있었다. 정치의 논리나 가치에 입각한 「반한」 활동은 각각 다른 정치적 입장에 따라 활동단체·조직이 따로따로 만들어지기도 했다. 사회당·공명당·민사당을 기반으로 하는 「조선민족의 자주적 통일을 지지하는 모임」과 사회당·공산당·공명당(사실상 불참)을 기반으로 하는 「조선의 자주적 평화통일을 지지하는 일본위원회」가 결성된 것이 그 대표적인 사례라고 볼 수 있다. 정치적 논리나 가치에 입각한 「반한」 활동은 결국 일본의 국내 정치의 연장선에서, 혹은 이데올로기로 채색된 국제정치의 차원에서 이루어질 수밖에 없었기에 「반한」의 외침은 프로파간다적 성격을 띨 수밖에 없었다.

1970년대 대한민국과 조선민주주의인민공화국은 1950년부터 3년간 동족간의 전쟁을 경험한 동서냉전의 전위국가로서 안보와 경제개발을 중심으로 심각한 체제경쟁을 벌이고 있었다. 남북의 정권은 똑같이 폐쇄·불관용·불신·절박함이 팽배한 정치＝국가 체제하에 있었고, 해외의 동포들에 대해서도 같은 논리·성격의 정치＝국민지배를 요구했다.

몬트리얼 올림픽 당시 캐나다 대사가 본국에 보낸 공문에 다음과 같은 내용이 기재되어 있었다[10]

- 올림픽경기에서 북괴 선수를 응원하거나 전면적으로 응원은 하지 않더라도 박수를 보내거나 북괴 선수만이 참가하는 경기에 입장하는 교민이 있을 가능성을 당관(대사관)은 우려하고 있음.
- 따라서 당관은 ①북괴 선수만이 참가하는 경기에는 입장하지 말 것, ②경기장 내외를 막론하고 북괴 선수단에 찬사를 보내지 말 것, ③어떠한 명목이든 북괴 선수단과 접촉해서는 안 된다고 교민을 지도하고자 함.

이 문서철에서는 당시 한국정부(본국의 지배권력으로부터 해외의 지배받는 기관에 이르기까지)가 얼마나 긴장된 체제경쟁 속에 갇혀있었는지, 그 결과 얼마나 폐쇄적이고 좁은 시야로 세계를 보고 있었는지가 기술되어 있다. 그러한 시야로 일본에서의 「반한」 움직임, 그리고, 재일동포를 보고 있던 것을 알 수가 있다.

‖ 관련 문서 ‖

---

① 재일본 반한단체 동향, 1975
② 재일본 반한단체 동향, 1976
③ 재일본 반한단체 동향, 1977

---

10) P-0020-03/10033/791.72 pp.6-8, 발췌 요약

① 재일본 반한단체 동향, 1975

○ ○ ○

기능명칭: 재일본 반한단체 동향, 1975

분류번호: 791.72JA, 1975

등록번호: 9000(18321)

생산과: 동북아1과/교민1과

생산연도: 1975

필름번호: P-0016

파일번호: 05

프레임 번호: 0001-0052

1. 외무부공문(착신전보)–반한단체 동향 보고

외무부
번호 JAW-01319
일시 201130
수신시간 75.1.20. 13:34
발신 주일대사
수신 장관

　　1. 구한청(베트공파)계는 1.19 18:00 동경도 문경구 소재 고라꾸엔 회관에서 소위 일한청년우호연대를 위한 집회를 개최하고 소위 조국의 민주화운동 및 동아일보의 언론 자유 수호 지원 등을 내걸고 약 400명이 모였음. 동 집회의 주체는 형식상 재일 한국 청년 동맹으로 되어있으나 일부 구한청계를 제외하고는 대부분이 일본의 좌익계가 참가했음.
　　2. 전 해군 참모총장 이용운이 1.24자 아사히 자날(주간지)의 기고에서 국가원수 및 국군을 모독한데 대해 민단 동경본부는 1.18 아사히 신문사에 10여명이 방문 직접 항의하고 금 20일 같은 내용의 기사와 관련 주간포스트지에 항의할 예정에 있음.
　　또한 민단중앙 및 각급 민단 본부는 이와 같은 일본 언론의 무책임한 기사 게재에 대해 계속 항의에 있음.(일본영 교일, 북일)

2. 외무부공문(착신전보)–반한단체 동향 보고

외무부
번호 JAW-02059
일시 031647
수신시간 75.2.3. 17:26
발신 주일대사
수신 장관

　　1. 정재준등의 베트콩파 및 소위 한민통계는 2.2. 오후 1시 일본 청년회관(동경

소재)에서 국민투표 반대의 집회를 가진 바 있음.

2. 민단 동경본부는 금 3일 2회에 걸쳐 약 30명이 주간포스트사에 찾아가 연호이용운 발언에 관한 기사에 대해 재차 항의를 하였음.(일본영-교일, 영사)

3. 외무부공문(착신전보) −국민투표 반대 베트콩계 시위 보고

외무부
번호 JAW-02270
일시 131351
수신시간 75.2.13. 3:49
발신 주일대사
수신 장관

금 12일 11:30 한민통 등 베트콩계 약 80명이 당관 앞에서 +국민투표 단호 반대 + 등 불온한 프랑카드를 들고 20분간 반정부 구호를 외치며 시위를 벌렸으나 일본 경찰의 저지로 해산되었음(일본영 - 교일, 북일)

4. 외무부공문(착신전보)−민청학련 관련 판결 데모 보고

외무부
번호 JAW-0421□
일시 087522
발신 주일대사
수신 장관

금 4.8 하오 3:10부터 약 30분간 당관 정문 앞에서 금일 서울 대법원에서 내린 민청학련 관계 7명의 피고들의 항고기각 판결을 반대하는 데모가 있었음을 아래와 같이 보고함.

1. 데모 군중: 약 35명으로 대표자는 아오찌신(명치대 강사)였으며, 소위 연대

위원회 및 대일 한국인 청년구원 위원회의 일인청년 및 베트콩파 불온분자들이
었음.

2. 동 데모는 +울릉도 사건 관련 피고를 석방하라+ 는 일어 푸랑카드를 펼치고 대법원 판결을 반대하며 피고들을 즉시 석방하라는 한국어 및 일어 구호를 외쳤음.

3. 상기 데모대에서는 민청학련에 관련 사면된 일본인 하야가와 및 다찌가와가 항의문을 낭독하였으며 동 데모대는 일본 각 메스콤에 사전 연락을 취하여 수개 기자를 불러드리는 책동을 함.

4. 일본경찰 약 20명을 당관 정문을 즉시 봉쇄하여 데모대는 당관 정문 앞에서 상기 구호를 외친 후 아무 사고 없이 3.45 해산하였음.

(주일영-아동,영일,정보)

5. 친북괴단체 및 발간물명

親北傀團體 및 發刊物名

發刊物名	發刊團体
朝鮮研究	日本朝鮮研究所
朝鮮問題研究	日本朝鮮研究所
統一論評	統一論評社
코리아 評論	民族問題 研究所
日本과 朝鮮	日韓 協會
最近의 日韓問題	日韓 協會
日韓 文化交流	日韓 文化交流協會
日韓 科学技術	日韓 科学技術協會
日韓 레포트	日韓 労働者 交流協會
人權과 民族	在日朝鮮人의 人權을 지키는 會
日韓往來速報	日韓 自由往來 實現連絡會
歸國 協力會 뉴스	在日朝鮮人 歸國協力會
民族과 教育	在日朝鮮人 民族教育問題 懇談會
日韓 學術交流	日韓 學術交流 促進會
日韓 議聯月報	日韓 議聯

라. 친북괴단체 일람

단체명	대표	창립
일조국교정상화 국민회의	飛鳥田一雄, 市川誠, 市川房枝, 岩井章, 淸田普亮, 高木健夫, 竹入義勝, 成田知己, 林要, 安井郁, 山口久太	1973.9.8
일조협회	渡辺佑平	1951.6.10
일・조 우호촉진의원연맹	久野忠治	1971.11.16
각지방 일・조우호촉진의원연맹	各 都道府県 의회 및 주요 시의회별	1972.~
일・조 무역회	相川理一郎	1956.3.6
일・조 노동자 교류 연대연락회의	岩井章, 岡村, 井上, 酒井一三, 丸山康雄, 上田哲, 力徳条	1972.2.8
일・조 문화교류협회	高木健夫	1972.9.5
일・조 사회과학자 연대위원회	安井郁	1972.9.6
일・조 체육교류협회	山口久太	1972.12.4
일・조 과학기술교류협력위원회	櫻田一郎	1965.8.24
일・조 학술교류 촉진위원회	務台理作	1964.7.24
일・조자유왕래 실현연락회의	畑中政春	1963.8.28
재일조선인귀국 협력회	兼田富太郎	1958.11.17
재일조선인 민족교육문제 간담회	谷川徹三	1965.12.15
재일조선인의 인권을 지키는 회	稲葉誠一	1963.10.26
일본・조선연구회	右屋貞雄	1961.11.11
일・조 우호촉진 일본연해안 도시회의	渡辺浩太郎	1972.11.15
일・조학생연대위원회	(동경, 중앙대학 동양대학 등 주요대학)	
김일성주석저작 연구전국협의회	구리기 야스노부	1969.~
주체사상 연구회		
일본청년주체사상 연구회		
동경청년주체사상 연구회		
동경 국철노동자 주체사상 연구회		
동경지방 각대학 주체사상 연구회		
각지방 대학 주체사상 연구회		
김일성 저작 연구회	(동경 각대학 및 각지방 주요대학)	1969. ~
조선문제 연구회	(각지방 주요대학)	
일본사회당 조선문제 대책 특별위원회	足鹿党	

6. 일·조 협회

나. 일·조 협회
  1. 결성: 1951.6.10.
  2. 목적
    - 일·북괴간 이해와 우호 심화
    - 경제, 문화 교류 촉진
  3. 활동 방침
    - 북괴 사정과 문화의 소개, 연구
    - 일본 사정과 문화의 대북괴 소개
    - 일·북괴 무역, 어업 관계의 정상화 촉진
    - 우호를 위한 각종 사절단의 교환
    - 재일 한국인과의 제휴 교류
    - 일·북괴 관계 정상화를 위한 제활동
  4. 구성
    가. 조직 현황

중앙본부	1
도.도.부.현 연합회	25
지부	148
계	174

    나. 회원: 15,000명
    다. 중앙본부 역원(74.11. 현재)

회장:	渡辺佐平(전 法大 총장)
부회장:	春日正一(공산당, 참의원 의원)
	三原大兼(총평부의장)
	千川是也(연출가)
	矢川德光(교육 평론가)
	牧内武人(변호사)
이사장:	松井勝重
부이사장:	印南広志(귀국 협력회 역원)
	이쯔끼 갠
	김바야시 요시오
사무국장:	山下博也

라. 기관지

- 중앙기관지: 일본과 조선(발행부수 1만부)
- 지방기관지: 중앙기관지의 보조기관지적 역할

5. 연혁 및 주요 활동 현황

- 1951.6.10. 당시 참의원 의원 来馬琢道를 중심으로 정치문제에 구애없이 남
  북한과 우호관계를 맺는다는 취지로 결성
  * 일본 공산당이 주역을 담당하면서 친북괴 일변도 성향으로 전환
- 1955.11. 북괴의 적극 지원으로 畑中政春의 주도하에 제1회 전국대회 개최,
  현재의 협회 조직 기반 구축
- 1958.11. 제4회 전국대회에서 남북한의 평화통일 후에 국교 회복을 행한다
  는 방침 결정, 한·일 회의 반대, 재일동포 북송에 협력
- 1960.5. 안보 반대 실력 투쟁 참가
- 1962.3. 안보 반대 국민회의 재개, 한·일 회담 반대, 일본공산당과 상호
  원조, 협력관계 심화
- 1963. 제8회 전국대회에서 운동방침의 기조로서 일. 북괴 우호운동과 좌익
  단체와의 제휴 투쟁 강화를 재확인
- 1965. 한.일 조약 조인, 비준 반대 운동에 있어서 중추적 역할
- 1965.1. 일·조 협회 대표단(단장: 畑中政春 동 협회 이사장) 북괴 방문, 2.9.
  북괴 대외 문화 연락협회장 서철과 공동성명
- 1966.‑68. 외국인 학교제도 창설 반대, 조선대학교 인가 촉진, 재일동포
  북송 협정의 무수정 연장 촉구
- 1967.3. 일·조협회 대표단(단장: 畑中政春) 북괴 방문
- 1968.10. 일·조협회 대표단(단장 畑中政春) 북괴 방문
- 1969. 재일동포 북송 사업 실현, 출입국 관리법 반대, 여권법 개정 반대 운동
  전개
- 1969.11. 제14회 전국대회에서 68년 가을부터 표면화된 재일동포 북송 사업
  재개 문제를 둘러싸고 공산단과 사회당의 대립이 표면화하여 사회당은 역
  원을 철수
- 1970.11. 제15회 전국대회에서 오끼나와 문제가 일·북괴 우호 연대 운동에
  있어서 중대한 관계가 있다는 관점에서 "오끼나와 전면 반환을 쟁취한다"
  는 운동 방침을 결정
  ○ 사회당 역원 복귀
- 1971. 8-9월 사무국장 □立文男, 부이사장 印南広志 등 북괴 방문, 김일성으

로부터 친북괴 세력의 결집과 일·북괴 교류 촉진에 관한 구체적인 방법에 대하여 지도 받고, 협회에 대한 원조 제공 약속 받음.

- 1971.10. 제 16회 전국대회에서, 공석중인 회장 인선 문제 등 협회 주도권을 둘러싸고 사회·공산당의 대립 격화
- 1972. 닉슨 미대통령의 중공 방문에 대한 평가를 둘러싸고 북괴와 일공의 대립이 노골화됨에 따라 북괴, 일공과의 사이가 냉각화
- 1974.4.28. ‒ 29. 전국 확대 이사회 개최, 일 정부의 대한정책전환 요청문 채택
- 1974.5.4. 전국 청년 활동 경험 교육집회 개최
- 1974.6.7. 제4차 전국 상임이사회, 민청학련 관련 일인 사건(早川, 太刀川), 김대중 사건 관련 성명문 채택, 가두 선전
- 1974.11.9 ‒ 10. 제18차 전국대회 개최
    ○ 한국의 정치상 비난, 한일 경제협력 중지 촉구
    ○ 조총련의 권리 보장 요구
    ○ 포드 미대통령의 방일, 방한 비난
    ○ 일·북괴 국교정상화 촉구
    ○ 북괴 통일 방안 지지
    ○ 일본 정부의 대한 정책의 근본적 전환 주장
    ○ 한국내의 반정부 활동 지지
- 74.12.28. 대정부 질문서 및 항의문 제출

    질문서 내용
    ○ 한국에 체포된 두 일인(早川, 太刀川) 구원을 위한 외교조치를 취할 의사는?
    ○ 김대중의 원상 회복과 인권 회복을 시킬 의도는?
    ○ 대한 원조 중단 의사는?
    ○ 북괴와 평화 5원칙에 의한 국교수립 의사는?
    ○ 자주적 평화 통일을 지지하고 미군 철수를 요구할 의사는?
    ○ 대한 정책을 근본적으로 전환하고 한·일 조약, 미·일 안보조약의 파기 의사는?
    항의문 요지
    만경봉호 선원의 상륙 규제와 북괴에 수은자금 사용금지 규탄
- 75.5.3. ‒ 5. 일·조 협회 전국 청년 활동 경험 교류집회 개최
- 75.6.9. "김 지하를 구하는 회"와 공동으로 한·일 양정부를 규탄하는 시민대

회 개최
- 75.6.21. 슐레진저 미국방장관 발언에 항의하는 전문을 미정부에 발송
- 75.6.25. 일·조 협회, A.A. 연대위 공동주최로 반미 집회 개최, 주한 미군 철수 등 요구
- 75.6.25. ‒7.27. 7월을 소위 "조선 인민과의 연대 행동 월간"으로 설정
- 75.7.22. 미야자와 외상 방한 반대 집회 개최
- 75.9.10. ‒10.30. 10월을 소위 "미끼 내각의 대한 정책 전환 요구 연쇄 행동 월간"으로 설정
- 75.10.8. 일·조 협회 대표단(단장: 와다나베 사헤이) 북괴 방문
- 75.11.2. ‒4. 제19회 전국대회 개최
- 75.11.12. 일·조협회 대표, 관방장관 비서를 만나 소위 "2개 조선 조작 책동에 가담하고 있는 일 정부의 태도에 항의
- 75.10.24. 협회장 와다나베 등 대표 3명, 미끼수상에게 "일본의 유엔 한국문제에 있어서 서방 측 결의안의 공동제안국 반대, 대수파 공작 중지"를 요청하는 요구서 전달

② 재일본 반한단체 동향, 1976

○ ○ ○

기능명칭: 재일본 반한단체 동향, 1976

분류번호: 791.72JA, 1976

등록번호: 10039(25455)

생산과: 동북아1과

생산연도: 1976-1976

필름번호: 2004-66

파일번호: 06

프레임 번호: 0001-0081

1. 외무부공문(착신전보)—신문보고

외무부
번호 JAW-03605
일시 232144
수신시간 76.3.24. 8:02
발신 주일대사
수신 장관

3.23 아사히 석간은 이와이씨 공산당 및 공명당 수뇌와 회담-조선 문제를 의제로 통일 논의에 파문인가라는 제목하 보도한바 요지 다음과 같음.
1. 이와이는 일조 노연 및 일조 문화 교류 협회의 대표위원이며 전총평사무국장임.
2. 노연(노동연맹) 및 협회는 공히 북괴와의 친선우호를 촉진하는 단체이나 이와이 등은 한반도의 현상 동향에 대한 일반시민의 관심이 적은 것을 우려하고 있음.
3. 이와이 등은 4월부터 가을에 걸쳐 조선 문제에 관한 대중운동을 일으키려 하고 있고 4월에는 학생 문화인. 노조. 오다미노루등의 신문 그룹과 이외 사회 공산 공명당을 추가한 운동센터를 만들고저 생각하고 있음.
4. 운동의 스로건은 (1)미군철수 (2)일한 유착단절을 위한 일본정부의 대한 덩책 재검토등을 고려하고 있으나 각 단체 각정당의 입장도 있을 것임으로 금후 조정히고저 한다고 말하고 있음.
5. 이와이가 76.3.26 오끼모도 공명당 노동국장을 방문 전기 운동에 대한 동당의 협력을 요청함.
동일 오후에는 공산당 미야모도 위원장 방문하여 같은 요청을 할 것임. 사회당 나리다 위원장에게는 이미 연락하였으며 그의 양승을 받고 있다고 말하고 있음.
6. 이 문제는 에다(사회당), 야노(공명당), 사사기(민사당)의 정권을 받기 위하여 사회, 공명, 민사를 중심으로한 전선 통일이 필요하다는 소위 사공민 통일전선 형성 논의에 대하여 이와이는 조선 문제 논의라는 명목하 사회, 공산, 공명의 사공공 통일전선의 추진으로 움직이는 것이라는 관측을 당지에서 자아내고 있음.
7. 이와이 및 소위 조선문제 운동 센터의 움직임을 계속 주시하고 이와이 요청에 대한 공명당 등의 반응도 조사보고 위계임.
(일정-북일)

2. 외무부공문(착신전보)—신문보고

외무부
번호 JAW-03613
일시 241317
수신시간 76.3.24. 15:22
발신 주일대사
수신 장관

　　연: JAW-03605
　　연호와 관련, 3.24. 아사히 조간은 "조선문제로 공투가능-공산, 공명 방문으로 감촉"라는 제하로 요지 다음 보도함.
　　1. 이와이 일조 노연대표위원(전총평 사무국장)은 3.23. 오끼모도 공명당 노동국장, 미야모도, 공산당 위원장을 각각 방문, 조선문제에 관한 대중운동에 대해 협력을 요청한바, 공명당은 "검토한다" 공산당은" 제의 취지에 찬성한다"고 하였다 함. 미야모도와의 회담에서는 조선문제의 혁신통일전선문제에 관해서도 의견 교환이 있었다 하며 공명당의 오끼모도씨는 민사 및 동맹에 대해서도 참가할 것을 타진하면 어떻느냐는 의견이 있었다함.
　　2. 이와이의 제의 내용은 다음과 같음.
　　우리들은 일본의 평화와 민주주의의 전진 국민생활의 옹호를 위해 남조선의 인민을 탄압하고 있는 박정권 지지를 일정부가 안 할것을 요구하며 남북조선의 자주적 평화통일을 방해하고 있는 일본정부의 조선정책을 근본적으로 변경할것을 요구함. 이과제를 달성키 위하여서는 국민, 정당, 민주단체가 통일된 전설으로 결전하는 것 밖에 없다고 하고 학자문화인 총평 중립노연, 사공공 3당등이 중심으로 되어 4월부터 11월까지 각종행사를 일으킨다는 것임.
　　동활동 스케줄은 다음과 같음.
　　(1) 4월에 동경에서 토론집회
　　(2) 6-7월에 동경에서 대중집회와 데모
　　(3) 7월 하순부터 스리랑카에서 열리는 비동맹 회의에 대표단을 파견
　　(4) 10월 또는 11월 동경에 각국 대표를 초청 국제회의 개최
　　(일정-북일)

3. 신문기사

1976.4.14. 조선일보① 公報館長 명의 盜用 不穩文書 서울 郵送__在日 反韓단체

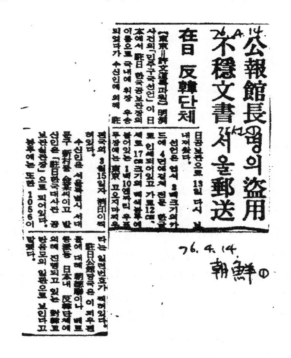

4. 외무부공문(착신전보)–반한단체 집회 정보 보고

외무부
번호 JAW-04405
일시 171205
수신시간 4.17. 15:59
발신 주일대사
수신 장관

　대: WJA-04266
　1. 대호와 관련 4.19. 기념일을 찾아 일부 반한단체가 다음과 같이 집회 및 데모
를 실시할것이라는 정보를 입수함

가. 한청

1) 일시 4.18. 1300-1600

2) 장소 집회-아마□교회(시부야구 소재) 데모-아마□교회-에비스 공원

3) 목적:

가) 4.9. 학생협□ 16주년 기념재일한국 청년중앙대회

나) 현정부 타도 및 민주구국선언 지지집회

4) 참가예상인원 약 600명

나. 한학동

1) 일시 4.18. 1500-1900

2) 장소: 집회- 잰닛쓰 노동회관 데모-노동회관-□기와바시공원(니혼바시 방면)

3) 목적: 4.19. 16주년 기념 반한집회 및 데모

4) 참가예상인원: 약 150명

다. 조선청년동맹

1) 일시: 4.18. 1300-1530

2) 장소: 집회-시바 23고지 데모-시바23고지-□기와바시 공원

3) 목적: 4.19. 16주년 동경조선청년집회

4) 참가예상인원: 약2,000명

2. 대호관련 JNCC의 4.18. 당관앞 데모 개최에 관한 정보는 상금 없음.

(일본영 교일 □일 정보)

5. 외무부공문(발신전보)–이와이의 스리랑카 비동맹회의 대표단 파견에 대한 정보 수집 지시

외무부

번호 WJA-0557

일시 071920

발신 장관

수신 주일대사

대: JAW-03613

대호 "이와이"가 주동하는 "조선 문제에 관한 대중 운동"의 일환으로 스리랑카 비동맹회의에 대표단을 파견한다 하였는 바, 본건 대표단 파견 계획의 구체적 추진상황을 파악 보고 바람. (북일-   )

6. 외무부공문(발신전보)–이와이의 스리랑카 비동맹회의 대표단 파견에 대한 정보 알림.

외무부
번호 WCY-0504
일시 041920
발신 장관
수신 주콜롬보 통상대표부 대사

1. 일본 총평 위원장이였으며, 현재 "일.조 노연 대표위원"인 "이와이"는 76.3.23.
오끼모도 일본 공명당 노동국장, 미야모도 공산당 위원장을 방문코, 소위
"조선 문제에 대한 대중 운동"에 대한 협력을 요청, 공명·공산 양당은 대체
로 찬성 의사를 표시하였다 함.
2. 특히 동 운동 계획의 일환으로 스리랑카 비동맹회의에 대표단 파견을 획책하
고 있다 하는바, 여사한 일본의 민간 대표단의 입국가능성을 타진 바람. 이
에 관한 구체적 추진 내용을 파악되는 대로 수시 추보하겠음.

7. 신문기사

76.5.7. 서울① 「朝鮮문제懇談會」6월 20일께 發足__□日 極左勢力들

8. 외무부공문(착신전보)—신문보고

외무부
번호 JAW-05116
일시 071500
수신시간 76.5.7. 17:17
발신 주일대사
수신 장관

언론보도
1. 76.5.6. 이와이 아끼라(전총평 사무국장)에 의한 조선문제간담회(가칭)의 발기인 회가 열려 6.21. 토론회를 개최 정식발족키로 결정함.
동 발기인회에는 이와이 외에 이찌가와 마꼬도(총평의장) 나까노 요시오(평론가) 등 학자 문화인 혁신단체대표 약 20명이 출석하였다고 하며 야스다 가즈오(요꼬하마 시장, 사회당 부위원장) 미노베 료기찌(동경도 지사) 등 약 80명이 회결성에 찬동하고 있다함.
2. 발기인 회에서는 회발족의 취지서 스로간을 협의하였으나 일한 일조관계자가 같은 조직에 참가하는 것이 처음있는 일로 남북 양측의 이해와 주장이 복잡하게 얽혀 결론에 달하지 못하므로서 내월 21일에 정식 발족키로 하였다 하며 그때까지 소위원회를 설치하여 문제를 다루기로 하였다함.
3. 이와이가 이미 공산 공명 야당수와 의견 교환한바 있어 동간담회는 사공공 중심의 통일전선 결성을 목표로 하고 있는 것으로 주목되고 있으며 이것은 특히 사회당내 우파의 에다 부위원장이 공명당의 야노 서기장, 민사당의 사사끼 부위원장과 함께 새로운 일본을 생각하는 회에 참가 실질적으로 사공민 노선을 지향하고 있어 이러한 움직임에 대항하기 위한 것으로 보이고 있으며 사회당 내는 물론 야당 진영내에서의 노선대립에 박차를 가할 것으로 보고있음. (일정, 북일)

9. 외무부공문(착신전보)—북동아과장 접촉 결과 보고

외무부
번호 JAW-05198

일시 102035
수신시간 76.5.11. 9:05
발신 주일대사
수신 외무장관

5.7. 김옥민 1등서기관이 외무성 엔도 북동아 과장과 접촉한바 동요지 아래와 같이 보고함.

1. UNCTAD 총회 일본 대표 주최 리셉션 북괴 초청문제: 5.11.에 개최 예정이던 일본 대표 주최 리셉션을 5.12.에 하기로 결정했으며 전 회원국을 초청하는 경우 북괴도 초청하게 될 것이라고 하였음. 이에 대하여 김과장은 소련 등 공산국가가 전회원국을 초청하는 경우에도 한국은 초청하지 않고 있음을 상기시키면서 일본이 가맹국 초청을 전제로 북괴를 초청하는 것은 북괴를 오히려 ENCOURAGE 시키는 결과가 될 것이므로 한반도에서 평화정착과 안정의 유지를 위한 노력에 역행하는 조치가 될 것임에는 비추어 일본이 북괴를 초청하지 않아야 된다는 것을 재차 강조하였음.

동과장은 일본이 쏘련과 국교가 있기전에도 리셉션 등에는 초청한 사실이 있으며 더욱이 같은 회원국을 초청해도 관계없다고 생각하는 데는 변함이 없다고 말하였음.

2. 비동맹 회의 문제:

가. 동과장은 현재 스리랑카의 반드라나이제 수상 아들이 비공식으로 일본 방문 중이며 5.8. 그와 오찬을 같이 하였다고 말하면서 수상이 금년 11월경 방일하게 될 것이라 하였음. (동과장이 북동아과장이 되기 전 남서아과장 당시인 75년에 그를 일본에 초청한 일이 있었다고 함)

나. 동 비동맹회의에 김일성이 참석하는 것을 스리랑카 정부에서는 별로 탐탁히 생각하지 않는다는 이야기도 있었으나 스리랑카 정부는 김이 동회의에 참가한다면 반대하지 않는다는 입장이며 김이 참석할 가능성이 있다고 하였음.

다. 큐바의 카스트로는 동 회의에 전세기 3대로 약 500명을 참가시키겠다고 하였다고 하나 스리랑카 정부에서 그들을 수용할 호텔 및 SECURITY 문제가 곤란하다고 해서 전세기 1대로 약 150명 정도가 오게 될 것이라 함.

라. 일본 정부에서도 동회의에 OBSERVER의 OBSERVER 격으로 파견할 것이라고 함.

마 "이와이 아끼라" 전 총평의장에 의한 소위 조선문제간담회에서도 동 회의에 대표를 보낼 것을 구상하고 있으나 스리랑카 정부에서는 호텔 및 SECURITY

문제 등으로 그들의 참가를 바라지 않고 있어 입국을 허가하지 않을 것이라고 하였음.

3.이와이 아끼라의 부하, 소련 및 북괴 방문:

동 과장은 이와이에 의한 조선문제간담회 관계인사가 자기를 방문 한국문제 일반에 대해 의견 교환한바 있다고 하면서 이와이의 부하(성명을 밝히지 않았음)되는 자가 이번 쏘련을 방문한 후 북괴의 대외문화를 협회 초청으로 5월 하순 북괴도 방문하게 되었다고 말하였음. (일정-북일)

10. 외무부공문(착신전보)—출입국관리당국 접촉 결과 보고

외무부
번호 CYW-0513
일시 111600
수신시간 75.5.12. 10:48
발신 주콜롬보 대사
수신 장관

대: WCY - 0504

대호에 관하여 출입국 관리당국(WERAGODA 부국장)을 통하여 은밀히 접촉 타진한 바에 의하면, 비동맹정상회담 기간 및 비자제한 기간동안은 비회원국의 어떤 단체의 대표도 입국시키지 않을 방침임을 확인하였음(부일)

11. 외무부공문(발신전보)—조선문제에 대한 대중운동 관련 보고 및 스리랑카 대사 접촉 지시

외무부
번호 WJA-05232
일시 151200
발신 장관
수신 주일대사

대: (1)JAW-05116, (2)JAW-05198

연: WJA-0557

1. "이와이"에 의한 "조선 문제에 대한 대중운동" 획책과 관련, 다음을 가능한한
   파악, 보고바람.

   가. 대호(1) "조선 문제 간담회"의 발족 추진상황, 참여 범위 및 동 회가 표명
       하는 목적

   나. 대호(2) 3항 "이와이" 부하의 쏘련, 특히 북괴 방문시의 활동 내용(동인의
       인적사항 포함)

   다. "이와이"의 활동을 계속 주시하고, 대책 방안에 대한 귀견

2. 주콜롬보대사 보고에 의하면 연호에 관하여 동지 출입국 관리당국과 접촉,
   은밀히 타진한바 비동맹 정상회담 기간 및 비자 제한기간 (7.1.-8.31.) 동안
   은 비회원국의 어떤 단체의 대표도 입국시키지 않을 방침임을 확인하였다
   하는바, 주일 스리랑카 대사관과 접촉 상기를 확인하시고, "이와이"에 의한
   대표단 파견은 비동맹회의와 아무런 관계가 없으며 유익한 공헌을 할 수 없
   음을 들어 동 대표단을 콜롬보 방문이 실현되지 않도록 적절히 REPRESENT
   하시기 바람. (북일-)

12. 해외 친북괴단체 활동상

北韓情報씨리즈 76-07

海外 親北傀團体 活動相
1976.5.25

外務部 情報文化局

1. 槪要

北傀는 今年들어 年初부터 일찌기 2개의 勞動党使節團을 歐洲地域에 派遣하여

주로 訪問國家의 共産党, 社會党 및 左傾團体를 비롯하여 進步 革新系의 人物들과 接觸을 갖고 訪問國家內의 北傀 支持勢力 基盤構築活動을 展開한 바 있고, 中南美地域에도 北傀-中南美親善協會의 副委員長 김영선을 派遣, 親北傀團体의 活動을 强力히 支援하고 있음.

北傀 勞動党使節團은 歐羅巴 數個國에서 北傀와의 連帶性强化란 名稱을 가진 所謂 "朝鮮統一支持委員會" 라는 親北傀團体를 結成하고 이와 같은 團体와 함께 親北傀 親善協會를 앞장세워 駐韓 美軍撤收와 유엔軍司의 "解体" 主張, 美軍에 依한 韓半島의 戰爭危機增加 非難 및 南韓에서의 人權彈壓非難 等을 여러가지 方法으로 與論化시키는 一面 對南赤化 統一을 위한 北傀의 基本外交目標 達成의 一環으로 前衛組織으로서의 上記 親北傀團体들을 십분 活用, 反韓國 및 反美與論造成을 爲한 活動을 歐洲 및 南美를 비롯한 全 地域에서 展開하고 있는 바, 親北傀團体들의 活動樣態와 이들이 主張하는 內容은 아래와 같음.

가. 親北傀團体
  - 親善協會
  - 朝鮮統一支持 連帶性委員會
  - 金日成勞作研究 小組
나. 北傀團体의 活動樣態
  - 反韓, 反美데모
    (韓國 및 美國大使館 앞에서, 駐韓美軍 撤收主張, 美國의 帝國主義 및 我國 國內政治 및 人權問題를 誹謗하는 口號 외치며 데모 敢行)
  - 聲明發表
    (北傀 最高人民会議 常設會議가 各國에 보낸 便紙內容(駐韓美軍撤收, UNC 解体등)을 支持하는 聲明發表)
  - 署名運動 展開
    ("韓半島의 平和統一은 美軍駐屯과 現代武器의 南韓搬入으로 妨害되고 있으며, 韓半島는 永久的인 危機 発生地域)으로 남아있다" 라는 要旨의 声明書를 親北傀人士에 發送, 署名運動 展開)
  - 金日成勞作研究 討論會 및 刊行物發刊配布
  - 金日成에게 멧세지 또는 便紙 發送活動
다. 親北傀團體들이 내세우는 主張内容
  - 美國의 對南武力增强 非難
  - 韓半島에서의 戰爭危機 高潮宣傳

- 30次 유엔共産側案 履行促求
- 駐韓 美軍撤收 및 유엔軍司解体 主張
- 北傀의 所謂 平和統一 3대 綱領 및 5대 原則 宣傳
- 南韓內에서의 人程問題歪曲 煽動

라. 分析

以上과 같이 歐羅巴地域에서의 親北傀 前衛團體들의 活動에서 北傀가 노리는 것
은 대략 아래와 같이 要約될 수 있겠음.

- 傳統的인 我國의 支持圈인 歐洲諸國과 我國과의 離間을 策動하고 南美地域에
  의 浸透强化
- 親北傀團体로 하여금 北傀와의 關係改善 與論을 造成하므로서 政府에 対한 間
  接的인 壓力을 加하여 關係改善의 環境을 마련
- 美國의 對南軍事增强 및 이로 因한 韓半島에서의 戰爭危機高潮를 대대적으로
  與論化시켜 8月 스리랑카 非同盟頂上會議와 31次 유엔總會에서 北傀가 企圖
  하는 美軍撤收와 유엔軍司의 解体主張에 對한 北傀立場 支持度를 한층 더 높
  이려는데 主된 目的이 있는 것으로 풀이됨.
- 또한 나아가서는 歐洲地域에서 그 勢力이 漸次 增大되어 가고 있는 各國 共産
  党의 장차 政權掌握 乃至 參與의 可能性을 意識하고 이를 通한 歐洲諸國 浸透
  의 基盤을 構築하는데 있는 것으로 分析됨.

2. 地域別 親北傀團体活動 狀況
(1976. 5. 20. 現在)

国名	團体名	日字	活動事項
아시아			
印度	印度-朝鮮親善協会	2.8.	2.8節(北傀人民軍創建日) 記念 金日成에게 祝電
	全印度-朝鮮親善協会	4. 7.	北傀最高人民会議가 各国에 보낸 便紙內容 (美軍撤収등)을 支持하는 声明発表
	印度-朝鮮親善協会 "우테부라메슈" 支部	4.10.	北傀統一政策 支持하는 매시지 採択하여 金日成에게 発送
	印度-朝鮮親善協会	4.27	印度共産党 使嗾하여 "팔리랄 바환"에서 美軍撤収 要求 公衆集会 開催
日本	日-朝協会(会長)	1. 1.	金日成에게 76年度 新年 祝電 発送
	日-朝貿易協会	〃	〃 〃
	日・朝協会 도꾜도 靑年学生部	2.12.	朝鮮問題講演 및 映画鑑賞会 開催

	日·朝 友好促進 나가나시 議会議員聯盟	최근	結成
	金日成主体思想 研究 도꾜 支部	4.7.	第8次 金日成主体思想 研究 도꾜集会 進行
네팔	네팔. 朝鮮親善協会 金日成労作出版編集部	2.29.	金日成労作研究 討論会 開催
	네팔. 朝鮮親善協会	최근	金日成勞作出版
뉴질랜드	뉴질랜드-北傀協会	〃	同協会 事務総長 로젠버그(켄트베리大学 教授) 北傀 招請 (※5.□부터 北傀 訪問中)
파키스탄	라왈핀디 파키스탄-朝鮮親善協会	2.8.	2.8節을 記念하여 金日成에게 祝電
	朝鮮統一支持 파키스탄 連帯性委員会 (카라치)	최근	結成, 決議文採択(駐韓美軍 撤収主張 등)
	〃	3.14.	에프-111韓国内 暫定導入과 関聯, 北傀 外交部의 非難声明 支持하는 声明発表
	파키스탄, 朝鮮統一支持 委員会(라호르)	2.24.	結成, 金日成에게 便紙
	라왈핀디 파키스탄-朝鮮親善協会 金日成 労作研究委員会	2.26.	金日成労作研究 討論会開催
	朝鮮統一支持 파키스탄 連帯性委員会	3.25.	我側이 戦争準備를 하고 있다고 非難하는 声明発表
	카라치 파키스탄-北傀親善協会 委員長	4.13.	北傀訪問(4.13~)
	亜·阿 団結機構	5.9.	"하이드라바드"市에서 北傀統一政策支持 蹶起大会 開催
欧洲			
오지리	오지리-朝鮮親善協会	4.10.	美軍駐屯과 現代武器의 搬入으로 韓半島 平和統一이 遅延되고 있다는 内容의 声明書을 各系 親北傀要人에 発送하는 등 署名運動 展開
	朝鮮統一支持委員会	4.22.	朝·墺協会会員으로 構成
덴마크	덴마크-朝鮮親善協会	2.24.	에프-111韓国内 暫定配置를 戦争挑発策動이라고 非難하는 声明発表
	덴마크-朝鮮親善協会 金日成労作出版委員会 및 労作研究小組	3.4.	金日成労作研究 討論会 進行

	씰체버그시 덴마크-朝鮮親善協会	3.23.	結成, 金日成에게 便紙 発送
	덴마크- 朝鮮親善協会	최근	유엔 共産側 決議案 履行을 促求하는 声明発表
	덴마크-朝鮮親善協会	4.20.	我国大使館 앞에서 我国의 政治体制 非難하는 "횃불" 데모 敢行
	朝鮮統一 支持 委員会	5.11.	結成
핀랜드	핀랜드- 朝鮮親善協会 金日成分作研究小組	1.1.	金日成에게 新年祝電発送
	〃	1.28.	2.8節 記念하여 金日成에게 祝電発送
	朝鮮統一支持 핀랜드 連帯性委員会	4.8.	国会庁舎에서 結成後, 宣言文採択(美軍撤収, 北傀-美国間 平和協定締結, 하나의 統一된 "朝鮮"의 유엔加入 및 朝鮮人民의 民族的 自決権에 対한 支持 등)
네델란드	네델란드朝鮮公報委員会	최근	結成
놀웨이	놀-朝鮮親善協会	2.7.	2.8節 記念写真 및 図書展覧会 開催
	〃	2.25	金日成 "労作" "出版"
	朝鮮統一支持 놀웨이 委員会	3.17.	結成, 宣言文採択(北傀統一政策支持), 美大使館 앞에서 시위, 金日成에게 便紙発送
	朝鮮統一支持 놀웨이委員会	5.1.	反美시위
스웨덴	스웨덴-朝親善協会	3.20.	에프-111 韓国配置와 関聯, 我側이 戦争準備를 하고 있다고 非難하는 声明発表
	〃	5.1.	反美시위
벨지움	韓国民과의 団合委員会	최근	結成, 北傀刊行物 및 新聞配布를 通한 宣伝活動 強化
룩셈부르크	北傀와 親善 및 連帯性을 為한 룩셈부르크 発起委員会	3.9.	結成
스위스	南韓에서의 民主守護를 為한 스위스法律家 委員会	최근	結成, 韓国의 政治体制 非難
	朝鮮統一支持 스위스 委員会(베른)	4.10.	結成, 声明(美軍撤収, 北傀-美国平和協定締結主張) 発表 및 金月成에게 便紙発送

	朝鮮統一支持委員会(제네바)	4.13	結成 및 金日成에게 発送便細
其他	欧羅巴所在 "金日成労作研究小組"	2.20.	金日成의 "北傀 社会主義農村問題에 関한 테제" 發表12돌에 즈음하여 金日成에게 便紙発送
	〃	2.8.	2.8節 記念하여 金日成에게 便紙
아프리카			
모리타니아	모리타니아-朝鮮親宜協会 (北傀의 사하라아랍共和国承認으로 解体)	2.3-4.	2.8節 記念決画鑑賞会 開催
말리	아프리카留学生主体 思想研究会	2.21.	金日成을 贊揚하는 便紙를 金日成에게 発送
루안다	루안다 金日成思想 研究小組	2.23.	金日成의 "社会主義 農村問題테제" 發表 12돌을 맞이하여 金日成에게 便紙発送
씨에라레온	프라흐바이大学 主体思想 研究小組	2.8.	2.8節 記念하여 便紙를 金日成에게 発送
	朝鮮統一支持委員会	4.15.	結成, 金日成生日 祝賀行事 挙行
其他	欧雛巴所在 아프리카 留学生들의 労作研究 小組 및 金日成 革命活動 歴史研究小組	1.1.	金日成애게 新年祝電 発送
	〃	2.8.	2.8節 記念하여 金日成에게 便紙発送
	西아프리카 金日成 主体思想研究小組	2.24.	金日成労作研究 討論会마치고 金日成에게 便紙発送
	〃	4.2.	"非同盟運動은 우리時代의 가장 偉大한 反帝国主義 革命역량이다"라는 金日成演説文 研究討論会
中東			
수단	金日成労作研究小組	2.8.	2.8節 祝電을 金日成에게 送付
팔레스타인	이라크所在 労作研究 및 金日成 革命活動 歴史研究委員会	3.18.	研究討關会後 金日成에게 便紙
	모리타니아 在 팔레스타인 労作研究小組	2.7.	2.8節 記念하여 金日成에게 便紙発送
其他	중근동 金日成主体 思想委員会	1.1.	金日成에게 新年祝電
美洲			

코스타리카	朝鮮統一支持委員会	4.14.	結成, 金日成에게 보내는 멧세지送付
칠레	알제리아 所在 칠레人들 主体思想研究小組	2.4.	2.8節 記念하여 金日成에게 便紙発送
	〃	2.24.	金日成의 "社会主義 農村問題에 關한 테제" 發表 12돐 즈음하여 研究討論会 갖고 金日成에게 便紙発送
파나마	朝鮮統一支持委員会	4.21.	結成, 金日战에게 보내는 멧세지 採択
페루	金日成労作研究센터	최근	映画鑑賞会 開催
	페루-北傀親善協会 "아레 퀴파" 支部	4.13.	結成, "산 아거스틴"大学 卒業班 50名 을 金日成班 으로 命名, 이中 12名을 北傀訪問 招請
其他	朝鮮統一支持委員会	4.16.	結成, 金日成에게 보내는 멧세지 採択
	歐羅巴의 라틴아메리카 留学生들의 金日成主體思 想 研究小組	1.12.	金日成에게 便紙
	라틴아메리카 金日成 労 作研究센터	2.8.	2.8節 記念하여 金日成 에게 便紙発送

서기 1976년 5월 25일 200부 발간
발간업체명: 주식회사 배문사 26.0234~5
대표자: 백인규
인가근거: 내이2066~5505(1970.3.24)
참여자   소속: 외무부 정보Ⅱ과
            성명: 박영순

13. 외무부공문(착신전보)─신문보고

외무부
번호 JAW-05691
일시 261536
수신시간 76.5.26. 16:36
발신 주일대사
수신 장관

1. 76.5.26.자 마이니찌 및 닛게이 신문은 각각 아래와 같은 제하로 보도한 바 동요지는 다음과 같음.

　가. 마이니찌: "조선통일 지원운동, 명일" 연대회의 발족 "남북성명의 정신으로 한국 정치인 석방 등 요구, 공산 제외 혁신의 노선 투쟁에 박차" 제하(2면 우상단 6단기사)

　나. 닛게이: 사공민 축으로 "조선 연대회의" 사공의 조선문제 간담회에 타격, 야당 진영노선 논쟁의 재연도, 당면은 한국 민주화지원" 제하(2면 중상단 5단 기사)

　다. 보도내용 요지:

1) 사회당의 덴히데오 참의원 및 평론가 "아오지" 등이 중심이 되어 자민, 사회 공명 민사의 4당 국회의원을 비롯 학자 문화인 노동관계자 등을 결집, 5.27. 오후 참의원 의원회관에서 "조선의 통일을 지지하는 연대회의" 가칭)가 발족하게 되었음.

2) 동 연대회의 결성 취지서(안)에 의하면 동연대회는 1972.7.의 남북공동성명을 기초로 조선의 자주적 평화통일을 지지하는 것이 그 목적으로 9월 상순부터 국제 심포지움, 국련총회에 대한 아필, 한국에서의 정치범 석방 요구와 구원 활동 등을 순차적으로 구체화하여 나갈것임.

3) 동연대회의는 공산당을 제외하는 한편 개인자격의 형식이지만 공명, 민사로부터 자민당 비둘기까지의 참가를 확보하고 있는 것이 특징임.

4) 또한 동연대회의의 결성에 대해 관계자는 야당의 노선문제와는 관계가 없다고 강조하고 있으나 결과적으로 "이와이" 등이 6월 하순에 발족을 예정하고 있는 "조선문제 간담회"에 큰 위협이 될것인 바, 이와이 구상이 사실상 사공공을 중축으로한 통일전선 형성인데 대해 "연대회의"는 공산을 명백히 배제하고 있어 혁신 진영내부에서의 노선논쟁에 박차를 가하게 될 것임. (이와이의 "조선문제 간담회"는 사회, 공산, 공명의 참가를 요청, 이에 대해 공산당의 미야모또 위원장은 지지를 표명하였으나 공명당은 통일전선 형성을 목적으로 한것에는 참가할 의사가 없다고 거부의향을 명백히 하고 있음.

2. 동 연대회의에 관하여 자료 및 정보가 입수되는 대로 추보 위계임.

(일정-북일)

14. 외무부공문(착신전보)-조선민족의 통일을 지지하는 회의 발기인회 개최 및 명단 보고

외무부
번호 JAW-05571
일시 281206
수신시간 76.5.28. 14:27
발신 주일대사
수신 장관

연: JAW - 05691
1. 76.5.27. 사회당 덴히데오 참의원 의원등이 중심이 되어 조선민족의 통일을 지지하는 회의 발기인회가 참의원 의원회관에서 개최되었으며 이 회를 76.6. 월중에 정식으로 발족시키기로 하였다 함.
2. 이회의 발기 주동인사들은
1) 정당 단체의 참가가 아닌 개인 참가를 원칙으로 하고
2) 정치적 공무와는 전혀 관계가 없는 순수하게 남북조선의 통일을 위하여 활동하는 인사들로 구성된다는 점을 강조함으로서 이회가 기성 정당간의 통일전선 문제등 정치로선과 결부되어 받아들여지는 것을 경계하고 탈정치색의 운동체라고 설명하고 있음
3. 동발기인회에 참가 국회의원은 다음과 같음 (여하인물에 관하여는 파편 보고)
오오다까 오시꼬 (자민 참의원)
안다 구쯔네히꼬 (사회 중의원)
덴히데오 (사회 참의원)
에다 사부로 (사회 부위원장)
도이다까꼬 (사회 중의원)
오끼모또 야스유끼 (공명 중의원)
야오이 히데이꼬 (공명 참의원)
노즈에 친페이 (이원구 참의원)
(야노 공명당 서기장, 우쓰노미야 도구마 의원(자민) 시오야 가즈오(자민, 중의원)은 참석은 않았으나 동회 결성에 찬의를 표하였다 함)(일정-북일)

15. 외무부공문(발신전보)—조선의 통일을 지지하는 연대회의 관련 추가 보고 지시

외무부
번호 WJA-05490
일시 281705
발신 장관
수신 주일대사

 대: JAW - 05691
  1. 대호 "조선의 통일을 지지하는 연대회의"의 참여범위(특히 자민당내 동조
인물)를 대호 2항에 포함하기 바라며,
  2. 상기 연대회의와 "이와이"의 "조선문제간담회"를 관련지어 계속 주시하시
고 관련사항 수시 보고바람. (북일-)

16. 주일대사관 공문—"조선 민족 통일 지지회"의 발기인회

주일대사관
번호 일본(정)700-3225
일시 1976.6.1.
발신 주일대사
수신 장관
참조 아주국장
제목 "조선 민족 통일 지지회"의 발기인회

 연: JAW - 05771
  연호, "조선 민족 통일을 지지하는 회"의 발기인회에 참석한 인사명단에 관
한 기사를 별첨 송부하니 참고하시기 바랍니다.
 첨부: 상기 기사 사본 1부. 끝.

16-1. 첨부–"조선 민족 통일을 지지하는 회"의 발기인회에 참석한 인사명단 관련 기사

17. 외무부공문(착신전보)–조선문제간담회 발족식 일정 및 목적 보고

주일대사
번호 JAW-06507
일시 211542
발신 주일대사
수신 장관

1. 76.6.21. 이와이 아끼라(전총평 사무국장)가 사회, 공명, 중심의 통일전선 구축을 위해 조직한 "조선문제 간담회"가 발족식을 가질 예정임.
2. 동간담회 발족식 후의 토론회에는 오노 다미노부, 미야자끼 양씨가 조선의 자주적 평화통일과 일본의 입장이라는 테마로 논의할 예정이며, 또한 다음과 같은 성명서를 채택할것이라함.
    (가) 김대중 씨등의 민주구국선언의 취지를 지지하고 그들의 투쟁에 연대함.
    (나) 일본정부의 남북통일 방해에 반대하여 대조선 정책의 근본적 전황을 요구함.
3. 동간담회에 목적은 조선문제에 관해 학자 문화인 노조관계자등을 폭넓게 결집하는 것이 주목적이라고함 (사회당의 덴히데오 위원등도 조선민족의 통일을 지지하는 회의 발족을 서두르고 있어 2개의 조직이 경합하게된 것으로 보고있음. (일정-북일)

18. 주일대사관 공문–"조선 통일을 지지하는 일본 위원회" 관계 기사 송부[1]

주일대사관
번호 일본(정)700-3698
일시 1976.6.22.
발신 주일대사 대리
수신 장관
참조 아주국장
제목 "조선 통일을 지지하는 일본 위원회" 관계 기사 송부

---

1) 첨부 파일 생략

1. 전총평 사무국장 "이와이"가 중심이 된 "조선통일을 지지하는 일본위원회"
가 76.6.21. 정식 발족하였는바 동 관계 기사를 별첨 송부하오니 참고바랍니다.
2. 동회의에 관한 참고 자료 및 동회의에서 채택된 성명서등은 입수되는대로
추후 송부 위계입니다.
첨부: 관계기사 1부. 끝.

19. 외무부공문(착신전보)–조선민족의 통일을 지지하는 회 발족총회 예정 보고

외무부
번호 JAW-06573
일시 231855
수신시간 76.6.24. 7:06
발신 주일대사대리
수신 장관
참조 주일대사

대: WJA-05490
연: JAW-05691
1. 76.6.23. 당관이 입수한 바에 의하면 사회당 뎅히데오 의원을 중심으로 한,
조선민족의 통일을 지지하는 회는 76.7.3. 동경에서 발족 총회를 개최할것이라
고 하며 사회당 조선문제 특별위원회는 당의 정식 결정은 아니나 이회를 지지하
기로 결정하였다고 함.
2. 동총회를 동 날자로 한것은 1972.7.4. 남북공동성명 4주년과 마출것을 겨냥
해서 행하여 진다고 함.
3. 상기에 관한 자료를 파편 송부 위계임.
(일정 북일)

20. 주일대사관 공문–반한 단체에 관한 자료 송부

주일대사관

번호 일본(정)700-270
일시 1976.7.1.
발신 주일대사
수신 장관
참조 아주국장
제목 반한 단체에 관한 자료 송부

　　대: WJA-05490
　　연: JAW-06573
　　1. "뎅히데오" 의원을 중심으로 하는 "조선 민족의 통일을 지지하는 회" 및
"이와이" 전 총평국장이 중심이 된 "조선 통일을 지지하는 일본위원회"에 관한
자료를 은밀히 입수, 별첨 송부하오나 참고하시기 바랍니다.
　　2. 동 자료는 확인할수는 없으나 일본 경찰 당국이 자체 업무 참고를 위하여
작성한 것임을 첨언하오니 보안에 유념하여 주시기 바랍니다
　　첨부: 상기 자료 2종. 끝.

20-1. 첨부–조선민족의통일을지지하는회, 조선통일을지지하는일본위원회 관련 자료

入手月日 51 6 17
　　　　　　「朝鮮民族の統一を支持する会」の動向(その2)

１．概要
　　社会党代議士田英夫を中心に社・公・民を母体とする「朝鮮民族の統一を支持す
る会」は、7月3日東京・駿河台の全電通会館ホールで発会の総会を開らく。
　　当面の活動の重点は、韓国での政治犯の釈放要求、救援活動とし、朝鮮の自主
的平和統一の実現をめざし息長い国民運動を展開するとしている。
　　社会党朝鮮問題特別委はこの会を支持することを決めた。
２．記事
　　この会の事務を担当する、田英夫の秘書大西洋三は、17日午後参議院会館田事
務所で、当面の活動などについて語った。
　　その発言の要旨は次のとおり。
(1)会の総会について

日時・7月3日(土)1800~2100

場所・東京・駿河台の全電通会館ホール

　　　　総会は、1972年の南北朝鮮の共同声明4周年記念行事とあわせて行なう。

　　　(注。当日1300~16:30の間、同ホールで『□事民論』発刊1周年記念講演会が計

　　　画されている。この参加者が相当数に流れこむことが考えられる。)

(2)当面の活動の重点について

　　ア、先づ一番に韓国の民主化運動を支援する。このために政治犯の釈放要求、

　　　　救援活動に取りくむ。

　　イ、9月上旬に予定する国際シンポジュームは、横浜市長飛鳥田氏が協力すると

　　　　の話がある。会場の提供など世話になる予定である。

　　ウ、会事務所はどこかに設けるまで、田事務所に置く。

(3)著名な会員について

　　ア、現在6~70人の参加を得た。藤山道夫、小田実、岡本愛彦らがいる。

　　イ、公明、民社の幹部にも呼びかけた。それぞれ自分の組織にはかつているよ

　　　　うだ。個人加入を原則としているのでいず小参加すると思っている。

　　ウ、自民党宇都宮代議士も参加の意向を伝えてきている。

　　エ、すでに加入した者は、1人1万円のカンパを寄せている。会費等については

　　　　検討中である。

(4)社会党にの関係について

　　ア、党が正式決定ではないが、党朝鮮問題特別委では、われわれの会の方を支

　　　　持することを決定した。

　　イ、岩井氏ら提唱の会(朝鮮問題懇談会)は運動の第一に朝鮮からの米軍撤退をあ

　　　　げ、第二に韓国の民主化を主張している。

　　　　　また、共産党との関係に何かを目的とする行動があるようで、非常に政

　　　　治的色彩が強い。これでは巾広い運動にはなり得ないという結論になり、一

　　　　緒にやらないことになった。

　　　　　特別委としても、岩井氏らの会の不支持を決めたのである。

(5)「朝鮮問題懇談会」に対する批判について

　　ア、岩井氏が朝鮮問題を取りあげたこと自体がおかしなことだ。

　　　　　自分ら社会主義協会の主義のために朝鮮問題をとりあげたとしか思えな

　　　　い。(社共中軸の統一戦線を指している)あまりに失礼である。(朝鮮に対し

　　　　て)

　　イ、岩井氏の方は、当初組織加盟を考える動いたがうまくいかず、個人加入に

書き替えたようだ。

　　　小田実氏は、名前を貸してくれと言うことで知らずにOKしたようで、よく調べだら彼らの政治行動に利用されるようだと知ってこちらへ移ったのである。

ウ、文化人も殆んど居ないとか。多田良純が入っているそうだが、どう言う考えなのか、……。

エ、私たちは、金大中事件から続けているのですから……。

　　　(注。こちらの会は伝統があり、きのうや今はこの問題に取りくみはじめたのではないといわんばかりの話しぶりであった。)

3．添付資料

　　　　　　　　「朝鮮民族の統一を支持する会」趣旨書

　　　　　　　　　　　　　　　　　　　　　　　　　　　　　　以上

入手月日：51.6.9~12

　　　朝鮮統一支援を目的にする二つの組織の動向

1．概要

　　　朝鮮統一支援を目的とする組織が、路線の相違から革新系に二つ結成された。

　　　いずれも社会党系であり、このため双方の確執は強く、党中央は困惑気味といわれる。

　　　こうした状況から、政党レベル国民運動への発展は薄く、また、今後二組織が運動を進めていくなかで路線論争など問題が起きそうな気配である。

2．記事

(1) 二つの組織について

　　　現在前総評事務局長岩井章が提唱した「朝鮮問題懇談会」と、田英夫を中心に公明・民社両党の幹部ら個人参加の「朝鮮民族の統一を支援する会」がある。

　　　そこで、双方の事務担当者の言い分について、その要旨は次のとおりである。

ア、「朝鮮問題懇談会」

　　　　　　　　　　　　　　　　　　　　　(尚井章事務所、岩井某談)

　　　(ア)運動の基調に三点がある。

a、韓国の朴政権の弾圧に反発する民主勢力を支援する。

　　b、朝鮮の自主的平和統一を主張する朝鮮民主主義人民共和国を同際
　　　　的立場で支援する。

　　c、朝鮮分断政策を自からの利益とする日本政府の反動的朝鮮政策の
　　　　転換を求めていく。

(イ)広範に呼びかけ、今後の運動のなかで三点の基調を深めていく。

(ウ)6月21日渋谷・東宝青年ホールで午後5時からバネルデスカッション
　　を行こう。この日をもって組織(運動体)として正式発足とする。

(エ)社・共・公統一戦線づくりの媒介ではないかとマスコミは言ってい
　　るが、非常識だ。政党の色をとわず基調に賛同する者は、会員に参加
　　し、運動に参加してもらう。

　　　今後運動の進展に伴い、そう言う問題になること(統一戦線への足
　　がかり)も考えられるでしょう。

(オ)「連帯会議」(田英夫らの組織の仮称)の発足は非常に残念なことです。

(注、朝鮮問題懇談会は統一戦線づくりをねらったものにするマスコミ等
　　の評価を拒否しつつも、暗に認める発言であった。)

イ、「朝鮮民族の統一を支援する会」

(参院田英夫事務所、大西某談)

(ア)朝鮮の自主的平和統一をうたった7・4共同声明の精神に沿って、朝
　　鮮の統一を実現するよう支援していく。

(イ)このため市民レベル運動を進めていく。小田実氏も我らの方に加わ
　　り、個人加盟でもあり、多くの文化人が参加している。

(ウ)当面7・4共同声明記念行事、9月頃に国際的シンポジュームの開催、
　　また韓国の民主化運動への救援活動に取り組む。

(エ)党は岩井氏呼びかけの「朝鮮懇」へは加盟しない方針だ。党の朝鮮問
　　題特別委で決めた。その理由は。

　　a、日共宮本委員長は7・4共同声明に対し不支持であった。それが岩
　　　　井氏との対談後、賛意へ変化している。

　　　　岩井氏は朝鮮問題を統一戦線への足がかりになろうとする考え
　　　　を述べたため、宮本氏は乗ってきたものと思える。

　　b、岩井氏の考えが非常に強い組織であり、また市民レベルでなく、
　　　　組織加盟を主体にしている。

　　　　このため広範な層の結集は出来ず、国民運動への発展は無理だ

とする見解になった。

（2）岩井提唱の「朝鮮問題懇談会」についてその内情を知るCS-D-1は、次のように語った。

「労働の専門家岩井が朝鮮問題を取組もうとするねらいは二つある。

彼が主宰する国際労働運動研究協会は、ベトナム戦終結後、反帝反植民地闘争は、その焦点は朝鮮半島い移り南北の関係は険悪化するとの認識になち、研究会でこの問題についてとりあげてきた。

朝鮮半島問題では中・ソ両国はそれぞれ認識が異なり、しかし国連では、重要課題として扱かわれており、日本の民主勢力の出かたが注目されている。

そこで統一への運動の支援、すなわち反帝、反植民地、反独占という闘争に一定の役割をはたそうとするねらいを持っていること。

二つ目は、反帝、反独点の立場で、社・共中軸の統一戦線への足がかりにしたい。そして国内の政治線の統一発展をねらっていることである。

日共は、社会党のにえきらない統一戦線に対する態度にあったことから、岩井の考えに喜こんで乗ったものと見られる。

それを知る公明党は、岩井の提唱をけったというところだ。

岩井の提唱した、朝鮮懇の運動は、実質的に発展しないとみる。岩井らしくない読みの浅さと思う。

岩井自身、北朝鮮とのコネクションを持っているわけでなく、研究不足というのが実情のようである。」以上

(이하, 신문 자료 생략)

21. 외무부공문(착신전보)—신문보고

외무부
번호 JAW-07112
일시 051331
발신 주일대사

수신 장관

(언론보도)

1. 76.7.4. 동경 전전통 회관에서 사회당 "덴히데오"를 중심으로 하는 "조선민족의 통일을 지지하는 회의" 설립총회가 사회 공명, 참원 2원구락부, 자민당 아아연, 학자, 저너리스트, 시민운동 대표등 58명의 발기인을 비롯 약 400명이 참가한 가운데 개최, 정식 발족하였음. (덴히데오를 비롯, 조총련, 한민통 대표 발기인의 우쯔노미야 도꾸마, 안타쿠 쯔네히꼬(사회,) 오끼모도 야스유끼(공명)등이 인사하였음)

2. 동회에서는 다음 5항목의 요망을 만장일치로 채택하였음.

1) 한국에 무원칙으로 진출하고 있는 일본기업의 해외활동을 규제하기 위해 기업활동 조사 특별위원회를 국회에 설치함.

2) 일한조직의 수사를 즉시 개시함과 동시 일본정부도 남북평등한 조선정책을 입안함.

3) 미국은 안전보장책을 재검토하여, 남북대화를 가능토록한 환경조성을 해야함.

4) 유엔은 한국의 인권문제에 대한 자세를 명백히 내세울 필요가 있음.

5) 당파, 신조를 초월하여 우리들의 행동에 참가하여 주기바람.

3. 또한 동지지하는 회의 당면 활동으로서 조선통일에 관한 심포지움, 한국의 정치범 석방운동 "인권억압에대한 동경법정"개최안등이 제안되었다 함.

(일정-북일)

③ 재일본 반한단체 동향, 1977

○ ○ ○

기능명칭: 재일본 반한단체 동향, 1977

분류번호: 791.72JA, 1977

등록번호: 11201(18320)

생산과: 일본담당관실/교민1과

생산연도: 1977-1977

필름번호: 2007-66

파일번호: 15

프레임 번호: 0001-0164

1. 신문기사

77.4.20. 조선-정부, 「反韓」 규제 强化 촉구_日側에 韓國大使館 亂入기도사건 등

2. 반한집회 및 예정사항, 조총련 반한집회 동향 종합

反韓集會

集會名	日時 및 場所	參加者	集會內容	備考
1. 朝鮮半島를 圍繞한 日美의 새로운 情勢를 맞아 駐韓美軍即時撤收를 要求하는 集會	○ 77.1.21. ○ 東京所在 "中央勞政會館"	○ 朝鮮女性과 連帶하는 會 會員□ ○ 田英夫・川田泰代 等 約90名	○ 카터 政府에 依해 駐韓美軍은 撤收될 것이다. ○ 金大中 및 金基河의 裁判不當性과 韓國經濟批判 ○同會決議文 日外務省計劃局長에게 提出決定	○ 朝鮮女性과 連帶하는 會 主催
5. 北傀敎職員代表團 歡迎集會	○ 77.2.17. ○東京私學會館	○ 北傀代表團□□□ ○ 日敎組婦人會副長 ○ 日本婦人會長 等 約150名	○ 日敎組婦人會部長演說 ○ 北傀의 社會主義, 敎育贊揚 ○ 北傀의 政治協商提案贊同	○ 日敎組婦人會 및 朝鮮女性과 連帶하는 會 主管
4. 南北朝鮮의 自主的平和統一을 支持하는 緊急親□ 團體各級代表者會議	○ 77.2.16. ○ 日衆議院 第2議員會館	○ 靑□□, 市川誠, 成田知己, 橫枝□, 宮本頭治, 朝總聯 30名, 計 約127名	○ 韓日癒着을 徹底히 糾明하고 韓美日間의 軍事的, 經濟的 一體化를 反對 ○ 親朝各團體의 代表者演說	○ 親朝團體 各代表者 主管
9 朝鮮問題講座	○ 77.3月~7月 ○ 朝鮮의 自主的平和統一을 支持하는 日本□□□□□□		○ 駐韓美軍撤收와 카터政權의 對□□□□ ○日本의 對韓軍事經濟的인 □判 等	○ 朝鮮의 自主的 平和統一을 支持하는 日本□員會 主催
7 韓國問題를 生覺하는 中野區會	○ 77.3.1. ○ 東京中野區立文化센타	○ 宇都宮等 約100名	○ 카터 政權의 對韓政策과 韓日癒着에 對한 宇都宮 연설 △ 金日成은 駐韓美軍의 武器增强에 따라 北傀도 소련에 依賴 武器를 增强	○ 韓國問題를 生覺하는 中野區會 主催

			△ 朴政權은 南北의 緊張을 防牌 삼아 美日의 協力을 求하고 있다.	
9 朝鮮統一을 爲한 世界會議代表團 歸一報告會	○ 77.3.14. ○ 東京, 市谷, 自治勞會館	○ 總聯中央 李季白, 市川誠, 田英夫 等 約230名	○ 美國을 共同의 適으로 看做하며 韓國으로부터 美軍의 撤收를 强調	○ 朝鮮統一을 爲한 世界會議 日本準備委員會
10 朝鮮統一支持 및 金日成生日祝賀宴會	○ 77.4.11. ○ 뉴오다니 호텔	○ 總聯中央 韓德銖, 市川誠, 岩井章 等 約70名	○ 日北傀間의 友好增進 ○ 金日成의 長壽祈願	○ 親朝團體 各代表 發起
6 朝總聯廣島県本部 反韓車輛示威	○ 77.2.20. ○ 廣島県 및 福山市一圓	○ 車輛 83臺 ○ 人員 162名	○ 自主統一支持 및 美軍撤收를 要求한다.	○ 廣島県本部 主管
2 朝總聯 生野 南支部 日朝連帶의 밤	○ 77.1.21. ○ 大阪 生野區 □□會館	○ 朝聯大阪委員長 外 約250名	○ 金日成 主體思想으로 統一이 멀지 않았으니 日朝協力으로 統一을 앞당기자. ○ 駐韓美軍은 撤收되어야 한다.	○ 朝總聯 生野南支部 主管
3 南北韓 政治協商會議의 實現을 支持하는 大會	○ 77.2.2. ○ 大阪 朝鮮文化會館	○ 朝總聯員 約3000名	○ 南北政治協商會議의 實現을 日本國民과 合勢, 共同鬪爭을 展開하자	○ 朝總聯 大阪本部 主管
東京都 青年 商工人 新年集會	77.1.16. 10:00 東京朝鮮文化會館	1300名	(第1部): 東京商工會 會長 권성재의 最近情勢에 對한 講演 (第2部): 學生들의 歌舞公演 및 茶果會	主要通信狀況報告
金日成 生日 65돌맞이, 在日朝鮮青年, 學生中央大會	77.1.18. 朝鮮出版會館	350名 (中央事業體 및 朝青盟員等)	1. 金日成의 65回 生日을 맞아 100日間의 愛國運動 展開하며 「新年祝電敎示先全通達」 2. 主要活動指標 ○ 金日成生日을 民族最大의 名節	〃

			로 祝賀 ○ 金日成에 보내 는 膳物事業展開 ○ 班組織을 强化 하고 駐韓美軍 撤 收, 朴政權 糾彈鬪 爭애 總動員	
駐韓美軍撤退하는 女盟 關東地區大會	77.1.21. 13:00~16:00 中央勞政會館	80名 (女盟員)	1. 大會進行 ○ 駐韓美軍撤收要求와 駐韓美軍撤收애 反對하는 日政府에 對한 決議文 採擇 〈講演人事 및 題目〉 ○ 가와다 다이죠 (國際赦免協會代表) 金大中, 金芝河에 對한 不當裁判抗議 ○田英夫(社會黨參議員): 朝鮮半島를 向한 새로운 國際情勢 〈決議文 要旨〉 ○ 朝鮮의 自主平和統一支持 ○ 駐韓美軍 撤退主張 ○ 金大中 無條件來日實現 ○KCIA 日本內活動 排除 ○ 朴政權에 對한 援助中止	JAW-01391, 01419 OJ(흑)-7

集會豫定事項

集會名	日時 및 場所	參加者	主要活動內容	備考
「11:22 在日韓國人留學生靑年不當逮捕者를 救援	77.2.2. 18:00~21:00 ○ 大阪中之島劍	200~300名	○ 司會(會長: 桑原重夫)는 18:00~19:30 反韓集	○ 日□에서 當館 앞에 20~30名 경비 및 會場과 示

集會名	日時 및 場所	參加人員	主要活動內容	備考
하는 會」反韓集會	先公園 ○ 市內一圓		會 后 19:30~21:00 間 劍先公園 → 當會館 街頭示威 豫定 〈參加豫想人員〉 ○ 大阪大學, 京 都大學, 神戶大學 의 學生 및 舊韓 □ 中核波, 國鐵 勞組의 靑年部員 等	威街頭에도 兵力 配置豫定
大阪日朝連帶委 反韓集會	77.2.5. 13:00~1 6:30 大阪中之島公會堂	多數參席豫想	〈豫想口號〉 ○ 駐韓美軍撤收 ○ 日本政府의 朝 鮮政策轉換要求	

朝總聯 反韓集會 動向綜合

(77.7.1~現在)

集會名	日時 및 場所	參加人員	主要活動內容	備考
朝總聯 東京都本 部 年始 幹部學習 會	77.1.6~1.7 關東經濟學院	150名 (東京都本部 및 傘下幹部)	1. 學習內容 ○ 東京都組織副 長 趙成周 및 宣傳 部長 高基進의 報 告가 있었음. (76年度 事業總括 과 77年度 重点事 業에 關한 報告임) 〈77年度 主要活 動要旨〉 ○ 祖國統一事業 最優先推進 ○ 反美·反韓 鬪 爭強化 ○ 財政基盤確立 ○ 駐韓美軍撤收 運動을 全世界的 으로 推進 ○ 南韓人民의 民 主化鬪爭 積極支 援	IJ(보)-22

朝總聯 中央熱誠者大會	77.1.10 東京朝鮮文化會館	2,500名 (韓德銖等 中央幹部 包含)	〈韓德銖 演說要旨〉 1. 金日成 新年教示와 76年度 事業 實積을 土臺로 새로운 事業方法과 作風을 通하여 ○ 組織 및 思想强化事業推進 ○ 分會事業强化 ○ 祖國의 自主平和統一事業 全力集中을 强調	主要通信狀況報告
朝總聯大阪本部新年 熱誠者大會	77.1.15. 11:50~15:40 大阪朝鮮文化會館	2,500名	1. 大會進行 ○ 金日成新年祝電, 教示朗讀과 韓德銖의 報告, 討論 ○ 金日成에 보내는 멧세지 採擇 ○ 映畵上映(75-76年度 訪朝團 記錄) 2. 口號內容 ○ 反美, 反朴 鬪爭强化로 祖國統一活動에 邁進하자. 3. 韓德洙 記者會見 ○ 1.15. 09:30~10:30 大會에 앞서 朝日新聞 大阪支社 永尾社會部長과 인터뷰 實施 ○ 駐韓美軍撤收와 日・朝間 文化 및 人事交流主張	IJ(북)-23 IJ(북)-42
反韓集會 및 街頭데모	77.4.19. 12:00 시비공원 77.4.19. 16:20~16:35 大使館 앞	1900名(朝鮮青年同盟主管) 上記 1900名中 在日朝鮮青年同盟 및 日・朝連帶學生同盟 42名(女子	시비공원에서 集會后 13:30~15:30(2時間) 긴좌 거리를 街頭데모 實施함. 1. 大使館 앞에서 反韓口號 외치며	

		6名 포함)	데모 ○ 파쇼, 朴政權 물러나라 ○ 日·韓 유착 규명하라. ○ 駐韓美軍撤收 ○ 緊急措置撤廢 要求 2. 日警에 依해 强制解散됨	
南朝鮮에서 美軍 撤收를 위하여 民主人事들의 救國鬪爭 支持하는 在日本朝鮮人 中央大會	77.3.13. 10:55~13:30 朝鮮文化會館	韓德銖以外에 約 3,000名 및 내빈으로 社會黨의「우에가미」外 3名	○ 駐韓美軍撤收 ○ 日韓 유착규명 등의 演說(李季白) 后 내빈축사와 영화 상영함.	
「3.1節 58周年 民主救國宣言 1周年 記念 朴政權 退陣 要求 在日韓國人 大會	77.3.1 東京 노구찌히데오 기념관	韓民統, 民統協 韓靑 主管 約 300名	○ 民團의 有志에게 보내는 호소문 채택 -朴政權退陣 -民主人士 석방 요구	조선신보 3.3字 2面
大阪市立高等學校 敎職員組合 제12次 中央委員會 大會	77.3 大阪市立敎育靑年 센타	大阪市立高等學校 敎職員	○ 朝鮮의 自主的 平和統一을 支持하는 決議文 채택	3.14字 3面
日朝협회 제20次 定期全國大會	77.3.12~13 大阪市 東區 市立□□會館	日·朝協會 代議員 約110名	○ 日朝協會 會長 「와다나베 사헤이」와 □相(국제국장)이 演說 ○ 美軍撤收 ○ 日·韓, 美·日 安保 조약폐기 ○ 日·韓 유착규명 및 金大中 원상회복요구	3.17字 1面

3. 재일반한 제단체 관계자료

在日反韓 諸團體 關係資料

目次

1. 日本 反韓團體 現況
(AA問題研究會 等 33個 團體)
2. 主要反韓活動 日誌(76.1-77.1)
3. 反韓活動 代表人物 名單(31名)
4. 베트콩派 發生 經緯와 性格
5.　　〃　　 의 最近 動向
6.　　〃　　 의 團體別 動向
7.　　〃　　 團體 連帶機關
8.　　〃　　 同調 團體
9.　　〃　　 朝總聯과의 連繫資料
10.　　〃　　 反韓活動 日誌(74.1~77.4)
11. 朝總聯 主要反韓集會 및 反韓謀略記事 揭載動向(77. 綜合)

〈附錄〉

日本內 反韓團體 現況

1. 親北反韓團體

團體名	結成日字	代表 및 構成勢力	活動目標	活動事項
AA問題 研究會	1965.1	宇都宮德馬(無, 衆) 外 100餘名	○ 日·北傀 國交正常化實現 ○ 韓國의 維新撤廢 및 民主回復 支援	○ 自民黨 內 右派 그룹인「亞細亞 問題研究會」에 對抗하기 위하여 結成한 親中共派 그룹으로써 對北傀 國交正常化 運動을 벌리고 있으며 金大中 事件后로는 金大中의 原狀回復 및 韓國의 現體制를 非難

日朝協會 日朝□□協會	1951.1	渡邊佐平(前 法政 大 총장) 外 7,000 餘名	○ 日·北傀間의 理解 증진 ○ 日·北傀間 經 濟, 文化 交流를 通 한 相互繁榮追求	○ 金大中 事件后 月事件의 眞相糾 明을 要求하고 現 韓日 癒着關係를 非難 ○ 朴政權의 人權 彈壓을 糾彈하고 明洞事件 關連者 彈壓을 糾彈
日朝 友好促進議 員連盟	1971.11.16	久野忠治(自, 衆) 外 246名	○ 日·北傀間 友 好促進	○ 韓日閣僚會議 中止要求 및 金大 中事件의 眞相究 明을 要求하는 書 翰을 日政府에 傳 達 ○ 明洞事件과 關 聯 日政府의 對韓 政策轉換要求
朝鮮民族의 自主 的統一을 支持하 는 會	1976.7.3	田英夫(社, 衆) 外 400餘名	○ 北傀의 自主平 和統一支持	○ 日本政府의 南 北韓平等政策促 求 ○ 韓國進出 日本 企業의 海外活動 을 規制하기 위해 企業活動調査 特 別委員會를 國會 에 設置
朝鮮의 民主的 平 和統一을 支持하 는 日本委員會	76.6.21	岩井章(總評事務 局長) 外 16名	○ 韓國의 民主化 運動支持 ○ 韓美日 軍事一 切化政策 反對 및 駐韓美軍撤收要 求 ○ 北傀와의 關係 正常化 및 韓日條 約 □□ 등의 운동 추진	○ 8.18 事件은 美 軍이 惹起시켰다 는 聲明發表 및 訪 北活動을 通해 北 傀宣傳
在日朝鮮人 人權 守護會	63.10.26	稻葉誠一(前 社會 黨參議員)	○ 在日朝鮮人 人 權擁護	○ 韓國의 民主人 事 釋放運動展開 ○ 在日朝鮮人의 人權浸害事實調 査解決

日朝國交正常化國民會議	73.9.8	飛鳥田一雄(横濱市 市長) 外 11名	○ 日朝 國交正常化推進 ○ 日朝友好增進	○ 金大中事件 后 金大中의 無條件 再來日의 實現을 要求 ○ 民主救國宣言 支持 및 韓國人權 問題에 對한 反韓 活動 전개
日韓連帶連絡會議	74.4.18	靑地晨(評論家), 田英夫, 和田春樹	○ 日朝親善紐帶强化	○ 金大中 救援運動을 계속하여온 各種團體와 社會黨議員, 左傾評論家, 文化人 宗敎關係者가 主動이 되어 同團體를 結成 ○ 日韓 癒着誹難 및 金大中의 □□ 回復과 無條件 再來日을 □□ ○ 日本企業의 韓國에 對한 經濟侵略, 公害輸出, 低賃金制 中止를 要求
日本社會主義 靑年同盟	60.10.	盛山健治(日社會黨 靑少年局長)	○ 社會黨路線을 支持 및 勞動組合 活動의 强化 ○ 科學的 社會主義 理論의 學習	○ 各種反韓團體와 連帶하여 韓國의 現體制를 誹難 ○ 明洞事件 關聯 反韓決議文 採擇

2. 不穩僑民團體

團體名	結成日字	代表 및 構成勢力	活動目標	活動事項
韓國民主回復統一促進國民會議(韓民統)	1973.8.15.	金載華(議長代行, 前民團長) 外 3,500餘名	○ 朴政權打倒로 民主□□回復 ○ 南北韓間의 對話를 通한 相互自主平和統一 實現	○ 結成 后 日本에서 不穩僑民活動을 總指揮하여 各種反政府活動 主動 ○ 反民團 運動 展開
韓民統 傘下團體 舊民團 東京本部	72.6.26	團長 鄭在俊	○ 韓民統 傘下團體로써 韓民統의 行動目標와 同一	○ 韓民統의 活動을 積極支援하고 日本內 各種反韓

舊民團 神奈川本部	72.9.27	團長 金允種		團體와의 連繫下에
舊在日 韓國靑同盟	55.10.9	委員長 金君夫		- 現 維新體制撤廢
舊在日 韓國學生同盟	50.11.12	委員長 尹明守		要求
民團自主守護委	72.5.15	代表 吳守□		- 金大中의 原狀回復
舊大韓 婦人會 東京本部	72.8.3	會長 梁炎□		- 韓國의 拘束人士 釋放要求 運動展開
金大中救出委員會	73.8.9	委員長 鄭在俊		
民族統一協議會	72.8.10.	裵東湖 外 60名		
「베트콩」派 同調團體				○ 이들은 모두 朝總聯과 强力한 連繫를 維持하면서 日本內의 反韓勢力과 □□ 步調를 取하고 있음
民主主義民族統一委員會 (民民統)	1971.3.1	朴德萬 外 150名	○ 北傀의 統一革命黨 支持	- 韓國內의 反國家的 知識人들 및 學生들의 活動을 支持하고
在日韓國人政治犯救援委員會	1974.2.28	邊泰成 外 50餘名	○ 韓國의 國家安保法, 反共法의 撤廢 ○ 政治犯 救護	
祖國統一在日知識人談話會	1973.12.5	金達壽(作家) 外 30餘名	○ 韓國의 學生 및 知識人들의 民主化鬪爭支持	- 現體制의 否實 및 民主化□□ - 拘束人士의 釋放을 要求하는 反韓, 反體制 活動을 展開
在日韓國人民主懇談會	1973.12.4	曺基享(조선장학회 관서지부장)	○ 韓國의 民主化 운동 지원	
統一革命黨 在日韓國人連繫 委員會	1975.4.18	朴德萬(民民統 委員長)	○ 北傀 統革黨 活動支援	
在日韓國人을 政治犯을 救援하는 會 全國會議	76.6.20	宮岐繁樹(明大敎授) 外 40餘名	○ 韓國에서 逮捕된 在日韓國人의 救援과 家族을 支援	○ 逮捕된 留學生 및 政治□□ 各 政委와 □□로 □□□ 救出□한 各種 反韓運動展開
韓國問題 緊急國際連帶常設委員會	76.8.14	小田實(作家) 外 幹部 4名	○ 韓國의 人權 및 民主化 回復	○ 76.8.11~8.14 까지 □□서 열린 「韓國問題 緊急國際會議」의 常設機□□ 77年度에 各種反韓□□□ 本格化시킬 움직임을 □□□
各種 金大中 救援會 및 돕는 회	73.8.9	鄭在俊(舊民團 東本團長)	○ 金大中 救出 및 原狀回復	○ 金大中 救出을 爲한 反韓集會開催

		末川博(立命館大 名譽總長) 外 數個 團體		○ 街頭, 宣傳, 示 威를 通한 □□□ 運動전개 ○ 金大中씨 □□ □ 支援
各種 金芝河 救援會	74.7.10	小田實(作家) 土井大助(詩人) 等 日의 右翼 및 革新文人	○ 金芝河의 救出 ○ 韓國에 民主□ 復	○ 日本의 革新文 人과의 連繫로 各 種 金芝河 救出 活 動을 전개 ○ 最近에는 日本 「PEN 크럽」과 金 芝河에게 「로타스 賞」을 전달하기 위한 共同活動을 전개
東亞日報를 돕는 회	74.12.28	飯沼二郎(京大 人 文硏究會 敎授) 外 25名	○ 銀行融資拒否, 廣告解約으로 財 政面에서 壓力을 받고 있는 東亞日 報를 支援	○韓國의 言論自由 를 위해 투쟁하는 것은 日本의 自由 言論과도 關聯이 있다는 主張下에 -東亞日報 定期 구 독을 促求하고 -東亞日報 東京支 局에 廣告料 傳達 등의 活動을 해 왔 으나, ○ 東亞日報 廣告 問題가 解決되지 事 實上 活動中止됨
東京辯護士協會		磯部靖(同 協會會 長) 外 辯護士, 法 律家 등	○ 韓國의 民主恢 復 ○ 拘速人士 釋放	○ 韓國의 拘速人 士 釋放要求 및 人 權彈壓中止要求 ○ 韓日의 人權彈 壓이 日本에도 關 聯 있다 보고 □□ □ 維新撤廢을 □ □
在日韓國人拘速者 家族連絡會議	75.5.3	安宅常彦(社, 衆) 外 小數 日新左翼 및 革新勢力	○ 拘速者 家族을 支援하고 各種 連 絡維持	○ 75.5.23 衆院 第2議員會館서 第 一次 會議를 □□, 拘速者 家族과 相 互連繫 活□□

아시아 政治犯 情報 센타	74.12.10	中島正昭(日 그리스도教 協議會 代表 外 數名)	○ 아시아 地域內의 全 政治犯에 關한 資料 및 情報交流	○「아시아의 政治犯」題下의 유인물을 발간하여 韓日□ 拘速政治犯에 關한 記事揭載
암네스티 日本支部(人權을 守護하는 國際□□□□ 日本支部)		猪保浩三 外 13名	○ 世界人類의 人權 擁護	○ 韓國에서 체포된 在日韓國人 및 日本人을 救出하려는 各種團體와 連繫下에 이들과 □□ 정치범 救出 活動展開
日本카토릭 正義와 平和協議會		武者小路公秀(上智大 教授)	○ 카토릭 精神에 立脚한 正義實現과 相互理解增進	○ 日本內 各 카토릭 團體와 連繫로 韓國의 人權問題의 是正을 要求 ○ 主로 金芝河의 구원활동전개
日本宗教者 平和協議會		大西良慶(京都清水寺 管長)	○ 宗教者間의 理解增進 및 情報交流	○ 韓國의 宗教彈壓을 誹難하면서 拘速人士 釋放要求 및 人權問題를 거론
11.22 在日韓國人 留學生 不當逮捕者 救出委員會		桑原重夫(牧師) 佐佐木靜子(社, 參) 등 關聯者 家族	○ 75.11.22 學園 浸透 間諜團事件에 關聯되어 逮捕된 13名의 在日韓國人留學生의 救援	○ 同事件 發生 이래 日本의 各種 宗教團體 및 人權運動團體와의 連繫下에 拘速者 救出을 위한 活動 전개
日本「펜」클럽		石川達三(作家) 外 626名	○ 國際「펜」憲章의 趣旨에 立脚하여, 言論出版의 自由를 擁護 ○ 國際文化交流를 增進	○ 韓國의 言論統制에 對한 誹難活動 ○ 金芝河 救出 活動 전개
日「A.A」作家會議		野間忠(日會代表)	○「아시아, 아프리카」地域 作家間의 相互理解 增進과 共同關心事에 對한 情報交流	○ 韓國의 作家活動 支援 ○ 金芝河「로타스」賞 傳達을 위한 활동전개

4. 其他(日韓連帶連絡會議와 共同團體임)

團體名	結成日字	代表 및 構成勢力	活動目標	活動事項
日本化學의 公害輸出을 沮止하는 會			○ 日本化學의 韓國進出 沮止	○ 各種反韓集會 (街頭示威, 宣傳)
富山化學의 公害輸出을 中止시키려는 實行委			○ 富山化學의 韓國進出을 沮止	○「公害를 避하라」라고 팜프렛을 발간, 配布하며 가두선전, 시위전개
기생觀光에 反對하는 女性의 會			○ 韓國妓生觀光 沮止	○ 韓國에 自主觀光하는 男便들의 妻로 構成하여 韓國으로의 觀光을 反對
手造り會館	75.1.19	東繁春(反韓僑胞)	○ 反戰, 反公害	○ 日韓連□의 使□로 韓國問題에 關한 集會講演活動 전개
日韓條約 10年을 생각하는 會			○ 日韓條約 破棄	○ 韓日癒着을 糾彈하는 各種反韓集會實施

4. 베트콩파 관련 자료

4.「베트콩」派 發生經緯와 性格

가.「베트콩」派라 함은 民團을 離脫, 北傀 및 朝總聯 앞잡이가 되어「韓國」또는 「民團」의 이름으로 反政府, 反民團 活動을 展開하고 있는 者들을 말함.

나. 民團不純分子는 1960年代以前부터 散發的으로 對政府, 對民團批判을 해 오다가 1961.5 權逸民團中央執行部 誕生과 더불어 5.16革命 支持와 反共性格을 明白히 함에 따라 反權逸派, 以北派, 南海派를 中心으로 組織된「有志懇談會」를 構成, 朝總聯의 使嗾를 받는 裵東湖, 郭東議를 中心으로 本國의 政策을 批判하여 오다가 1967年 金在華의 拘束을 契機로 反政府, 反公館, 反民團 活動을 露骨化하기에 이르렀음.

다.「베트콩」派는 民團 組織內에 自派勢力 擴張을 劃策해 왔는바, 民團中央및 各地方本部 團長 選擧時에「베트콩」派를 支持하는 革新系 人士를 候補로 推薦하고

一旦 當選되면 「베트콩」派 人物들을 民團組織 要所에 浸透시켜 왔는바, 1970年 까지는 相當數의 不純人物이 民團組織에 浸透하기에 이르렀음.

라. 1971.3.15 裵東湖가 所謂 「第2의 4.19革命」을 劃策하고 있음을 証明하는 錄音事件이 暴露되어 反民團系의 正体가 暴露되므로서 「베트콩」派는 民團 正常化 過程에서 民團組織으로부터 逐出된 後 北傀 및 朝總聯의 統一戰線戰術의 前術團体로서의 反韓活動을 展開해 오고 있음.

5. 「베트콩」派의 最近動向

가. 「베트콩」派는 金大中事件을 契機로 73.8.15 所謂 「韓國民主回復 統一促進 國民会議 日本本部」(韓民族 日本本部)를 結成하고 이를 頂点으로 反韓活動을 組織的으로 展開해 왔으며 特히 7.4共同聲明 以後는 北傀의 所謂 國際的 連帶 鬪爭活動의 中心으로서 日本內 各種 反韓團体, 新左翼勢力, 親北傀勢力, 美洲 및 西區 反韓團体와 連繫를 維持하면서 反韓活動의 積極展開와 擴大, 強化를 劃策하고 있음.

나. 「베트콩」派는 本國 및 國際情勢 變化에 따라 時期的으로 適切한 活動方針을 標榜하고 金大中, 金芝河救出 逮捕間諜 釋放, 日 企業의 韓國進出 反對, 駐韓美軍 撤收 要求 等 反韓活動을 展開하고 最近에는 學園浸透 間諜事件과 明洞事件을 契機로 하여 各種 救出會를 結成하고 韓國의 民主化 및 政治犯 釋放을 要求하는 反韓集會 및 「데모」를 實施하며 權末子事件을 歪曲 謀略宣言 함으로서 反韓意識을 提高시키는 等 日本 社會에서 反韓勢力의 代辯者的 役割을 遂行하고 있음.

다. 「베트콩」派는 本國 및 民團의 總和體制에 依한 結束, 朝總聯系 同胞의 母國訪問, 自體 財政難 等으로 因하여 組織이 萎縮된 面도 있으나 最近 朝總聯의 反韓態勢 強化와 더불어 舊韓靑을 中心으로 한 새로운 組織 擴大運動을 大大的으로 展開하고 있음.

6. 各 團體別 動向

가. 韓民統 日本本部
(1) 結成
　　73.3 「베트콩」派 6個團体(民族統一協議会, 民團自主守護委, 舊民團東京本部, 舊大韓婦人會 東京本部, 舊在日韓國靑年同盟, 舊民團 神奈川縣 本部) 會合時 來日中인 金大中이 參席, 「反民團, 反朴 鬪爭組織이 6個로 分離된 狀況

에서는 統一된 行動이 困難하니 하나의 組職으로 結集해야 한다」고 発言함으로써 金載華가 上記 6個團体와 当初부터 民團과 關係없이 獨自的으로 反韓活動을 해오던 金大中 追從者인 鄭敬謨 等을 聯合하는 工作을 着手, 73.8.15 結成하기에 이르렀음.

(2) 韓民統 在日「베트」派를 代表하는 連帶鬪爭機構로 傘下組織 및 機關紙인 民族時報(旬刊判)를 通하여 鬪爭方針과 行動路線을 傘下團体에 傳播하여 「베트콩」派의 行動統一을 爲한 操縱役割을 擔當하고 있으며 韓民統의 政綱政策에는 「韓半島를 中立化하고 南北聯邦制에 依한 漸進的 統一을 実現한다」라고 되어 있어 北傀의 南北統一論과 類似한 主張을 하고 있으며 各種 刊行物에 나타나고 있는 論調는 明白한 北傀路線 支持, 追從傾向임.

(3) 韓民統을 主導해 가고있는 裵東浩(韓民統 常任顧問), 郭東儀(韓民統 組報局長)는 容共思想 抱持者로 朝總聯의 背後 操縱을 받는 것이 確實하며 最近에는 露骨的인 親北路線을 主張하는 発言도 서슴치 않고 있으며 7.4 共同声明以後 「베트콩」派와 朝總聯間에 「常設委員会」를 設置하고 「베트콩」派가 主催하는 集會에는 朝總聯系도 參席시킨다는 協定이 맺어져 있어 共同의 鬪爭目標에 對해서는 相互 連帶鬪爭体制를 이루고 있음.

(4) 韓民統은 自体組織 活動이 沈滯해지자 日韓連帶連絡會議等 日本의 新左翼系와 結託하여 反韓活動의 連帶化를 劃策하고 있으며 特히 76.8.12~8.14間 日本을 包含한 15個國의 反韓人士 83名을 東京에 招請하여 所請「韓國問題 緊急國際會議」를 開催하고 同會議」에서 韓國의 人權問題 및 南北統一問題, 駐韓美軍撤收 等을 擧論함으로서 非同盟會議와 「UN」總會를 겨냥한 全世界 反韓勢力의 擴大와 國際的인 連帶關係 結束을 劃策하였음.

(5) 韓民統은 財政難 克服 및 靑年 商工人 包攝을 爲하여 靑年商工會를 運營하고 있으나 76.8 舊東京本部 副團長 羅鐘卿이 組織한 在日韓國人 生活協同組合과 對立 및 競合되어 運營問題로 相互 軋轢狀態에 있음.

나. 舊民團 東京本部(舊東本)

(1) 1971年民團 混亂時 民團에서 逐出된 「베트콩」系 舊東本 幹部들은 東京地域의 反韓 및 反民團分子들을 糾合하여 自己들이 正統民團임을 主張하면서 不純活動을 繼續하고 있으며 舊東本은 「베트콩」派의 中央據點임.

(2) 73.8 韓民統 日本本部가 結成되자 舊東本을 包含한 「베트콩」團体가 韓民統의 傘下團体라는 鄭在俊(舊東本團長) 一派의 主張과 舊東本이 「베트콩」派의 基本骨組織이라고 主張하는 一派와의 對立과 軋轢이 持續되고 있던 中 76.8 「韓國問題 緊急國際會議」 直後舊東本組織 强化委員會에서 郭東儀가 「韓國은

獨立國이 아니다, 民團은 必要없다」는等 發言을 함으로써 北傀 및 朝総聯을 露骨的으로 支持하는 韓民統의 指導路線을 보이자 이에 反撥하는 者가 續出하고 있으며 舊東本 組織部長 金一明, 宣傳部長 金錫春 等은 「베트콩」組織生活을 淸算하려는 움직임을 보이고 있음.

(3) 그러나 鄭在俊이 韓民統 副議長이며 舊東本 運營에 財政的으로 莫大한 支援(月 50万円)을 하고 있어 鄭在俊에 追從하는 者가 大部分이며 表面的으로는 平穩을 維持하고 韓民統과 共同步調를 取하고 있음.

다. 舊 在日韓國情年同盟(舊韓青)

(1) 初代 舊韓青 委員長이며 現在 同組織의 顧問인 郭東儀의 背後操縦에 依하여 60年代 中半期부터 對政府 批判을 恣行해 왔으며 72.7.7 民團에 依하여 傘下 團体 認可取消를 当함으로서 不法化된 以後 「베트콩」派를 追從하는 舊韓青員들이 組織을 推持, 活動을 繼續하면서 「베트콩」派의 前衛行動隊로써 極烈한 反韓活動을 展開하고 있으며, 全國에 걸쳐 地方組織을 가지고 있어 在日僑胞 青年中 同調者를 包攝하여 勢力을 擴張코저 狂奔하고있음.

(2) 韓民統은 各種 学習会란 名目으로 日韓青員들에게 反韓鬪爭思想을 注入시키고 勢力糾合의 手段으로 利用하고 있는 바 이들 學習會에는 裵東浩, 鄭東儀, 鄭敬謀 等 「베트콩」主動人物이 講義를 擔當하고 青年들에게 모든 行動, 學習 및 日常生活에 이르기까지 鬪爭思想을 鼓吹시키고있음.

(3) 舊韓青은 文世光事件을 契機로 活動에 制約을 받고 있었으나, 75.3부터 反韓的인 映畵 上映, 演劇公演 等 文化活動과 各種集會를 通하여 組織再點檢및 活動資金 捻出을 꾀하였으며 모든 事業을 支部中心으로 實踐하여 末端組織을 强化擴大하는데 腐心하고 있음.

(4) 舊韓青은 76.6.20~11.20間 明洞事件 関聯者 및 韓國의 政治犯 釋放을 要求하는 所請 「100万名 署名運動」을 展開한 結果 総 103万名의 署名을 獲得, 이를 「마이크로필름」化하여 小出実를 通해 美議会 및 「유엔」 事務局에 提出함으로써 美國의 對韓政策 變更을 要求하고 國際的인 反韓世論 造成을 画策하였음.

라. 舊民團 神奈川県 本部

(1) 69.4 神奈川県 民團地方大會에서 選出된 3機關長(團長: 孫張翼, 議長: 金允鐘, 監察委員長: 吉秉玉)은 期間中 一連의 民團混亂事態 收拾過程에서 反民團및 不純活動行을 恣行하여 同幹部들의 除去 및 逐出를 爲해 72.7.16 臨時地方大會를 召集코 新執行部를 選出하자 當時 県本部 議長이었던 金允鐘 一派는 이에 不服하고 舊執行 部役들을 糾合, 自己들의 正統性을 主張하면서 舊屋舍를 繼続 占有한채 法廷鬪爭을 展開해 왔음.

(2) 「베트콩」派는 神奈川県本部 舊屋舍를 圍繞하고 朝総聯 및 日本의 新左翼系
와 野合하여 舊屋舍 還收를 爲한 法的闘爭 및 實力對決에서 有利한 狀況 捕捉
을 試圖하고 이를 契機로 對民團 活動에 있어 그들의 團結된 組織力을 誇示하
려 하고 있음.

마. 金大中 救出委員会

(1) 結成

73.8.9 金大中事件을 契機로 鄭在俊이 委員長이 되어 金大中의 原狀回復
을 目的으로 結成되었으며 神奈川, 群馬, 大阪, 京都, 兵庫, 愛知, 北海道, 東
京에 地方組織이 있음.

(2) 同團体는 結成과 同時에 日本政府에 対하여 金大中 救出에 協力해 줄것을
要求하고 日本國民에 連帶와 協力을 呼訴하는 聲明을 発表한 以來 全國各地
에서 金大中 救出大會를 開催한 바 있으며 現在도 金大中 救出運動을 爲하여
韓民統과 共同으로 活動하고 있음.

바. 民團自主守護委員会

71.5.15 民團에 批判的인 吳宇泳(前東京本部 團長)을 中心으로 「裵東浩 錄音
事件」의 眞相究明을 目的으로 組織하였으며 大阪, 神奈川, 京都, 東京에 地方組
織이 있으나 最近에는 韓民統과 共闘하는 外에 獨自的인 活動은 別無함.

사. 民族統一協議会

72.8.20, 7.4 南北共同聲明을 契機로 同聲明을 積極的으로 支持하여 所謂 南
北聯邦制 方式에 依한 南北統一 實現에 反對하는 勢力과 闘爭할 目的으로 結成
되었으며 韓國의 維新体制에 反對하면서 反韓活動을 展開하고 있으나 韓民統 結
成後에는 名目만 維持할뿐 活動實績은 極히 低調함.

아. 舊在日韓國學生同盟(舊韓學同)

(1) 舊韓靑과 같이 60年代 中半期부터 不純分子에 包攝되었으며 72.7.7 民團組織
에서 不法化된 以後 反政府的인 學生을 糾合, 活動을 展開하고 있으나 命脈을
維持할 수 있을 程度의 地方組織으르 가지고 있음.

(2) 그러나 舊韓學同은 學校을 卒業後 舊韓靑과 朝総聯系 團体에 加入 活動하고
있어 輕視수 없는 組織임.

자. 舊大韓婦人會 東京本部

(1) 71年 民團正常化 過程에서 逐出된 以後 小數의 人員으로 有名無實했으나
76.12.4 東京 「韓國政治犯 救援을 爲한 바자会」를 開催한 바 있음.

(2) 反韓團体가 民團 各界主要團體로 構成되어 있음을 內外에 誇示하기 爲해 「베
트콩」 幹部 婦女子로 構成되어 있음.

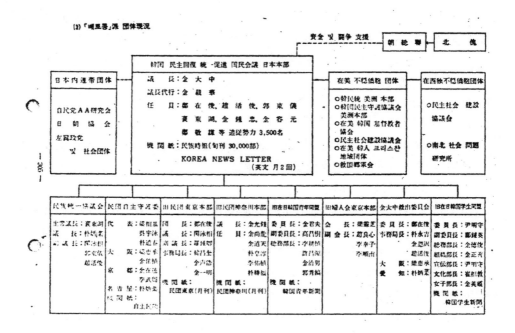

(3) 「배드롱」派 團体現況

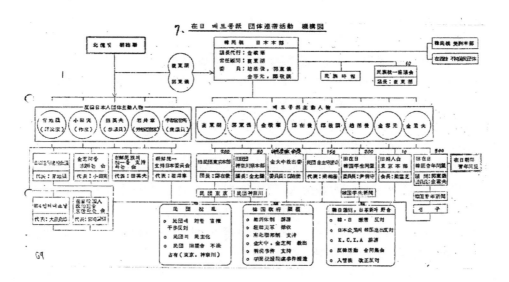

7. 在日 배드롱派 團体連帯活動 機構圖

8. 其他「베트콩」派 同調團體

(가) 民主主義 民族統一委員會(民民統)

1) 結成: 1971.3.1
2) 所在地: 東京都 新宿區 若葉町 2-9
3) 代表: 朴德萬
4) □□□: 約150名
5) 機關紙: 民族統一新聞(1968.3.11 創刊)
6) 其他: 「韓民自統」(代表: 李榮根 統一日報社長)의 右傾化에 反對한 朴德萬이 1968.3. 「韓民自統再建委員會」를 組織하고 1971.3.1 이를 다시 民民統으로 再結成, 北傀統一革命黨을 支持하고 있음.

(나) 在日韓國人 政治犯敎授 委員會

1) 結成: 1974.2.28
2) 所在地: 東京部 新宿區 戶塚町 3-336-4
3) 結成目的: 韓國의 國家保安法, 反共法의 撤廢를 主張하면서 政治犯의 實態를 國際的으로 呼訴하여 救護活動을 進行할 目的으로 1974.2.28 結成했음.
   同委員會는 1974.4. 統一革命黨을 支持한다는 聲名을 發表하고, 民民統과 共同으로 「4·19革命」10周年 記念大會를 開催했음.
4) 任員
   代表: 邊泰成
   宣傳部長: 玄石俊
5) 構成員: 約50名

(다) 祖國統一 在日知識人 談話會

1) 結成: 1973.12.5 在日韓國人 作家, 評論家, 知議人들이 韓國의 學生 및 知談人들의 民主化 鬪爭을 積極 支持할 目的으로 結成했음.
2) 任員
   代表: 金達壽(作家)
   主要會員: 鄭敬謀(民族時報 主筆)
           李政成(〃)

李灰成(　　〃　　)

高史明(　　〃　　)

金石範(　　〃　　)

金一勉(評論家)

朴壽南(　　〃　　)

3) 構成員:　　約30名

　　　　(라) 在日韓國人 民主懇談會

1) 結成: 1973.12.4 大阪, 名吉屋, 東京 等에 居住하는 在日知識人들의 韓國의 「民主化運動」을 祗支할 目的으로 結成.

2) 任員:

代表: 曺基亨(朝鮮裝學會 關西支部長)

幹事: 徐龍達(挑山大學院 敎授)

　　　金三奎(코리아 論評主幹)

　　　朴炳閏(文化團體 理事)

　　　金學鉉(著述業)

3) 其他: 同 報告會는 期間中 大統領 緊急措置의 解制 金芝河의 釋放等을 要求하는 聲明을 發表

　　　　(마) 統一革命黨 在日韓國人 連帶委員會

1) 結成日時, 場所: 1975.4.18 東京都 千代田區 所在 私學會館에서 記者會見, 設立을 發表

2) 構成員

委員長　　　: 朴德萬(在日韓國人 民主主義 民族統一 委員會 委員長)

副委員長　: 金仲泰(舊 韓青副委員長, 民民統 副委員長)

　〃　　　: 趙武治(民國統 事務局長 在日韓國人 政治犯 救援委委員)

　〃　　　: 許弼道(舊 韓學同委員, 民民統 委員)

　〃　　　: 李石柱(舊 韓民自統 代表委員, 民民統委員)

　〃　　　: 尹秀吉(韓國政治犯, 民族統一新聞 編輯長)

　〃　　　: 邊泰成(舊 韓學同委員長, 政治犯敎授 代表)

　〃　　　: 金具雄(舊 韓學同 中央委員, 政治犯敎授 會員)

3) 結成目的: 北韓의 主體思想을 指導理念으로 하는 統一革命黨의 活動을 內外에 宣傳하고 同黨에 對한 物心兩面의 支援과 그 家族에 對한 援護活動을 行한다.

5. 베트콩 重要動向

○ 74.2.3 韓民統 傘下團體가 「讀賣홀」에서 1.8 緊急措置 反對 集會 및 街頭데모 實施(參加者600名 中 總聯系 400名 參加)

○ 74.3.24 韓靑 第16回 中央委員會 및 中央大會開催, 執行部 改選(金君夫를 中央委員長으로選出) 本國 民主化 鬪爭 支援 決意

○ 74.4.15과 5.3 各各 訪韓하여 金大中을 만난 美하바드大 "코헨" 敎授와 "해리 애슈모아"(美民主制度 硏究所長) 記者會見을 韓民統이 周旋

○ 74.5.13 京都에서 開催된 IPI總會에 反韓 油印宣傳物 配布 試圖

○ 74.6.3부터 金大中 法院 召還抗議運動 展開還境議還動展南

○ 74.6.10~6.15 亞細亞人會議에 鄭敬謀가 參席하여 反韓國輿論 煽動

○ 74.7月 7.4共同聲名發表 2周年을 맞이해 日本新左翼勢力과 提携 反韓國 運動展開

○ 74.7.30 "金芝河의 저녁"이란 詩 發表會員 讀賣홀에서 1,180名이 參席下에 開催(白新左翼系850名 總聯系 300名 「베트콩」 30名)

○ 74.8.8 韓民統傘下 8個団体는 金大中事件 1周年 記念大會를 九段會館에서 800餘名 參加裡에 開催하고, 拘束人士 釋放 및 維新憲法 撤廢 要求

○ 74.8.15讀賣홀에서 光復節 記念式을 開催後 朴獨裁 反對街頭行進實施(600餘名 參加)

○ 74.8.24 鄭敬謀가 NHK 韓國語 國際放送時間에 出演 反政府言動

○ 74.8.24~9.6 韓民統은 尹伊桑 夫妻를 招請, 音樂會를 갖는 등 記者會見을 周旋, 西伯林 間諜事件內幕을 暴露케 함.

○ 74.9.10 裵東浩는 駐日外信俱樂部에서 記者會見을 갖고 8.15事件에 韓民統이 無關함을 主張

○ 74.10.27 三重縣 韓靑本部가 第1回 全國 소프트볼 大會開催(東京等 10開縣에서 150餘名參加)

○ 74.11月 "포드" 美大統領의 訪日 訪韓 反對鬪爭展開 18日 九段會館에서 1,000餘名이 勃起大會開催

○ 74.11.27 韓民統은 本國의 民主回復 國民會議의 國民宣言 支持 聲名發表

○ 74.12.23 韓靑 東京 長野支部盟員들이 金芝河 作 "鎭惡鬼"를 公演

○ 75.1.19 東京所在 後樂園會館에서 舊 韓靑主催로 "日・韓靑年 友好連帶를 爲한 集會" 開催

　※ 參加者 「베트콩」: 200名

　　　　朝靑: 100名

　　　　日本人: 400名

○ 75.1.29 東京 電通會館에서 「베트콩」 및 日新左翼系 200名 參席裡에 "東亞日報를 支援하는 모임" 開催

○ 75.2.2 靑年會館에서 國民投票 反對, 在日韓國人大會 開催 및 市街行進(約500名 參加)

○ 75.2.2~2.4 伊豆 □香園「호텔」에서 韓民統 春季幹部研修會 開催(約 80名 參加)

○ 75.2.15 長野縣 「로얄호텔」에서 韓靑 冬期講習會 實施(255名 參加)

○ 75.3.21 東京 九段會館에서 "民靑學聯事件 裁判의 眞相을 듣는 集會"를 開催

※ 參加者 「베트콩」: 100名

　　　朝靑: 120名

　　　日新左翼系: 480名

○ 75.4.18 東京 電通會館에서 日·韓 連帶連絡會議를 開催코 1年間의 反韓國活動報告(約800名 參加)

○ 75.4.19 東京 電通會館에서 韓靑員 370名 參席裡에 "4.19 第15周年 記念大會" 開催

○ 75.4.21 韓民統 本部에서 韓民統 定期常務會議를 開催코 最近 東南亞情勢 따른 對 民團 宣傳 및 煽動活動을 強化키로 決議

○ 75.5.2 東京全電通会舘에서 韓民統 主催로 "印度支那 情勢와 韓國이란 論題로 時局講演會 開催.

○ 75.7.3 東京九段會館에서 "7.4南北共同聲明 3周年 記念大會 開催(400名參加)

○ 75.7.5 舊東本 組織強化 會議時 舊東本 團長 鄭在俊과 世出谷 代表 李基重 間에 韓民統과 舊東本의 主導權掌握 問題로 言爭

○ 75.7.14 韓民統 및 舊東本 合同會議 開催코 活動方針 論議

○ 75.8.8 東京 後樂院에서 韓·日 連帶連絡會議 主催로 "金大中事件 2周年 記念行事" 開催

○ 75.8.31 舊韓靑 第17回 中央委員會 開催코 "젊은 □子的 運動"을 大大的으로 展開키로 決議

○ 75.9.12 舊韓靑 韓·日 閣僚會談 反對 自動車 「데모」時 朝總聯系 大田支部所屬 自動車가 發見됨.

○ 75.9.25~26 舊韓靑 主催 "金大中 救出 在日 韓國人 自動車 「데모」 實施(141名 參加)

○ 75.9.26 眞生會館에서 日·韓 連帶連絡會議 主催 韓·日「세미나」 開催

○ 75.9. 韓民統은 財政難으로 本部를 3個層에서 2個層으로 縮小

○ 75.10.16 舊東本 會議室에서 舊東本 講習會 開催(30名 參加)

○ 75.11.8 舊東本 會議室에서 韓民統 組織强化 會議 開催

　　△ 映畵 "告發"을 全國的으로 上映

　　△ 運營費 關係로 民族時報 發行部數를 줄일 豫定

○ 75.12月初부터 韓民統은 宣傳局에서 製作한 金芝河關係 不穩音盤을 發賣中

○ 75.12.8 大阪 京都 兵庫縣 本部 "韓國同3地方 綜合文化祭" 開催(約154名 參加)

○ 75.12.13 大使館 入口에서 金大中 判決에 抗議하는 韓靑 「데모」 實施(約54名 參加)

○ 75.12.15 大阪, 中島, 公會堂에서 韓靑 大阪本部 主催로 "學園浸透事件"에 對한 抗議大會" 開催

　　※ 參加者 「베트콩」: 350名

　　　　　　朝總聯 : 300名

　　　　　　日本人: 300名

　　　　　　計: 950名

○ 75.12.16 舊東本 事務室에서 舊東本 定期學習會 實施(約40名 參加)

○ 75.12.23 韓民統 事務室에서 韓民統과 日本連帶連絡會議 合同 忘年會 開催(約70名 參加)

　　※ 76年度 「베트콩」派 主要動向 把握

○ 76.1.10 東京所在 小田急 百貨店에서 韓民統 新年会 開催(約180名 參加)

○ 76.1.25~1.26 韓民統은 靜岡縣 所在 伊東溫泉 會議室에서 第3回 中央委員會를 開催코, 76年度 活動方針 및 豫算案 確定

　　〈76年度 活動方針〉

　　△ 美·日 對韓政策 改善을 要請

　　△ 7.4共同聲明에 入閣한 祖國統一 實現

　　△ 韓民統이 主張하고 있는 南北 聯邦制案을 國內外에 널리 宣傳하여 支持를 獲得

　　△ 韓国의 民主回復과 祖國統一 促進

○ 76.2.14~2.16 舊韓靑은 長野縣 車山高原에서 第12回 冬期講習會를 開催하고 76年度 舊韓靑 重点活動 方向을 「対民団 靑年層 吸收」에 注力할 것을 決議(225名 參加)

○ 76.3.1 韓民統은 東京所在 日□「홀」에서 約300名 參加裡에 3.1節 記念 反韓集會를 開催코, 緊急措置 撤廢와 民主人士 釋放을 要求

○ 76.3.1 神奈川縣 「베트콩」派는 民團 神奈川縣 本部 舊屋舍에 對한 所有權을 主張하면서 이에 對한 法庭鬪爭 및 實力對決 推進

○ 76.3.15 神奈川縣 內 「베트콩」派 約50名은 橫濱 總領事館 앞에서 神奈川 舊屋舍

를 「베트콩」側에게 返還할 것을 要求하는 「데모」 實施

○ 76.3.15 韓民統은 舊東本 會議室에서 組織强化 會議를 開催하고 神奈川縣 舊屋舍를 如何한 手段을 動員3.19까지 奪還하기로 決定

○ 76.3.18 金大中 救出委員会는 東京所在 全電通 會館에서 明洞事件 支持集會를 開催코 「데모」 実施(約370名 參加)

○ 76.4.18 東京所在 山手公園에서 舊韓青員 約330名이 在日僑胞 儒學生 間諜事件에 抗議하는 集會 및 「데모」 実施

○ 76.4.23 山口縣 德山市에서 "告發을 보는 會" 主催로 在日韓國人 政治犯 救援을 爲한 映畵 "告發" 上映(約170名 參加)

○ 76.5.4 大阪市 南区 心齊橋에서 舊韓青員 225名이 明洞事件 支持와 在日僑胞 留学生 間諜事件 公判에 抗議하는 關西地方 集會 開催

○ 76.5.15 駐日韓國 大使館 正門 앞에서 韓民統 等 「베트콩」派 8個 團体 約40名이 金大中釋放, 緊急措置 9號 撤廢를 要求하는 「데모」 實施

○ 76.6.20 舊韓青은 日本 全域에서 明洞事件 關聯者 및 韓國의 政治犯 釋放을 要求하는 100万名 署名運動을 4個月에 걸쳐 実施키로 하고 署名運動着手

○ 76.7.4~8.1間 韓民統은 東京, 京都, 名古屋, 大阪에서 各各 7.4共同聲明 記念 「심포지움」을 開催하고 美・日等의 對韓支授 勢力 沮止와 韓國政府 打倒 및 南北聯邦制 実施主張

○ 76.8.12~8.14 韓民統 및 日韓連帶連絡會議는 東京 大手町 所在 農協會館에서 15個國에서 招請된 反韓人士 83名이 「韓国問題 緊急 國際會議」를 開催코 駐韓美軍 撤收, 7.4共同聲明에 立脚한 統一實現, 韓國의 政治犯 釋放. 韓國의 民主化 實現을 主張하는 決議文 採擇

○ 76.8.15 「韓國問題 緊急國際會議」 主催側은 東京所在 日比谷 公會堂에서 「베트콩」派 및 日,新左翼系 約1,200名 參加裡에 明洞事件 支持, 現政權打倒를 要求하는 反韓業会 및 「데모」 實施

○ 76.8.28 京都市 所在 産業會館에서 在京 南西地區 商工人의 모임인 「南西會」 主催로 權末子와 在日僑胞 留学生 間諜事件에 抗議하는 集會開催(約1,000名 參加)

○ 76.9.22 「베트콩」派 8個 團体는 日本政府外 金大中의 治療를 爲한 公式的인 醫師團을 派遣해 줄 것을 三木首相에게 書面으로 要請

○ 76.10.16 韓民統은 東京所在 神田 YMCA에서 韓國의 政治犯 釋放 및 金大中 教出에 關한 日政府의 誠意를 促求하는 集會 開催(約360名 參加)

○ 76.10.28 韓民統은 東京 神田 所在 YMCA會館에서 「韓國의 政治犯 釋放을 要求하는 100万名 署名簿를 UN에 提出하는 在日 韓國人 決議大會」를 開催하고 韓民

統의 目的이 貫徹될 때까지 同 署名運動을 繼續할 것이며 同 署名簿를 UN에 提出하기 爲하여 "青地□"을 派遣키로 決議(約200名 參加)

○ 76.11.19 神奈川縣內「베트콩」및 左翼系 團体는 橫濱「홈」에서 100万名 署名運動 突破記念 集會를 開催하고 韓國의 全 政治犯 釋放 및 緊急措置 撤廢를 要求하는 要請書를 駐橫濱 総領事館에 傳達(約600名 參加)

○ 76.11.23 日韓青 및 日韓 連帶連絡會議는 東京 所在 日比谷 公會堂에서「100万名 署名 超過 達成. 明洞事件 支持, 全 政治犯 釋放」을 要求하는 集會 및「데모」 實施(約1,700名 參加)

○ 76.12.4「베트콩」婦人會에서는 東京所在 □醫「센타」에서 明洞事件 支持 및 韓國 의 政治犯 救援活動을 爲한「바자」會 開催

○ 76.12.8~12.17 "青地□"은 舊韓青이 實施한 100万名 署名簿를 美 議會 및 UN 事務局에 提出

○ 76.12.18 韓民統 및 日韓 連帶連絡會議 要員 約60 名은 駐日 大使館 앞에서 金大中을 비롯한 明洞事件 關聯者 判決에 抗議하는「데모」實施

○ 76.12.20 日韓 連帶連絡會議는 大阪市 中之島 公會堂에서 約1,300名 參加裡에 明洞事件 事件 支持, 全 政治犯 即時 釋放을 要求하는 反韓集會

○ 77.1.21 韓民統은 日首相官邸 앞에서(約 50名) 首相面會를 要請하였으나 拒否되고 代表 4名만 園田直 官房長官 面接하고 100萬名 署名簿 마이크로 필름을 傳達하고 金大中 治療 醫師團 派遣과 KCIA 追放을 要求

○ 77.1.28 韓民統, 日韓連帶連絡會議 等 日本內 15個 反韓團體는 合同記者會見을 開催하고 金大中救出 및 韓國의 人權問題에 關한 몬데일 副總領에게 보내는 要望書發表

○ 77.2.16. 舊韓青 愛知 本部 및 日韓連帶 愛知縣民의 會는 名古屋市에서 韓日外相 會談反對 및 韓國의 民主化鬪爭을 呼訴하는 삐라 約 1,000枚를 撒布

○ 77.3.1. 韓民統 및 韓學同은 東京都 野口 記念會館에서「3.1節 第58周年 反韓集會」를 開催하고 實施(約200名())

○ 77.3.1. 舊東本 團長 鄭在俊은 3.1節을 맞이하여 本國政府 및 民團을 誹謗하는 不穩書信을 民團員들에게 撒布.

○ 77.3.8「李哲을 救援하는 會」는 日左翼系 및 舊韓青과 合同으로 大阪 中之島 公會堂에서 集會를 開催하고 李哲이 KICA의 捏造에 依한 謀略이라고 主張

○ 77.3.25. 韓民統 核心人物 鄭在俊 等 8名은 뉴욕에서 開催되는 反韓國際會議에 參席키 爲하여 日法務省에 再入國 許可 申請(不許됨)

○ 77.4.11. 金大中救出委員會 및 韓民統은 日本政府가 金大中治療를 爲한 醫師團을

派遣할 것을 要請하는 聲名을 發表하고 同 歎願書를 外務省에 提出

○ 77.4.17. 舊韓靑은 大使館 앞에서 大陸棚 協定 反對 및 民主回復을 要求하는 데모 實施(約 200名)

○ 77.4.18. 舊韓靑은 朝鮮日報 東京支局에서 特派員에 對한 kcia 앞잡이 云云하며 亂動

○ 77.4.21. 日韓連帶連絡會議는 東京都 芝公園에서 日韓癒着反對 및 福田政權打倒 를 要求, 東京都 韓日親善協會 年次總會를 糾彈하는 集會를 開催하고 民團中央 會館 앞을 通過하는 데모 實施 (約 70名)

6. 재일 베트콩파와 조총련과의 연계관계자료

在日 베트콩波와 朝總聯과의 連繫關係資料

1. 概要

　　가. 朝總聯은 1960年代初붙어 民團內 不純分子를 包攝, 民團組織內에 浸透시켜 民團組織破壞工作을 積極推進해 왔는바, 同 工作에 依하여 朝總聯에게 包攝 된 者와 그 同調者들이 72年 反民團 害團分者로 規定 받고 民團組織으로부터 逐出되어 베트콩波를 構成하고 있기 때문에 베트콩波의 核心分子中에는 朝總 聯의 使嗾를 받고 있는 者나 過去 朝總聯 組織 經歷者가 多數 있음.

　　나. 7.4 南北共同聲明 以后 朝總聯은 베트콩波 連絡機構이니 「常設委員會」를 設 置하고, 베트콩波가 主催하는 集會에는 朝總聯을 參席시킨다는 協定을 맺고 있어, 共同의 鬪爭目標에 對하여는 相互連帶鬪爭 體制를 이루고 있는 바 이는 숫적으로 劣勢한 베트콩의 組織力 誇示를 爲한 措置이며 이들은 7.4 共同聲明 1周年을 記念하는 集會를 共同으로 開催하고 北傀의 南北聯邦制案을 支持하 는 共同集會를 開催할 것을 內容으로 하는 共同聲明까지 發表한 바 있음.

　　다. 베트콩波와 朝總聯과의 連繫關係를 證明하는 物的證據를 捕捉하기는 어려우 나, 베트콩波의 人的構成 및 兩 團體의 言論報道傾向과 反韓鬪爭 路線의 一致 性 등으로 미루어 相互密接한 連繫關係를 맺고 있음을 알 수 있음.

2. 베트콩波의 人的構成

　　가. 베트콩波의 核心分子 中에는 過去 共産主義運動을 했거나 朝總聯 經歷所持 者, 朝總聯 背後操縱을 받고 있는 者가 多數 있음.

　　나. 特히 베트콩波를 代表하는 連帶鬪爭機構인 韓民統 日本本部를 主導해 가고 있

는 裵東浩, 郭東儀는 容共思想 抱持者로 朝總聯의 背後操縱을 받고 있는 것이 確實하며, 最近에는 露骨的인 親北路線을 主張하는 發言도 서슴치 않고 있음.

3. 베트콩 集會時 朝總聯 參加實積 및 其他

集會日時	場所	集會內容	參加人員
75.1.19	東京	舊韓靑 主催 「日韓靑年友好連帶를 위한 集會」	베트콩200名 朝總聯100 〃 日本人400 〃
75.3.21	〃	民靑學聯 事件 裁判의 眞相을 듣는 集會	베트콩100名 朝總聯120 〃 日本人480 〃
75.9.12	〃	舊韓靑 主催 韓·日閣僚會議反對 自轉車 데모 時 朝總聯 所屬 自轉車가 發見됨	
75.12.15	〃	舊韓靑 主催 「學園浸透間諜事件抗議大會」	베트콩350名 朝總聯300 〃 日本人300 〃
75.11. ~76.7.	全國	間諜事件의 無罪主張과 韓國이 捏造한 것임을 虛僞宣傳하는 內容의 反韓映畵 「告發」을 日本各地에서 朝總聯, 베트콩 同時上映	
76.2.10.	大阪	舊韓靑 主催 金芝河 作 「苦行 1974年」, 演劇公演 參觀	베트콩및 朝總聯600명 (朝高學生團體動員)
76.2.17.	〃	舊韓靑 主催 反韓映畵 上映 參觀	베트콩 및 朝總聯400名
76.3.6.	神奈川	平壤放送은 神奈川縣 民團舊屋舍 所有權을 圍繞한 民團側과 베트콩側 粉糾와 關聯 베트콩側을 擁護	
76.3.11	神奈川	朝總聯學校 敎師가 學生들에게 舊屋舍 粉糾를 圍繞하고 民團側 非難	
76.8.11 ~14	東京	朝總聯은 韓民統 后援으로 16個國 代表가 參加裡에 開催한 「韓國問題緊急國際會議」 狀況을 北傀에 詳細히 報告	
77.3.1	〃	宇都宮德馬 訪美歸國 講演會 參席	베트콩20名 朝總聯1 〃 日本人40 〃
77.3.29	〃	베트콩波인 舊東京本部 葛飾支部 團長 申鳳權 北送	

7. 외무부 공문(착신전보)–일한연대회 데모 상황 보고

외무부
번호 JAW-04675
일시 21741□
수신시간 4.22. 11:27
발신 주일대사
수신 장관
참조(사본) 내무부 장관

일한연대회 상황
소형 화물 승용차 1대를 선두로 한 41명의 일한연대회원 반한 데모 상황을 아래와 같이 결과 보고함.
1. 집회 및 데모 상황
　가. 77.4.21. 13시부터 시바 공원에서 41명(여자 9명) 참가, 일한 친선협회 년차 총회 규탄 집회 후
　나. 일한유착, 친한파 후쿠다 정권 타도라고 쓰인 횡단막 1매를 두른 소형 화물승용차1대 선두로 15.30부터 가두 데모 출발하여16:00 민단중앙본부 통과 후 16:40시 □가네다이 공원에서 해산
　다. 민단 중앙 본부 앞에서는 경찰의 적극 규제와 민단측 청년단원 100명의 가두 경비 및민단 방송차2대에 의한 역방송 공세로 데모 기세를 꺾인체 지체치 못하고 직행 통과하였으며 불상사는 없었음.
　　마. 구호 내용
　　　1) 3.1구국선언지지
　　　2) 일한 유착의 근원인 일한친선협회분쇄
　　　3) 친한파 후꾸다정권 타도
　　　4) 김대중 등 민주인사 석방(내무-북일, 내무부)

8. 외무부 공문(착신전보)–한학동 신변 위협 행위 및 조치 사항 보고

외무부

번호 JAW-04731
일시 221858
수신시간 77.4.23. 9:09
발신 주일대사
수신 장관

당지 주재 조선일보 허문도 특파원에 대한 소위 한국학생동맹 소속 청년들의
신변 위협행위 내용 및 당관 조치사항을 아래 보고함
1. 신변 위협 행위 내용
가. 418. 15:30 김군부를 대표로 하는 약 30여명의 청년이 조선일본 동경 지사에
찾아와 허기자를 내놓으라는 시위를 하였으며 그들 중 8명이 사무실 안으로 들
어와 사무를 방해하였음(허기자는 현장에 없었음)
4. 4.19 10:50 허기자는 한국학생동맹의 김수자와 전화 통화를 한뒤 대사관 폭
파 위협 및 데모 행위에 대한 4.14자 조선일보 기사와 관련된 내용임
다. 4.19. 3회, 4.21. 1회 및 4.22. 1회에 걸쳐 12명이 사무실 건물 구내 및 가두
에서 삐라를 살포한바 동 내용은 허기자가 KCIA로서 모략기사를 만들었다고
규탄하는 것임
라. 4.21. 18:30 허기자 자택으로 괴전화가 걸려왔으며 오전에는 청년 및 사람이
집주위를 배회하였다 함.
마. 이러한 일련의 사태에 관하여 4.21 오전 조선일보 지사장은 관할 경찰서에
허기자의 신변보호를 요청함.
2. 4.22 오후 당관 유병환 3등 서기관은 외무성 북동아과에 상기 내용을 통보하
고 외무성이 적절한 ATTENTION을 가져줄 것을 요청하였던바 일측은 대사관
이 통보한 INFORMATION으로서 TAKE NOTE하겠다고 말하였음. (일정-북일,
교일, 대공)

9. 외무부 공문(착신전보)-한학동 데모 관련 동향 보고

외무부
번호 JAW-04757
일시 231153

수신시간 4.23. 13:53
발신 주일본 대사
수신 장관
참조(사본) 내무부 장관

　　당지 한국 학생 동맹(베트콩파)의 반한집회 및 데모에 합류하기 위하여 오사까 한학동 60명이 상경하였다고 하는바 그 동향을 우선 아래와 같이 보고함.
　　1. 4.22. 23:55 에사까 역에서 버스 1대에 오사까 한학동60명이 탑승, 출발하여 4.23. 08:00 동경역에 도착 ·
　　2. 이들은 4.23 2회에 걸친 반한 집회 데모(12:00부터 한학동 본부 주관으로 세다가야구 키다자와(다마가와회견)에서 개최 예정인 4.19기념 독재 타도" 반한 집회 및 4.23. 16:20부터의 시미즈다니 공원에서의 집회 데모에 합류할 예정이라고 함.
　　3. 당 대사관에 대한 항의를 예상하여 기동 경찰 3개 중대를 증원 배치케 하였으며, 민단 본부 및 조선일보 동경지사와 동아 주일 특파원 주택 경비 강화도 요청하였음 (일본총-북일)

10. 외무부 공문(착신전보)-한학동 데모 결과 보고

외무부
번호 JAW-04781
일시 232048
수신시간 4.24. 13:35
발신 주일대사
수신 장관
참조(사본) 내무부 장관

　　한학동의 데모 결과를 다음과 같이 보고함.
　　1. 일시: 77.4.23. 집회 1200-1620, 데모 1726-1907
　　2. 장소: 소미즈다니 공원-고끼야바시 공원
　　3. 인원: 집회 115명 데모 참가 90명

4. 단체: 한학동
5. 목적: 4.19기념집회
6. 구호: 박정권 타도, 청년회에 책동을 용서하지 말라
7. 참고 사항: 일본경찰의 판단에 의하면 한학동의 동원능력이 부족하여 대판에서 60명을 동원한 것으로 판단된다고 함. (일정-북일)

11. 외무부 공문(착신전보)—일본 경시청 한청 본부 수색 결과 보고

외무부
번호 JAW-04893
일시 271159
수신시간 4.27. □:42
발신 주일대사
수신 장관

대: WJA-0435,
연: JAW-04630
1. 금 77.4.27. 아자부(마포) 경찰서 및 경시청합동 수색대는 한청본부를 수색하였는바, 동수색사유는 지난 4.17. 당관앞 불법데모 사건시 동단체원이 경찰관2명에 가한 상해사건과 연관된것으로 판단됨.
경찰관 가해자(이름 박경성 1955.9.4생, 남, 일본동해대 2년생, 본적: **********는 4.17. 밤 이래 아자부 경찰서에 구속되어 있음
2. 동 수색결과는 탐문되는 대로 추보 위계임(일정-북일)

12. 외무부 공문(착신전보)—일본 아세아 아프리카 작가회의 서한 보고

외무부
번호 JAW-04900
일시 272455

수신시간 4.27. 16:4□
발신 주일대사
수신 장관
참조(사본) 부장

연: JAW-04703, 04642

7-C-G-2-2

연호와 관련, 일본 아세아 아프리카 작가회의가 다음과 같은 내용의 서한을 당관에 보내왔음을 보고함.(4.27 접수)

주일대한민국 대사관 총영사 귀하

우리들은 아세아 아프리카 작가회의 제 17회 상설 서기국회의의 결의에 따라 아세아, 아프리카 작가회의(참가 약70개국) 상설 서기국으로부터 전달을 위임받은 명예스러운 1975년도 로타스 상을 귀국의 시인 김지하씨에게 증정하기 위하여 4.20 귀영사관에 입국사증을 신청하였으나 불허가되었읍니다.

아세아 아프리카 제국의 사람들로부터 극히 높게 평가를 받고 강하게 지지되고 있는 명예스러운 로타스상 증정이 이와 같이 방해되어 실현되지 못하는 것은 대단히 유감스러운 일입니다.

아세아 아프리카 제국의 많은 정부, 제기관, 문학, 문화단체에 의하여도 지지되고 있는 아세아, 아프리카, 작가회의에 대한 이와 같은 조치와 태도는 국제적으로는 아름답지 못한 영향을 끼칠 것으로 생각합니다.

로타스 상의 문학적 및 국제적 중요성을 고려하여 우리들에 대한 사증의 교부를 재차 검토하도록 요청합니다.

1977.4.25. 일본 아세아, 아프리카 작가회의

의장 노마 히로시

부의장 호따 요시에

사무국장대행 요나까 요따마

동 오오에 겐자부로

동 후꾸무라 가쯔스끼

동 가끼누마 도시야끼

아와쯔 기요시

동 김달수

동 이진희

사무국차장 아리미쯔 쯔요시

추신: 상기 신청에 관한 회답을 4월말까지 하기 사무국 앞으로 보내주도록 부탁
드리는 바입니다.

주소(생략)

(일본영-북일, 영사, 정일, 부장)

13. 외무부 공문(착신전보)–한청본부 수색 결과 보고

외무부

번호 JAW-04916

일시 271704

수신시간 4.28. 6:16

발신 주일대사

수신 장관

　　연: JAW-04893

1. 연호 한청본부에 대한 수색은 77.4.27. 0600-0722간 실시되었는 바, 동 수색
　　결과 한청 전국 명단 및 기타 증거품 수점이 입수된 것으로 탐문되었으며,
2. 상기 수색은 기동경찰 2개 중대의 한청 본부 내외곽 경비 지원하에 수색 요원
　　12명에 의해 실시되었다 함. (일정, 북일)

14. 외무부 공문(착신전보)–가꾸마루파 삿포로 총영사관 앞 데모 보고

외무부

번호 SAW-0410

일시 291000

수신시간 4.29. 12:08

발신 주삿포로 총영사

수신 장관

참조 아주국장

1. 북해도 대학 경제학부 자치회 소속 반전투쟁 위원회 가꾸마루파(극열좌익분자) 67명이 4.28. 19:10에 당관 정문 앞에서 데모를 하였으며 공관 주위를 일주 약15분간 데모 행진을 한후 퇴거하였음을 보고함.
2. 그들의 공관앞 데모를 저지하기 위하여 북해도 경찰 무장기동대원 60여명 및 경찰차량 10수 대가 동원하였으므로 사고없이 경과하였음.
3. 그들은 법안분쇄 용서할수 없다 라는 구호를 계속 외쳤으며 일한의혹탄핵이란 푸라카드를소지하고있었음.
4· 당공관에서는 동데모에 관한 사전 정보를 입수하고 이에 대비하여 전직원이 공관에서 대기하였음. (삿총-북일)

15. 주일대사관 공문—재일한국인의 불온단체 동향 조사 보고[1]

주일대사관
번호 일본(교)277-2461
일시 1977.5.19.
발신 주일대사
수신 외무부 장관
참조 문교부장관
제목 재일한국인의 불온단체 동향 조사 보고

재일 한국인 단체 중 중립을 표방하여 민단계, 조총련계를 함께 포용하려는 단체 및 정부시책을 비방하는 단체의 동향과 대책을 별첨과 같이 조사 보고하오니 업무에 참고하여 주시기 바랍니다.
첨부: 와세다 대학, 우리 동창회 현황 및 대책 1부
오오사카 대학, 한국조선인 동창회 개최 결과 및 대책 1부
백두학원을 생각하는 회 집회 결과 및 대책 1부, 끝

---

1) 첨부 문서 생략

제3부
재사할린 동포 귀환 문제

해방이후 재일한인 외교문서 해제집

┃제6권┃ (1975~1979)

현재 실질적으로 사할린 한인동포들의 귀환 문제는 지난한 과정을 거쳐 일정부분 의미 있는 결실을 거두고 있는 상태이다.[1] 이러한 상황은 진전과 퇴보, 그리고 교착상태의 부침의 연장선 속의 쉽지 않은 시대의 흐름 속에서 이루어낸 결과물이라 할 수 있을 것이다.

이러한 시대의 흐름 중에서 사할린 한인동포 귀환문제와 관련하여 특히 교착상태에 빠져있던 시기에 주목하였다. 이 시기의 우리 정부의 대응과 주변 국가들과의 협의 사항, 사할린 한인동포 귀환 과정, 사할린재판, 사할린 한인동포 귀환을 위한 다양한 진정서 등의 내용을 담고 있는 한국에서 생산된 시대별 외교문서들의 사례들을 통하여 그 속에 담긴 함의를 구체적으로 살펴보고자 한다.

따라서 먼저 한국생산 외교문서 사례에 나타난 사할린 한인동포 귀환문제를 중심으로 주변국의 상황 인식, 특히 한국과 일본, 그리고 당시의 소련정부의 입장을 면밀히 확인하여, 오랜 기간 교착상태에 빠질 수밖에 없었던 시대적 배경과 원인에 대하여 생각해 보고자 한다. 대상시기는 1975-79년까지의 한국 생산 외교문서로 한정하기로 하였다. 이 시기로 한정한 이유는 사할린 한인동포 귀환문제가 주변 당사국들의 기본적인 입장 차이의 고수로 인하여 교착상태에 빠져 있었음에도 불구하고, 해결의 실마리를 찾기 위한 한국과 일본의 민간 시민차원의 의미 있는 움직임이 지속적으로 활발히 전개되고 있었던 시기이기도 하기 때문이다. 박노학과 미하라 레이(三原令), 다카기 겐이치(高木健一) 등 한국과 일본의 민간 차원의 적극적인 활동을 당시의 외교문서 사례를 통하여 그 양상과 의미를 파악해 보고자 한다.

따라서 사할린 한인동포 귀환문제와 관련하여 1975년부터 1979년까지 사할린 한인동포 관련 각 외교문서 문서철에 담겨있는 내용을 중심으로 교착상태 속의 사할린 한인동포 귀환문제의 역사적인 흐름과 의미에 대하여 살펴보고자 한다.

먼저 〈재사할린 동포 귀환 문제, 1975〉 문서철에서는 1975년 중 대한민국 외무부가 사할린 한인동포 귀환을 위해 다양한 외교적 노력을 다하고 있음을 보여주는 일련의 과정과 일본 정부를 상대로 한 역사적인 의미를 지닌 '사할린재판' 관련 사항을 담고 있다. 구체적 내용을 살펴보면 다음과 같다.

외무부는 1975년 1월 15일부터 18일까지의 일본의 미야자와 외상의 소련 방문

---

[1] 각계 각층의 지속적인 노력 끝에 제도적, 법률적 효력을 갖추게 되어 '사할린동포 지원에 관한 특별법'이 제정(2020년 4월 29일), 공포(2020년 5월 26일)되어 '사할린동포 지원에 관한 특별법(사할린동포법)' 및 그 시행령과 시행규칙이 시행(2021년 1월 1일)되었다. 일제강점기 사할린 지역으로 강제 동원되고 해방 이후에도 강제 억류된 지 약 83년 만에 이루어진 일이다. 박희영(2022) 「사할린 한인동포 귀환문제를 둘러싼 시대 인식과 의미 연구」 『일본근대학연구』 78집, 한국일본근대학회, pp.113-114

시 일소 양국간 외상회담에서 사할린 한인동포의 귀환 문제를 소련 측에 다루어줄 것과 그 결과에 대하여 통보해줄 것을 일본 측에 요청한다. 하지만 일소 외상회담에서 그로미코 소련 외상은 사할린 한인동포 문제는 원칙적 입장에서 "검토할 수 없다"고 언급하였다. 그 입장은 '조선민주주의 인민공화국 정부'와 관련되는 문제를 일본과 협의할 수 없다는 것이 소련의 입장이라는 것과 사할린 한인동포 귀환 문제는 기본적으로 일본·소련 간의 교섭대상이 되지 않는다는 것이다.[2] 따라서 이와 같은 소련의 반응은 매우 비관적이고 실망스럽지만 계속해서 문제 제기를 해나갈 것이라는 내용이다.

다음은 1975년 2월 10일 주일본대사 보고를 통한 사할린 한인동포 귀환 희망자 명단에 관한 내용이 이어진다. '화태억류귀환한국인회'[3]는 대사관의 요청으로 1974년에 사할린 한인동포 귀환 희망자 명단(한국 귀환 희망 432세대 1,635명, 일본 귀환 희망 11세대 65명, 합계 443세대 1,700명)을 재작성하였고 대사관은 이들 재작성된 명단과 그간 누락된 자들의 명단을 함께 외무부에 보고한다.

하지만 명단의 지면 공개에 대해서는 신중한 입장을 보이는 부분이 눈에 띈다. 그 이유는 소련을 자극하여 사할린 한인동포 송환실현을 더욱 어렵게 만들 가능성이 있었기 때문이었다.

이어지는 주요 내용은 1975년 5월 2일 외무부 장관이 주일대사에게 통고하는 문서이다. 일본은 사할린 한인동포 201명이 귀환하게 되는 경우 한국이 이를 인수하겠다는 사전동의를 요청하는 내용을 문서로 제의해 왔고, 정부는 일본에 사전동의해주기를 결정했다는 내용을 담고 있다. 그리고 5월 5일에는 박노학 회장의 사할린 한인

---

2) 당시에 사할린 한인동포에 대한 소련의 입장을 살펴보면 기본적으로 사할린에서 귀환을 희망하는 한인동포가 없다는 인식을 기반으로 하고 있다. 이러한 입장에서 다른 지역의 한인동포와 차별화하지 않는다는 점, 한국과는 국교 미수교 상태라는 점, 냉전체제 속에서 한국보다 북한의 입장을 우선시 하는 점, 그리고 사할린 한인동포 귀환문제는 일본과 논의할 대상과 성격이 아니라는 점의 강조 속에 다양한 조건을 상정한 부정적이고 비협조적인 태도로 일관하였다. 박희영(2023) 「외교문서를 통해 본 사할린 한인동포 귀환문제의 본질과 당사국들의 인식 연구-1970년~1975년까지의 사할린 한인동포 관련 외교문서를 중심으로-」『일본어문학』제99집, 한국일본어문학회, p.303.

3) 1958년에 사할린 한인의 귀환 운동을 펴나가려고 박노학을 중심으로 일본 도쿄에서 결성된 단체로, 사할린 한인과 한국 가족의 서신 교환을 비롯하여 귀국 희망자 명단 작성, 재판 추진, 가족 상봉 추진 등 다양한 활동을 통하여 사할린 한인의 귀환을 공론화시켰다. 1958년 1월에 일본으로 귀환하는 배에서 한인들은 사할린 한인 귀환운동을 추진하기로 계획하였고, 이어서 2월 6일에 박노학(朴魯學)·이희팔(李羲八)·심계섭(沈桂燮) 등 50여 명의 한인들이 모임을 만들어 한국과 일본 정부에 탄원서를 제출하면서 활동을 시작하였다. 특히 박노학은 사할린 코르사코프(Korsakov)에서 한인 조직인 향우회를 결성하여 활동한 경험이 있었으므로, 30년 동안 회장으로 이 단체를 이끌었다. 처음에는 '화태억류귀환자동맹본부'라고 불렸지만, 이어서 '제2차대전시한국인회생자연합회', '화태억류귀환한국인회', '화태귀환재일한국인회' 등으로도 불렸다.

동포 관련 진정서 사본과 소련 당국이 '일본정부의 입국소환증명서'만 있으면 귀환토록 한다는 언질과 한국정부의 대책에 대한 문의가 있었다는 내용의 주일대사 발신 문서를 확인할 수 있다. 이후 이에 대한 외무부의 상세한 내용조사 통보와 사할린 한인동포의 개별송환 가능성을 모색하는 중요자료가 될 것이라는 지침도 확인할 수 있다.

또한 1975년 7월 28일의 사할린 한인동포 개별송환 문제에 관한 일본 외무성 방침도 살펴볼 수 있는데 ①일본 정부는 개별적으로 입국허가서 등을 발급하는 방안을 검토 중이고, ②귀환 희망 사할린 거주 한인동포로부터 일본입국을 위한 도항(渡航)증명서 발급신청을 주소련 일본대사관에서 접수할 방침이고, ③한국 측은 일본 측에 문제의 조속하고 성의 있는 해결을 촉구하고, 일본 측도 사할린 한인동포 귀환문제는 전후처리 문제의 하나로 조속 해결되기를 희망한다는 내용을 담고 있다.

마지막으로 1975년 12월 1일에 사할린 한인동포 귀환문제와 관련하여 가장 주목할만한 소송이 제기되는데, 이와 관련된 1975년 12월 8일 주일본대사의 보고를 확인할 수 있다. 보고 내용은 제2차 세계대전 중 일본정부에 의해 사할린에 강제 연행된 한인동포의 귀환을 촉진하기 위하여 '화태소송변호단'은 사할린 억류 한국인 4명의 위임을 받아 1975년 12월 1일 일본정부를 상대로 행정소송을 동경지방재판소에 제기하였다는 내용이다. 별첨 자료로 소장과 소장제출에 대한 화태소송변호단의 호소문, 화태소송재판 실행위원회의 성명문, 신문기사, 원고의 신상에 관한 자료 등도 함께 송부하고 있다.

1975년 12월은 소위 '사할린재판'이라 부르는 '화태잔류자귀환청구소송'이 시작된 시기로 일본 사회에 사할린 한인동포의 귀환문제를 본격적으로 알리게 되는 의미 있는 시기였다. 당시 사할린 한인동포 귀환문제와 관련하여 당사국인 한국, 일본, 소련정부의 무책임하고 방관적인 자세와는 달리 민간 차원의 활발한 귀환운동의 일환이었다.

일본 동경에서 지속적인 사할린 한인동포 귀환문제를 제기해온 '화태억류귀환한국인회'의 회장 박노학을 지원하기 위하여 미하라 레이(三原令)[4]는 '화태억류귀환한국인회에 협력하는 부인들의 모임'을 조직하였고, 그 이전까지 '화태억류귀환한국인

---

4) 오일환에 따르면 미하라 레이(三原令)는 평범한 주부로서, 70년대 초까지 생활협동조합 운동, 입국관리법 반대운동에 참여하는 평범한 시민운동가였다고 한다. 그리고 사할린 문제에 관심을 갖게 된 계기는 한국인 밀입국자의 구명운동을 벌이던 와중에 사할린 한인 귀환운동을 도와달라는 제안을 받고, 박노학 회장을 만나 큰 감명을 받게 되어, 1973년 8월 '화태억류귀환한국인회에 협력하는 부인들의 모임'을 결성하며 본격적인 활동을 시작했다고 한다. 오일환(2020) 「박노학의 생애와 사할린한인 귀환운동에 관한 연구」『한일민족문제연구』제38집, 한국민족문제학회, pp.285-286.

회'가 이루지 못한 다채로운 활동5)을 전개해 나갔다.

미하라와 부인회의 활동은 일본에 사할린 문제를 널리 확산시키고 언론과 지식인, 종교인, 청년, 학생들의 지지와 동참을 호소함으로써 일본사회에 사할린 문제에 대한 관심과 인식의 저변을 넓혀 나가는데 효과적인 역할을 수행하였다. 이는 실질적으로 일본사회의 긍정적 여론을 이끌어 냈고, 나아가 일본과 소련, 그리고 한국정부의 전과는 다른 전향적인 태도 변화를 만들어 내는데도 커다란 역할을 하였다고 한다.6) 그리고 이것이 본격화된 것이 1975년 12월에 시작된 '사할린재판'7)이다. 1975년 다카기 겐이치(高木健一) 변호사 등 일본변호사협회 회원들은 '재사할린 한국인 귀환소송 변호인단'을 결성하고 한인동포 4명을 원고로 일본 국가를 피고로 하는 소송을 제기하였다. 재판의 취지는 일본에 의하여 동원된 사할린 한인동포이므로 일본정부가 책임을 지고 본국으로 귀환시켜야 한다는 것이다. 1989년까지 계속된 '사할린재판'은 원고들이 전부 사망하여 최종적인 판결에 이르지 못하고 종결되었다. 소송이 진행되는 동안 원고 4명 중 3명은 사할린에서 사망하였고, 1명은 한국에 영주귀국하게 되면서 소송취하의 형태로 막을 내리게 되었다고 한다. 하지만 64회에 걸친 구두 변론과 재판과정을 통해 사할린 한인동포의 존재와 귀환의 시급성을 알리며 일본사회뿐만 아니라 국제사회에까지 널리 알리게 되는 중요한 계기를 만들었다.

---

5) 김성종에 따르면 이 모임은 "사할린 한인동포 귀환운동의 규모를 확대하고 번화가에 유인물 뿌리기, 대학 문화제에서 호소 운동, 전국 여러 단체에게 기관지나 자료 보내기, 잡지 등에 대한 투고 등 활발한 활동을 하면서 일본정부의 책임을 주장하며 적극적으로 나설 것을 촉구하였다"고 한다. 김성종(2006) 「사할린 한인동포 귀환과 정착의 정책과제」『한국동북아논총』제40집, 한국동북아학회, p.203.

6) 오일환(2020), 앞의 논문, p.287.

7) 사할린재판이 시작된 경위와 관련하여 최경옥에 따르면 "사할린에 억류 내지 잔류된 사람들이 귀환되기 위해서는 일본정부를 상대로 소송을 제기할 수밖에 없었고, 그러기 위해서는 원고적격의 요건을 갖추어야만 했으나, 그들이 일본에 없어서 직접 진행할 수는 없으므로, 사할린에 잔류한 한인동포들에게 1975년 봄부터 한인회의 박노학 회장과 상의하여 확실한 귀환 희망의사의 소송 위임장과 앙케이트를 100명에게 보냈는데 64명이 회신을 해왔다고 한다. 그 당시에는 인감을 소지하고 있는 이가 없어 날인, 싸인 등, 그중에는 혈서로서 귀환의 강한 의사를 표현하기도 하였는데, 이로서 사할린재판이 시작되었다"고 한다. 또한 "다카기 겐이치 변호사가 중심이 되어, 그의 선배인 아리가 마사아키(有賀正明) 변호사와 더불어 일본변호사 18명으로 소송단이 결성되고, 1975년 7월 7일, 제2동경변호사회에서 결성총회를 열었으며, 제2동경변호사회회장과 일본변호사연합인권위원회위원장, 자유인권협회 등이 전면적인 지지를 표명했다. 소송위임장을 보내온 모든 사람을 다 조사할 수가 없어 그 중 4명을 선택해서 동년 7월, 변호단에서 조사단이 한국에 와서 4명의 한국에 남아있던 가족을 방문하여, 강제연행 당시의 상황을 상세하게 조사해갔고, 이렇게 하여 1975년 12월 1일, '사할린재판'(화태잔류자귀환청구소송)이 동경지방재판 소속 제3부에 배치되어 1989년 6월 15일 소취하시까지 무려 15여년 동안의 소송이 시작된 것"이라고 설명하고 있다. 최경옥(2012) 「사할린 동포의 한국과 일본에 있어서의 법적지위-일제시대 강제징용과 관련하여-」『헌법학연구』제18집, 한국헌법학회, pp.167-168.

다음으로 〈재사할린 동포 귀환관계 진정서, 1975〉 문서철의 주요 내용을 살펴보면 1975년 사할린 교포의 귀환 관련 진정서에 대한 외무부의 회신내용이 주를 이루고 있음을 알 수 있다. 특이한 점은 일본인의 진정서도 확인할 수 있다는 점이다.

1975년 8월 아버지 이갑종씨와 생이별을 한 장녀의 청원서를 비롯하여 사할린 억류 교포 귀환 한인회장 한영상의 진정서 등 각종 진정서가 접수된다. 이와 같은 외무부 장관 앞 진정서에 대한 회신 내용은 다음과 같다. 외무부는 사할린 한인동포 귀환은 수많은 국내 연고자의 한결같은 바람임을 인식하고 있으며, 한국과 국교가 없는 소련과의 귀환 교섭이기 때문에 어려운 점이 많으나, 앞으로도 난관이 예상되지만 다수 국민들의 염원이 하루 속히 이루어질 수 있도록 다각적으로 최선의 노력을 경주 중임을 알리고 있다. 이어지는 문서는 사할린억류한국인문제 연구소장 와카사 게이기치(若狹敬吉)의 대통령 앞 요망서를 접수하였고, 주일본대사가 와카사 연구소장의 노고를 치하하는 서한을 발송하였다는 내용이다. 구체적인 내용을 옮기면 다음과 같다. "귀하가 1975년 7월 17일부로 대한민국 대통령 각하께 올린 '화태억류한국인귀환문제에 관한 요망서'에 대하여 다음과 같이 회신합니다. 귀하는 과거 수년간 스스로의 양심의 명하는 바에 따라 자발적으로 화태에 억류되어있는 한국인을 조국의 품에 돌아오도록 노력하여 오신 노고와 공헌에 경의와 감사를 우선 표하는 바입니다. 귀하가 올바로 언급한 바와 같이 청운의 희망을 간직하던 젊은 세대의 몸으로 이역땅 화태에 선택의 여지도 별로 없이 갔던 수많은 한국사람이 세월의 흐름과 함께 인생의 황혼에 접어들어 망향의 염에 사로잡힌 채 별세하고 혹은 육친의 정을 그리며 상봉의 날을 손꼽아 기다리고 있음은 어떻게 보니 하루속히 해결되어야 할 문제라 하지 않을 수 없습니다. 일본인으로서 귀하의 애끓는 인도주의적 양심을 명가하고 거듭 감사를 표하고자 하며 귀하의 화태 교포 문제에 대한 따뜻한 이해와 성원을 당부하고자 합니다" 이처럼 사할린 한인동포 귀환 촉진과 관련한 진정서는 국내외를 막론하고 접수되고 있음을 확인할 수 있었다.

다음으로 〈재사할린 동포 개별 귀환, 1976〉 문서철은 1976년 사할린 교포의 개별 입국 사례를 주로 다룬 내용이다.

특히 '나호트카 4인 사건'이라 불리는 사건이 있었던 시기로, 한국과 일본 정부의 안일하고 미온한 대처가 사할린 한인동포 귀환 관련 참사를 불러온 안타까운 사건이었다. 당시 사건이 일어났던 1976년의 6-7월에 일어났던 내용을 외교문서에 기록된 시간의 흐름대로 먼저 살펴보고자 한다. 구체적 내용을 확인해 보면 1976년 6월 23일 일본 외무성 북동아과에서 주일본대사관에 사할린 한인동포인 강명수, 황인갑, 백낙도, 안태식의 한국 입국 허용과 관련 대처 방안을 문의하는 내용으로 시작한다. 그리고 1976년 6월 24일 주한 일본대사관 관계관은 외무부를 방문하여 4인이 소련으로부터 7월 5일까지 기한 만료되는 출국 허가를 받고 사할린을 떠나 6월 21일 주나호트카 일본총영사관에 방문하여 일본 입국허가를 신청해 왔다면서 7월 5일 이전에 4인의 소련 출국이 가능하도록 한국정부가 입국허가를 해줄 것을 요청한다. 하지만 1976년 6월 26일 한국정부는 4인의 신원조회 등 절차에 시간이 소요됨을 감안하여, 일본 측이 비상 입국을 허가해줄 것을 요청하였고 일본 측은 4인의 한국 입국 보장이 있을 경우에만 일본 경유를 허가한다는 입장이라는 것이다. 그러자 1976년 7월 3일 한국 정부는 일본 정부에 4인의 한국 입국을 허용할 것이라고 통고하고, 4인에게 일본 경유 입국허가를 부여하여 소련 출국 허가 기한인 7월 5일까지 출국할 수 있도록 조치를 취해 줄 것을 일본 정부에 요청한다. 그리고 1976년 7월 5일 일본 외무성은 4인에 대하여 주나호트카 일본총영사관에 일본 입국 사증을 발급하도록 지시한다. 하지만 1976년 7월 20일 한국 정부가 이들의 한국 입국을 허용하지 않았다는 내용의 서신이 주일본대사관 앞으로 송부된다. 그리고 1976년 7월 23일 한국 정부는 7월 5일 이전에 상기 4명의 입국을 허가했음을 통보하고, 주일본대사로 하여금 4인에게 오해가 없도록 조치하고 이와 관련하여 일본 측의 반응을 살피고 보고하도록 하게 하는 내용을 담고 있다.

당시의 이 상황에 대해서 오일환은 구체적으로 설명하고 있다. 그 내용을 살펴보면 "1975-1976년 무렵 소련정부의 강압과 탄압 속에서도 지속적으로 사할린 출국을 시도했던 몇몇 사할린 한인동포에게 7월 5일까지 기한이 정해진 일본 출국이 허가되어서, 이들 4인은 사할린의 가산을 모두 정리하고 도항을 위해 나호트카로 이동하였다고 한다. 나호트카에 일본영사관이 있었기 때문에 이곳에서 일본으로 도항할 예정이었다. 그런데 당시 '다나카 답변서'에서 밝힌 '한국 정부의 입국 보증' 조건을 명분으로 일본영사관의 입국허가가 지연되었다. 당시 외무성은 한국 정부에 4인의 입국 보증을 문서로 요구한 상태였는데, 한국 정부가 이에 대한 보증을 확약하지 않으며 시간을 끌자, 어느덧 '나호트카 4인'의 출국허가 기간이 만료되고 말았고, 결국 4인은 사할린으로 되돌아갈 수밖에 없었던 사건"이라는 것이다.[8]

다음으로 〈재사할린 동포 귀환 관련 행정소송, 1976〉 문서철은 1976년 일본변호사연합회가 일본 정부를 대상으로 제기한 사할린 한인동포 귀환 관련 소송 내용을 주로 다루고 있다.

구체적인 내용을 살펴보면 1976년 2월 주일본대사관은 일본변호사연합회 내 사할린 문제 전문 분회가 한인동포 귀환 문제 관련 소송을 제기하고 동 소장을 영·프랑스

---

8) 오일환(2020), 앞의 논문, p.281.

로 번역하여 각국 인권기관과 유엔기관에 송부하였음을 보고하고 있다. 현재 사할린에 거류 중인 한인동포 4명으로부터 위임을 받은 일본변호사협회 소속 변호인이 대리원고가 되어, 한인동포의 귀환 책임이 일본 정부에 있음을 확인하여 줄 것을 목적으로 1975년 12월 1일 일본 정부를 피고로 동경지법에 제소하였다. 하지만 한국과 소련은 미수교 관계로 송환 교섭이 여의치 않기 때문에, 사할린 한인동포는 역사적 배경 등에 비추어 일본이 소련과 교섭하여 왔으나, 소련이 이에 응하지 않고 있다는 내용을 기술하고 있다. 한편 일본변호사연합회는 변호사 및 학자로 구성된 대표단을 1976년 4월 27-29일 UNHCR(유엔난민기구), 국제사법재판소, 국제사면협회에 파견하여 사할린 한인동포 귀환 문제를 호소하고 관련 자료를 전달하였다. 이후 1976년 2월부터 11월까지 이와 관련한 행정소송이 5차례 진행되었음을 확인할 수 있다.

다음으로 〈재사할린 동포 귀환 관계 진정서, 1976〉 문서철은 1976년 사할린 한인동포 귀환 관련 진정서 등이 주로 수록되어 있다. 그 구체적인 내용은 광복회의 사할린 한인동포 소환 문제 관련 자료 요청에 대한 회신 자료의 내용인데, 사할린 한인동포 실태, 사할린 재류 한국인 귀환을 위한 대일본정부 행정소송 제기, 사할린 억류 한국인 소송 실행위원회 발족에 관한 내용을 살펴볼 수 있고, 사할린 억류 한국인회가 접수한 귀환 희망자들의 진정서와 귀환을 위해 노력 중이라는 한국 정부의 회신이 수록되어 있다.

다음으로 〈재사할린 동포 귀환 문제. 전5권(V.1 기본문서), 1976〉 문서철은 1976년 사할린 교포 귀환 문제에 관련된 기본문서 내용이다. 외무부는 1976년 7월 22일 사할린 교포 귀환 문제에 관련된 대일본 교섭 및 정착지원 문제를 대통령에게 보고하였는데 다음과 같다. 한국의 입장은 일본이 소련 측과 교섭, 일본이 귀환 희망자의 입국을 허가하고, 일본 입국 후 정착지를 결정하여, 귀환에 필요한 경비의 일부는 일본 부담을 원칙으로 한다는 것이다. 일본의 입장은 한국 정착 희망자를 한국이 인수한다는 사전 보장을 조건으로 소련과 교섭하고, 원칙적으로 일본 정착 불허, 일본 입국 후 정착지 결정은 수용 불가, 한국 정착 희망자의 경우에도 한국 정부의 사전 입국 보장이 필요하고, 일본 측 비용 부담은 곤란하다는 내용이다. 소련의 태도는 일본의 교섭 요청에 부정적, 무반응으로 대응하고 있다는 것이다. 그리고 한국 정부는 귀환희망자 52세대 163명 중, 신원조회를 마친 48세대 151명에 대해 입국을 허가한다는 입장을 일본에 전달하도록 1976년 10월 21일 주일본대사관에 지시하였음을 외교문서를 통하여 확인할 수 있다.

다음으로 〈재사할린 교민 귀환문제, 1977〉 문서철은 1977년 사할린 교포의 귀환 관련 내용을 주로 다루고 있다. 그 내용을 살펴보면 재사할린 교포 귀환 문제 개요 및 교섭 현황(교포 총수: 약 45,000명(종전 당시 추정), 귀환 희망자: 1,700명(1974년도 한국인회 집계), 기 귀환자: 2명(1976.3.18. 최정식, 1977.1.30. 장전두), 귀환 예정자: 110세대 359명(1977.4.28. 기준)을 살펴볼 수 있다. 대일본 교섭에서 일본 외무성은 상기 359명이 주소련 일본대사관을 통해 한국 귀환을 희망하여 왔음을 통보해 오면서 한국 입국 허용 여부를 문의하였고, 정부는 국내 절차를 마친 345명의 입국 허가를 일본 측에 통보하고, 대소련 교섭을 일본 측에 요청한다. 일본·소련 교섭을 살펴보면 1977년 3월 22일 일본 외무성은 주일본 소련대사관에 상기 345명 귀국 희망자의 소련 출국을 요청하고, 1977년 3월 1일 발효된 소련의 200해리 어업 전관수역 선포 등으로 일본·소련 관계가 냉각되어 전망이 불투명함을 전하고 있다. 사할린 억류 교포 귀환촉진회의 국제적십자사 앞 진정서 관련한 내용을 살펴보면 귀환촉진회는 1977년 8월 15일 국제적십자사 연맹의장 앞 진정서를 통해 사할린 섬에 거주하는 4만 명의 한국인 중 일본 정부가 입국을 허용하기로 한 300여 명의 조속 귀환을 위해 국제적십자사가 노력해 주기를 바란다는 진정의 내용을 확인할 수가 있다.

다음으로 〈재사할린 동포 귀환문제, 1978〉 문서철은 일본의 사할린 한인동포 귀환 예정자 관련 통보에 대한 내용을 담고 있다. 1978년 3월 6일 주일본대사관은 주재국 외무성이 사할린 교포 중 귀환 신청자 10세대 30명의 명단을 구상서로 통보하였다고 보고하였다. 그리고 3월 25일 외무부는 주일본대사관으로 접수된 귀환 희망자 명단을 내무부에 송부하면서 동인들의 신원을 조사, 회보해 줄 것을 요청한다. 1978년 8월 22일 주일본대사관은 일본 내 사할린 억류 귀환 한국인회가 7월 25일로 사할린 거주 한국인의 귀환에 관하여 일본 정부가 책임을 지고 소련 정부와 교섭해주기 바란다는 진정서를 소노다 외상에게 송부하였다고 보고하는 내용을 담고 있다. 그리고 1978년 10월 11일 주일본대사관은 재일동포 공충군이 재일동포로서 해방 후 처음으로 주일본 소련대사관과 사회당 북해도 본부 주선으로 사할린을 방문, 36년 만에 형제, 자매와 재회하였다고 일본 통일일보가 보도하였음을 보고하는 내용을 확인할 수 있다.

다음으로 〈재사할린 교민 귀환 문제, 1979〉 문서철은 1979년 사할린 한인동포 귀환 관련 내용을 다루는데 먼저 사할린 억류 동포 귀환 진정과 관련하여 살펴보면 1978년 12월 21일 화태억류교포귀환촉진회, 950여 세대 3,532명의 사할린 한인동포 귀환을 요청하는 진정서를 대통령에게 제출한다. 그리고 1979년 1월 25일 외무부는 다음과 같은 내용으로 진정서에 회신한다. 일본 정부는 소련으로부터 출국하는 사할린 한인동포의 일본 입국을 받아들일 의사를 명백히 표명하였고, 소련 정부가 사할린 한인동포의 출국 허가를 부여치 않고 있는 것이 가장 큰 어려운 점이라는 것을 강조한다. 한국정부는 소련과 외교관계가 없어서 일본정부로 하여금 사할린 귀환

희망 한인동포의 조속한 송환을 위해 적극적인 대소련 교섭을 하도록 촉구하고 있음 또한 확인할 수 있다. 그리고 사할린 잔류자 귀국 청구 소송을 통하여 사할린 동포 엄수갑 등 4인, 도쿄지방재판소에 귀국 청구 소송 제기하고 있고 1979년 7월 25일 도쿄지방재판소, 이미 귀환한 일본 국내 거주자 등 3인을 원고 측 증인으로 결정하고 있음도 확인할 수 있었다. 그리고 사할린 한인동포 상봉을 위한 모스크바 방문 진정을 통하여 1979년 7월 진정인은 1980년 모스크바 올림픽에서 사할린에 억류된 부친 상봉을 위해 모스크바 방문 주선을 대한적십자사에 요청하고 있음도 확인할 수 있었다.

이와 같이 1975-79년까지의 외교문서 문서철 기록들 중에서 사할린 한인동포 귀환문제와 관련한 사항을 중심으로 당시의 교착상태 속의 시대상황, 주변국들의 상황 인식, 민간 차원의 움직임 등을 살펴보았다. 1975년까지의 사할린 한인동포 귀환문제는 1965년 한일협정을 계기로 조금씩 외교적 의제로 자리잡아 가기 시작하였다. 커다란 성과를 이루지는 못하였지만 의미 있는 자취를 남기며 주변 당사국들 간의 고질적인 한계를 넘어서려는 시도를 지속적으로 전개하던 시기였다. 하지만 이러한 시도들 속에서 한국, 일본, 소련의 사할린 한인동포 귀환문제의 책임 있는 당사국들의 시대인식과 이해관계는 해방 이후의 인식 수준에서 좀처럼 벗어나지 못하고 교착 상태에 빠져들 뿐이었다.

이러한 상황에서 박노학을 비롯한 민간 차원의 지속적이고 적극적인 시민사회의 활발한 활동은 당시 교착상태 속에 놓인 사할린 한인동포 귀환문제의 새로운 물꼬를 터주는 이정표와 같았다. 이러한 한국과 일본의 민간 시민사회 속의 움직임은 사할린재판이라는 주목할만한 진전된 모습을 만들어 냈고, 일본사회 뿐만 아니라 국제사회 속에 사할린 한인동포 문제의 본질을 알리는 데에 상당한 역할을 하였다. 비록 15년간의 오랜 소송의 결과는 아쉬움으로 막을 내리기는 했지만, 이를 바탕으로 다음 단계의 새로운 시도로 이어지는 시금석으로 작용하였던 것은 분명한 사실이다.

이처럼 교착상태 속에서도 조금씩 진전된 모습을 보이는 사할린 한인동포 귀환문제의 자취를 1975-79년까지의 한국생산 외교문서를 통하여 확인하였다. 현재 일정 부분 의미 있는 성과를 만들어 낸 밑바탕에는 지난한 세월의 흐름 속에서도 앞으로 나아간 민간 시민사회의 끊임없는 노력이 있었기 때문이다.

① 재사할린 동포 귀환 문제, 1975

② 재사할린 동포 귀환 관계 진정서, 1975

③ 재사할린 동포 개별 귀환, 1976

④ 재사할린 동포 귀환 관련 행정소송, 1976

⑤ 재사할린 동포 귀환 관계 진정서, 1976

⑥ 재사할린 동포 귀환 문제. 전5권(V.1 기본문서), 1976

⑦ 재사할린 교민 귀환 문제, 1977

⑧ 재사할린 동포 귀환 문제, 1978

⑨ 재사할린 교민 귀환 문제, 1979

① 재사할린 동포 귀환 문제, 1975

○ ○ ○

기능명칭: 재사할린 동포 귀환 문제, 1975

분류번호: P-0015

등록번호: 8993(17952)

생산과: 동북아1과

생산연도: 1975

필름번호: P-0015

파일번호: 14

프레임 번호: 0001-0200

1. 외무부 공문(착신전보)–미야자와 외상의 방쏘 및 공명단 방쏘단 관련 보고

외무부
번호 JAW-01077
일시 091123
발신 주일대사
수신 장관

대: JAW-12437
1. 미야자와 외상의 방쏘일정이 1.15.부터 18.까지로 확정되었음이 외무성 관계관으로부터 확인되었으며 대호 사하린 교포문제에 관하여는 1.10. 오전 윤공사가 다까시마 아세아 국장과 면담키로 되었음을 우선 중간보고함.
2. 다께이리 공명당위원장을 단장으로한 제 2 차 공명단 방쏘단은 74.10.2. 고시킨 쏘련 수상을 방문 약 2시간동안 1) 일쏘 평화조약체결문제 2) 일쏘 경제협력 확대 3) 평화 및 핵병기에 관한 문제 4) 일쏘 문화교류 전망 5) 일쏘 어업문제등 일쏘간 현안문제를 논의한데 이어 사하린 교포문제를 제기하였다고 하는 바 동 사하린 교포문제는 동 공명당 방쏘단의 방쏘 직전에 당지 화태 억류귀환 한국인회(회장 박노학)의 요청에 따라 다께이리 위원장이 고시킨 쏘련 수상에게 제2차 대전중 일본정부가 사하린에 연행한 한반도 사람들의 문제가 있는데 귀국을 희망하는 사람들은 본인이 희망하는 곳으로 귀국되도록 배려하여 주기바란다고 말한데 대하여 고시킨 수상은 그문제는 일본외상이 제안하면 검토하겠다고 말했음이 공명당 신문기사로 알려졌으며 이를 계기로 동 한국인회가 미야자와 외상의 방쏘시에 이를 제기토록 진정한 것이라고 함. (일정-북일)

2. 외무부 공문(착신전보)–미야자와 외상 방쏘시의 의제 관련 외무성 방문 결과 보고

외무부
종별 긴급
번호 JAW-01105
일시 101444
발신 주일대사

수신 장관

대: WJA-12437
연: JAW-01077
글 1.10. 상오 10:30 윤공사는 다까시마 아세아 국장을 외무성으로 방문 대호 사하린 교포 귀환 문제에 관한 아국의 입장을 강력히 주장하고 이번 미야사와 외상의 방쏘시 이의 구체적 실현을 위하여 쏘련 당국과 절충하도록 강력히 요청 하였던바, 동 국장은 다음과 같은 반응을 보였음.
1. 이 문제에 관한 한국측 입장을 잘 이해하고 있으며 다나까 전수상 방쏘시에 이미 이문제를 제기하였고 그후 다시 쏘련 정부에 제기할 기회를 기다리고 있던 중인 바, 금번 미야사와 외상의 방쏘 기회가 가장 적합하기에 이미 외상에게 상신하여 이번 기회에 구체적인 절충을 하도록 일단 결정된 바 있다고 말함.
2. 이 문제의 실현이 한일 양국간의 협조의 하나로서 실질적인 현안 문제 해결 을 위하여 마땅이 발휘하여야할 노력의 하나라고 인정하기 때문에 문제의 곤란 성은 인정하거나 최선을 다하겠다고 말하였음.
(금번 일·쏘 회담의 의제로서 한국 문제가 포함되어있는가를 문의한데 대하여 동 국장은 이번 미야사와 외상 방쏘시에는 일·쏘 평화 조약 문제에 국한된 것 이라고 말함. (일정-북일. 정보)

3. 외무부 공문(착신전보)-일쏘외상회담 결과 보고

외무부
번호 JAW-01472
일시 250816
발신 주일대사
수신 장관

연: JAW-01261
1. 24 15시 윤공사는 다까시마 국장을 방문한바 동국장은 화태교포문제에 관하 여 미야자와외상-그로미코 쏘련외상 사이에 다음과 같은 대화가 있었다고 하였 기 보고함.

1. 미야자와 외상은 그간의 화태교포 귀환문제에 관한 경위를 설명한후 쏘련 정부에 동 교포의 귀환문제 교섭을 제외하고 선처를 강력히 요청하였던바 그로 미코 외상은 동문제에 관하여는 "원칙적인 입장에서 이문제는 토의 못하겠다"고 대답하였기 미야자와 외상은 재차 검토를 요청하였던바 그로미코 외상은 "검토 할수 없다"고 짤라 말하였다고 함.

2. 윤공사는 동 원칙적인 입장이라는 무엇인가 고 문의하였던바 동국장은 쏘련 정부에서 아무런 설명을 하지 않고 있으나 추측컨데 작년 12월 한인 201명 리스 트를 제출하려 하였을 때 "조선민주주의 인민공화국 정부" 의의 정권에 관련되 는 문제를 일본정부와 협의할수 없다는 쏘련의 입장을 뜻하는 것으로 생각된다 고 하였음.

3. 화태포로 귀환문제는 기본적으로 일본정부와 쏘련사이의 교섭문제임을 상기 시키고 계속 제기시킬것을 요청하였던바 이와 같이 쏘련의 반응은 매우 비관적 이고 우리를 실망시켰으나 외무성으로는 계속 시간을 두고 이문제를 쏘련에 제 기하여 갈 계획이라고 말하였음.

4. 또한 윤공사는 이와 같은 쏘련의 강경한 태도의 배경은 무었인가고 문의한바 동국장은 추측건케 북한이 동문제를 탐지하여 쏘련정부에 강력히 작용한 때문 인 것 같다고 답하였음. (일정 북일)

4. 주일대사관 공문–화태 교포 귀환희망자 명단(편: 유첨 문서 생략)

주일대사관
번호 일본(정)700-25
일시 1971.2.10.
발신 주일대사
수신 장관
참조 아주국장
제목 화태 교포 귀환희망자 명단

　　연: 일본(정) 700-6585
　　　일본(정) 700-7151
당지 화태억류 귀환 한국인회는 당관의 요청에 따라 별첨과 같이 화태교포 귀환

희망자 명단 (1974년도)을 재작성(한국귀환희망 432세데 1,635명, 일본귀환 희망 11세대 65명 계 443세대 1,700명) 하는 한편 1967년도의 명단 중 1974년도의 명단에 누락된자 1,445세대 5,665명의 명단과 1967년도 명단이 없는 신규명단 177세대 587명의 명단을 작성하였으므로 송부하오니 참고하시기 바랍니다.

유첨: 동 명단 3종 및 참고서한 2종. 끝.

5. 외무부 공문(발신전보)–사할린 교포 귀환에 대한 사전 동의 관련 지시

외무부

번호 WJA-0599, WGV-10520

일시 081710

수신시간 75.5.2.

발신 장관

수신 주일대사, 주 제네바 대표부 대사

　　연: 북일700-486

1. 일측은 재사하린 교포 201명이 귀환하게 되는 경우 한국이 이를 인수하겠음을 사전 동의하여 달라고 문서로 제의하여 왔음을 연호로 통보한바 있음.
2. 정부는 일측에 대하여 사전 동의하여 주기로 결정하였으며, 서울에서 본건 NOTE VERBALE을 일측에 수교하겠음.
3. 단, 정부로서는 201명의 일본 도착이 현실화 된후 일본 체류를 희망하는 귀환자가 발생하는 경우에는 그 시점에서 별개의 새로운 문제로 삼아 처리코저 하니 참고로 하시기 바람. (북일-　)

6. 외무부 공문(착신전보)–박노학 회장 진정서 관련 보고

외무부

종별 써비스

수신시간 75.5.15 13:14

발신 주일대사관 정무참사관

수신 우문기 동북아 1과장

　　　연: 일본 정700-2550, 2123

　　　사하린 교포 귀환회 박노학 회장은 75.5.5.자의 외무장관앞 진정서 사본을 당관
에 전달하여 옴과 동시에 연호 서한에서 보는 바와 같이 쏘련 당국에서 사하린
거주 교포에게 일본 정부의 입국소환증명서만 있으면 귀환토록 한다는 언질을
주었다고 하므로 이에 대하여 정부로서 어떤 대책을 검토하고 있는지 문의하면
서 이러한 문제에 대한 견해를 듣기 위하여 명15일 문공부 주최 반공 강연참가
차 방한하는 동 귀환회 고문 김주봉씨가 우과장을 방문할 것이라하므로 알려
드립니다.

7. 박노학 회장 진정서 사본

사하린同胞帰還促進에 対한

陳情書

金東祚 外務省 長官 貴下

1975.5.5

　　　今年々初붙어 사하린同胞帰還希望者 中에는別紙 copy와 같이 前例가 없든 事実
를 伝해오고 있습니다. 要旨는 帰還希望者들은 蘇連常任委員会 委員長에게 日本으
로 帰還식혀 달나고 數次式 請願한바 豊原(유즈노사하린스크) 首都의, 오비루(內務
省 或은 外国人取扱所) 署員이 直接 本人들이 自宅을 来訪하여(2月 28日은 大□市都
万相宅来訪) 日本의 親戚이 있는 者는 그 親戚이 日本入国召還証을 보내서 提出하며
는 即時 日本帰還을 許可하겠다고 하는 便紙가 殺到하고 있습니다. 이에 対하여 本
会는 前記書信을 Copy하여 日本外務省 內藤事務官을 訪問하고 質問한바 그의 答은
前부터, 사하린韓国人들의 말하든 日本이 入国을 許可하며는 蘇連은 出国許可를 한
다고 하기에 今年 1月 17日 宮沢外相이 모스크바에서, 사하린韓国人帰還問題를 提
起(구르므의크 蘇連 外相에게)한바 会談의 內容은 仔細히 모르지만 그 當時의 分圍
기로 보아서 좋은 結果는 않인 것 갔다고 하였읍니다. (2月 3日 産経新聞은 모스크바
日蘇外相会談의 宮沢外相의 韓国人帰還件의 提案은 拒否 当했다고 掲載됨) 上記 日
本入国許可問題에 對하여 內藤事務官은 帰還手続에 対하여 国際的 規定으로 보아서

相対方 国家에서 即 例를 들면은 韓国에서 日本에 入国하자면은 먼저 韓国에서 旅券을 作成하고 其後 駐韓日本大使館에 日本入国을 要求하는 것이 順序라고 하며 蘇連政府로부터 旅券을 받고 出国許可를 받은 後 駐蘇日本大使館에 日本入国申請을 하라고 합니다.

이에 対하여 本会의 見解로써는 內藤氏는 蘇連의 政治를 理解치 못한다고 봅니다. 蘇連政治는 異質的으로 旅券이라는 것이 特別히 없고, 모-든 事件과 証明은 明白 所持의 身分証明으로 代行하는 것입니다.

本人들이 사하린에서 集団帰還할때든지 近年에 個別的으로 帰還者들 亦是 旅券은 없었든 것입니다.

帰還問題에 対하여 今年 1月 日蘇外相会談 以来 蘇連政府의 態度가 緩和된 것은 事実이오나, 한가지 規制가 있는 것입니다. 即 日本에 親戚이 있어서 招請과 保証을 하고 이에 日本의 同意를 받은 者를 日本으로 帰還식히겠다는 것입니다. 그러나 이 것은 韓日両国間의 政治的으로 解結할수 있는 것으로 봅니다. 即 日本에 親戚이 없는 者는 在日同胞中 누구든지 協助하여줄 사람은 臨時名儀만 빌녀서, 外家나 姻戚関係로 또는 同姓이면 親戚으로 하여 招請保証人이 된다며는 相当数의 同胞가 帰還이 可能할 것으로 思料하는 바임니다.

去年에 日本外務省에서 日本에 親戚이 있는 사하린의 日本帰還希望者는 在日親戚이 帰還者의 生活의 一切를 保証하겠다며는 帰還招請을 하여보라고 하여서 去年 3月에 大阪의 文幸子가 사하린 野田(체호위) 居住의 그의 母親 金花春 外 6名을 外務省의 指示대로 招請한바 있음니다. 招請書類 用紙受取時에 本人도 文幸子와 參席하였는대 外務省에서는 內藤氏와 外務大臣官房領事移住部査証室 外務事務官 永島可進 外 4名이엿았는대 席上 內藤氏는 이것은 日本이 入国을 許可하는 것이지만 이 書類가 사하린 本人들에게 伝達되여 蘇連政府의 出国許可를 받어야만 日本에 入国하는 것이고 蘇連이 不許하며는 日本入国은 不可能할 것이라고 하였는대, 그들의 国籍이 蘇連이라 그러한지 아즉것 아모런 連絡이 없다고 大阪서 連絡이 왔음니다.

以上은 親戚만을 相対로한 例임니다, 만은 在中国同胞가 北京日本大使館에 日本入国要請에 対한 回信은 下記와 같은 것으로 本会에 보내왔음니다. 日本入国申請을 할 境遇에는 받아시 在日親族友人等에 打信하여 保証人이 되도록 相議하여 달나는 것이였는대, 사하린 同胞帰還問題도 이에 準할 것으로 思料하는 바임니다.

사하린 同胞들의 最近의 書信을 參酌하오면 日本外務省이나 産経新聞報道는 自国에 利益이 되지않는 우리민족의 帰還問題임으로 誠意가 欠如되여있고 責任을 回避하는 様으로 疑問視되는 바임니다.

이러한 事情을 洞察하시와 政府는 새로운 視野에서 日本政府에 折衝하여 주심을

비랍니다. 帰還運動 17年間에 비로소 처음으로 蘇連 오비루 署員이 出張까지 하여
帰還希望者를 確認한 것은 本会 事業에 一大 뉴-스입니다.

　　이 機会를 怠慢할 수 없읍니다.
只今 사하린의 帰還希望 同胞들은 一刻이 如三秋之格으로 帰還의 그날만을 唯一한
楽을 삼고 鶴首苦待하고 있읍니다

　　30年 以上의 長久한 歲月속에서 □□
噫々 生覺만 하여도 몸소리가 남니다.

　　그들이 바래는 帰還에 対한 放送도 빨이 指示하여 주심을 仰願하나이다

東京都足立区一丁目三一一一五
樺太抑留帰還韓国人会
〒121電話(八八三)八九〇八番
会長　朴魯學

7-1. 별지-서한

禹第一 課長 貴下

1975.5.6

同封의 사하린 同胞帰還問題에 對해서는 去月下旬에 政務課 金書記官께 要清한바
本國政府에 連絡하였으나 아즉 回示가 없다 하옵기에 再次 仰願합니다
緊急을 要합니다

非事書換上

7-2. 별지-서한

박노학 씨전 B-8

사할린 귀국희망자을 위하야 수고하야 주시는 박노학씨에게 감사를 드리난니다.
이곳에서 쏘련정부 상임위원회 위원장 압으로 일본으로 보내달라고 청원서을 제출
한 바 현지 명령에 일본입국 소환증명스만 있으며는 보내준다 하였습니다 이런 현편
에 있사온니 속히 여개 대한 문제을 해결해 주십시요
다음 편지 한장은 한국에 있는 저에 아들에게 보내주십시요

7-2-1. 별지-서한

쏘련정부 상임위원회 명령이 내리였다. 나뿐 안니라 귀국희망자는 일본입국 소환증명서만 있으며는 고향에 가다본니 거기 대한 문제을 해결하두록 힘쓰다고. 이런 형편에 있으니 한국 정부에 알이여 이런 따칸 형편을 해결하두록 속히 주선해다고. 이곳 쏘련정부에서 상임위원회에 일본 보내 달나고 청원한 사람은 일본 입국소환증명서 있는 사람은 보내라는 명령이 내리였다. 속히 주선해다고. 다음 일본입국 소환증명서을 쏘련 주제 일본대사관에 보내여 쏘련정부상임위원회 위원장 압으로 드러가두록 해야된다. 도중에서 유설대지 안두록 단단히해라. 일본 입국 소환증명서을 부처서며는 서울방송공사 전화을 통하야 알이여다고. 상권아 이 편지 밧그든 이문제을 방송으로 알이여 귀국 희망자가 다 알기 해다고. 있지말고 실행해다고 1975년 4.17일

음순갑 嚴壽甲

경북 달성군 론공면 남동 二區 262 음상권

8. 외무부 공문(발신전보)-"일본 정부의 입국 소환 증명서"건 상세 조사 지시

외무부
번호
일시 (편: 문서 상단에 75.5.15와 같은 수기가 있으나, 불분명)
발신 동북아 1과장 우문기
수신 주일대사관 정무참사관

1. 5.15.자 업무 연락전보 접수하였으며, 5.16. 귀환회 고문 김주봉 목사의 방문을 받고, 상세 사항을 설명하였는바 충분히 납득, 귀임하였습니다.
2. WJA‐0535, CSW‐0502를 참조하시와 "일본 정부의 입국 소환 증명서"건 상세한 내용 조사해주시기 바랍니다. 이는 개별송환 가능성을 모색하는 중요 자료가 될것같습니다.

동북아 1과장
우문기

9. 외무부 공문(착신전보)–초청 실현 가능성 관련 보고

외무부
번호 OSW-0541
일시 271510
수신시간 75.5.27. 16:31
일시 주오사카 총영사
수신 장관

연: OSW-0502
대: WOS-0535
1. 대호 전문은 주일대사관으로부터 JOS-0501로 접수하였음.
2. 출원하고 있지않음.
3. 외무대신 관방영사 이주부 사증실에 진정, 문의한결과 "초청장 및 신원보증서에 통관확인을 받아 사하린 거주 피초청자에게 송부하면 본건 무국적자인 경우, 쏘련 외무성에 제출, 출국허가를 득한자에 한하여 주쏘일본 공관에서 도항증명서에 일본입국 비자를 발급하게된다"는 회답을 받고 있으나, 초청 실현은 가능성이 희박하다고함.
4. 초청장 확인 가부 회시바람. (북일)

10. 전보–쏘련 측 반응에 대한 수시 보고 지시

번호 WOS-0520
일시 281515
발신 장관
수신 주오오사까총영사

대: OSW-0541
1. 대호 초청장 및 신원 보증서, 공관 확인 허가함.
2. 쏘련측의 반응을 알고자하니, 화태로부터의 서한내용 등 진전사항 수시 보고 바람.

3. 본건 보안에 유념바람.

11. 외무부 공문(착신전보)–사하린 교포 개별 송환 가능성 관련 외무성 접촉 내용 보고

외무부
번호 JAW-07775
일시 281827
수신시간 JUL.28. □□:□□
발신 주일본대사
수신 장관

　　연: JAW:06344, 07351.　　　대: 북일700-12859
　1. 외무성 북동아과 관계관과 접촉 연호 사하린 거주한국인 교포의 개별 송환 가능성에 관하여 그 견해를 타진한바 다음과같이 보고함.
　가. 사하린 거주 한국인 교포 귀환을 위한 소련과의 교섭을 소련중앙당국의 거부적 태도로 그 진전이 없으나 "쏘련지방당국"이 사하린 교포서한에서 보는 바와 같이 일정부의 입국허가서에 따라 귀환시킨다고하고있으므로 일정부로서 개별적으로 입국허가서등 발급토록하는 방안을 검토하고있다함.
　나. 그 방안은 수일내로 성안될 예정인바 일본으로서는 한국으로의 귀환 희망자(특히 201명)에 대하여는 일본을 단순히 경유하여 귀국토록한다는 종래의 방침에 변함이 없으며 따라서 신원과 한국정부의 접수 여부가 확인되는대로 이들에게 일본 입국 허가서등 발급하고 15일내지 30일정도의 일본 체류를 허가하게될 것이라 함.
　다. 일본 영주를 희망하는자에 대하여는 국내 관계 부처와 개별적으로 검토할 것인바 사하린으로 가기전 거주지로 이들을 귀환시키는 것이 합당하므로 사하린으로 가기전 이들이 일본에 거주하였는지 여부등 심사하여 결정하게될것이라 함.
　라. 입국 허가서 발급 절차에 있어서는 우선 사하린 거주 귀환 희망자가 모스크바 주재 일본 대사관에 관계 서류 첨부하여 일본 입국을 신청토록 할것이며 그 신청을 귀환희망지에따라 심사하여 무국적자에게는 도항증명서,소련국적자에게는 입국사증을 발급하는 절차를 취하게될것이라함.

마. 일정부로서는 최근 사하린 거주한국인 교포 서한에 따라 이들 귀환을 위하여 일정부로서 가능한 최선의 방도를 강구하여 두려는것이나 실제문제로서 일정부의 이러한 입국허가에 대하여 소련지방당국이 사실상 사하린 거주교포의 출국을 허가할것인지는 예측할수없다고함.

2. 상기 일정부의 이문제에 대한 방안이 확정되는대로 수일내 다시 연락키로 한바 본건 개별 송환에 관한 본부의 견해와 시급 방침을 회시바람.

3. 연호 사하린 거주 교포 도만상에 대하여는 규슈지방에 거주하는 동인 친척명의 초청장을 7.22.일자로 본인에게 송부하였다고 박노학회장이 보고하여왔음.
(일정-북일)

12. 외무부 공문(착신전보)–사하린 교포 개별 소환 관련 외무성 방침 보고

외무부
번호 JAW-08252
일시 091019
발신 주일대사
수신 장관

연: JAW-07775

1. 외무성 북동아과 관계관은 연호 사하린 교포 개별 소환 문제에 관한 외무성의 방침이 다음과 같이 결정되었다고 알려왔음.

가. 우선 귀환을 희망하는 사하린 거주 한국인 교포로부터 일본 입국을 위한 도항 증명서 발급 신청서를 모스크바주재 일본 대사관에서 접수 하기로 하였음.

나. 개별적으로 당지 사하린 교포 귀환 촉진회장 앞으로 귀환을 희망하여온자에 대하여는 동 신청서를 회장에게 전하여 이를 사하린 교포에게 전달토록하고, 모스크바 주재 일본 대사관을 통하여 귀환을 희망한 201명에 대하여는 당지 일본 대사관에서 직접 신청서를 본인에게 송부키로함.

다. 이들 귀환에 따르는 기타 사항은 동 신청서를 접수하는대로 검토하여 구체적으로 결정키로함.

라. 특히 "쏘련 당국의 태도등 문제"가 있으므로 이문제의 처리는 일체 대외에 발표되지 않아야 할것임.

2. 동 신청서 양식은 파편 송부 위계임. (일정, 북일)

13. 기타사항(편: 별도 양식이 없는 1매짜리 보고서)-일본인 변호사 내한여정

Ⅳ. 其他事項

1. 3人의 日本人 弁護士 來韓予定

(10.25 東京發AFP)

3人의 日本弁護士가 樺太抑留韓國人의 歸國促進問題와 關聯, 韓國에 있는 抑留韓人의 친척과 面談等 事實調査次 5日間 予定으로 韓國으로 出發할것이라함.

이들은 滯韓中 서울, 釜山, 大邱 等을 순회할것이며, 日本의 關係法曹會는 日本政府로 하여금 抑留韓人의 早期 歸還을 促求하도록 日本政府相对로 必要하다면 訴訟을 提起할 것이라함.

10.27. 局長 課長

14. 주일대사관 공문-화태억류 한국인의 대 일본정부 행정 소송

주일대사관
번호 일본(정)700-7847
일시 1975.12.8.
발신 주일대사
수신 장관
참조 아주국장
제목 화태억류 한국인의 대 일본정부 행정 소송

　　제2차 대전중 일본정부에 의하여 화태에 강제 연행된 한국인의 귀환을 촉진하기 위하여 "화태 소송 변호단"은 화태 억류한국인 엄수갑등 4인의 위임을 받아 75.12.1. 일본정부를 상대로 행정소송을 동경지방 재판소에 제기하였는바, 화태소송 재판 실행위원회가 공개한 "소장"등 소송내용에 관한 자료를 별첨 송부하오니 참고하시기 바랍니다.

첨부: 1. 소장
   2. 소장제출에 대한 화태소송변호단의 호소문
   3. 화태소송 재판 실행위원회의 성명문
   4. 신문기사
   5. 원고의 신상에 관한 자료

14-1. 첨부-안내문

御案内

第二次大戦中、国の手で韓国の地から強制連行されたまま放置されている多数の人々が故郷帰還を望んで３０年、いまだにその夢を果し得ない窮状にあることを訴えられ、我々は人道上黙視し得す、本年７月「樺太訴訟弁護団」を結成しました。以来５ヶ月間、着々訴訟準備を進めて参りましたが、いよいよ去る１０月末の訪韓調査により準備の整った４名を原告とする、第一次訴訟を１２月１日、東京地方裁判所に提起する運びとなりました。

この間、各社からのお問い合わせなどいただきながら、準備に追われて失礼して参りましたが、当日訴状提出後記者会見の場を設け、訴状写その他の資料を取り揃えて差し上げる機会といたしたく、勝手ながら下記のとおりご案内申し上げます。お差し繰り合わせの上、ご出席賜われば幸甚であります。

昭和５０年１１月２５日

樺太訴訟弁護団

記

日時　１２月１日午後３時より

場所　千代田区霞ヶ関１－１－４　第二東京弁護士会館三階講堂

主なる出身者(順不同)

弁護士　柏木　博　樺太訴訟弁護団々長(前第二東京弁護士会々長)

同	石井成一	第二東京弁護士会々長
同	北山六郎	日本弁護士連合会人権擁護委員会委員長
同	笹原桂輔	同委員会六部会(国際人権部会)会長
同	西田公一	第二東京弁護士会人権擁護委員会委員長(自由人権協会事務局長)
同	古賀正義	自由人権協会理事(元第二東京弁護士会々長)

14-2. 첨부-소장

訴状

樺太コルサコフ市ソビエトスカヤ町九五番五九

　　　原告　　　　厳壽甲

　同 市フロツトスカヤ町六二番二一

　　　同　　　　　李徳林

　同 市トルストゴー町二七番地

　　　同　　　　　趙敬奎

ユージノサハリンスク市ポチエトワーヤ町一八番地

　　　同　　　　　李致明

　　　右訴訟代理人　　　別紙のとおり

東京都千代田区霞が関一丁目一番一号

　　　被告　　　国

　　　右代表者法務大臣 稲葉修

樺太残留者帰還請求訴訟事件

訴訟物の価額金三五萬円也(価額算定不能につき)

貼用印紙額金三、三五〇円也

請求の趣旨

　被告国は原告らを本邦に帰国させること。

訴訟費用は被告の負担とする。
との判決を求める　。

請求の原因

一、原告らの身の上

　　1．被告国は、一九三八年、国家総動員法(昭和一三年法律第五十五号)を制定
　　　し、「戦時……ニ際シ国防目的達成ノ為国ノ全力ヲ最モ有効ニ発揮セシムル
　　　様人的及物的資源ヲ統制運用スル」との人道無視の政策をとり、敗戦に至る
　　　まで「聖戦完遂」の美名の下に大量の市民を狩りたてゝいわゆる総動員業務な
　　　る名目の強制労働に従事させた。

　　2．原告らは、いずれも、当時は日本の領土であつた韓国の地を故郷とする一
　　　農民に過ぎなかつたところ、被告国の右政策の犠牲者として「南樺太」の地に
　　　強制連行(国民徴用令に基くと、官斡旋などによるとを問わず、当時の労務
　　　動員計画のもとにおいて、個人の自由意思が抑圧され、故郷から連行された
　　　ことに変りはない)され、強制労働に就かされたものであるにかゝわらず、
　　　日本の敗戦後は同地に置き去りにされて、被告国のなんらの外交的保護も受
　　　けられないまゝ、自らの意思によることく肩書地に空しく滞まることを余儀
　　　なくされている。
　　　そして、個人の力では絶対に実現しないことを知りながら、今日まで三十数
　　　年もの間、故郷帰還の志を捨てることなく、「南樺太」残留者としての地位を
　　　固守し、よつてもたらされる不利益処遇を甘んじて受けつつ、帰還の夢を唯
　　　一の心の糧として生き続けて来た。

　　3．原告らのこのような身の上は、現代史上稀れに見る、残酷極まりない境遇
　　　というべきであつて、人道上許し難いものがある。そして、原告らのこの境
　　　遇は、一つにかゝつて被告国の強制連行に由来するものであるから、被告国
　　　に原告らを救済する義務が存することは一点の疑問の余地もなく明白であ
　　　る。強制連行時青年であつた原告厳は本年七三才、同李致明は六四才、同李
　　　徳林は六一才の老令に達し、未成年者であつた趙も五〇才を超えた。その天
　　　寿の尽きね間に帰郷の夢が実現することを祈念して本訴を提起する。

　　4．原告らの略歴は次のとおりである。
　　　　　原告厳寿甲は、一九〇二年八月一六日、本籍慶尚北道達城郡論工面南洞

二六二番地に生れ、同地において約一三〇〇坪の田畑を耕作して農業に従事し、一家の柱として生計を支えていたが、一九四三年四月三日、妻車順伊、及び当時一四才の長男厳相憲(通称相坤)以下三才の末子を含め四名の子女を残して、「南樺太」に連行されたものでこれらの家族はいまなお本籍地において原告の帰還を信じ、その一日も早からんことを熱望している。

　　　　原告李德林は、一九一四年一〇月一五日、本籍京幾道坡州郡州内面烽岩里三九二番地に生れ、同地において田畑六〇〇〇坪を耕作する農家の長男として一家の中心であつたが、一九四三年四月九日、六ヶ月で還えすとの約束で強制連行された。残された妻趙庸順は当時七才の長男李宗燮、一才の娘李永淑を女手一つで養育して来たが、三十数年に及ぶ夫の抑留に対し怒りを以つてその早期帰還を訴えている。

　　　　原告趙敬奎は、一九二三年一〇月一三日、本籍慶尚北道高靈郡星山面午谷洞五二〇番地に生れ、五人きようだいの唯一の男子(他は姉小敬及び四名の妹)として、三四〇〇坪の田畑を耕作する農家の働き手であつたが、一九四二年一二月二〇日、一九才未婚の身で強制連行された。約二五年前父が死亡した後は家は断絶状態にあり、姉妹らは、原告の帰国を待ち望んでいる。

　　　　原告李致明は、一九一一年三月一日、本籍全羅北道任実郡屯南面屯基里に生れ、妻及び長男李宰俊を残して一九四〇年一二月五日、強制連行されたもので、留守家族の願いは右各原告らと同様の状況にある。

二、原告らの法的地位

1.「南樺太」は、一九四五年八月ソビエト社会主義共和国連邦(以下単にソ連邦という)に占領されて以来、日本の領土権の及ばない地域となり、該地域にあつた日本人捕虜及び「内地人」は、一九四六年から逐次日本領土内に引揚げることができたにもかゝわらず、被告国は不法にも原告らの引揚げの機会を奪い、日本国に帰国きせない措置をとつてきた。

2.ところで、原告らは、「南棒太」に連行された当時明らかに日本国籍を有していたものであり、原告厳、趙および李致明その後日本国が同地域に傾土権を行使しえなくなつてからも、いかなる国の国籍も取得していない。同李德林においては、一応ソ連邦国籍を一取得してはいるが、これは自己の意思に基づくものではなく、帰国のため同国籍を離脱する希望を有している。

　　　　その上、原告らの本籍の地の主権国たる大韓民国は、ソ連邦との間に国交関係を樹立していないから、「南樺太」にある原告らに対し外交的保護は勿論のこと、直接法律上の力も及ばすことができない。

３．個人の基本的人権が、その属する国の法的保障にまつところ大である今日
　の国際社会では、いずれかの国の国籍を有し奪わないこともまた、基本的人
　権の一つであって、「人はすべて国籍をもつ権利を有」し、且つ、これを「専
　断的に奪われ」ることがないのである（人権に関する世界宣言第一五条）。

　　　　したがって、日本人として日本領土であつた「南樺太」に連行され、出身
　地の主権国のなんらの法的保護も直接受けられないまゝに放置された原告ら
　は、社会的にはとも角、法律的には少くとも本邦に帰国するまでは、未だ日
　本国籍を喪っていないものと認めざるをえない。

　　　　日本国籍を喪ったとして原告らを引揚げの対象から除外した被告国の行
　為は違憲、違法のそしりを免がれない。

三、被告国の義務

　　　　原告らは、日本国籍を有するものとして、いつでも本邦に帰国する権利があ
　るのに、被告国はこれを認めないから原告らは帰国に必要な旅券・渡航書の発
　給を受けることができず、自からは本邦に帰国するいかなる手段も講ずること
　ができない。しかしながら、原告らの置かれた境遇からすれば、被告国は、か
　つて強制連行しながら、原状回復の措置を講ずることなく放直した当事者とし
　て、当然に原告らを帰国させる義務があり、また、この義務は、外務大臣をし
　て、帰国のため特に必要があると認めた場合は申請に基づかないで渡航書を発
　給すの権能を与えたものとして、極めて容易に履行することができる。

　　　　よって原告らは被告国に対し講求の趣旨記載のとおりの判決を求めるため本訴
　におよんだ。以上

　　　昭和五〇年一二月一日

　　　　　　右原告ら代理人弁護士　　　柏木博
　　　　　　同　　　　　　　　　　　　有賀正明
　　　　　　同　　　　　　　　　　　　原後山治
　　　　　　同　　　　　　　　　　　　浜秀和
　　　　　　同　　　　　　　　　　　　泉博
　　　　　　同　　　　　　　　　　　　久々湊道夫
　　　　　　同　　　　　　　　　　　　伊藤まゆ
　　　　　　同　　　　　　　　　　　　有賀信勇
　　　　　　同　　　　　　　　　　　　川崎隆司
　　　　　　同　　　　　　　　　　　　内田晴康

同	菅原克也
同	榊一夫
同	藍谷邦雄
同	佐藤博史
同	斎藤則之
同	森田昭夫
同	高木健一

東京地方裁判所　御中

14-3. 첨부-소장제출에 대한 화태소송변호단의 호소문

訴状提出に当つての樺太訴訟弁護団のアピール

(現存する戦争の惨禍)

　日本国憲法は、その前文において、日本国民は「政府の行為によつて再び戦争の惨禍が起ることのないようにすることを決意」する、と述べている。

　しかしながら、第二次世界大戦中に「人的資源」として韓国から樺太に強制運行された人々は、戦後三〇年を経過した今日、依然として「自国に帰る権利」を奪われたままである。正に「戦争の惨禍」がわれわれの眼の前に存在しているのであり、この惨禍を取り除くことなくして戦後は終つたことにならないし、未来の惨禍を起さないことを決意することも無意味である。

　終戦当時樺太には五〇万人の日本人が居住していたが、一九四六年一二月一九日に締結された「ソビエツト地区日本人引揚に関する米ソ協定」によつて、「内地人」のほぼ全員が本邦に帰還したにもかかわらず、日本政府は不法にも韓国の地から連行した五万余の人々に対しては何ら帰還のための措置をとろうとしなかつた。

　日本人として、日本の無暴な戦争政策遂行の犠牲者となり、酷寒の地に鉱山土木労働者などとして筆舌に尽しがたい苦労をしてきたこれらの人々が、米ソ引揚協定に基いて一九四六年末から一九五〇年はじめにかけて次々に真岡から引揚げていく「内地人」を舟影も人影もみえなくなるまで見送つた心境は果してどのようなものであつたか。大地を叩いて動哭する彼らの姿を思い浮べるとき、われわれは正に断腸の思いがするのである。

一九六五年一〇月に日本人遺家族の樺太墓参が実現したことは、人道上からも高く評価されるところであるが、「一九四五年夏」の悪夢のような出来事は、ともすれば過去の追想になろうとしている。しかし今日なお樺太に抑留されている人々は、墓参はおろか、生きている肉親に会うことさえできず、一家の支柱たる夫を送り出した黒髪の若妻は現在白髪の老女となり、母の手に抱かれていた子供達は今日壮年に達して夫や父の帰還を待ち佗びているのである。

(樺太の現状と帰還促進運動)

　伝えられるところによれば、現在樺太に残留する四万三千人のうち六五%が朝鮮民主主我人民共和国の国藉、二五%がソ連邦国籍(主にソ連邦人と婚姻した者)を取得し、残りの一〇%が「無国籍」となつており、本邦あるいは韓国への帰還を望んでいる者は約七千人によんでいる。

　一九五六年一〇月一九日に署名された日ソ共同宜言以後、いわゆる「日本人妻」をもつた人々約二、二〇〇人が本邦に帰還しているが、(一九五八年一月一九日第一四次引揚船白山丸による帰国者の言によれば、舞鶴上陸後、妻の郷里に向うのに、日本政府は運賃、弁当代も全く支給しなかつた)、これらの人々は帰還に際し、袖がちぎれるように□りついた同胞から望郷の夢をかなえてくれるようにと訴えられ、一九五八年二月東京都足立区において朴魯学氏を会長とする樺太抑留帰還韓国人会を結成し政府、国会、報道関係、日赤などをはじめとしてひろく国連その他にも樺太残留者の実情と救済を訴え、残留者と留守家族の間の例外的と思われる文通の仲立をするなど、文字どおり日夜を分たぬ活動を続けてきた。また同会顧問張在述氏の文筆活動(一九六六年箸書「獄門島サハリンスクに泣く人々」など)、金周華顧問、一九七三年六月一七日に発足した樺太抑留帰遺韓国人会に協力する妻の会(世話人代表三原令)、金信三婦人会中央会長、その他数多くの関係者の方々の□意あふれる努力も特筆すべきものがみられるのである。

　韓国においても棒太抑留僑胞帰還促進会(名誉会長金昌郁弁護士、会長韓栄相氏)が結成され、五〇万の留守家族の中心となつて熱心に帰還運動を続けており、各種の報道、殊にK・B・Sがソウルから樺太に向けて放送している留守家族の声などは、残留者を激励し、生きる望を与えることに大いに役立つていることと思われる。

(樺太訴訟弁護団の結成から許状提出に至るまで)

　関係者らが一七年間にわたつて皿の滲むような帰還促進運動を続けてきたにもかかわらず、韓国とソビエトの間には外交関係がなく、日本政府は、「(1)日本は単に通過するのみで全員韓国に引揚げさせる。(2)引揚げに要する費用は一切韓国側において負担する。」(昭和四七年七月一八日、田中総理より船田衆議員議長に対

する「衆議院議員受田新吉君提出徴用により樺太に居住させられた朝鮮人の帰国に関する質問に対する答弁書一」)との方針を固執しているため、今日まで何ら具体的解決をみるに至らなかった。

　われわれは、日本政府が樺太に棄ててきたために、全く自己の意思にも責任にもよることなく、冷酷な国際政治の谷間で、「自国に帰る権利」を奪われているこれらの人々を救うことなしに、「基本的人権の擁護」を語ることはできないと考え、去る七月一七日に樺太訴訟弁護団を結成し、国に対し樺太残留者の帰還を求める訴訟を提起する方針を決定した。

　その後、国家総動員法など戦時中の諸法規、強制連行と労働の実態、国籍法、関連する国際法規等の研究を続けるとともに、樺太での実情調査の機がまだ熟していないので、とりあえず、一〇月二六日に三名の弁護団員が韓国を訪れて留守家族と面談し、各方面に資料収集依頼した(一〇月二八日大邱市における家族対談会には全国から二百人余りが参集し調査団に帰還促進を訴えた)。

　韓国の代表的国際法学者である裵載湜法学博士(ソウル大学法科大学教授)は、在日・樺太韓人の法的地位に関する著書「基本的人権と国際法」(一九六八年)を弁護団に寄せられたが、その要旨は、本邦への帰還を希望する者は少くともそれまでは日本国籍を失わず、帰還してはじめて自由意思による国籍選択と居住地の決定ができるという弁護団の見解と基本的に一致するものであり、「国家利益論や民族主義的感□論からくる反論や反対はありうるが、しかし、いかなる国家利益や政策によっても彼らの基本的人権と自由は奪われない」という立論にはわれわれも全面的に賛意を表するものである。

　本訴訟に関しては、これを人道上の問題として既に自由人権協会が支援決議をしているが、原告らの中には老令に達している者もあるので、われわれは日本政府が隠蔽しようとしてきた樺太残留者の実情を広く世論に訴え、一日も早く、「平和を推持し、専制と隷従、圧迫と偏狭を地上から永遠に除去しようと努めている国際社会において、名誉ある地位を占めたいと思う」(憲法前文)のである。

　　一九七五年一二月一日

15. 외무부 공문(착신전보)—화태소송변호단 관련 조사 내용 보고

외무부

번호 JAW-12266
일시 121054
발신 주일대사
수신 장관

대: WJA-1273

1. 75.12.9. 화태교포관계 소송변호인 "아루가 마사아끼" 및 다가기 겐지이와 만나 변호인단 대표의 화태방문에 관하여 알아본바 그결과를 다음과 같이 보고함

가. 소송원고 4명(화태교포)와 직접만나 소송상의 여러문제를 협의함이 필요한 것이어서 변호인단은 소송제기 준비에 착수한 시기부터 화태를 방문코저 계획하였으나 화태가 쏘련내에 있어 특수 군사지역으로 외군인의 동지역 여행이 제한되어 있음에 비추어 방문이 가능치 못하여 한국을 방문, 원고들의 가족과 만났던 것이라고함

나. 화태방문은 일본인 성묘단에에게만 문호가 개방되어 있으나 성묘단은 화태내에서의 행동이 성묘에만 한정되어있고 그곳에 거주하는 교포등과의 접촉, 사진촬영은 금지되어있어 변호인단의 조사활동이 가능치 않다함

다. 성묘단에 포함되기 위하여서는 사회당(동당 북해도 지부) 의 심사를 거쳐 선정되어야 쏘련입국이 가능한 변형적 절차를 취하도록 되어있어 이것도 변호인단 방문의 장애라고 함

라. 변호인단은 일본변호인 일본변호인 협회 연합회 국제긴권부에 대하여 그대표를 파견, 미귀환교포의 실태를 조사하도록 요청하여왔다하며, 연합회측은 현재 긍정적인 방향에서 이를 추진하고 있다고함. (연합회대표의 화태 파견시기는 76.년 중반기로 본다고함.)

2. 소송진행상 원고들과의 면담이 긴요한점을 들어 변호긴단 대표가 화태방문을 위한 쏘련사증신청을 하도록 종요하였던바 변호인들은 화태방문 연합회의 계획으로 일원하여 추진하겠다함.

3. 연합회 대표의 화태파견과 관련하여 재정적문제도 타진하였던바, 동연합회는 □공법인으로 예산상의 제약은 받고있지 않다하며, 변호인의 생각을 연합회의 경우도 쏘련측이 화태방문에 입국사증을 부여할것인지의 여부가 문제라고함

4. 이상에비추어 대호 제2항의 사업추진은 어려울것으로 사료되오니 동예산의 전용을 고려하시기를 건의함(일정 북일)

② 재사할린 동포 귀환 관계 진정서, 1975

○ ○ ○

기능명칭: 재 사할린 동포 귀환관계 진정서, 1975

분류번호: P-0015

등록번호: 8992(23809)

생산과: 동북아1과

생산연도: 1975

필름번호: P-0015

파일번호: 13

프레임 번호: 0001-0071

1. 협조전–진정서 처리 의뢰

협조전
민원서류 처리기간 75.8.20.
번호 기감125-1979
일시 1975.8.11.
발신 민원사무통제관
수신 동북아1과장
제목 진정서 처리 의뢰

　　1. 별첨 진정서를 민원 사무 처리규정에 의하여 7일 이내에 처리하고 진정인에게 그 결과를 회신하는 동시에 동 조치 공문 사본 1매를 당실로 송부하여 주시기 바랍니다.
　　2. 진정에 대한 회신 공문 상단에 민원서류임을 표시하는 주인을 반드시 찍고 상기 처리기한을 명시하시기 바랍니다.
　　3. (가) 대통령 민원비서실로부터 이첩, 처리의뢰된 진정서의 회신에는 진정인이 대통령 각하에게 행한 진정에 대한 회신일을 반드시 회신 공문상에 명시하고,
　　　　(나) 대통령 민원비서실로부터 결과보고를 청한 이첩건은 장관의 확인, 결재를 득한 후 소정양식에 따라 보고하여야 하며,
　　　　(다) 기타 보고 요청이 없는 이첩건에 대하여는 최소한 국장 이상으로 결재 받으시기 바랍니다.
첨부: 진정서 1통 끝

1–1. 첨부–청원서

청원서

무더운 삼복더위에 국가 안보와 발전을 위해 피나는 노고를 아낌없이 받이고계신 각하 옥체 안녕하심을 비옵니다

서울시 동대문구 면목동 170-36
이규숙

이규일
이추자

다름안이오라 본 청원인은 일본제국 주의자들에 의해 강제징용된 이갑종씨의 장녀 이규숙입니다

아버지와 생별한지 33년이란 긴 세월동안 모진 세파속에 고아안인 고아로 슬프고 외롭게 살아 왔습니다

나이가 들어가면서도 아버지 생각 그립고 보고싶은 마음 간절하여 1965. 정부각계에다 아버지의 생사만이라도 알려달라는 간절한 청원을 계속하였읍니다

그런중 1972년 일본에 있는 박노학씨를 거쳐 대한 대구화태억류 교포 귀환 촉진회를 통해 청원인의 아버지가 연고자를 찾는 편지를 보내왔읍니다. 그 편지를 받은 청원인은 비록 한 장의 간단하게 써있었지만 아버지를 직접 만난 것이나 다름없이 편지를 가슴에 않고 한없이 울었읍니다

그 후로는 몇 개월이 걸리는 편지 왕복이 기돈바이유쿠라 곳에서 사진과 동봉을 하여 보내왔읍니다

청원인은 아버지 편지를 받을 때마다 회답과 서울중앙방송국에 가서 사하린으로 보내는 방송을 하였읍니다

청원인 아버지께서는 사하린으로 보내는 방송시간에 너의 목소리를 잘듣고 있다 너의 편지도 받았다는 서면에는 하루속히 고국으로 돌아가 뼈라도 내 조국 땅에 묻히고 싶은 이 간절함을 고국 정부에 꼭좀 전해 달라는 애원을 하였읍니다

30십대의 젊은 청춘을 쏘련령 사하린의 고스란히 불사고 인제는 백발이 성성한 64세 노인이 되여 국적없는 몸으로 가진 서름과 고초를 격으면서도 이제나 저제나 사모치게 그리운 당신의 조국 한국으로 돌아올 그날만을 손꼽아 기다리고 있읍니다

각하 이렇게도 목메여 그리워하는 그들의 고향 한국으로 돌아와 얼마 남지 않은 생을 조국땅에서 지날 수 있도록 문을 열어 주십시오 각하 정부에서는 영주권과 보상 문제로 일본과 타협을 이루지 못하고 있는 것으로 알고 있읍니다만 청원인은 보상도 바라지 않읍니다 정부에서는 청원인의 아버지가 올 수 있는 문만 열어 주신다면 경비는 제가 부담하겠읍니다

머지않은 날 한일 각료회담이 있는 것으로 알고 있읍니다

이번 한일 각료회담에는 청원인의 뜻이 꼭 이루어지게 하여 주십시오

이 소원은 청원인의 뜻만도 않읍니다

사하린의 억류된 4만명의 달하는 연고자 모두가 바라는 것입니다

이번에 있을 한일 각료회담에서 사하린 교포귀환 문제가 해결을 못한다면 힘없는 우리 연고자들은 공산국가를 제의한 제2국가에다 청원을 할 것을 결심햇읍니다. 외

국 나라에 피난민도 우리 한국에 정착을 식히지 않았읍니까

그런데도 우리 동족인 사하린 교포는 왜 못데려온답니까

각하 청원인에 이 당돌함을 꾸짖지 마시고 꼭 청원인의 아버지를 데려올 수 있는 길을 마련해 주십시요

1965년 청원인은 아버지의 생사만이라도 알고싶어 청와대에다 청원서를 써가지고 직접 모민원실로 드러갔읍니다

그때 민원비서실에서는 이런 말을 하였읍니다

이런 것을 써와 받대자 휘지밖에 안된다고요

각하 이번에도 청원서를 휘지로 만들지말고 이 가련한 여인의 소원을 이루게 도와 주십시요.

1975년 8月
외무부 장관 각하

2. 기안—민원회신

분류기호 문서번호 북일700-
시행일자 1975.8.13.
기안책임자 이재춘 동북아1과
경유수신참조 서울시 동대문구 면목동 180-36 이규숙 귀하
제목 민원회신

    1. 귀하께서 1975년 8월 외무부 장관 앞으로 보내신 진정에 대한 회신입니다.
    2. 당부는 사하린 거주 육친과의 재회를 그리는 귀하의 절실한 염원에 대하여 깊은 동정을 금치 못하는 바이며, 귀하가 지적한 바와 같이 사하린 교포의 귀환은 귀하뿐만 아니라 수많은 국내 연고자들의 한결 같은 희원임을 잘 알고 있습니다.
    3. 사하린 교포 귀환 문제는 그 상대방이 우리와 국교가 없는 쏘련이라는 점에서 정부가 지금까지 추진해 온 귀환 교섭에 여러가지 어려운 점이 있었고, 앞으로도 난관이 예상되기는 하나, 정부로서는 다수 국민들의 염원이 하루 속히 이루어질 수 있도록 다각적으로 최선의 노력을 경주하고 있사오니 양지하시기

바랍니다.

    4. 귀하의 건승을 기원합니다. 끝.

3. 대통령비서실 공문—청원서

대통령 비서실
번호 대비민125.1-□□13
일시 197□.□.□.
발신 대통령 비서실장
수신 외무부 장관
제목 청원서 처리

    1. 별첨 민원서류를 이첩하니 조사하여 조치할 수 있는 방안을 강구 처리하
고 그 결과를 청원인에게 회신 바랍니다.
    첨부: 청원서 (5□7-1□13) 1부. 끝.

3-1. 첨부—청원서

大韓民国　大統領朴正熙閣下

樺太抑留韓国人問題　所長若狭敬吉

樺太抑留韓国人帰還問題に関する要望書

    謹しんで大韓民国大統領朴正熙閣下に対し、樺太抑留韓国人の帰還促進問題に関する要望書を提出いたします。
    私は過去五ヶ年の間、私費で樺太抑留韓国人の帰還促進運動を日本人としての立場で進めて参りましたが、今般経済的理由から研究所の廃止の止むなきに至り、継続して促進運動を進め、韓国に対する個人的日本人の良心たらんとする願いも、総て私の力の弱さと努力の至らなさからであり、本当に心から申訳ない事として深く

御詫び申上げます。

　ましては、貴国に於きましても、一九七一年十二月一日付をもって閣下に提出した陳情書に始まり以来、新聞、TV、ラヂオ、公論、評論等の報道、出演、特に一九七三年十月二十三日ソウル新聞会館に於ける、樺太抑留韓国人の現地調査報告講演等々ですでにその行動は御承知の事と存じます。

　前述の理由により樺太抑留韓国人問題研究所□を用いるのは、此の要望書をもって終焉となります。

　太平洋戦争に終焉を告げて三十年目が迫って居ります。昨今、樺太には日本の戦争犠牲者である樺太抑留韓国人の帰還問題を是非閣下の所力□いで日本政府に対し、人道的戦後の処理問題としてその解決方を迫って戴き度く存じ、不肖私は身の程もわきまえず閣下に対し、要望書を提出した次第であります。

　樺太抑留韓国人の現状は前述私が樺太を視察した際、二時間に渉るテープの収録は貴国の在日大使館を通じて外務部へ提出してありますので、是非参考にして戴きたく存じ、老人となって唯々肉親との再会を夢みて居ります、又、その望いも無なしく樺太即ち異国の土と化した多くの人々を憫ふ時、私の心はいるも平常ではありません。韓国から強制連行で樺太へ来た人々に対する日本人の当時の蛮行の目撃者として、一日も早く肉親へそして祖国へ帰還させて上げ度いのです。近く三十年目の光復節も迫って居りますが、樺太抑留韓国人にも祖国で、そして肉親と共に光復節を喜び合って頂き度と願って居ります、私は名もない一介の日本人ですが、あらゆる機会を駆使して日本政府に対し、質問主意書、陳情書、意見書を提出して参りましたが、微力なるが故に、政府や世論を動かすまでには遠い道程であります。真の日韓親善友好は樺太抑留韓国人問題の解決からと提唱して参った訳であります。

　閣下、何九十四余命短い樺太抑留韓国人に肉親のもとへ還えられる様、その日の早からん事を御配慮なさいますれば、私の久年に渉る啓蒙運動も無駄にはなりません、樺太抑留韓国人の留居家族が五十万人も居られると聴いて居ります、若し此の問題が未解決のまゝで総てが樺太の土に化した場合に於いて、前述、五十万人の留居家族子々孫々に至り、日本人に対する怨念となるのは明白であり、私はそれを恐れるものであります。

　閣下の国民を愛する温情にすがり謹んで御要望致します。

　　　　一九七五年七月十七日

4. 주일대사관 공문—민원서류처리 결과보고

주일대사관
번호 일본(정)700-5636
일시 1975.8.26.
발신 주일대사
수신 장관
참조 아주국장
제목 민원서류처리 결과보고

　　　대: 북일 700-14661 (75.8.13)
　　　대호, 화태억류 한국인 문제연구소장 "와카사 게이기치(若狹敬吉)의 대통령
각하 앞 서한에 대하여 별첨과 같이 회신하였음을 보고합니다.
　　　첨부: "와카사 게이기치" 앞 서한 사본. 끝.

4-1. 첨부—若狹敬吉의 진정서에 대한 회신 사본

EMBASSY OF THE REPUBLIC OF KOREA
HOME; MINIMAZABU, MINATO-KU TOKYO, JAPAN

　　　　　　　　　　　　　　　　　東京都中央区銀座8－5－4
　　　　　　　　　　　　　　　　　鉱栄会館內
　　　　　　　　　　　　　　　　　樺太抑留韓国人問題研究所

　　　　　　　　　　　　　　　　　若狹敬吉 貴下

화태 억류 한국인 문제 연구소
와카사 게이기치 귀하

　　　귀하가 1975.7.17일 부로 대한민국 대통령 각하께 올린 "화태 억류 한국인 귀환

문제에 관한 요망서"에 대하여 아래와 같이 응신하여 드립니다.

　귀하는 과거 수년간 스스로의 양심의 명하는 바에 따라 자발적으로 화태에 억류되어 있는 한국인을 그들 조국의 품에 돌아오도록 노력하여 오신 노고와 공헌에 경의와 감사를 우선 표하는 바입니다. 귀하가 옳바로 언급한 바와 같이 청운의 희망을 간직하던 젊은 세대의 몸으로 이역땅 화태에 선택의 여지도 별로 없이 갔던 수많은 한국 사람이 세월의 흐름과 함께 인생의 황혼에 접어들어 망향의 염에 사로잡힌 채 별세하고 혹은 육친의 정을 그리며 상봉의 날을 손꼽아 기다리고 있음은 어떻게 보나 하루 속히 해결되어야 할 문제이라 하지 않을 수 없습니다.

　일본인으로서 귀하의 애끓는 인도주의적 양심을 평가하고 거듭 감사를 표하고자 하며 향후에도 귀하의 화태 교포문제에 대한 따듯한 이해와 성원을 당부하고자 합니다.

　귀하의 건승과 행복을 바랍니다.

명에 의하여
참사관 김이명

5. 대통령비서실 공문―민원서류처리

대통령비서실
번호 대비민125.4-
일시 1975.□. □
발신 대통령비서실장
수신 외무부 장관
제목 민원서류처리

　1. 별첨 민원서류를 이첩하니 적의 처리 바랍니다.
　첨부: 민원서류(□□) 1통. 끝.

5-1. 첨부-진정서

> 진정서
> 대통령 각하
>
> 화태억류교포귀환촉진회

존경하는 대통령각하!

오늘 사할린 억류 교포 귀환촉진회 제5차 정기 총회를 맞이하여 그 가족과 혈육들이 한데 모여 5년째 사할린 동포의 귀환을 요청하는 같은 내용의 진정서를 채택하여 올리게 됨을 한편 송구스럽게 생각하면서 하루 빨리 귀환의 길이 열려 그들 동포가 조국땅에서 기다리는 가족들의 품에 돌아올 수 있도록 최선을 다해서 해결해 주시기를 간곡히 진정 드립니다

십년이면 강산도 변한다고 했는데 그 강산이 세번씩이나 바뀐 망향 30여년!

그 오랜 세월동안 단절의 슬픈 운명만을 지닌 채 머나먼 이역땅 사할린에서 고국이 있는 남쪽 하늘만 바라보면서 이제는 백발의 노인이 되여 시름에 젖어 한숨만 짓고있는 불쌍한 우리의 동포들에게 조속한 구원의 손길을 뻗쳐야 하겠읍니다 그들에게도 돌아올 조국이 있고 사랑하는 부모 처자가 있는데 왜 지금까지 주인없는 백성이니 나라없는 국민이니 하는 천대와 버림을 받아야만 합니까?

그들과 가족들에게 도대체 무슨 큰 죄가 있어서 이다지도 뼈아픈 이산 가족의 쓰라린 고통만을 겪으면서 살아야합니까? 오늘은 광복 30주년을 맞이하는 뜻깊은 날입니다 그러나 사할린 동포와 그 가족들에게는 단절 30년이라는 비극을 뒤새기는 날이기도 합니다

그들 동포에게는 해방이 되고 조국이 독립된 이 찬란한 기쁨도 모르는체 지금 이 시간에도 공산주의의 철조망 속에 갇혀서 인간이 누려야 할 기본 인권마져 무참히 유린되고 있으며 오직 그들을 강제로 연행해가서 오늘의 운명을 짊어지게한 간악한 일본 군국주의자들과 현재의 일본정부를 원망하고 있읍니다

존경하는 대통령 각하!

한국과 일본 정부의 국교가 정상화된지도 어느덧 10여년이 넘고 있습니다

저희 가족들은 한일회담 당시에 이 문제가 토의되어 해결되지 못한데 유감으로 생각하며 한편 아쉬움을 금치 못하고 있읍니다만 이제라도 한일양국 사이에 인권문

제로 크게 대두되고 있는 사할린 동포의 귀환 문제를 진지하게 다루어 국교를 가진 한일간에 더 불행한 사태로 번지기 이전에 좀 더 고차적이고 근본적인 방안을 강구하여 귀환을 갈구하는 동포들만이라도 점차적으로 돌아올 수 있도록 강력한 외교적인 노력을 해주시기 바랍니다

지난날 민족 수난의 제물이 되었던 이들 동포들에게 구제되었어야 할 온갖 보장책이 송두리체 버려졌기 때문에 오늘날 이같이도 절규하는 겨레의 하소연이 기나긴 30여년 동안 현실 속에 부각되고 있는 것입니다

금년에는 저희 사할린 이산가족들이 한자리에 모여앉아 번영과 발전을 거듭하고 있는 조국의 하늘 아래서 존경하는 대통령각하를 모시고 국민 총화대열에 다같이 참여할 수 있도록 기원하면서 4만 사할린 억류 동포들의 열망과 그 가족들의 평생 소원을 한데 모아 이 진정서를 올립니다

대통령 각하의 만수무강을 빕니다

1975년 8월 15일
화태억류교포귀환촉진회
총회대표 한영상 외 가족 일동

6. 기안–민원회신

분류기호 문서번호 북일700-
시행일자 1975.11.14.
기안책임자 남상욱 동북아1과
경유수신참조 부산시 동구 수정3동 산17번지 24통 2반 손 영근 방 이운득 귀하
제목 민원 회신

   1. 귀하께서 1975.11.1. 외무부 장관 앞으로 보내신 진정에 대한 회신입니다.
   2. 귀하의 서신에 귀하의 부친 존함이 명기되지 아니하여 어느 분에 관한 것인지 분명치 아니한 바, 만일 "이은덕"씨의 귀환에 관한 것이라면 귀하께서도 신문지상을 통하여 이미 알고 계시리라 믿으나, 지난 11.13. 가족 6명과 함께 사하린에서 일본으로 귀환한 김진희씨에 의하면 이은덕씨가 쏘련 당국을 상대로 한 수속은 모두 마쳤으며, "모스크바" 주재 일본대사관이 일본인 부인과 자녀

등에 관한 가족 증명서만 발급해주면 곧 돌아올 계획으로 준비를 서두르고 있다고 함을 알려드립니다.

3. 이은덕씨의 일본 도착일자 등은 아직 밝혀진 바 없으나 알게되는 즉시 귀하에게 추보하여 드리겠습니다.

4. 정부는 육친과의 재회를 그리는 귀하의 절실한 염원이 귀하뿐만 아니라 수많은 국내 연고자들의 한결 같은 소망임을 잘알고 있으며, 따라서 당부로서는 귀하가 애타게 기다리는 귀하의 부친을 비롯한 여타 재사하린 억류 교포의 조속한 귀환을 위해 최선의 노력을 다할 것임을 첨언합니다.

귀하의 건승을 기원합니다. 끝.

7. 탄원서

장관님 읽어주십시요
고루지 못한 날씨에 금일도 얼마나 수고가 많으십니까?
이 글월을 올리고 있는 저는 다름이 아니옵고 얼마 전 글월을 올린 바 있는 이운득이라는 사람이옵니다.
이렇게 글월을 올리는 것도 10월 31일 새벽 6시 뉴우스에 가족이 사할린에서 돌아온다니 언제쯤 올 것인지 좀 상세히 알려 주셨으면 합니다.
부모형제 없는 고국에서 애타게 가족을 기다리고 있습니다.
장관님 정말 감사합니다. 무어라 말씀을 드려야 좋을지 모르겠습니다
장관님이 이렇게 살펴주심이 얼마나 고마우신지 말씀을 드릴 수가 없습니다
장관님 수고스럽더라도 상봉의 그날까지 힘입어야 할 것 같사오니 빠른 시일안에 만날 수 있도록 힘 써주시면 후일 잊지 않고 마음속에 새길 것입니다.
언제쯤 올 것인지 상세한 연락을 기다립니다. 할말은 많으나 다음 또 연락 드리죠
그럼 장관님과 외무부 모든 직원 여러분의 몸건강과 아울러 행운이 함께 하시길 빌면서 이만 주립니다

1975.11.17
부산에서 이운득 드림

③ 재사할린 동포 개별 귀환, 1976

○ ○ ○

기능명칭: 재사할린 동포 개별 귀환, 1976

분류번호: 791.51

등록번호: 10017(25699)

생산과: 아주, 동북아1과

생산연도: 1976-1976

필름번호: P-06-0018

파일번호: 13

프레임 번호: 0001-0106

1. 외무부 공문(착신전보)-일본 측 화태교포 귀환 추진 상황 보고

대한민국 외무부
번호 JAW-1616
일시 271439
발신 주일대사
수신 장관

대: WJA-01379.   연:JAW-01313
1. 1.26. 조명행 서기관은 외무성 북동와과 다까하시 차석과 접촉 연호 화태교포 귀환에 관한 일본측의 종래 입장변경여부 및 대호 일본측의 화태교포 귀환 추진 상황에 대하여 확인한 바 다음과 같이 보고함
가. 연호 "이나바" 법상의 발언과 관련하여 동건에 관한 일본측의 입장변경이 있었는지에 관하여 문의한바 동 차석은 화태 교포문제 자체에 관한 일본의 입장이 기본적으로 변경된것은 아니라고 하고 화태 교포의 귀환문제를 해결하기 위해서는 실행가능한 것부터 하나하나씩 해결 하는 방침으로서 우선 개별적으로 귀환을 희망하는 화태교포에 대하여 CASE BY CASE로 일본입국비자를 발급하여 일본입국을 실현시키고 일본 입국후에 그들의 희망에 따라 한국에의 귀환을 추진하는 방법의 가능성을 검토하고있다고말함
나. 일본입국사증발급 신청서 송부현황에 대하여서는 그간 일본측은 귀환의사를 희망하여온 화태교포에 대하여 그때 그때 주쏘일본대사관을 통하여 개인별로 약 200 이상의 신청서를 송부하였으며 일본인과 가족관계를 가지고 있지않은 순순한 한국인으로서 일본입국신청을 전체 숫자는 현재 주쏘일본 대사관으로부터 보고를 접하지못하고 있어 알수없다고함. 도항증명발급자 수는 75년 11월에 일본에 귀환한 김진희 가족 6명(일본인 처)에게 발급한 바 있다하고 최근 일본 정부는 일본 입국사증을 신청한 김화춘 가족(일본인과 가족관계가 없음) 5명에 대하여 일본입국사증을 발급키로 결정하고 말함(상기 김화춘 가족의 인적사항을 문의하였던바 동차석은 관계관으로부터 CLEARENCE를 요하는 사항이므로 동건이 CLEAR되면 알려주겠다고 함)
2. 화태 거류 귀환 한국인희의 귀환추진 사업처리상황
가. 동귀환 한국인회는 일외무성으로부터 일본입국사증신청서 2,000명분을 받아 동 신청서와 함께 초청및 재정보증서를 귀환희망화태교포 48세대 145명에게 각각 개별적으로 우송하였는바 송부현황은 아래와 같음(신정서 및 초청장이 송

부된 화태교포 명단은 파우치편에 송부위계임)
1) 일본내 연고자 초청
제1차 송부(75.11.3): 1세대(20명)
제2차 송부(75.12.9): 20세대(62명)
2) 한국내 연고자 초청
제1차 송부(75.10.11): 6세대(10명)
제2차 송부(75.12.): 21세대(53명)
나. 박노학 회장에 의하면 상기 신청서 및 초청장발송후 한국내 연고자로부터의 초청을 받은 화태교포 한원수(무국적)및 유철(쏘련국적) 양인 가족이 쏘련당국으로부터 출국허가(구체적으로 무엇을 의미하는지는 알수없음)을 받았다는 내용의 짧은 서신을 해당인이 아닌 타인으로부터 간접적으로 받았다고 함(일정 북일)

2. 외무부 공문(착신전보)-한국 귀환 희망 2세대에 관한 지침 하달 요청

외무부
번호 JAW-06572
일시 231855
발신 주일대사대리
수신 장관

1. 6.23 외무성 북동아과 관계관이 당관에 통보하여온 바에 의하면 일본 외무성은 쏘련 나호트카 주재 일본 영사관으로부터 당국의 출국허가(76.7.5까지)를 받은 한국 귀환 희망 화태교포 강명수 (1916.1.15생) 및 황인갑(1906.7.7) 2세대가 출국을 위하여 이미 가산을 정리하고 나호토카시에 체류하면서 동 일본 영사관에 일본 입국허가를 신청하여 왔다는 보고를 접하였다 하며 이들의 출국허가 기간이 얼마 남지 않았음으로 당관이 우선 이들의 한국귀국에 관하여 문서로서 일종의 ASSURANCE를 하여주면 어떻겠는가를 문의하여 왔음.
2. 상기와 관련 일측에 대한 지침을 하달하여 주시기 바람.(일정 북일)

3. 외무부 공문(착신전보)-화태교포 2인에 대한 진행사항 보고

외무부
종별 긴급
번호 JAW-06587
일시 241208
발신 주일대사 대리
수신 장관

연: JAW-06572
6.24 외무성 북동아과 관계관은 연호 화태교포 강명수 및 황인갑의 귀환과 관련
외무성이 이들의 한국 귀국을 위하여 일단 일본입국 허가를 해주도록 법무성
당국과 협의하였으나 법무성으로 부터는 아측의 ASSURANCE가 없이는 일본
입국 허가를 할수 없다고 통보하여 왔다고 하면서 외무성은 이들의 한국 입국
허용 여부를 조회하는 구상서를 현재 준비중에 있으며 이문제에 관하여 금일중
(6.24)에 주한 일본대사관의 공사 또는 참사관으로 하여금 외무부와 접촉 협의
토록 훈령을 내릴 것이라고 당관에 통보하여왔음을 보고함(일정 북일)

4. 외무부 공문(착신전보)-외무성 구상서 도착 보고

외무부
번호 JAW-06632
일시 251221
발신 주일대사
수신 외무장관

연: JAW-06587, 06572
6.24. 외무성은 연호 화태 교포 강명수 및 황인갑의 귀한문제와 관련 이들의
한국입국 허용여부를 문의하는 구상서를 보내왔음.
(상기 구상서 파편 송부 위계임.) (일정-북일)

5. 외무부 공문–한국 귀환 희망자 관련 일측에 통고 지시

외무부

종별 긴급

번호 WJA-06456

일시 261320

수신 주일대사

발신 장관

　　대: JAW-06656

　　대호에 관하여 다음과 같이 일측에 통고하고 결과 보고바람. 주한일본 대사관에
도 이를 통고할 것이니 참고 바람

다음

1. 현재까지 일측으로부터 서면통고받은 한국귀환 희망자 28세대 91명의 한국
   귀환을 포함하여 사하린 교포 귀환에 관련된 제반 문제에 관하여 현재 한국
   정부 내에서 검토중이며, 이에 관하여 일본측과 불일중으로 협의를 시작할
   수 있기를 바라고 있음.
2. 현재 나호트카에 체류중이라는 강명수, 황인갑, 안태식, 백낙도, 4명의 경우,
   쏘련 출국비자가 76.7.5.에 만료된다고 하나, 이들의 신원조회를 하는데 상
   당한 시일이 소요될것으로 예상되어 일측이 요청한 2-3일내로는 절차가 끝
   나지 않을 것이므로 인도적인 견지와 시일의 촉박성에 비추어 우선 일본에
   비상입국시키는 조치를 취해줄 것이 요망되는 바임.(북일)

6. 외무부 공문(착신전보)–일본 비상 입국 관련 북동아 과장 면담 내용 보고

외무부

종별 긴급

번호 JAW-06709

일시 281714

발신 주일대사

수신 장관

대: WJA-06456

연: JAW-06656

6.28. 1130 김옥민 1등 서기관이 외무성 엔도 북동아 과장을 방문 대호 아측 입장을 설명 전달한바 동 요지 아래와같이 보고함.

1. 동 과장은 수차에 걸친 일측 구상서에 대한 한국측 회답을 아직 받지 못하고 있는바 한국측이 협의코저 하는 내용이 무었인지 잘 모르겠다고 말하였음.

2. 연호 4명의 일본 비상 입국 조치를 요망한데 대하여 동과장은 동인들이 일본에 입국하여 필요한 기간 체재한 후 한국측에서 이들의 한국 입국 허가여부를 어떻게 할것인가 하는 원칙적인 문제에 대하여 전혀 언급함이 없이 일측에 일본 비상입국 허용만을 요청하는 것은 매우 어려운 문제라고 말하고 한국측의 입장을 주나호토카 일본영사관을 통하여 동인들에게 즉시 전달하지 않을수 없다고 말하였음.

3. 동인들에게 상기 사실을 알리겠다고 하는 것은 동인들의 일본 비상입국을 허용하지 않겠다는 것을 의미하느냐고 문의한바 동과장은 동문의에 대한 직답은 회피하면서 만일 일본정부에서 동인들에 대하여 입국허가를 일정기간(예를 들어 15일간) 허용한다고 할 경우 동체재기간이 끝날때까지 한국 입국이 허가 되지않으면 체류기간 초과로 불법 입국이 되어 오무라 수용소에 수용될수 있는 문제도 일어날수있다고 말하였음.

물론 동과장은 그러한 발언은 정식으로 검토한 결과가 아니며 어디까지나 비공식적인 것이라고 전제 논하였으나 의외의 발언이었는바 매우 직흥적인 발언으로 감촉되었음.

(일정-북일)

7. 주일대사관 공문-화태교포 귀환

주일대사관
번호 일본(정)700-3777
일시 1976.6.29.
발신 주일대사
수신 장관

연JAW-06632
연호, 화태 교포 귀환 문제에 관한 외무성의 구상서를 별첨 송부합니다.
첨부: 상기 구상서(사본) 1부. 끝.

7-1. 첨부—구상서(편: 첨부파일 생략)

亜北第１５５号
昭和５１年６月２４日

口上書

　外務省は、在本邦大韓民国大使館に敬意を表するとともに、同大使館に対し、姜明寿氏及び黄仁甲氏(これらの者はすべてサハリン在住の朝鮮人で、その人定事項は別添参照)が日本経由大韓民国帰国の目的をもつて、日本への入国許可申請を行つたことを通報する光栄を有する。

　外務省は更に、同大使館ないし同大使館より依頼を受けた者が、姜明寿氏及び黄仁甲氏の申請に欠けている下記の書類を同省あてに提出する用意があるや否や照会する光栄を有する。

(１)招請状
(２)身元保証書
(３)保証人の保証能力立証書類
(４)申請人と保証人の関係を証明する書類

　外務省は更に、大韓民国政府が上記の者に入国許可を与えるや否や照会する光栄を有する。

－－－－－－－－－－－－－－－－－－－－－－－－－－－－－－

Transration

MINISTRY OF FOREIGN AFFAIR
TOKYO, JAPAN

No. 155/ASN

NOTE VERBALE

The Ministry of Foreign Affairs presents its compliments to the Embassy of the Republic of Korea and has the honour to inform the latter that Mr. Gang Myung Soo and Mr. Hwang In Gap (these persons are Korean residents in Sakhalin and particulars concerning these persons are given in attached papers) have applied for entry permits into Japan with a view to returning to the Republic of Korea by way of Japan.

The Ministry of Foreign Affairs has further the honour to inquire whether the Embassy of the Republic of Korea or any person acting on the Embassy's request is ready to present to the Ministry the following documents which are required to complete the application of Mr. Gang Myung Soo and Mr. Hwang In Gap.

(1) Invitation letter from guarantor.

(2) Letter of guarantee.

(3) Document proving the capability of the guarantor to undertake the guarantee.

8. 외무부 공문(발신전보)–외무성에 귀환 희망 사할린 교포들에 대한 의견 전달 지시

외무부
종별 긴급
번호 WJA-06509
일시 301900
발신 장관
수신 주일대사

    대: JAW-06743
    연: WJA-06709
연호 강명수 등 4명에게 주나호트카 일본 영사관이 수차 식사를 제공하는 등 돌봐주었다는 바, 이에 대해 외무성에 적절히 사의를 표하고, 동 4명에 대한 신원확인에 다소 시일이 걸리니 이들의 쏘련 출국 기한인 7.5. 이전에 일본입국을 우선 허용토록 거듭 요청하고 결과보고 바람.(북일-   )

9. 외무부 공문(착신전보)−귀환 희망 사할린 동포 2명에 관해 외무성 방문 결과 보고

외무부
종별 긴급
번호 JAW-07084
일시 031420
수신시간 7.3. 16:54
발신 주일대사
수신 장관

대: WJA-0732
연: JAW-07062
대호와 관련, 76.7.3. 12시, 김옥민 1등서기관이 외무성 엔도 북동아과장을 방문한바, 동요지 아래와 같이 보고함.
1. 대호 아측 입장을 전달하고 강명수, 황인갑, 백낙도, 안태식 4명에 대하여 즉시 일본입국 허가를 부여하며, 쏘련출국허가 기한인 7.5.까지 출국할수 있도록 조치를 취하여 줄것을 강력히 옹청하였음.
2. 이에 대해 동과장은 상기 4명이 현재 사하린으로 돌아갔는바(아측 통보가 늦어짐에 따라), 주나호트카 일본 영사관을 통하여 한국정부의 입장을 그들에게 직접 전달하겠으며 쏘련출국허가 기한의 시일이 너무 촉박(주말 포함)함에 비추어 사실상 물리적으로 동기한까지 출국이 가능할지 매우 의문이라고 말함. 그들에 대한 일본 입국허가 문제에 관해 법무성 당국과 즉시 협의하겠다고 하였음.
3. 쏘련출국허가 기한 이전의 출국이 불가능할 경우 동허가 기한이 연장될수 있을 것인지 문의한 바, 동과장은 가능할것으로 생각한다고 말하고, 주나호트카 영사관을 통하여 쏘련측에 동 허가기한 연장을 요청하도록 지시하겠다고 하였음.
4. 동과장은 이상 4명에 대해 일본 입국허가 부여시 일본체류 비자는 15일 정도가 될것이라고 말하였음. 이에 대해 김과장은 일본 체류의 단기비자 부여는 사실상 그들이 일본입국후 한국으로 돌아가는데 있어 너무 짧을뿐만 아니라 일본이 한국 입국을 위한 단순한 경유지라는 인상을 쏘련측에 줄 우려가 있음에 비추어 그들에 대해 최소한 6개월 정도의 장기 체제 비자를 부여해 야 할것임을 종래에 일측에 전달한바 있음을 상기 시켰음.
동과장은 쏘련측에서도 그들의 일본입국후 한국으로 돌아 간다는 것을 이미 알고 있으므로 일본 체재 기간은 별로 문제되는것은 아닌것으로 생각한다고 말하였음.

5. 동 과장은 동 4명에 대한 한국 입국허가 및 일본 체류중의 재정보증서에 대하여 구상서로 회답하여 줄것을 요청하였는바, 구상서 회답하여 줄것인지 여부 회시바람 (일정-북일)

10. 외무부 공문(착신전보)–사하린교포 귀환문제 회신에 대한 일측 답변

외무부
종별 대긴급
번호 JAW-07089
일시 031847
수신시간 7.5. 8:20
발신 주일대사
수신 장관

　　연: JAW 07084
　　대: WJA 0732
　　연호 76.7.3. 12시 김옥민 1등 서기관이 아측 입장을 엔도 북동아과장에게 전달한데 대하여 동일 16시경 동 과장은 전화로 다시 확인하여왔는바, 동 요지 아래와 같이 보고함.
　　1. 동 과장은 대호 4명이 일본에서 체류하는동안 그들의 보증(및 초청장 등 서류의 제출)을 한국 정부가 행한다는 것으로 양승하겠다고 말하여왔음.
　　이에 대해 김 과장은 그들의 일본 체류와 관련된 보증은 한국 정부나 당대사관이 아니고 화태 거류귀환 한국인회, 민단, 교포, 유지등이 보증토록 한다는 것이므로 이점 오해가 없도록 하여 줄것을 분명히 밝혔음.
　　2. 동 과장은 이들 4명에 대한 일측 구상서로 회답하여 줄것을 다시요청하여 왔음. 이에 대한 김과장은 구상서에 대해서는 일반적으로 구상서로 회답하는것이 외교관례이기는 하지만 구두로 회답할수 있는 것이어서 대호 아측 입장은 일측에 정식 전달하는것이며, 구상서로 회답하여 달라는 일측 요청(연호참조)에 관하여는 본부에 보고한바 있으므로 회답 있는데로 통보하여 주겠다고 말하였음.

3. 동 과장은 본건에 관해서는 주한일본 대사관에도 연락할것이라고 말했기 참고로 보고함. (일정-북일)

11. 외무부 공문(착신전보)—귀환 희망 사하린교포 입국허가 발급 현황 보고

외무부
번호 JAW-07125
일시 051711
수신시간 7.6. 8:48
발신 주일대사
수신 장관

   대: WJA 0747
   1. 대호 외무성 북동아과 관계관에 알아본바, 일측은 김화춘 및 그 가족 5명에 대하여 일본 영주 목적의 입국허가를 발급하였으나, 김화춘을 제외한 나머지 가족은 쏘련 당국으로부터 출국허가를 받지 못하였기 때문인것으로 안다고 말하였음.
   2. 김화춘(오오사카 거주)과 직접 접촉 조사 추보 위계임.(일정-북일)

12. 주일대사관 공문—화태 교포 귀환

주일대사관
번호 일본(정)700-3901
일시 1976.7.6.
발신 주일대사
수신 장관
참조 아주국장
제목 화태 교포 귀환

연: JAW-07062

연호, 화태 교포 백낙도 및 안태식의 귀환과 관련된 외무성의 구상서(사본)을 별첨 송부합니다.

첨부: 상기 구상서(사본) 끝.

12-1. 첨부—구상서(편: 구상서 첨부파일은 생략)

亜北第160号
昭和51年7月2日

口上書

外務省は、在本邦大韓民国大使館に敬意を表するとともに、同大使館に対し、白楽道氏及び安泰植氏(これらの者はサハリン在住の朝鮮人で、それらの者の人定事項は別添参照)が日本経由大韓民国帰国の目的をもつて、日本への入国許可申請を行つたことを通報する光栄を有する。

外務省は更に、大韓民国政府が上記の者に入国許可を与えるや否や照会する光栄を有する。

————————————————————————————————

Translation

MINISTRY OF FOREIGN AFFAIR
TOKYO, JAPAN

No. 160/ASN

NOTE VERBALE

The Ministry of Foreign Affairs presents its compliments to the Embassy of the Republic of Korea and has the honour to inform the latter that Mr. Baek Nak Do and Mr. Antae Shik(these persons are Korean residents in Sakhalin and particulars concerning these persons are given in attached papers) have applied for entry permits into Japan with a view to returning to the Republic of Korea by way of Japan.

The Ministry of Foreign Affairs has further the honour to inquire whether the Government of the Republic of Korea will grant to the above-mentioned persons the entry permits into Korea.

Tokyo, July 2, 1976

13. 주일대사관 공문—화태교포의 서신

주일대사관
번호 일본(정)700-4236
일시 1976.7.20.
발신 주일대사
수신 장관
참조 아주국장
제목 화태교포의 서신

　　　최근 화태교포가 박노학 귀환회 회장에게 보내온 서신(사본)을 별첨 송부하오니 참고하시기 바랍니다.
　　　첨부: 상기 서신(사본) 3통. 끝.

13-1. 첨부—서신

A-354(記號)

박노학 씨 전

　　박노학 씨 가족들과 함게 무사하시며 하는 사업에도 여전하십니까 직원일동도 여전하시며 신체도 근강들 하신지요 박회장과 함게 직원 일동이 염여하여 주신 덕으로 저는 잘지냄니다만 일상 박회장 그타 직원 일동에게 만은 폐을 끼침 엇지할 길 업씁니다 오도마리 귀국자들은 다문을바 편지 대금이라도 전할 생각은 만으나 돈도 부칠 수 업고 무엇슬 엇지 부치는지 알수 업씀으로 신세만 짐니다 그러나 여기서는 하는 수 업쓰니 아들 □□□에게 이 편지을 전할실때에 요구되는 것슬 말씀하시요 제 자식에게 편지 쓴 것슬 보시여도 아시지만 그러한 형편에 잇쓰니 그리 아시며 소련 내무성 공민증 채급자들은 출국증을 내줄 때에 하는 말리 우리 소련 측에서는 할 일을 다햇쓰니. 일번에 글을 써서 입국증을 으더가지고 가라하니 우리들은 그 말을 진심으로 알아들고 입국증명에다 대강 기입하여 모쓰구와 日本대사관에다 써 전햇쓰니 그러한 내용을 자사히 아라서 통지하여 주시기 바랍니다. 영배 씨 말을 드르면 □□ 출국증을 바든 사람이 안니와 2명, 고도마리 한 명, 오도마리 17명 이러한 사람들은 4계월째 집도 업시 일본서 배드러 올 때까지 기다리고 잇씁니다. 영배씨 하는 말은 쏘련서 출국증을 내줄 때는 일번 정부에 승인이 업씨는 안니할 것시라 하며 3월 15일 日本 정부에서 쏘령서 출국하는 자에게는 허가을 하겟따는 발표를 신용하며 그것만 밋고 잇쓰라 하며 입국 증명 때문에 출국신청자가 적게 되지 영배 씨는 출국 신청만 하면 입국증을 직접 안 바더도 갈 수 잇따 합니다.

일번서 입국증을 개인적으로 보내지 안을 것갓따 하며 일번 대사관에다 아문 글도 안 보낸 사람이 만씁니다. 영배 씨 말을 드러보면 출국자들에 명단을 3차례나 보냇쓰나 아문말리 업고 김강하 씨가 이대훈 씨 압프로 편지에 대강 말을 전햇따 하나 역시 말리 업산니 자사한 내용을 점속하게 알어주시면 조흘것 갓씁니다. 또한 가지 출국신청을 한 후 두번째 경찰서에서 불러가면 당신들은 못 간다 합니다 그 말을 우리들은 진심으로 아라드르나 영배씨 말은 출국증이 다되였시나 그러치 안으면 일번 대사관 또는 日本 정부에서 승인을 바든 것스로 인정한다 합니다. 못간다 하니 출국증을 신청을 안 하는 사람이 만씁니다. 그런 형편에서 영배는 신청을 하라 탑니다.

14. 외무부 공문(발신전보)—귀환 희망자 편지에 대한 조치사항 지시

외무부
번호 WJA-07352
일시 231815
발신 장관
수신 주일대사

대: JAW-06709, 일본(정)700-4236

1. 대호 권칠남의 편지에 의하면, 강명수 등 4명이 아국 입국치 못한것이 아국정부가 입국을 허용치 않았기 때문인 것처럼 와전되어 현지에 유포되고 있는듯하니, 박노학 회장으로 하여금 동인에게 한국 정부가 상기 4명의 입국을 7.5. 이전에 허용하였음을 알려 오해나 잡음이 없도록 조치함이 좋을 것으로 사료되는바, 귀관에서 검토하여 조치바람.

2. 이러한 오해가 대호(2)항 엔도 과장의 발언과 관련시켜 볼 때, 주나호트까 일본 영사관에서 상기 4명에게 한국 정부에서 입국을 허용치 않아 일본 입국이 불가능하다고 언급(편지 참조) 한데서 발단된 것으로 사료되는바, 이러한 사하린 내에서의 상태를 일측에 알리고 이에 대한 일측반응을 보고바람.(북일-   )

15. 외무부 공문(착신전보)—귀환 희망자 편지에 대한 조치 결과 보고

외무부
번호 JAW-08387
일시 161742
발신 주일대사
수신 장관

대: WJA 07352, 08211
1. 대호 1항에 관련, 당관은 박노학 귀환회 회장으로 하여금 강명수 등 4명의 화태교포에게 76.7.5 이전에 한국정부가 입국을 허용하였음을 통보토록 하였으며, 박회장이 상기 4명에 대하여 서신으로 동 사실을 알려주었음을 확인하였음.
2. 당관 관원은 화태 교포문제와 관련, 외무성 북동아과 관계관과 접촉과정에서 대호 2항사항을 말하였던 바, 이에 대하여 일측으로부터 별다른 반응은 없었음.(일정-북일)

④ 재사할린 동포 귀환 관련 행정소송, 1976

● ● ●

기능명칭: 재사할린 동포 귀환 관련 행정소송, 1976

분류번호: 791.51

등록번호: 10019(17958)

생산과: 동북아1과

생산연도: 1976-1976

필름번호: P-06-0018

파일번호: 15

프레임 번호: 0001-0218

1. 외무부공문(착신전보)–사하린 한국인 실태에 관한 조사

외무부
번호 JAW-02148
일시 051726
수신시간 76.2.6 7:46
발신 주일대사
수신 외무부 장관

　　당관이 탐문한 바에 의하면, UNHCR(UNITED NATIONS HIGH COMMISSIONER
FOR REFUGEES)는 사하린 한국인 실태에 관하여 조사를 실시할 것을 결정하
였다는 바, 동 UNHCR 본부 소재 공관으로 하여금 동 건에 관하여 조사토록
하고 결과를 당관에도 참고로 알려주시기 바람.
(일정-북일)

2. 외무부공문(착신전보)–화태 소송 경과 및 상황 보고

외무부
번호 JAW-02318
일자 131810
발신 주일대사
수신 외무부 장관

　　연: 일본정700-700(76.2.3)
　　대: WJA-02118
　　1. 대호 당지 화태소송 실행위원회 미하라 레이 사무국장으로부터 들은것임.
　　2. 일본변호사 연합회는 그 내부에 화태문제 전문부회를 설치하고 화태소송의 소
장을 영.불어로 번역하여 이를 각국 인권기관 및 유엔등 국제기구에 배포하였다
하며 국련 동경사무소에도 이를 전달하고 사정설명을 하였던 바 동경사무소는 2.3.
경 동 내용을 UNHCR에 전함과 아울러 조사 실시를 하도록 요청하였다함.
　　3. 마이니찌 신문과 주니찌 신문은 기자를 화태에 특파 교포실태를 취재코자

쏘련 대사관과 접촉하였던 바 쏘련측은 비자발급을 위하여 200만엔의 보증금과 6개월을 기다려야한다는 반응을 보여 현재 동지들은 기자 특파문제를 재검토하였다함.

4. 연호 화태교포 국내가족 방일초청에 관한 본부 결정 조속 회보바람.

화태소송 실행위의 미하라 사무국장에 의하면 민사당은 중의원 예산위에서 화태교포 문제에 관한 질의를 준비중에 있으며 동 질의를 위하여 그들 가족의 방일이 희망된다고 하였다 하기에 첨언함(일정-북일)

3. 외무부공문(발신전보)-화태교포 귀환소송 소장 배포에 관한 건

외무부
번호 WGV-0228
일시 171410
발신 외무부 장관
수신 주제네바대사

1. 주일대사 보고에 의하면, 일본 변호사 연합회내 화태문제 전문부회는 화태교포 귀환소송(3항 참조)소장을 각국 인권기관 및 유엔 등 국제기구에 배포하였던 바, 그 중 국련 동경사무소는 2.3. 이를 UNHCR에 전달코 화태교포 현황의 조사를 요청하였다함.
2. 귀지 UNHCR 당국에 상기 사실을 확인하시고, 조사계획이 있다면 상세내용 문의 보고바람.
3. 본건 참고사항은 다음과 같음
   가. 1945년 일본 패전후 화태 잔류 교포수는 약4만여명으로 추정된 바 있으나 쏘련측의 자료 불공개로 그 실태를 상금도 파악할 수 없는 실정임.
   나. 아국과 쏘련은 국교가 없는 만큼, 송환교섭이 여의치 못하였으며, 화태교포와 관련된 사항은 역사적 배경 및 문제의 성격 등에 비추어 일본이 대쏘교섭을 하여왔으나, 상금 쏘련이 이에 응하지 않고 있음.
   다. 그간 일본인 여자와 결혼한 자 및 그 가족이, 일본인 귀환계획의 일환으로 귀환한 실적이 있는 바(493세대, 1,827명), 이들의 대부분은 일본에 재류하고 있음.

라. 전기 귀환자들은 "재일 화태억류 귀환 한국인회"를 결성하고, 화태교포 귀환을 위해 각계에 진정을 하는 등, 귀환촉진사업을 추진하는 동시에 오랜 서신 연락을 통해 귀환희망자를 조사하였는 바, 현재 1,700명의 귀환 의사를 확인한 바 있음.

마. 1항의 화태교포 귀환 소송이란, 현재 화태에 거류중인 아국인 4명으로부터의 위임을 받은 일본 변호사협회 소속 변호인이 대리 원고가 되어, 이들 교포를 귀환시킬 책임이 일본 정부에 있음을 확인하여 줄 것을 목적으로 75.12.1. 일본 정부를 피고로 하여, 동경지법에 제소한 것을 말함.

4. 주일대사관 공문—화태교포 귀환문제

주일대사관
번호 일본(정)700-110
일시 1976.2.24.
발신 주일대사
수신 외무부 장관
참조 아주국장
제목 화태교포 귀환문제

연: JAW-02148

일본 변호사 연합회가 국제연합 난민고등변무관 동경사무소에 제출한 화태교포 귀환을 위한 조사 및 구제요망서와 화태교포의 대일본정부 소통제기와 관련하여 피고(일본국)가 76.2.20. 동경지방 재판소 민사 제3부에 제출한 답변서를 별첨 송부합니다.

첨부: 1. 상기 요망서 사본
      2. 상기 답변서 사본.   끝.

4-1. 첨부—사할린 한국인 귀환을 위한 조사와 구제 요망서

サハリン韓国人帰還のための調査と救済要望書

当会は一九七五年五月二一日、樺太抑留帰還韓国人会会長朴魯学外六名から「第二次大戦当時朝鮮南部から日本によってサハリンに強制連行され、その後終戦を迎え郷里に帰還を希望しているにもかかわらず現在まで現地に放置されたままでいる約七、〇〇〇名の韓国人が日本を経由して韓国に帰還することができるように調査と処置をとってもらいたい。」との申立を受けました。そこで早速この申立に対して調査を開始し今日まで続けてまいりました。

　その結果、申立の件は、日本国・ソビエト社会主義共和国連邦・朝鮮民主主義人民共和国・大韓民国などの国情がからんでいるようであって調査と救済に困難さを感じるに至りました。

　この問題は、人道上の見地からもこれ以上放置できない問題であります。

　ついては、申立の件につき貴弁武官において調査・救済されるよう特段の御配慮をお願いいたします。

資料
　　一、樺太抑留帰還韓国人会申立事件ついて
　　二、国会における日本政府答弁要旨(昭和五一年一月二二日)
　　　　一九七六年二月　　　日

　　　　　　　　　　　　　　　　　　　　　日本弁護士連合会

　　　　　　　　　　　　　　　　　　　会長　辻　　誠

国際連合難民高等弁務官事務所
駐日代表　済藤恵彦　殿

　　　　　　　　─────────────────────────

昭和五一年一月一六日

　　　　　　　　　　　　　　　　　　　　　日弁連人権擁護委員会
　　　　　　　　　　　　　　　　　　　第六部会々長　笹原桂輔

日本弁護士連合会人権擁護委員会
委員長　北山六郎殿

樺太抑留帰還韓国人会申立事件について

当部会は標記申立事件について、調査の結果を左記のとおり報告いたします。

記

一、調査の経過について

(一)本件について全体委員会が、昭和五〇年六月二〇日、第六部会において調査研究をなし、その結果(或いは途上に於て)必要があれば事件委員会を設置することを検討すべきであると、当部会が行った調査の経過は次のとおりである。

1．50．7/12　　申立人樺太抑留帰還韓国人会会長朴魯学外から事情聴取

2．　　7/19　　右朴魯学外六名から事情聴取

3．　　7/29　　朴俊圭、朴ミセ子夫妻から事情聴取

4．　　8/9　　朴魯学外三名から事情聴取

5．　　8/13　　共同通信記者三名から事情聴取

6．　　8/21　　片文珠、佐野節子夫妻から事情聴取

7．　　10/8　　外務省係官から事情聴取

(二)右の外従前の新聞報道、パンフレット、右樺太韓国人からの手紙などの資料を収集した。

(三)以上の資料にもとづいて調査研究した結果、昭和五〇年一一月二二日の部会において、一応部会としての調査研究を終了し、本件については、事件委員会を設置するのが適当である、との結論に至ったものである。

二、現在樺太に残留している韓国・朝鮮人について

(一)残留人数は四万三、〇〇〇とも四万人ともいわれている。前者の数字は昭和二一年頃の集計が根拠になっている。そのうち七五％が朝鮮民主主義人民共和国の、一五％がソ連邦の国籍を取得しており、残り一〇％が無国籍(但し最終国籍日本)である。

(二)無国籍者の殆んどは南朝鮮(韓国)出身者で韓国に帰国したい為(日本に居住したい者もいる)無国籍の途を選んだ者で、前大戦中の青壮年時に大日本帝国政府により南朝鮮(韓国)で徴用などにより家族からキリ難して連行された者で、戦後三〇年を経て、老令に達り帰国を切望している。

　無国籍者は樺太にあって、就職、進学、住所の移転などで不利な処遇をうけており、南北朝鮮の対立の影響もある模様で、望郷の念切なるものがあり、これがかなえられないため、アルコール中毒になったり、自殺に走る者も出る状態である。

(三)申立人の把握したところでは帰還希望者は約七、〇〇〇人であるとのこと

で、現在は約二、〇〇〇人であるといわれている。

三、前記韓国・朝鮮人が樺太に移住した事情

    (四)以上の様々な経過で昭和一四年から昭和二〇年まで、日本内地、樺太方面へはピークにおいて一〇万人、昭和二〇年五月現在で六万五、〇〇〇人と目されている。部会で事情聴取を行った限りにおいても、こうした樺太への移住は韓国。朝鮮人労働者の自由意志によったとは言いがたく、その多くがいわゆる「強制連行」の実質をもったものであったことが推察される。樺太方面においては韓国・朝鮮人労働者は、炭坑採掘、鉄道敷設、港湾労役、軍用飛行場建設等に使役され、空腹、低賃金、強制貯金、暴力的監視労働など劣悪な条件下で労働させられた。

    (五)戦前からの韓国・朝鮮人樺太在住者は一％程度といわれているので、九九％の樺太在住韓国・朝鮮人労働者は右の様々な過程で樺太に連行され、労働していたものと思われる。

四．終戦時引揚、残留の事情

    (一)昭和二〇年終戦直前に、旧樺太等は幼、老、婦人の緊急内地引揚を実施した。同年八月一七日から三々月の間に八万人、〇〇〇名の日本人の引揚がある。ソ連が樺太を占領した後、昭和二一年一一月二七日「引揚に関する米ソ暫定協定」、同年一二月一九日「ソ連地区に関する引揚米ソ協定」が締結され、昭和二一年から同二六年まで日本人三一万一四五二〇〇名といわれている。右協定によれば引揚該当者は日本人捕虜及び一般日本人(但し各人希望による)と規定されていたが、残留韓国・朝鮮人については強い帰国希望があったにもかかわらず引揚業務は行われなかった。

    (二)昭和三一年「日ソ平和宣言」により昭和三二年から同三四年まで韓国人と結婚していた日本人女性の帰還事業が行われ、その際同伴家族として残留韓国・朝鮮人の一部が日本に帰還し、更にその一部が日本に居住して爾来各方面にその余の残留韓国・朝鮮人の帰還遠促進運動を行ってきた。

五．関係各国の帰還問題に対する態度について

    (一)ソ連　昭和五〇年一月一六、七日モスクワにおいて行われた日ソ外相会議においてグロムイコ外相が官沢外相に対し「これは南北朝鮮とソ連間のことであって日ソ間の問題でない」旨述べた。他方ソ連赤十字社トロヤン総裁は昭和四八年五月一三日日本赤十字社木内外事部長に対し次のような見解のべた。

      「日本政府が南カラフト在住韓国人の意思を尊重し、日本移住を希望する

ものには移住を許可し、韓国への帰国を希望するものには日本経由での
帰国を許可するなら、ソ連赤十字としても南カラフト在住韓国人の出国
に協力する用意がある。」

(二)韓国　昭和四八年六月一三日東京で開かれた韓日議員懇親会において次の見
　　解が示された。

　　　　「日本の戦争政策のために強制的に南カラフトへ連行した韓国人を日本の
　　　　責任でもって、帰還させるのが道義的であり、それには一旦、日本に上
　　　　陸させて本人の意思によって韓国に帰りたいものは韓国が引き受け、日
　　　　本に居住したものには日本が居住権を与えることとすべきである。」

(三)日本　昭和四七年七月一八日田中角栄首相は次の国会答弁をしている。

　　「右引揚の実現についてできるかぎりのことはしたいと考えている。たゞ、
　　現在カラフトは日本の管轄下にないため、わが国としてなしうることには自
　　ら限度がある。

　　日本国政府としては、本問題解決のためには、まず当該引揚希望者の実態を
　　明らかにすることが必要であると考える。

　　この見地からソ連政府に対しても昭和四四年八月韓国政府から提出された
　　「引揚希望者名簿」を渡し、右リストに基づき出国希望者の実態調査及び出国
　　希望者の存在が確認された場合の出国許可の可能性検討方を非公式に要請し
　　た。その後本件につき機会をとらえてソ連政府に対し配慮方要請を行ってき
　　ており、今後とも続けていきたい。

　　御指摘の日本政府としての便宜供与の問題が解決された後に初めて問題とな
　　るところであるが一応

　　(1)日本は単に通過するのみで全員韓国に引揚げさせる。

　　(2)引揚げに要する費用は一切韓国側において担当する。

　　の二点をとりあえずのラインとして外務省、法務省等関係官庁において検討
　　させることといたしたい。」

　　又前記ソ連赤十字社の態度表明に即した在樺太韓国人の要望に対し、在ソ連邦
日本大使館は「日本政府としてはその法制の健前上、ソ連の旅券が発給される前
に、日本経由韓国へ赴くための日本入国査証を与えることは不可能であり、日本政
府は帰還希望者がソ連政府から旅券の発給を受け出国の許可をえてから日本大使館
に日本入国査証を申請すれば審査する」と答えこの態度が継続している。

　　　　　　　　　　　　　　　　　　　　　　　　　　　　　　　　　以上

4-2. 첨부-답변서

昭和五〇年(行ウ)第一四四号
　　　　　　　　原告　　厳甲外三名
　　　　　　　　被告　　国
昭和五一年二月二〇日
　　　　　　　　被告指定代理人
　　　　　　　　　　房村精一
　　　　　　　　　　荒木文明
　　　　　　　　　　遠藤哲也
　　　　　　　　　　山口英一

東京地方裁判所民事第三部　御中

答弁書

第一　本案前の答弁
一　答弁の趣旨
　　　本件訴えをいずれも却下する。
　　　訴訟費用は原告らの負担とする。
　　との判決を求める。
二　答弁の理由
　　1．本件訴えは、被告国に作為を命ずる判決を求める給付の訴えである。とこ
　　　ろで、給付の内容、範囲、態様等を請求の趣旨に記載し、もって請求を特定
　　　すべきである。しかるに本訴請求の趣旨は、「被告国は、原告らを本邦」に帰
　　　国させること。」というものであって、被告に対し何らかの作為を求めてい
　　　ることは疑われるが、具体的に如何なる行為をなすことを求めているのかは
　　　全く不明であると言わざるをえない。
　　　　　右のごとく如何なる作為を求めるのか不明確な本件訴えは、請求の特定
　　　を欠くものであって不適法である。
　　2．また、原告らの「原告らを本邦に帰国させること。」という請求の趣旨で仮
　　　に給付内容が特定されているとしても、それを実現するためには、必然的に

ソヴイエット社会主義共和国連邦(以下ソ連連邦という。)との外交交渉を伴うものであるから、本訴請求は、その当然の前提として、被告に対し右の外交交渉をなすべきことを求めているものといえる。

ところで、裁判所が行政権を第一次的に行使したり、指導監督したりするような結果となる訴訟は、三権分立の原則にてらし、原則として許されないものというべきである。そして、原告らの求める外交交渉を行うかどうかの問題は、行政権の国有領域に属することは疑問の余地がないから、原告らの本件訴えを適法のものとすれば、裁判所が内閣(外務大臣所管)の専権事項につき少なくとも指導監督的作用を果す結果を招来することは明らかである。

3. 以上のとおりであるから、本件訴えは不適法なものとして却下を免れない。

(なお、被告は、以上のとおり、本件訴えは、不適法として却下されるべきものと思料するので、本案についての答弁及び主張を留保する。)

5. 외무부 공문(착신전보)−화태교포 귀환소송 소장 배포에 관한 건

외무부
번호 GVW-0306
일시 051800
발신 주 제네바대사
수신 외무부 장관

대: WGV-0228
연: GVW-0225
1. 대호에 관하여, 당지 UNHCR에 재차 문의하였으나, UNHCR은 아직 대호건에 관하여 요청받은 사실이 없다함.
2. 주일대사관으로 하여금 UNHCR동경사무소와 접촉케하여 대호 소장 전달일자를 확인하여 주시기 바람. (북일)

6. 주일대사관 공문-화태교포 귀환문제

주일대사관
번호 일본(정)700-1805
일시 1976.3.23.
발신 주일대사
수신 외무부 장관
참조 아주국장
제목 화태교포 귀환문제

　　　　대: WJA-02379, 03102
　　　　연: JAW-02318
　　　1. 대호에 관하여 당지 화태소송위원회 "미하라" 사무국장에 알아본 바, 화태
소송 실행위원회는 별첨(1) 호소문을 각국 변호사회 인권부에 송부 예정이라
하며, 또한 일본변호사 연합회는 변호사 및 학자로 구성된 대표단을 76.4.27
-5.9.간 UNHCR 본부(제네바), 국제사법재판소(헤이그), 국제사면협회(런던)에
파견하여 화태교포의 귀환을 위하여 별첨(2) 자료를 전달할 것이라 합니다. (대
호, 당초 예정은 2월초 동경소재 UN연락소를 통하여 UNHCR에 호소 예정이었
으나 대표단 파견으로 변경한 것이라 함)
　　　2. 화태소송 실행위원회 활동에 관한 "화태재판 실행위 뉴스"를 별첨(3) 송부
하오니 참고바랍니다.
　　　첨부: 상기자료3종 (끝).[1]

6-1. 첨부-호소문

APPEAL TO AID OF SAKHALIN DETAINED KOREANS IN UNHCR TO REALIZE THEIR REPATRAION

I. SAKHALIN DETAINED KOREANS
　Today, 31 years after its termination, to more than 45,000 people World War

---

1) 실행위 뉴스 생략

II still exists as present reality. These people are the Koreans detained in the island of Sakhalin off the coast of U.S.S.R. They were taken there by Japanese war policy, to work in the labour camps: constructing airports, military bases or digging mines. Such forced mobilization, or "KYOSEI-RENKO" was executed at the height of the inhuman Japanese occupation. The term is applied not only to the situation in which people were virtualy kidnapped while walking near their homes, but also to the historical circumstance in which people had to find work outside their country due to the poverty forced upon them by the Japanese. Since then, these Koreans have lived torn apart from their beloved families and homeland.

It is said that now 25% of them possess the nationality of U.S.S.R., and 65% that of the Democratic People's Republic of Korea (D.P.R.K). However the remaining 10% (estimated to be about 7000) are stateless. As a consequence they are under many disadvantages. They cannot give their children higher education, cannot receive pensions after they retire, have limited choice of jobs, and cannot travel freely. They remain in this uncertain state only because their strongest dream is to return to their homeland (the southern part of Korean Peninsula, now the Republic of Korea). If they took the nationality of U.S.S.R. or D.P.R.K., since these two countries do not have diplomatic relations with the Republic of Korea, the choice would mean giving up the hope of returning home.

II. WHY THEY ARE THERE-THE JAPANESE OCCUPATON OR KOREA-

During it imperialistic expansion, Japan invaded Korea to establish it as the "life line" to support its design. Naturel recourse, agricultural products, and finally the Korean people themselves were exploited by the Japanese. For example more than half the production of gold and rice production in Korea were moved to Japan during its occupation. At that time, most the Koreans were engaged in agriculture, in which land ownership was understood by common law and was rarely in written form. Japan confiscated such land and forests and gave them away to Japanese immigrants and companies. Similarly in the cities, establishment and managing of the Korea owned companies were restricted by a government ordinance. Then Japanese usurers proved on the victims of such tyranny, taking away most of the harvest in place of the debt the Koreans could not return. The Koreans were in such a desperate state that in spring they had to eat barks and roots to sustain their life. In this situation, it was a necessity for the Koreans to send one of the family members to work outside their country. Being short of man power, this was not enough. The Japanese government began first to recruit, and when this proved to be unsatisfactory, to draft all the eligible Koreans. As a result, about 4 million Koreans were forced to work outside of Korea, engaged In back breaking physical labour. Two millions were in Japan at the end of the war, 30,000 were said to be in Sakhalin at the peak.

This was why 48,000 Koreans were in Sakhalin when the war ended. KYÓSEI-RENKÓed as "Japanese imperial subject" to work in the condition in which the temperature often drops below -25℃ during winter. On August 15, 1975 they were suddenly told that they had lost their Japanese nationality. They thought they were liberated, but what it actually meant was made clear when the Japanese started to repatriate. The repatriation of more than 310,000 Japanese was carried out under the U.S.S.R.-U.S.A. TREATY FOR THE REPATRIATION FROM THE U.S.S.R. CONTROLLED TERRITORY" (Dec.9, 1946). Although the object of the repatriation was stated to be, ⅰ) Japanese captives. ⅱ) Japanese civilians (according to their will)., the Koreans were excluded from it. Even though legally the Koreans in Japan possessed Japanese nationality until the effectuation of the SAN FRANSISCO REACE TREATY (1963).

During 1957~1959, after the "JAPAN-U.S.S.R. PEACE DECLARATION" (1963), Japanese wives were allowed to repatriate to Japan. Their Korean husbands and children (the total of 2,200 including the Japanese wives) came back with them. These Koreans, immediately after arising Japan, formed "ASSOCIATION TO RETURN THE SAKHALIN DETAINED KOREANS" and started appealing the Japanese government to bring the remaining Koreans baby, However, for 18 years no action was taken, so finally these Koreans and some Japanese who recognize this problem as their own problem, formed the "EXECUTIVE COMMITTEE FOR THE LAWSUIT DEMENDING THE REPATRIATION OF THE SAKHALIN DETAINED KOREANS" ("SAKHALIN □□□□EXECUTIVE COMMITTEE" in short) and started a lawsuit against the government. The committee possesses the list of 6,912 persons 1,705 families wishing to repatriate (5,335 persons 1,570 families to Korea, 1,679 persons 335 families to Japan.)

Ⅲ. THE ATTITUDES OF HE COUNTRIES CONCERNED

a) JAPAN

Until recently the Japanese government saw very negative about the repatriation of the Sakhalin Detained Koreans. In 1972, the p☐☐☐ minister Tanabe showered in the National Diet that:

ⅰ) The expense of the repatriation must be paied by Korean life.

ⅱ) All the repatriates must return to Korea, Japan will only serve as a transit station.

However, now it improved a little. On Jan.22,1976 the Minister of Foreign Affairs and the minister of Law answered in the National Diet that:

1) The Japanese government will not persist in the 1972 statement.

2) The Koreans in Sakhalin are considered to have lost their Japanese nationality with the effectuation of the SAN FRANSISCO PEACE TREATY.

3) The government recognizes the moral and political responsibility towards the KYÓSEI-RENKÓed Koreans in Sakhalin.

4) We will wait until they apply for an entry visa, and will then not from the humanitarian point of view. Usually in such cases they are permitted to enter Japan.

In spite of the improve that it is still only a lip service. The interview with the head of the North Rest Asia Section of the Ministry of Foreign Affairs has revealed that the true intention of the government is to treat them as ordinary foreigners, the government holding the power to decide who to let in and who not to. "In any case there will be only a few allowed in." said Endo the head of the section.

b) U.S.S.R.

Because U.S.S.R. does not have diplomatic relations with republic of Korea government does sot recognize the existence of "Koreans" (people who possess the nationality of republic of Korea) in Sakhalin. However, in the identification documents of the stateless Koreans, "Japanese" is written as their last nationality.

The government's official opinion is that it is willing to let these "Japanese" leave, if Japan permits their entry.

c) REPUBLIC OF KOREA

The Korean government considers that the repatriation of the Sakhalin Detained Koreans should be done by the Japanese government because of its historical responsibility. Although the Korean government is willing to permit all the Koreans to return to Korea, it asserts that the Japanese government should gave those who wish to do so, the right to live in Japan.

IV. PRESENT SITUATION-THE LAWSUIT-

Last year (1975) we obtained the power of Attorney from four of the Koreans (three stateless and one with U.S.S.R. Nationality) and started a civil suit against the Japanese government. We are demanding that the Japanese government take the responsibility for bringing back the Sakhalin Detained Koreans. We assert that legally, they (including those with the nationality of U.S.S.R. and D.P.R.K.) still possess the Japanese nationality. They were KYÓSEI-RENKÓed there as Japanese, and possessed Japanese nationality until the end of the war. According to the World Declaration on Human Rights, no person loses his nationality against his will. Therefore even those Koreas, who took other nationalities, are considered to possess Japanese nationality.

On Feb.20, 1976, we ha the first trial. The government presented a written reply stating that since the issue involves diplomatic negotiation, it is an administrative problem and is not suitable to be brought up in court. In short, it has refused to answer. We demanded the defendant to retract such nonsense and present the actual argument against our assertion. The chief judge agreed to our demand and advised the defendant to do so in the next trial.

For this trial, se have invited Mr. Han Yong Sang from Korea to testify on the situation in which his father was KYÓSEI-RENKÓed to Sakhalin, and on the present movement in Korea.

Mr. Han is the president of the "ASSOCIATION TO BRING BACK THE COMPATRIOTS DETAINED IN SAKHALIN", composed of the families in Korea. According to Mr.Han, the association has a list of about 9,000 persons wishing to return. The number of family members (parents, children, wives, brother and sister) of the detained Koreans are estimated to be around 500,000.

V. APPEAL

The Sakhalin Detained Koreans are the last and the greatest refugee of World War II. The number of people involved and the length of the period they have suffered, alone are enough for an immediate action to be taken. The tragedy of the broken family must be ended. The detained Koreans have already reached old age The sorrow of the separation had driven some of them to alcoholism and even to suicide. This and number is increasing, if concrete action is not taken in the immediate future, no Koreans might remain alive to be repatriated.

There are three obstacles to the realization of the repatriation. The first is the unwillingness of the Japanese government to admit its war responsibility. The second is the legal problem of how to define these detained Koreans and which law (national and international) to apply in order to repatriate them. The problem arises because Japan has not yet signed a peace treaty with U.S.S.R.. What we need is a new treaty or law, or an action superceding the existing laws in order to achieve this humanitarian goal. The third is the complicated international situation. Their ☐☐☐☐land is now devided in two and regard each other as the greatest enemy. Their birthplace belongs to the Republic of Korea, which does not have diplomatic relations ☐☐☐ U.S.S.R. and hance has no means to bring them back. U.S.S.R. itself is not particularly interested on this problem.

Therefore, to realize their repatriation, we need to build up an international opinion powerful enough to move the countries concerned. The first practical action which must be taken, is the investigation of the reality of the Sakhalin Detained Koreans. In Japan, we cannot grasp the exact number nor the situation of the people who wish to return. We believe an international investigation committee, such as from the United Nations or the Red Cross would be the best organization to perform this task. Working on parallel, we must force the Japanese government to recognize its responsibility to bring about the repatriation as a part of its war responsibility, and to take immediate action.

We request the people of every nation who are interested in the establishment of human rights on this earth, to aid us in this movement. We refuse to take sides in any kind of a political campaign. We believe the repatriation of the Sakhalin Detained Koreans must be realized from the humanitarian point of view.

EXEOUTIVE COMMITTEE FOR THE LAWSUIT DEMANDING
THE REPATRIATION OF THE SAKHALIN DETAINED KOREANS

6-2. 첨부—국제사법재판소, 국제사면협회 전달 자료

FOR THE SALVATION OF KOREAN REFUGEES IN SAKHALIN

PROLOGUE:

More than thirty years have past since the World War II ended in the global disaster with the surrender of Italy, Germany and Japan.

However, there are still many people who are suffering, from the misery caused by the war and wishing to be liberated from this wretched state as soon as possible. They are the Korean people who were brought by force from their native place to Sakhalin during the Great War as "human resources", and are still robbed of their right to return to their own country.

(I) COMPULSIVE INSTALIATION:

Japan annexed Korea in 1910. During the War Japanese authorities enacted "National Mobilization Act" and installed many Koreans in labor camps to replace Japanese men who and been conscripted into militaly service.

In 1943 the population of Korea was about 30 million and Korean youths who thus were brought from Korean Peninsula to Japan, China or the southern islands amounted to about one million, and most of them came form the southern part of Korea.

About 45,000 of them were installed in Sakhalinm, off the coast of Siberia, and compelled to work in mines, engineering or other military facilities. They suffered from food-shortage there and the temperature drops down to -22 degrees in winter.

On August 15 of 1945, Japan surrendered to the Allied Forces, but Soviet forces began to advance into south Sakhalin on 9 August, continued battles till 23 and occupied south Sakhalin and Kurile Islands.

On 19 of December in 1946, "U.S.A.-U.S.S.R. Agreement for the Japanese Repatriation in Soviet" was conclude and Japanese authorities took about half a million of Japanese back to their homes, but those who had been brought from Korea were neglected. They, having Japanese nationality, sat down on the ground and kept crying, "Let me go back, too !" when the ship left the coast of Maoka in Sakhalin.

(2) PRESENT CONDITION OF THE REFUGEES;

Those who remain in Sakhalin are the last refugees of World War II and most of them are now older than 50. Further more, some of them are 70's, 65% of them have the nationality of Chosun Democratic People's Republic, 25% chose Soviet nationality and the remaining 10% is non-national, and those who want to repatriate to Japan or Korea are about 7,000.

Soviet does not recognize the Republic of Korea so the government authorities of Soviet treat the people who choose the Republic of Korea nationality as non-national.

The 10% have many kinds of disadvantages as for occupation, schooling, residence and adhere to non-national because they believe that if they choose North Korea nationality or Soviet nationality they may not go back home forever. They are making desperate efforts as writing letters to the Communist Committee in Moscow, and it is true several men commit suicide every day.

(3) MOVEMENT FOR THE PROMOTION OF REPATRIATION;

After Japanese-Soviet Communique on October 19, 1956, about 2,200 Koreans who married Japanese came back to Japan. Their brothers or friends there clung to their sleeves and asked them if they might do their best efforts for the promotion of the repatriation.

In 1958, they organized "Association for the Promotion of Koreans' Repatriation from Sakhalin" and visited the government authorities,

Members of Parliament, journalists or the Red Cross and so on, explaining the present condition of refugees, asking for the salvation almost every day.

In Korea, half a million of the families of refugees in Korea organized the same association. But regretfully,

The communications between the refugees and their families are controlled strictly so it is very difficult for each to know the precise information of the opposite.

(4) THE OPINION OF JAPANESE GOVERNMENT AUTHORITIES;

On 18 of July in 1972, Mr. Kakuei Tanaka, the then prime minister of Japan, answered the question of a member of the parliament as to this problem that they might pass through Japan to Korea and that Korean government should bear the expenditure of repatriation.

But recently the Japanese government has legal responsibility, that is, they recognize moral and political responsibility but it is benefit that they negotiate with Soviet and take measures for the repatriation.

(5) THE LITIGATION;

In such circumstance, four of the refugees, represented by 17 Japanese attorneys, sued the Japanese government at Tokyo District Court on Ist of December in 1975 because the government has not only moral and political responsibility but legal responsibility for the repatriation of them.

In Japan the Attoney Act SI says, "attoney's mission is to defend the fundamental rights and realise the social justice." We the Japanese representatives of the plaintiffs believe that we can goad the government into taking necessary action for all time and are deeply conscious of the high ideals controlling human relationships, and we have determined to preserve our security and existence, trusting in justice and faith of the peace-loving peoples of the world. We desire to occupy an honored place in an international society striving for the preservation of peace, and the banishment of tyranny and slavery, oppression and intolerance for all time from the earth. We recognize that all peoples of the world have the right to live in peace, free from fear and want."

EPILOGUE;

Apart from the litigation, for the realisation of the purpose, it needs diplomatic negotiation or proceedings among Japan, Soviet and Korea, We has public opinion all over the world and all kinds of organizations such as U.N.High Commissioner for Refugees, Red Cross, organisations for civil liberties or the Court for Human Rights may assist them and they can go back to their native place and see their long waiting families before their remaining short lives are extinguished.

March 8, 1976

7. 외무부 공문-화태교포 귀환문제

외무부
번호 북일700-
일자 1976.3.30
발신 외무부 장관
수신 주제네바 대사
제목 화태교포 귀환문제

　　　대: GVW-0309
　　　연: WGV-0228
　　　1. 대호에 관하여 주일대사관이 화태소송 실행위원회에 알아본 바, 당초 예정은 2월초 동경소재 유엔연락소를 통하여 UNHCR에 호소할 예정이었으나 대표단 파견으로 그 방침을 변경하였다 하며, 동 대표단 파견 내용은 다음과 같습니다.
　　　　　　　　　　-다음-
　　　가. 파견기관: 일본 변호사 연합회
　　　나. 구성: 변호사 및 학자(인원수는 상금 미확인)
　　　다. 기간: 76.4.27-5.9.
　　　라. 방문처: UNHCR본부(제네바)

국제 사법 재판소(헤이그)

국제 사면협회(런던)

마. 활동내용: 화태교포 귀환문제를 호소하고, 별첨(1) 자료를 전달할 것임.

2. 또한 화태소송 실행위원회는 별첨(2) 호소문을 각국 변호사회 인권부에 송부 예정이라 합니다.

3. 참고로 "화태소송 실행위원회"의 내용은 다음과 같음을 알립니다.

-다음-

가. 정식명칭: 화태억류 한국인 귀환소송 재판 실행위원회

나. 발족: 75.5.25

다. 목적: 화태억류 한국인의 귀환을 위하여 일본 헌법과 국제관례에 기하여 화태교포 귀환재판을 지원함.

라. 구성

- 화태 억류 귀환 한국인회
- 화태 억류 귀환 한국인 부인회
- 재일 대한 부인회
- 한국 청년회 동경본부
- 일본 제2변호사회 소속 변호사(6명)

첨부: 1. 재사하린 한국인의 구호를 위한 호소문(영문사본) 1부.

2. 재사하린 억류 한국인의 귀환을 돕기 위한 호소문(영문사본) 1부. 끝.

8. 외무부 공문–사하린 교포 귀환 소송 보고 지시

외무부

번호 WJA-04118

일시 081450

발신 외무부 장관

수신 주일대사

사하린 교포 귀환 소송 제1및 제2회 공판 내용을 보고바람. 특히

1) 원고측 주장과 피고측 답변서의 "풀 텍스트, 재판장 결정

2) 4.1 귀환 소송 실행위원회에 보내온 변호인단 결의에 대한 일본정부 답변서. (북일-)

9. 외무부 공문(착신전보)–사할린교포 귀환문제 호소를 위한 일인변호사 방문관련 보고

외무부
종별 긴급
번호 GVW-0519
수신시간 76.5.7. 11:43
일시 061430
발신 주제네바대사 대리
수신 외무부 장관

대: 북일700-428
1. 대호 사할린 교포 귀환문제를 호소하기 위하여 이즈미를 단장으로 한 8명의 일인 변호사가 4.28-30 간 당지를 방문, UNHCR 및 WCC 난민관계 담당관을 접촉, 협의하였으며, 대호 호소문, 금년1월 참의원회의시 사하린 교포 송환에 관한 의사록, 지역별 송환희망자 현황, 일정부 상대소장 및 판결문 부본을 지참하였으며, 이들 대표단의 발언 내용은 다음과 같음.
가. 사하린 거주 교포 송환문제를 해결하기 위해 18명의 일인변호사들이 모여 업무를 추진하고 있으며, 일체의 경비는 자비 부담이며 한국에 속죄하는 뜻과 인도적 견지에서 일하고 있음.
나. 75년 동경지방 재판소 민사 제3부에 일본 정부를 대상으로 소송을 제기하여 금년4월 일본정부 외무성은 한국으로 귀환희망자에 대하여 동항증명서를 발급할 의무가 있다는 승소판결을 받았으며, 금년6월 일 외무성 고위층과 협의하여 문제를 해결할 계획이며, 여의치 않을 경우 실질적 송환문제에 관해 일정부를 재차 소송을 제기할 계획임.
다. 한국 정부 당국과의 협조문제는 재정문제가 아닌 한일 문제에 있어서의 정치적 지원을 한국정부에서 하겠다면 이를 환영하며, 인도적 견지에서 한적측과 협의할 용의가 있음
라. 현재 사하린에는 송환희망자가 약 7,000명에 이르고 있으며, 이들중 무국적

자가 약6,000명, 쏘련 및 북괴국적 취득자 중 국적을 포기하고 송환을 희망한 자가 약 1,000명인데 북괴를 방문한 자들의 소감이 북괴보다는 사하린에서 거주함이 더 낫다는 것이어서 송환업무가 실현된다면 더 많은 교포가 송환을 희망해 올것으로 봄.

2. 당대표부 강 서기관은 이들과 협의한 UNHCR PROTECTION OFFICER FOR ASIA MR.SOEPRAPTO를 접촉, 본건에 관한 앞으로의 조치 계획을 문의하였던 바, 동인에 의하면, UNHCR로서는 LEGAL BASIS로서 다음의 요건을 충족하지 못하고 있으므로, 이들 사할린 교포를 난민(REFUGEE)으로 간주하여 UNHCR이 직접 다루기가 곤란하다는 소극적인 반응을 보였음. 즉, 첫째, 난민의 경우, 본국 이외의 제3국에 거주하고 있어야 하며, 둘째, 본국으로 귀환될 경우 개인의 신체, 자유에 박해가 가해져야 된다는 요건이 필요하나, 이들의 경우, 둘째 요건을 충족시키지 못하고 있다는 점을 지적하였음.

3. 그간 비공식적으로 접촉하여 본 바에 의하면, ICRC 담당관도 사할린 교포문제는 UNHCR이 취급하기 어려운 문제가 있다는 견해를 보이고 있으며, 이 문제는 ICRC가 관심을 가지고 FOLLOW-UP하고 있다고 함.

4. 이들 일인변호사 대표단은 당지 방문전 일 외무성 고위층으로부터 UNHCR, WCC등 관계 고위층과 면담이 주선되었다는 연락을 받고 도착하였으나, 실상 아무런 주선이 없었다는 것임.

5. 이즈미 단장은 아국관계 당국과의 협의를 위하여 5.15. 서울 도착, 약1주간 체류 예정이라 하며, 서울법대 국제법 교수 배재식씨와도 협의할 예정이라 함.

6. 전1항 관계자료는 금주 파편 송부하겠음. (북일)

10. 주제네바 대표부 공문—사할린교포 귀환에 관한 자료 송부[2]

주제네바 대표부
번호 제네바700-210
일시 1976.5.7.
발신 주제네바대사 대리
수신 외무부 장관

---

2) 첨부 파일 생략

참조 아주국장
제목 사할리 교포 귀환에 관한 자료 송부

　　연: GVW-0519
　　연호 사할린 교포 귀환문제 관련 자료를 별첨과 같이 입수 송부합니다.
　　첨부: 1. 일정부 상대소장
　　　　　2. 판결문 부본
　　　　　3. 피고의 답변서 진술에 관한 원고의 의견
　　　　　4. 지역별 귀환 희망자 현황
　　　　　5. 참의원 회의록
　　　　　6. 사할린 교포 가족 왕래 서신 사본 각1부.　끝.

**11. 외무부공문(발신전보)–재사할린 교포 귀환문제 관련 일본변호사 연합회 대표단 방문
　　보고**

외무부
번호 JAW-05284
일시 122057
수신시간 76.5.13.16:17
발신 주일대사
수신 외무부 장관

　　대: WJA-05160
　　대호2항과 관련 이즈미는 현재 니이가다에 출장중이어서 접촉이 가능치 않
어 화태 재판 변호인단 측에 문의한 다음과 같이 말함.
　　1. 이즈미 히로시(온천의천, 박사의박)는 76.5.15.부터5.21까지 개인용무로
방한 예정이며 과거 매년 2-3회 방한하였다고 함. (동인은 종전의 군산중학 출신
으로 한국에 지기가 많다함)
　　2. 방한한 기회에 화태 재판과 관련 법률문제를 한국학자등과 상의할 가능성
은 있을것으로 본다고 함.(이즈미는 화태재판 변호인단의 일원임)(일정, 북일)

12. 외무부 공문(발신전보)―사하린 교포 출국허가 관련 신문보고에 관한 건

외무부
번호 WJA-0606
일시 011540
발신 외무부 장관
수신 주일대사

　　대: 일본(정)700-3082
　　1. 76.6.1. 자 동아일보는 동경 특파원발로 쏘련 정부는 처음으로 사하린 교
포 약100명에게 출국을 허가했으며, 이에 따라 일본정부는 이들의 입국 심사에
착수했음이 6.1. 사하린 교포 송환 재판 실행위원회와 일 정부 관계당국에 의해
알려졌다는 요지의 보도를 게재한 바(일면 좌상 6단기사), 동 기사의 취재 경위
를 조사하고 아울러 이와 같은 내용의 기사가 일본 언론에도 보도되었는지 유무
도 조사보고 바람.
　　2. 여사한 보도는 북괴로 하여금 동건 방해공작을 전개시킬 우려도 있으니
보도에 신중을 가하도록 조치바람.
　　3. 본부는 현재 대호에 관한 대책을 검토중에 있으니 참고바람. (북일)

13. 외무부 공문(착신전보)―화태교포 귀환관련 관계된 신문기사 조치 요청

외무부
종별 긴급
번호 JAW-06041
수신시간 76.6.2.12:05
일시 021116
발신 주일대사
수신 외무부 장관

　　대: WJA-0606
　　1. 대호, 화태교포 귀환문제와 관련된 6.1.자 동아일보 기사와 관련, 사하린 교포
문제 기사의 철저한 보도관제 조치를 취하여 주실것을 건의함.

2. 대호 기사 경위는 조사중임. (일정-북일)

14. 외무부 공문(착신전보)–세계기독교협의회 화태교포 귀환관련 발언에 관한 신문보도 보고

외무부
번호 JAW-06147
일시 061638
수신시간 76.6.7. 07:13
발신 주일대사
수신 외무부 장관

1. 당지 산께이 신문(6.5) 및 아사히 신문(6.4)은 뱅쿠버 세계 인간거주회의에 참가하고 있는 세계 기독교 협의회(WWC)가 76.6.2 밤 뱅쿠버 세계 인간거주회의 "하비랏트" 광장에서 집회를 갖고 "전쟁중 일본이 화태에 강제 연행시켜 상금 귀국치 못하고 있는 화태교포를 일본정부는 책임을 갖고 본국으로 귀국시켜야 한다"는 결의를 하고, 동 결의를 인간거주 회의에 참가하고 있는 일본대표단을 통하여 일본정부에 전달키로 하였다고 보도함.
2. 세계 기독교협의회는 인간거주회의에 정식 초청된 비정부단체로서 20개국으로부터 250명의 대표단을 동회의에 참가시키고 있다하며, 그중 대한 YMCA연맹 총부 강문규, 재일 대한기독교회 이인하 목사등은 "일본정부가 의향을 가진다면 지금이라도 (화태교포의 귀환을) 실현시킬 수 있다"고 말했다함.
3. 전기 보도와 관련 동회의 아국 대표단을 통하여 사실조사토록 하시기 건의하며 내용 파악되는대로 당관에도 참고를 위하여 알려주시기 바람.

15. 외무부 공문(착신전보)–화태교포 귀환문제와 관련 조명행 서기관과 외무성 북동아과 차석과의 면담보고

외무부

번호 JAW-06148
일시 061638
발신 주일대사
수신 외무부 장관

연: JAW-06048(1), JAW-05147(2)
대: WJA-0606

76.6.5. 조명행 서기관은 외무성 북동아과 "다까하시" 차석 초치로 그를 방문, 대호 화태교포 귀환에 관한 아국신문 보도와 관련, 면담한 바를 다음 보고함.

1. 동 차석은 최근 아국신문이 화태교포 귀환문제와 관련 보도를 한데 언급하면서 이로인하여 화태교포 귀환에 영향이 있게될지 우려를 표명하고 동 보도는 화태교포의 출국허가와 관련 쏘련측의 입장을 난처하게 할 가능성이 있어 향후 쏘련당국이 출국을 불허하는 사태가 오지 않을까 우려된다고 말하였음.

이에 대하여 조명행 서기관은 동 보도와 관련, 아측도 우려와 관심을 가지고 있다고 말하고, 연호(1)과 같이 보도 경위에 관하여 설명하였음.

2. 동 차석은 보도내용이 정확한 것이 아닌바, 그릇된 보도로 인하여 화태교포 귀환 추진에 차질이 오지 않도록 하고 조용히 추진될 수 있도록 아측이 적절히 조치하여 주기 바란다고 말함.

(동 차석은 귀환희망 화태교포가 한국으로 귀환을 희망하여 오기 때문에 이들의 귀국(한국)문제에 관하여 아측에 조회를 하는 것이며, 화태교포가 일본으로의 귀환을 희망하여 일본입국 신청을 하게되는 경우에는 별도로 그들의 일본입국 문제를 심사, 결정하게 될것이라는 일본측 입장을 설명하고, 동 보도는 이러한 점이 왜곡되어 있다고 말하였음.)

이에 대하여, 조 서기관은 언론보도에 대하여 일측도 각별히 노력하여 줄 것을 요망하였던 바, 동 차석은 그렇게 하겠다고 말함.

3. 동 차석은 뱅쿠버 세계인간 거주회의에 참가하고 있는 세계 기독교협의회는 일본정부에 대하여 화태교포 귀환을 촉구하라는 내용의 결의를 발표하고 동 결의를 인간 거주회의 일본측 대표를 통해 일본정부에 전달토록 할 것이라는 보도가 있었다고 하며(연호(2)), 이와 같은 움직임은 일본측 입장을 잘 이해하지 않은것이고 또한 화태교포 귀환을 조용히 추진하는데 별 도움이 되지 않을것으로 생각한다고 말하고, 한국측이 동 세계 기독교 협의회의 일원으로 인간거주 회의에 참가하고 있는 대한 YMCA 연맹 총무 강문규 및 재일 대한기독교회 이인하 목사와 가능하면 접촉하여 이들에게 일측의 입장을 설명, 화태교포 문제를 대외

적으로 들고 나옴으로서 화태교포 귀환 실현을 어렵게 만들지 않도록 설득하여 줄것을 당부한다고 말하였음.

4. 또한 동 차석은 현재까지 외무성이 구상서로 아국입국 허용여부를 문의한 바, 화태교포 수는 22세대71명에 달하는 바, 이들의 귀환 실현을 위해 아측이 조속회담을 하여 줄것을 바라며, 특히 한원수, 이덕림, 엄수갑(화태소송 원고)에 대하여 아측이 특별히 배려해 줄 것을 요망하였음. (일측 구상서(5))에 대한 아측이 회답형식에 있어서는 각각 개별적으로 하여도 좋고 일괄하여 하나의 구상서로 회답하여도 좋겠다고 함.)

5. 이에대하여 조명행 서기관은 동차석의 협조 요청을 일단 TAKE NOTE 하겠다고 말하였음.

6. 상기3항의 일측 협조 요청 사항과 관련, 연호(2)로 건의한 사실조사 및 본부의 검토사항이 있으면 당관에 알려주시기 바람.(일정-북일)

16. 면담요록

면담요록

1. 일시: 1976년 6월 9일(수요일) 11:00시~11:45시
2. 장소: 개성호텔 505호
3. 면담자: 한순영 세계 기독교협의회 감사 담당(한국인), 이동익 동북아1과장
4. 내용:

한순영씨가 장관 예방시 WCC로서도 사하린 교포에 대한 재정지원 용의가 있다는 것을 표명하였으므로 이를 확인하라는 지시도 있었고, 중정 측과 협의한 바, 동인이 WCC의 난민구호 아주 담당으로서 마침 귀국 중이라 하므로 이동익 동북아1과장이 동인을 방문, 다음과 같은 요지의 면담을 하였음.

이동익: 귀하가 장관 예방시 WCC로서 사하린 교포에 대한 재정지원 용의가 있다고 말씀하셨는데 WCC로서는 사하린 문제를 어떻게 보며 구체적으로 재정지원을 어떻게 할 수 있다는가?

한순영: 본인이 WCC로서 사하린 교포에게 재정지원 용의가 있다고 말한 것은 WCC에서 담당하고 있는 업무가 교회간의 난민봉사 업무(Inter Church

World Refuges Service)의 감독관이므로 이번 WCC가 현재까지 1,000만불 정도를 지원하여 한국에서 추진하고 있는 25개의 사업(강진군도 암면 간척사업700정보가 대표적임)의 감사를 위하여 귀국한 기회에 보사부를 방문하였더니 사하린 교포의 정착비 문제를 거론하기에 WCC가 이들에 재정지원이 가능할 것이라는 것을 개인 의견으로서 말한적이 있으며, 본인은 1971년 WCC에 근무하게 됨을 계기로 사하린교포 문제에 관심을 가지고 개인적으로 각종 자료를 수집, 정부간의 송환교섭, 민간 단체의 활동(귀환촉진회의 활동, 소송 변호인단의 활동)등에 관심을 가지고 이에 관한 WCC의 지원이 필요함을 생각하게 되었으며, 소송 변호인단이 제네바에 방문했을 때에도 이러한 개인적인 의견을 말한 바있음.

이동익: 소송 변호인단 8명이 4.28-30 제네바에서 UNHCR, ICRC, WCC와 접촉하였다는데 귀하는 이들과 만난적이 있으며, 이들 변호인단들이 제네바에서 활동은 어떠했는가?

한순영: 소송변호인단 부책임자 "다까기"씨를 제네바에서 만났는데 그에 의하면 동경을 출발하기 전 외무성으로부터 제네바를 방문하면 주제네바 일본 대표부의 "사이또" 참사관이 UNHCR, WCC등과의 접촉을 주선해 줄 것이라는 말을 듣고 왔으나 도착해 보니 출장 중이라고 나타나지도 않아 일본 정부가 소극적이거나 주제네바 대표부가 비협조적이라는 것을 알게 되었고, 따라서 UNHCR의 고위 간부와는 면담도 못하고, 월남인인 "닌탄칸"이라는 실무자를 만나 협의한 즉 사하린 교포는 난민이 아니므로 UNHCR로서는 지원할 수 없다는 말을 들었다고 함. 사하린교포가 난민이냐 아니냐를 결정하는 것은 UNHCR의 고위 간부가 할 것이나 본인의 생각으로서는 현재 동경 민사지법에 계류중인 소송에서 원고측이 승소하고 일본 정부가 불복하면, UNHCR에 이의를 제기하겠다고 "다까기"씨가 말한 바 있는데 이 경우 UNHCR이 사하린 문제에 개입하지 않을래야 않을 수 없을 것으로 보이며, 이 경우 UNHCR의 Mandate가 정해질 것으로 생각된다.

이동익: 사하린교포 송환에 따른 비용은 여비, 일본체류비, 긴급구호비, 정착비 등 여러 종류가 있을 수 있는데 이중 WCC가 할 수 있는 것은 어떤 것이 있는가?

한순영: WCC는 난민의 정착을 위한 자금 지원을 주로 하며, 물자 원조는 가입교단(뉴욕의 CWS 등)이 주로 하는데 1973.8.15. 뉴델리 협정에 따라 인도와 파키스탄간의 난민 25만명 중 20만을 정착시킬 때 WCC는 ICRC와 협조하여 정부와는 관계없이 독자적으로 1,500만불을 들여 의사, 간호원, 약품, 텐트,

모포 등을 제공하였다.

이런 점으로 보아 WCC는 사하린 교포의 국내 정착을 위한 자금지원 또는 이미 WCC가 행하고 있는 사업장에의 정착 등을 들 수 있을 것이나 일본 체류비 문제가 있다면 적어도 15일간의 시간 여유만 있다면 National Council of Church of Japan을 통하여 체류비 지원도 가능할 것으로 본다.

이동익: WCC의 지원을 제기하는 방법은 어떤지?

한순영: WCC는 소송 변호인단, 촉진회 등의 요청이나 또는 독자적으로 조사하여 결정하므로 귀로에 NCCJ와 변호인단을 방문하여 알아볼 생각이며, 한국에서도 NCCK가 있으니, 본인과의 연락은 언제나 가능하며 제네바 대표부를 통해서 상호 연락할 수도 있다.

이동익: 오늘 이야기는 사견이며, 비공식적 이라고는 하나 매우 유익할 것으로 보인다.

앞으로 계속 관심을 갖고 협조하여 주기 바라며, 정부는 이들의 송환을 위해 최대한 노력하고 있으나 문제가 제3국 또는 북괴에도 관련되므로 불필요한 보도나 공개는 삼가고 조용히 임하는 것이 바람직스러우니 이점 양해해 주기 바란다.

한순영: 잘 알겠다. WCC와 한국정부와는 인권 문제등으로 어색한 면도 있으나 WCC가 현재 한국에 가지고 있는 사업장이 대부분 잘되고 있어 사하린 문제에 WCC가 개입하게 되면 더 잘 협조가 될 것으로 보인다. 계속 노력하겠다.

이동익: 일본에서의 접촉 내용은 별도로 연락해 주면 좋겠다.

17. 주일대사관 공문-화태 소송 관련 자료 송부[3]

주일대사관
번호 일본(정)700-4111
일자 1976.7.13.
발신 주일대사
수신 외무부 장관
참조 아주국장

---

3) 화태소송 자료 2점만 게재

제목 화태소송 관련 자료 송부

　　화태교포 귀환 추진운동 및 화태소송과 관련된 다음 목록의 자료를 별첨 송부하오니 참고하시기 바랍니다.

-다음-

1. 주간 민사(민사당 기관지: 민사당의 화태교포 귀환 추진운동 전개 결의)
2. 화태 재판자료: 2부
3. 76.7.6. 화태소송 제3회 공판시 원고측의 질문서 및 피고측의 답변서
4. 유엔 인간거주회의에 참가한 WCC의 화태교포 귀환을 촉구하는 미끼수상 앞 전문 및 보도자료
5. 화태재판 실행위 뉴스
첨부: 상기 자료. 끝.

17-1. 첨부-화태재판 자료

昭和五〇年(行ウ)第一四四号
　　　　　原告　厳寿甲　外三名
　　　　　被告　国
昭和五一年七月六日
　　　　　原告ら訴訟代理人
　　　　　弁護士　柏木博
　　　　　　外一六名
東京地方裁判所
民事第三部　御中

準備書面

　被告の昭和五一年二月二〇日付答弁書に対し、原告らは左のとおり反論する。

一、原告らの本訴請求は、被告国が原告らを本邦に帰国せしめるべき法的義務を負担していることの確認を求めているものである。

　被告国は、右法的義務を履行するにあたり、ソ連邦との間において、外交交渉が事実上必要となるとしても、被告のなすべき右外交交渉それ自身は、原告らの本訴請求の内容となっているものではない。右外交交渉が現実に必要となる

可能性があるということは、原告らの本訴請求が認容されたことによる、いわば反対的結果というべきであり、そのような事実上の可能性が、原告らの請求を妨げる障害となるものでないことは明白である。そして、被告国において、ソ連邦との外交交渉が事実上必要となったとしても、それは、原告らが確認を求めている被告国の法的義務の履行にあたり要求される附随的な被告の行為に止まり、原告らにおいて、被告国に対し、右の外交交渉義務を直接求めていることになるものではない。被告国において、原告らを本邦に帰国せしめる法的義務を現実に履行するにあたってなされるべき、ソ連邦との種々の外交交渉については、おおむね被告国の裁量に委ねられているのであるから、原告らが、行政部の専権事項たる外交交渉につき、裁判所の判断を求めているとする被告の主張は、何ら理由のないものである。

二、さらに原告らの請求は、先に述べたように、被告国が、原告らを本邦に帰国せしめるべき法的義務を負っていることの確認、換言すれば、原告らの被告国に対する右のような法的地位の確認を求めているものであり、行政庁に対する一般的な権限授与法としての行政法規に基づく行政庁の行為義務の確認を求めているものではない。原告らは被告との間において、右のような実体的な法律関係の確認を求めているものにすぎないのである。

被告国は、戦前においてきわめて非人道的に、原告らをカラフトに強制連行したものであり、戦後においても、原告らを棄民として放置し続けた。これらの被告のした行為それ自体の結果として被告は、当然に、原告らを原状に回復すべき義務を負うに至ったのみならず、訴状請求原因に記載したような、原告らの特殊の地位からする日本国籍未喪失という点からも、原告らを本邦に帰国せしめるべき法的義務を負担しているものといわねばならない。

この意味で本件訴訟は、行政主体である国と原告らとの間の公法上の法律関係に関する訴訟である「実質的当事者訴訟」の性質を有するものである。(行政事件訴訟法第四条後段)

從って、無名抗告訴訟の一種たる行政庁に対する「義務づけ訴訟」に対してなされる三権分立論からする、被告国の答弁書中にみちれるような批判は、本件訴訟については全く的はずれであり、不当なものである。

17-2. 첨부-화태재판 자료

昭和五〇年(行ウ)第一四四号
　　　　　　　原告　厳寿甲　外三名
　　　　　　　被告　国
　　昭和五一年七月六日
　　　　　　　被告指定代理人
　　　　　　　　　鉄田泰輝
　　　　　　　　　邦村□一
　　　　　　　　　荒木文明
　　　　　　　　　遠籐哲也
　　　　　　　　　下村正之

東京地方裁判所民事第三部　御中

準備書面(二)

　被告は，原告らの昭和五一年四月二日付求釈明に対し、次のとおり釈明する。
　１．渡航証明書の発給要件及びその法的根拠。
(釈明)
　　外国人の入国の拒否は、条約等特別の取決めが存しない限り当該国家が自由
に決定し得ることがらであり、国家は外国人の入国を許可する義務を負うもの
ではないというのが国際慣習法上確立された原則である。また、憲法二二条は
外国人に本邦入国の自由を保障するものではないとされ(最後裁判昭和三二年六
月一九日大法廷判決刑第・一一巻六号一六六三頁)、我が国の出入国管理は右の
ような国際法及び憲法上の原則の下で出入国管理令(昭和二六年一〇月四日政令
第三一九号)(以下「令」という。)により行われているのである。
　　さて、令においては、外国人が本邦に入国するに当たっては、有効な旅券又
は乗員手帳を所持していることが必要であり(合三条)、更に、本邦に上陸しよう
とするときには、有効な旅券で日本国領事館当の査証を受けたものを所持して
いなければならない(合六条一項)。したがって、外国人で有効な旅券及び査証を
所持していない者は、入国及び上陸は認められないわけである(合七条一項、九
条)。

しかしながら本人の□に帰することのできない理由で有効な旅券を所持していない外国人から本邦上陸のための査証申請があり、査証を発給することとした場合には、日本領事館等において、査証に代えて渡航証明書を発給することがある。

右渡航証明書は外務省設置法(昭和二六年法律第二八三号)四条二〇号による外務省の権限に基づいて発給されるもので、これは令上有効な旅券と認められている(合二上五号)。

2. 渡航証明書の発給を受けた事例としてあげられた金花春ほか五名は、いかなる点で発給要件ありと認められたか。またこれらの者と同じ機会に発給を求めてこれを受けられなかった者は、いかなる点で要件を欠くとされたのか。

(釈明)

外国人の入国の拒否は、当該国家の自由に決定しうることがらであることは、前述したとおりであるが、その許否の裁量に当たっては、単に個人的主観的事情のみならず、国交関係等国際関係及び内政外交政策等客観的事情を総合的に考慮の上個別的に決定されるものであるから、その許否について一義的固定的ないわゆる基準又は要件というようなものは存しないのである。

金花春ほか五名についても右の諸事情を綜合的に判断した結果、入国を認めることとしたが、同人らは有効な旅券を所持していなかったので、渡航証明書を発給することとしたものである。

なお、金花春と同じ機会に在樺太朝鮮人又は無国籍者から本邦入国のための査証申請が行われた事例はない。

3. 渡航証明書の発給申請手続及び所要時間

(釈明)

渡航証明書は、前期1のとおり発給されるものであるから、その発給申請手続及び所要時間は、査証の場合と同様である。

すなわち、外国人から入国目的を具体的に疏明する資料を添えて我が国在外公館に査証申請が行われた場合、外務本省は事案によっては経伺させ、必要に応じて法務省とも協議し、その許否を決定して当該申請を受理した公館あて指示を行っている。したがって入国目的、滞在機関及び疏明資料の内容いかんにより審査に要する機関は異なる。

4. 渡航証明書発給後、本邦への入国に至るまで、通常はどのような過程を経るのか。

(釈明)

渡航証明書の発給を受けた外国人は、その居住する国の出国許可を得てはじめて現実に本邦への入国が可能となる。一般に外国人が本邦に上陸しようとする場合は、その者が上陸しようとする出入国港において、入国審査官に対し上陸申請をして、上陸のための審査を受けなければならない(令六条二項)。

右審査の結果、入国審査官から上陸のための条件に適合している者と認定されたものは、当該渡航証明書に上陸許可の調印を受けて本邦に上陸できることとなる(令九条一項)。

なお、本邦を通過して他の国(赴く者は、本邦入国に先立って当該国への入国許可(通常は査証)を受けておかなければ上陸のための条件に適合することは出来ない(令七条一項二号、七条二項、令施行規則四条ノ二、一号)。

5. 渡航証明書の発給申請から本邦へのに至るまでの間、いかなる外交交渉が必要となるのか。

(釈明)

査証の発給の許否は既に前記1及び2で述べたとおり我が国の専権に属する事項であり、かつ、査証の発給は前記1の末尾及び4に述べたとおり上陸のための条件の一部(令七条一項各号参照)を充足せしめるにすぎないものである(上陸許可でさえ我が国への入国在留を命ずるものではなく単に許容するにすぎないものである。)から、その発給について外交交渉の必要性は原則としてないのである。

しかしながら、査証の発給申請を行った者のうちに日本を経由して日本以外の国へ帰還することを希望している者がいる場合には、日本国政府より当該国政府に対し申請人の入国を認めることを確認する等の交渉が必要となる場合もある。

18. 주일대사관 공문―화태소송 자료 송부[4]

외무부
번호 일본(정)700-5691
일자 1976.10.5.
발신 주일대사

---

4) 화태소송 원고대리인의 해명 요구서 외 생략

수신 외무부 장관

참조 아주국장

제목 화태소송 자료 송부

　　76.9.7. 화태소송 제4회 공판시 원고 소송대리인이 일본국에 대하여 해명을 요구한 질문서 및 화태교포에 관한 자료 등을 입수 별첨 송부하오니 참고하시기 바랍니다.

　　첨부: 1) 화태소송 원고대리인의 해명 요구서

　　　　　2) 화태재판 실행위 뉴스

　　　　　3) 태평양 전하의 조선(사료)

　　　　　4) 총독 통치 중발기의 실태(사료)

　　　　　5) 복원 업무 규정에 대하여(자료)　　끝.

18-1. 첨부-별첨-화태소송 원고대리인의 해명 요구서

昭和五〇年行(ウ)第一四四号

　　　　　　　　原告　厳寿甲　ほか三名

　　　　　　　　被告　国

　　昭和五一年九月　　　日

　　　　　　　原告ら訴訟代理人

　　　　　　　　弁護士　柏木博

　　　　　　　　　　　　ほか一六名

東京地方裁判所

　　　民事第三部　御　　　　中

求釈明事項

　　原告らは、被告の昭和五一年七月六日付準備書面(二)に対し、更に以下のとおり釈明を求める。

一、樺太在留の旧朝鮮出身者から日本国に対し、入国のための査証申請又は渡航証明書発給申請を行った者の現在までの人数及び住所・氏名・生年月日・申請月

日について、本邦を通過して韓国へ入国することを希望する者(本邦通過希望者という)と本邦に在留することを希望する者(本邦通過希望者という)とに分けて明らかにされたい。

二、前項の本邦通過希望者について、国は韓国政府がその入国を認める限り、本邦への入国を無条件でみとめる方針であるか。無条件でないとすれば、いかなる要件を必要とするかを具体的に示されたい。

三、(1)第一項の本邦通過希望者について、国は韓国に対し、入国許可の有無について照会をしたか。したとれば、その時期及びそれへの回答の有無を明らかにされたい。

(2)国は、韓国政府からの右入国許可についての回答があるまでの間、本邦通過希望者に対して入国査証又は渡航を発給するかどうかを示されたい。

四、国は、第一項の本邦在留希望者に入国査証又は渡航証明書を発給する要件として、

(1)本邦在留希望者が昭和二〇年八月一五日以前において、現在の本邦責任内に居住していたこと

(2)本邦内に、現在本邦在留希望者の家族・親族又は知人その他これらに類する者が居住し、これらの者が本邦在留希望者の本邦在留中の生活等を保障すること。

を必要とするかどうか、その他右(1)(2)以外の要件があれば、その内容を具体的に明らかにされたい。

五、(1)樺太在留の旧朝鮮出身者が日本国に対し、入国のための査証申請または渡航証明書発給申請を行う手続を具体的に示されたい。

(2)右(1)の者のうち、無国籍者はナホトカの日本国領事館へゆくことが許されないため、日本国への渡航証明書発給申請を行うこと自体困難とみられるが、国は右の者らの右申請を容易にさせるため、いかなる方法を右の者ら及びソ連邦政府に対して講じているかを具体的に明らかにされたい。

六、金花春と同時に日本国への渡航証明書発給の発給をうけた文光日、白正汝、文美玉、文明錫、文美子の五名は、ソ連邦政府の出国許可がないため出国できないといわれるが、国はこれに対し、ソ連邦政府に対し右の者らに出国許可を与えるよう交渉しているか。その交渉内容ならびに、これに対するソ連邦政府の回答を具体的に示されたい。

19. 화태재판 제5회 공판 내용

화태재판 제5회 공판 내용

1976.11.2

1. 사하린 교포로서, 한국귀환 일본경유 비자 신청한 자 및 일본영주 입국비자 신청한 자의 인적사항 및 그 인원수.
   - 1976.10.20. 현재의 외무성 보관자료에 의하면, 사하린 교포로서 지금까지 일본 정부에 대하여 귀환 목적으로 사증 또는 도항증명서 발급을 신청한 자 중 일본영주 희망자 6세대 20명, 일본경유 귀환희망자 99세대 335명, 계105세대 355명 인 바, 그중 일본영주 희망자 1명 및 일본경유 귀환 희망자1명, 계2명의 귀환은 이미 실현되었음.
   이들의 주소, 성명, 생년월일은 외교상 문제가 있기 때문에 현재의 단계에서는 밝힐 수 없음.
2. 전항의 일본통과 희망자에 대해서, 일본정부는 한국정부가 한국입국을 인정하는 한 일본입국을 무조건 인정할 방침인가, 무조건이 아니라면 어떠한 요건을 필요로 하는가 구체적으로 제시하여 줄 것.
   - 외국인으로 일본 경유, 제3국에 가는자는 유효한 여권에 일본영사관의 사증(출입국 관리령 제6조1항) 이외에 일본입국에 앞서 당해국의 입국비자(통상사증) 및 일본으로부터 출국 후 여행 목적국까지 갈 선박등의 선표 또는 이에 대신하는 당해 선박회사의 서면에 의한 보증이 없으면 일본 상륙을 위한 조건에 적합할 수 없음. (령7조1항2호, 7조2항 시행규칙 4조의 2, 1호)
   따라서 이와 관련한 한국정부가 전기 일본 경유 귀환 희망자의 입국을 인정하는 경우에는 본문 후단의 요건을 갖출 필요가 있음.
3.
   가. 제1항의 일본 경유 희망자에 대해서, 일본정부는 한국정부에 입국허가 유무에 관하여 조회를 하였는가?
   조회를 하였다면 동 시기 및 동 조회에 대한 회답 유무를 밝혀줄 것.
   - 외교상의 문제에 관계가 있어 현재로는 밝힐 수 없음.
   나. 일본정부는, 한국정부로부터의 전기 입국허가에 대한 회답이 있을때까지 일본경유 희망자에 대한 입국사증 또는 도항증명서 발급을 할 것인가, 안할것인가?
   - 외국인으로 일본 경유 제3국에 가는 자가 일본입국에 앞서 당해국의 입국허

가를 받지 않으면 경유하려는 자에 해당되지 않으므로 일본입국을 위한 사증발급은 할 수 없음.

4. 일본은, 제1항의 일본재류 희망자에 입국사증 또는 도항증명서 발급 요건으로서

　가. 일본재류 희망자가 1945.8.15. 이전에 일본 거주하고 있었다는 것.

　나. 일본내에 가족, 친족 또는 지연 기타가 거주하고, 이들이 생활등을 보장할 것 등을 필요로 하는가 어떤가, 기타 전기 (가), (나) 이외의 요건이 있다면 동 내용을 구체적으로 밝혀줄 것.

　　- (가) , (나) 를 심사영에 참고 사항으로 할 경우도 있으며, 외국인의 입국허가 여부에 대하여는 일의적 또는 고정적인 기준 또는 요건이라는 것은 없음.

5.

　가. 사하린 한국 교포가 일본 내 입국을 위한 사증 신청 또는 도항증명서 발급 신청을 하는 수속을 구체적으로 밝혀줄 것.

　나. 상기 (가)항 언급된 자 중 무국적자는 나호토까의 일본국 영사관에 가는 것 조차 인정되지 않기때문에 일본에의 도항증명서 발급 신청을 하는 것 자체가 곤란하다고 보는데 일본이 여사한 문제점을 해결하기 위하여 어떠한 방법을 모색하고 있는가, 구체적으로 밝혀줄 것.

　　- 외교상의 문제에 관계가 있어 현재로는 밝힐 수 없음.

6. 김화춘과 같이 도항증명서 발급을 받은 문광인, 박정녀, 문미옥, 문명석, 문미자의 5명은 쏘련정부의 출국허가가 없기 때문에 출국할 수 없다고 하는데, 일본은 이들이 출국 허가를 받도록 쏘련정부와 교섭하고 있는가, 동 교섭내지 이에 대한 쏘련정부의 반응을 구체적으로 밝혀줄 것.

　　- 문광일 등 5명에 대하여는 1975.12.25. 도항증명서를 발급하고 있으나, 문광일 등 5명이 아직도 출국하지 않은 이유에 대하여는 동인들로부터 아무런 연락도 없으며, 개인적 사정에 의한것인지 또는 기타 사정에 의한 것인지 알 수 없음.

20. 외무부 공문(착신전보)–화태소송 제4회 공판 관련 일본국에 대한 해명요구 질문의 답변 보고

외무부

번호 JAW-11086
일시 041944
수신시간 76.11.5. 9:34
발신 주일대사
수신 외무부 장관

연: 일본정 700-5691
연호 화태소송 제4회 공판시 원고 소송대리인이 일본국에 대하여 해명을 요구한 질문에 대하여 76.11.2. 제5회 공판에서 일본국이 행한 답변을 다음 보고함.
다음.
피고는 쇼와51년(1976년) 9월6일자 원고로부터의 석명여부에 대하여 다음과 같이 석명함.
1. 질문1에 대하여:
쇼와51년10월20일 현재의 외무성 보관자료에 의하면 화태재주 조선인으로서 지금까지 일본국 정부에 대하여 귀환의 목적을 가지고 사증 또는 도항증명서의 발급 신청을 행한 것은 본방 재류희망자6가족20명, 본방 통과 희망자99가족335명 계 165가족 355명이며 그중 본방 재류 희망자1명 본방 통과희망자1명 계2명의 귀환은 이미 실현하였음.
이들의 주소 성명 생년월일 및 신청년월일은 외교상의 문제가 있기 때문에 현재의 단계에서는 밝힐 수 없음.
2. 질문2에 대하여
외국인으로서 본방을 통과하여 타국에 가는 자는 유효한 여권에 일본국 영사관 등의 사증을 받은 것을 소지하고 있는 것(령6조1항)외에 본방 입국에 앞서 당해 국에의 입국허가(통상사ㅏ증)을 받고 있는 것 및 본방으로부터 출국 후 여행목적국까지 갈 선박등의 선표 또는 이에 대신하는 당해 선박등을 운항하는 운송업자의 서면에 의한 보증이 없으면 상륙을 위한 조건에 적합할 수 없음(령7조1항2호, 7조2항 령 시행규칙 4조의 2,1호) 따라서 석명을 요구하는데 관련이 있는 한국정부가 전기 본방 통과희망자의 입국을 인정하는 경우에는 본문 후단의 요건을 갖출 필요가 있음.
3. 질문3에 대하여
외교상의 문제에 관계가 있어 현재로는 밝힐 수 없음.
4. 질문3의 2)에 대하여
외국인으로서 본방을 통과하여 타국에 가는자가 본방 입국에 앞서 당해국에의 입국허가를 받지않으면 통과할려는 자에 해당하지 않으므로 본방 입국을 위한 사증발급을 할 수 없음.

5. 질문 4의 1) 및 2)에 대하여

석명 요구사항 4의 1) 및 2)를 심사상 참고사항으로 할 경우도 있으며 외국인의 입국허가 여부에 대하여서는 피고 준비서면 2의 2)에서 석면한 바와 같이 일의적 고정적인 기준 또는 여건이라는 것은 없음.

6. 5의 1) 및 2)에 대하여

외교상의 문제에 관계가 있어 현재로는 밝힐 수 없음.

7. 6에 대하여

문광일 등 5명에 대하여서는 피고 준비서면 1의 3)의 2)에서 말한 것 같이 1975년 12월25일 도항증명서를 발급하고 있으나 문광일 등 5명이 아직도 출국하지 않고 있는 이유에 대하여서는 동인들로부터 아무런 연락도 없으며 개인적 사정에 의한 것인지 또는 기타 사정에 의한 것인지 알 수 없음. (일정, 북일)

통일일보　76.12.24　「樺太裁判」第6回弁護_"強制連行想起せよ"_機関は日本の義務
弁護団が書面提出

⑤ 재사할린 동포 귀환 관계 진정서, 1976

○ ○ ○

기능명칭: 재사할린 동포 귀환 관계 진정서, 1976

분류번호: 791.51

등록번호: 10020(25715)

생산과: 동북아1과

생산연도: 1976

필름번호: P-06-0018

파일번호: 16

프레임 번호: 0001-0113

1. 진정서

장관님 전상서

　장관님께서 공사간에 수고가 많으시겠읍니다.
　이렇게 문의하게 되어서 죄송합니다.
　다름이 않이라 소인의 아버님께서 사할린애 억류되어 계십니다. 본적이 충남 부여군 임천면입니다. 성명은 이재봉(載鳳)씨입니다. 우리 아버님께서 현재 생존하여 계신지 알고 싶어서 이렇게 문의합니다. 장관님께서 연락하여 주시기 바랍니다. 일전에 신문을 보니까 사할린 동포 100여명을 소련에서 출국 허가를 하였다는 보도를 받았읍니다.
　무척 반가웠읍니다.
　우리 아버님의 생존 여부를 알려주시고 일본에 있는 사할린 교포귀환 촉진회가 있다는데 주소 좀 상세히 알려 주시면 더 없이 감사하겠읍니다.
　장관님의 연락을 기다리겠읍니다.
　안녕히 계십시요.

76.6.14.
서울시 성동구 구의동 126번기 26통 2반
이준행 드림

2. 주일대사관 공문-화태교포 서신

주일대사관
번호 일본(정)700-4238
일시 1976.7.20.
발신 주일대사
수신 장관
참조 아주국장
제목 화태교포 서신

76.7.14. 외무성은 주쏘 일본 대사관이 화태교포 김영배로부터 우송받은 서신을 당관에 전달하여 왔는 바, 동 서신(사본)을 별첨 송부하오니 참고하시기 바랍니다.

첨부: 상기 서신(사본) 1통, 끝.

2-1. 첨부-서신[1)

七五년 一月부터 귀국신청을 바더주나 □은 이러합니다. 직장증명 一장 정내 사는 증명 一장 二十五년을 일한 사람은 국가금을 하는 사람은 빈정서 증명 一장 금 三十□이러합며, 저이는 금 二百七十□을 물고 또 여러가지 가릅니다만 귀국해야할 생각으로 할 수 업시 해야 합니다. 집을 내노와야만 하나 독신자는 이럭저럭 지낼 수가 있지만 살림하는 사람은 아직 □□ 몰읍니다. 더러 빠진 사람이 잇지만 한다는 사람은 만으나 확실히 신청자는 이것 뿐입니다.

七六년 一月 十七 박노학 一月十八 한국방송국 七六년 二月七日 日本대사관 모시구와

七六년 二月 二十七 박노학 四月二日 박노학 四月十九日 박노학

귀국소식을 알리려 했쓰며 명단을 보냈쓰며 성락기씨 귀국시에도 명단을 전햇고 초청장을 부탁을 안니햇습니다.

하는 수 업시 대사관을 통해서 七차에 글을 전합니다.

부모은 귀국을 하고 십흐나 자손들리 안 간다하니 달렴한 사람이 만코 한국에 생활을 생각하며 또 한국인회에서 편지에 내용은 해외로 파견을 하며 귀국을 하면 골란하니 하여간 다 하라는 편지을 보내오니 허무하기 짝 없습니다.

절믄 사람들리 조흔 집을 버리고 귀국을 □할 때는 정부에 도움이 업쓰면 생각할 접이만치 안켓습니까

글을 밧는대로 통지해주십시요.

나는 절때 그럴니리 업따하지만 고지 안 듯씁니다.

사하린 방송 드러오는 그자리에서 싸하린 시간인데 四月十五日경이면 방을 못 듯씁니다. 한국시간 아침 六시경까지는 들립니다.

밤 十一시경이라도 제-방송이든지 무슨 방-송도 못듯씁니다.

미타리 방송이나 혹 국제방은 듯씁니다.

밤 三시 四시경더러 듯씁니다.

---

1) 원문에 서문 누락. 후면 명부는 생략

日本대사관에서 입국증명룡지을 보내오는데 쓰기가 큰문젭니다.

소한문제을 세우는데 배가 드러와야 합니다.

一九 六月五日 金永培

＿＿＿＿＿＿＿＿＿＿＿＿＿＿＿＿＿＿＿＿＿＿＿＿＿＿＿＿＿＿＿

日本大使館殿

　前に私の手紙に対する御返事を1973年3月15日受け取りました。その後今年に至って14人分の入国証明用紙をも受け取りました。

　その後1975年10月から全サハリンにおける帰国希望者の受けつけがはじまりました。

　現在大泊における帰国希望者の数は家族連れが50世帯、それに独身者が50人程で総数約400名程です。

　その内現在出国許可が出た人が独身者だけ15名です。ところが当局では彼等の出国許可を7月とし入船を待てとの事です。

　私達が知りたい事は7月の入船とは何を意味するのかです。そして船は日本の船を意味するのか、それともソ連の船を意味するのかです？　そして又その入船その者があるのかないのかです？

　私自身今年において二回問ひ合わせの手紙を送りましたが、なんの返事もありません。なっとくのゆく返事をお待ち申します。

　P.S　こちらからおうふく手紙がお手もとにとどいたなら、御返事はなくともそちらの日本名の署名か大使館のいんをおして送って下さる事をおたのみ申します。

　名ぼを送りますから、一ツは東京の韓国大使館に送って下さる事をおたのみ申します。

　全人目的地は韓国です。

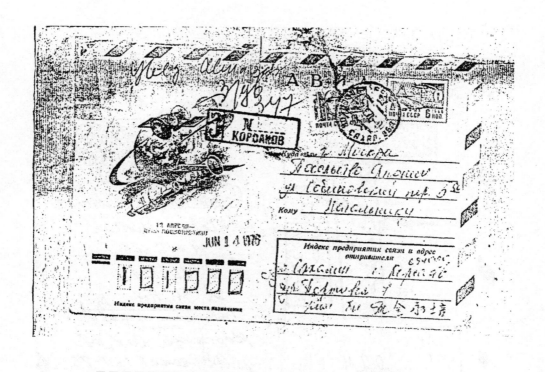

　　그동안 가내 제절이 두루 평안사이오며 친우제사들도 안영하심니까 외국에 있는 우리들애 입장이 얼마나 고통댐을 편지로 더 말할 수 업는 형편에 처하여 있슴니다. 30년간 소원하든 조국과 친척을 만나기 위하야 日本으로 보내여 달나는 그의며, 쏘련범에 이하야 吉村吉夫애 초정장에 기초하야 귀국 소속을 1975년 9月부트 1976년 1月20日까지 어려운 난관 중에서 긋나슴니다. 그런대 1976년 2月 6日부트 4月 28日까지 4차래 귀국문제을 거절을 당하는 기간애 소망과 희망을 짖발피우며 공갈을 견대다 못하야 나애 長谷都美子는 4月 29日 직장에 나가 동료들 앞애서 생명을 즁단식히려 하여슴니다. 현제 입원중이며 즁태에 처하여 있음니다. 우리 가족을 노동애 짐승으로 변화씩이지는 못할 그심니다. 친애하신 친우들이여 이러한 우리애 형편을 全世界에 알이며 유앤 인권 옹호부애 보고하여 주십시요. 이곳 우리는 日本入國申請書을 2月 15日애 쏘련 駐在日本大使館에 보내여슴니다. 그런대 쏘련국적인 윤식과 미래는 쏘련 正府로부트 出國허가을 바다서 日本大使館에 보내여 달나고 하나 우리애 입장을 잘 리해하실 것으로 생각함니다. 韓國人에 귀국문제는 비공민이나 쏘련국적이나 귀국희망者는 日本正府가 무조근 다려가두록 조처해 주셔야 댐니다. 경비문제는 이곳 우리들이 부담하게슴니다.

1976년 4月 30日 □相 其後都美子는 退院하였다고 連絡이 옴

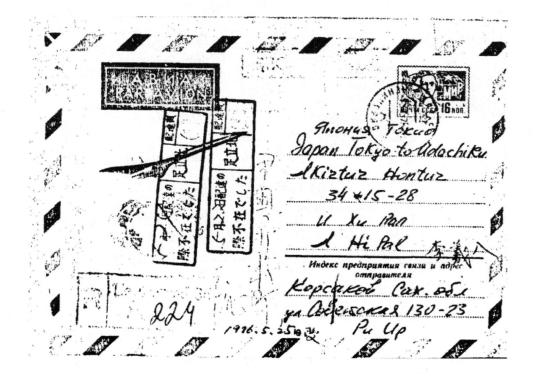

3. 주일대사관 공문─화태교포 귀환문제 진정서 처리

주일대사관
번호 일본(정)700-5665
일시 1976.8.26.
발신 주일대사
수신 장관
참조 아주국장
제목 화태교포 귀환문제 진정서 처리

　　대: 북일700-13817(76.8.18.)
　　1. 당관은 김주봉씨(화태 억류 귀환 한국인회 박노학 회장 포함)를 당관에

초치, 본부가 동인의 진정서를 접수하였음을 알리고, 동인으로부터 진정 내용을 청취하였읍니다.

2. 동인으로부터 청취한 진정 경위 및 그 내용(요지)은 다음과 같음.

가. 동인은 화태교포의 귀환을 진심으로 희망하고 있으며, 화태 교포 귀환회의 고문으로 이를 위하여 여러해동안 노력하여 왔음.

나. 최근 시작된 화태교포의 개별적 귀환 추진사업과 관련, 동인은 자기 명의로 화태교포 200여명(약 50세대) 이상에 대하여 초청장 및 재정 보증서를 보냈음.

다. 이러한 귀환회의 노력이 결실 단계에 오게되어, 쏘련 당국이 약간의 화태교포의 출국을 허가하게 되었고, 일본 정부도 한국귀환을 희망하는 화태교포에 대하여는 한국정부가 이들을 받아준다면 일본 입국을 허가하겠다고 한다 함.

라. 최근 한국귀환을 목적으로 일본 정부에 입국허가 신청을 하여온 160여명의 화태교포에 귀환과 관련하여 일본정부가 이들에 대하여 입국허가를 부여하지 못하는 것은 한국정부가 이들의 입국을 허가한다는 보증이 없기 때문이라고 듣고 있음. 30여년 이상 한국 귀환을 희망하고 있는 이들 불우한 한국 동포에 대하여 한국정부가 이들을 받아들이지 않는 이유가 무엇인지 알고 싶음.

마. 화태교포의 귀환 실현은 현단계에서 한국정부의 결단이 필요한 바, 귀환이 가능시되는 화태교포들만이라도 하루 속히 귀환할수 있도록 한국 정부가 조치하여 줄것을 앙망함.

바. 화태교포 귀환과 관련 재정보증을 하였는바 동 보증 효력이 만료되기 전에 조속 귀환되도록 한국 정부의 조치를 바라고 있음.

3. 상기 동인의 진정 내용에 대하여 당관은 다음 요지로 화태 교포 귀환 추진 현황을 설명하였음.

가. 한국정부가 귀환 희망 화태교포를 받아들인다는 정부의 입장에는 변함이 없으며, 최대의 노력을 계속하고 있음. (예컨데 한국정부는 금년초 최정식과 나호토카에서 귀환을 희망하여 온 강명식 등 4명에 화태교포에 대하여 한국 입국을 허용하였고 일본 정부도 이들에게 일본 입국허가를 주었는 바, 이들의 귀환이 실현되지 않는 것은 어디까지나 소련측이 이들의 출국을 허가하지 않고 있는 때문일 것으로 보임)

나. 화태교포의 귀환 실현을 바라는 진정인의 심정을 이해하고 있으나 정부로서는 귀환을 전후한 여러가지 필요조치와 준비도 고려 조처하여야 하는 것이고 진정인이 생각하고 있는 바와 같이 단순한 것은 아니여서 시일이 다소 소요되고 있는 것임.

다. 진정인들은 과거 다년간 화태교포와의 연락을 취하여 왔으므로 정부가 여러모로 노력하고 있다는 것을 화태교포들에게도 적절히 알려주고 또한 귀국 희망 화태교포의 수를 가능하다면 조사하여 준다면 도움이 될 것임. 끝.

4. 외무부 공문—진정서 회보[2]

외무부
번호 북일700-
일시 1976.8.18.
발신 외무부 장관
수신 주일대사
제목 진정서 회보

1. 본부는 귀관할 하기 주소에 거주하고 있는 화태억류 귀환 한국인회 고문인 김주봉 목사가 사하린 교포 귀환에 대하여 대통령 각하께 직접 진정하겠다는 별첨 진정서를 접수하였읍니다.
2. 동인에게 진정서 접수 사실을 통지하고, 아울러 동인의 진정 내용을 청취, 그 결과를 보고하시기 바랍니다.
성명: 金周奉
주소: 日本 東京都 足立區 千住 櫻木2丁目 十一番 八號
첨부: 진정서 사본 1부. 끝.

4-1. 첨부—진정서 사본

우리의 領導者 朴大統領 閣下께 드리는 陳情書

우리 祖國 大韓民國의 隆盛發展과 大統領閣下께서 健勝하심을 祝願하옵나이다.
우리 祖國 發展途上에 一千萬 離散家族의 苦痛은 바로 五千萬 韓民族 全體의

---

2) 본래 민원사무통제관 협조문을 통해 진정서가 이첩되었으나, 협조문은 본책에 이미 동일 내용이 다수 등장하여 생략

痛恨이기 때문에 우리는 理念과 體制의 差異를 超越하여 世界家族을 指向하는 博愛와 奉仕의 赤十字精神에서 人道的 次元의 南北對話를 터서 于先 흩어진 血肉들의 설움과 아픔을 輕減시키려 했던 것이 北韓傀儡의 無誠意로써 挫折된 事實을 想起하나이다.

就伏白

여기에 또 하나의 悲劇이 있지 않습니까. 閣下께서도 心慮의 事實인 所謂 樺太抑留同胞 歸還問題이올시다.

우리 祖國은 民族受難의 渦中에서도 博愛와 奉仕의 人道主義를 發揮하므로서 그 成果를 꾸준히 쌓아왔고 또 앞으로도 그렇게 努力할 것을 確信하나이다.

建國前後의 混亂과 韓國動亂의 소용돌이 속에서도 英明하신 閣下께옵서 領導하시는 現段階에서 빛나는 效果와 우리 祖國의 國威宣揚에 부끄럼 없는 國家發展 中興期 最高頂上에 이르렀다는 것을 小生은 確信하고 기뻐마지 않습니다.

여기에서 上記 樺太抑留同胞歸還運動을 積極的으로 展開하는 마당에서 本人이 그들에게 人道主義的 奉仕로서 小生名儀로 招請狀을 提出하였던 것이 奇蹟的으로 쏘聯當局의 承認을 받고 있읍니다.

이미 日本政府의 發表에 對하여도 저희들은 極力 引受할 것을 忍耐性을 갖고 繼續 努力해 왔읍니다.

日本政府가 窮極的으로 發表한 것은 大韓民國政府가 引受할 用意가 있다는 保證이 있을 때 日本政府는 入國許可를 하겠다는 方針을 發表하였읍니다.

여기에서 小生이 보낸 招請狀의 法的有效期間이 經過되려 합니다.

英明하신 大統領閣下!!

離散家族問題의 合理的 解決을 渴望한다면 이 事件을 소홀히 할 수는 없지 않겠읍니까?

日本에서 祖國을 등진 朝總聯系 在日同胞 祖國訪問事業이 實現된 正當性을 歡迎하면서 三十年間의 오랜 望鄕끝에 지치고 지친 樺太의 抑留同胞를 爲하여서도 英斷을 주실 것을 誠心으로 伏望하옵나이다.

여기에 小生이 祥細히 報告드리고저 大統領閣下 拜眉의 機會 주실 것을 삼가 仰請하나이다.

小生의 心情을 보살펴 주시옵시기 千萬伏望하옵나이다.

純粹한 同胞愛에서 閣下께 眞情을 上告드리오니 連한 期間內에 이 問題結末을 맺고져 上書드리는 目的이 여기에 있읍니다.

부디 이에 小生의 所願成就될 것을 祈願하면서 聽許의 光榮을 바래나이다.

國務多端하신 이때 閣下께 拜眉의 光榮을 仰願하는것은 甚히 罪悚不已하옵나이다.

再三容赦하셔서 聽許 下示의 榮光을 믿고 千萬伏望하나이다.

삼가 回示해 주실 것을 誠心으로 仰願드리나이다.

끝으로 우리 祖國의 隆盛發展과 우리 祖國의 英明하신 領導者 大統領 閣下께옵서
만수무강하시옵시기 祝願하면서 餘不備 上書하나이다.

  一九七六年 七月 二十三日
  日本國 東京都 足立區 千住 櫻木2丁目 十一番 八號
  樺太抑留歸還韓國人會 顧問 牧師 金周奉

  慶北道大邱市中區桂山洞一街 八九番
  樺太抑留歸同胞歸還促進會 會長 韓榮相

5. 외무부 공문—진정서에 대한 회신

외무부
번호 북일700-
일시 1976.9.13.
발신 외무부 장관
수신 경북 대구시 중구 계산동 1가 89번지 화태억류 교포 귀환 촉진회
제목 진정서에 대한 회신

   1. 귀회가 대통령 각하께 보내드린 1976.8.15자 진정서에 대한 회신입니다.

   2. 우선 귀회가 사하린 억류 교포들의 귀환을 위하여 진력하고 계신데 대하
여 충심으로 사의를 표하는 바입니다.

   3. 정부는 사하린 교포들의 귀환을 실현시키고져 계속 노력을 하여 왔으며
그 결과 귀환실현 전망이 어둡지 않음에 비추어 귀회의 가족들이 갈망하던 30여
년 간이나 헤어진 사하린 가족들과의 상봉이 멀지 않아 이루어질 것을 기대하는
바입니다. 아울러 사하린 교포들과 상봉할 때까지 귀회의 가족 일동의 건강과
행운이 있기를 기원합니다. 끝.

6. 대통령 비서실 공문―청원서 처리

대통령 비서실
번호 대비민125.1-7478
일시 1976.8.30.
발신 대통령비서실장
수신 외무부 장관
제목 청원서 처리

    1. 별첨 청원서를 이첩하니 적의 처리바랍니다.
   첨부: 청원서(608-1173) 1부. 끝.

6-1. 첨부―진정서

진정서

대통령 각하

1976.8.15.
화태억류교포귀환촉진회

진정서

대통령 각하
오늘 광복 31주년의 뜻깊은 날을 맞이하여 사할린 억류 동포의 유수 가족이 한자리에
모여 존경하는 대통령 각하께 이 진정서를 채택하여 올립니다.
망향 30여년의 뼈저린 애환을 간직하고 오늘도 쏘련의 지배하에 있는 북해의 사할린 섬
에는 광복의 기쁨도 모르는체 조국이 있는 남쪽 하늘을 바라보며 그리운 가족과의 상봉할
수 있는 그날만을 애타게 고대하면서 어쩔 수 없이 살아가고 있는 4만여명의 우리 동포가
조국을 향해 구조의 따뜻한 손길을 애절하게 호소해 오고 있는 것입니다.
그동안 수많은 난관과 어려움을 극복하고 사할린 교포들의 숙원인 귀환을 위해 줄기
차게 노력을 계속해온 결과 금년부터는 쏘련 당국에서도 혈육과의 상봉을 위해 귀환

을 요청하는 우리 동포들에 대해 출국허가를 내주고 있는 실정이며 다만 일본 정보에서만 받아드리겠다면 지금이라도 40여세대 100여명의 동포가 그리운 부모처자와 사랑하는 형제 자매들을 만날 수 있는 시기에 도달해 있는 것입니다.

이 모두가 대통령 각하의 동족을 사랑하시는 깊은 배려와 평소에 사할린 동포에 대해서 많은 관심을 가지고 돌보아주신 덕택인줄 알고 삼가 진심으로 감사를 드립니다. 그러나 남은 문제 또한 우리들 스스로가 해결해야 할 중대한 문제라고 생각합니다. 현재 쏘련 당국으로부터 출국허가를 받아놓고 하루가 여삼추 같이 고국에 돌아갈 날만을 고대하고 있는 사할린 교포들에게는 일본 정부의 입국허가가 있어야만 일본을 거쳐서 한국으로 귀환할 수가 있는데 일본정부에서는 한국정부에서 이들 모두를 인수해 간다는 사전 보장이 있어야 일본 입국증명(비자)을 발급해 주겠다는 비인도적인 처사만을 되풀이 하고 있으며 우리 정부에서도 이들의 인수 문제에 대한 검토를 하고 있는 것으로 알고 있습니다.

그러므로 저희 가족들이 강력히 바라는 것은 일본 정부의 책임 회피와 비인도적인 처사를 항의만 하고 지연시킬 것이 아니라 쏘련측에서 보내주려고 할 때 무조건 우리 정부가 전원 인수해서 그 가족이나 연고자들의 한맺힌 염원을 풀어주는 것이 당연하다고 눈물로 호소하는 바입니다.

월남이 패망했을 때 타민족인 월남 난민들도 우리 정부에서 따뜻이 맞아드려 보살펴 주었는데 더구나 내 민족이요 본의 아니게 나라 없는 슬픔 속에서 일본 정부의 강압에 못이겨 끌려간 우리 동포들을 하루 빨리 맞아드려 그 가족에게 돌려 보내 주어야 하지 않겠습니까?

물론 우리 정부에서도 계속 사할린 교포들의 송환을 위해 노력하고 있는 줄은 잘알고 있습니다만 여러가지 어려움이 따르드레도 오랜 세월동안 남의 나라 땅에서 고국과 가족을 그리워 하고 있는 사할린 동포와 오늘도 따뜻한 조국의 품속에서 가족 상봉의 벅찬 기대를 안고 기다리는 그 가족들에게 기쁨과 희망과 신뢰를 주도록 해주시기를 간절히 바라는 바입니다. 이제 사할린 동포들의 귀환 문제는 실현단계에 도달하고 있습니다. 이때를 놓치지 말고 귀환을 원하는 우리 동포들이 하루 빨리 조국땅에 돌아와 위대하신 대통령 각하의 은총 아래 남은 여생을 행복하게 보낼 수 있도록 배려해 주시기를 간곡히 진정하옵니다.

오늘도 국가의 발전과 민족의 번영을 위해서 전념하시는 대통령 각하의 만수무강을 충심으로 기원합니다.

1976년 8월 15일
화태억류교포귀환촉진회
가족일동

⑥ 재사할린 동포 귀환 문제. 전5권(V.1 기본문서), 1976

○ ○ ○

기능명칭: 재사할린 동포 귀환 문제, 1976. 전5권

분류번호: 791.51

등록번호: 10021(10787)

생산과: 동북아1과

생산연도: 1976-1976

필름번호: P-06-0019

파일번호: 01

프레임 번호: 0001-0354

1. 주일대사관 공문(착신전보)–1.22. 참의원 예산위원회의 이다바 법상 사하린교포 귀환 관련 발언 보고

외무부
번호 JAW-01492
일시 231452
수신시간 76.1.23 16:44
발신 주일대사
수신 외무부 장관

    1. 이다바 법상은 1.22 참의원 예산위원회에서 사하린 교포의 귀환문제와 관련하여 민사당의 다부치 데쓰야 참의원 의원의 조선인은 강제연행한 것은 일본의 책임이며 귀환이 실현되지 않고 있는 것은 일본측이 전원은 한국으로 인도시키겠다고 하는 조건은 부쳤기 때문에 쏘련측이 이에 응하지 않는 것이 아닌가 라는 질문에 대하여 한국으로 귀국하는 것을 조건으로 하지 않고 일본측이 인수하여 인도적으로 철수한다고 답변하였다 함.
    2. 또한 미야자와 외상은 귀환 실현에 관하여 "금후에도 쏘련측에 요청할 것이겠지만 일본인의 경우에도 아직 실현되지 않고 있음에 비추어 더욱 어려운 문제가 있지 않을까 보고 있다"고 말하였음.
    3. 상기와 관련된 국회속기록을 입수하는 대로 송부 위계이며, 외무성측과 접촉 화태교포 귀환문제에 대한 일본측의 입장 변경을 확인 보고 위계임. (일정, 북일)

2. 전언통신– 사하린교포 귀환교섭 문제에 관한 의견

伝言通信(中情非公式意見)
日時: 1976.6.19. 12:00
送話者: 中情 7局 5課 윤주현
受話者: 東北亞1課 南相旭
題目: 사하린 僑胞 歸還교섭 問題에 關한 意見
内容:

1. 貴部 交涉 方案은 對內外 弘報에 活用을 前提로 하고 있는 바, 本件이 報道 統制下에 施行되어야 한다는 仮定下에서 再檢討가 必要함.

2. 따라서 對日交涉에 있어서의 我側立場의 强化가 考慮되어야 함.

   (가) 歸還者의 滯日 其間中 이들에 對한 保護와 宿食 提供에 對한 日政府의 保障

   (나) 我側 要請에 依한 滯留期間 延長(1個月 비자를 再延長 可能토록)

   (다) 定着地 選擇을 쏘련에서의 陳述에 全的으로 依存할 것이 아니라 日本到着後 實務者間의 再確認됨이 要望됨. 끝

3. 재화태교포 귀환교섭방안

在樺太僑胞 歸還交涉方案

1976.6.3

外務部

在樺太僑胞 歸還交涉 方案

1. 問題의 背景

   韓.日間에 懸案中인 在樺太僑胞歸還問題는 最近 崔正植의 歸還(76.3.18)을 契機로 쏘련政府의 態度가 歸還을 漸次 認定하는 方向으로 緩和되고 있으며, 現在 22世帶 71名이 日本政府에 日本入國 비자를 申請中에 있는바, 日本政府는 비자 申請中인 上記 僑胞들에 對하여 韓國政府가 入國을 許可할 것인지의 與否를 我側에 問議하고 있으며, 韓國政府의 入國許可 意思通報가 있어야 查證을 發給하겠다는 立場을 表明하고 있음.

2. 其間의 交涉概況

   從來 我側은 本件問題는 日本政府에 根源的으로 그 責任이 있다는 理由를 들어,

   첫째, 我國과 쏘련間의 國交 不在 狀態下에서 對쏘交涉을 日本이 担當하고,

둘째, 歸還 所要 經費((1) 쏘련-日本間旅費, (2) 日本內 滯在費, (3) 日本-韓國間 旅費, (4) 韓國入國後 定着支援費)를 日本政府가 負擔할 것이며,

셋째, 最終 定着地는 日本으로 一旦 歸還된 後 本人의 意思表示에 따라 決定되어야 한다는 見解를 表明하여 왔음.

이에 對하여, 日側은 原則的으로 대쏘交涉을 推進할 用意는 있으나 費用은 負擔할 수 없으며 日本定着도 許容할 수 없으므로, 韓國側이 引受한다면 對쏘交涉을 推進하겠다는 立場으로 一貫하여 왔는바, 本件問題에 있어서는 무엇보다도 쏘련의 出國許可가 先決問題인 만큼, 我側은 于先 對쏘交涉에 力点을 두고 日本政府의 對쏘交涉을 促求해왔음.

3. 今后 方針 定立

本件 歸還問題가 現實問題化된 現段階에서, 費用問題 및 定着地問題를 圍繞하고, 韓.日 兩側이 結論이 내리지 못함으로써 歸還이 遲延되는 경우에는 그 責任이 我側에 轉嫁될 憂慮가 있으므로 아래와 같은 方針으로 處理코저함.

첫째, 歸還僑胞들은 原則的으로 我國에 定着시킴(前記 71名의 경우는 모두 韓國 定着 希望)

둘째, 日本에 倒着后 我國歸還時까지의 所要費用 및 定着支援은 我國政府가 負擔함. 단 本件問題의 經緯에 비추어 日本到着后 我國向發까지의 日本滯在 期間中 所要되는 滯在費는 日側이 人道主義的 見地에서 負擔하도록 一旦 交涉을 推進함.

(樺太로부터 日本까지의 歸還費用은 歸還僑胞 自費負擔 可能)

4. 期待되는 效果

가. 多年間 共産治下에 抑留된 多數 同抱의 救出을 爲한 我國政府 外交努力의 結實

나. 北韓을 擇하지 않고 自由大韓을 選擇한 事實을 國際的으로 浮刻

다. 異民族인 쏘련도 我國僑民의 出國을 許容하여 離散家族 再會를 實現시켜 주는데 反하여, 同族인 北傀가 離散家族問題 解決을 拒否하고 있음을 들어 北傀의 非人道性을 國際的으로 더욱 浮刻시킴.

라. 쏘련, 北傀間의 爭點 誘發可能性.

5. 豫想되는 我側의 財政負担

가. 現在까지 確認된 歸還希望者 總數 1700名을 前提로 할 경우

- 日本滯在費: $170,000(1700×$100(3泊4日))
- 航空料: $187,000(1700×$110)
- 合計: $357,000

나. 所要豫算은 豫備費로 充當

　　다. 上記以外에 歸還后 臨時收容 및 救護費와 定着支援費가 所要될 것임

6. 參考資料: 歸還問題의 現況 및 展望(別添參照)

재사하린 교포 귀환문제에 관련된 대일, 대쏘 교섭방안

1. 그간 아국정부는 사하린교포문제의 배경에 비추어 첫째 일본이 우선 쏘련측과 교섭하고, 둘째, 일본에 입국허가한 후 본인의사를 확인하여 정착지를 결정할 것이며, 셋째, 귀환에 필요한 일체의 비용과 정착에 필요한 정착지원비의 일부도 일본정부가 부담토록 한다는 기본방침하에 대일교섭을 전개하여왔음.

2. 그간 일본측의 입장은, 첫째, 쏘련측과 교섭은 하되 한국정착 희망자를 한국이 인수한다는 사전보장이 있어야하며 둘째, 일본정착을 원칙적으로 인정치않고 또한 일본도착후의 정착지 의사확인에 응할 수 없으며 한국정착희망자의 일본경유에 있어서도 한국정부의 사전입국보장이 있어야만 이를 허용하며, 셋째, 비용문제에 있어서는 일본측이 이를 부담할 의무가 없다는 입장으로 일관되어 왔음.

3. 아국은 본건 귀환문제에 있어서 일본과의 문제보다도 쏘련측의 귀환허용이 실제에 있어서 선행될 요건인 동시에 대쏘교섭을 일본을 통하여 실시하는 여건하에서 사하린 출국후의 처우문제를 위요하고 일본측과 대립만 하는 것이 문제해결에 사실상 도움이 되지 못할뿐 만 아니라 일본으로 하여금 대쏘교섭자체를 태만하게 할 우려가 있었으므로 최근 수년간 주로 일본정부에 의한 대쏘 교섭에 역점을 두는 방향으로 본건을 추진하여 왔으며, 미야자와 외상의 쏘련방문시(75.1.1.) 한국귀환희망자 201명의 대쏘교섭은 아국정부의 사전입국 보장하에 임하겠다는 통고에 따라 아국정부는 74.5.16 정착지문제 및 비용문제에 관하여 특별한 언급 없이 우선 이에 동의한 바 있었음.

4. 최근 쏘련정부가 아국교포귀환을 허용하는 움직임을 보임에 따라 일본정부가 아국정착희망자 28세대 91명의 일본경유 입국허가에 있어서 아국정부의 사전입국 보장을 요청하여 온 바 있음.

5. 이상의 상황에 비추어 사하린교포의 귀환이 현실문제로서 재기됨에 따라 그간의 대일교섭경과 및 본건에 관련된 국내외적인 상황을 감안하여 별첨과 같은 기본 입장과 교섭방안에 따라 본건 귀환의 추진하고저함.

유첨: 재사하린 교포귀환을 위한 대외교섭 시안

3-1. 유첨-재사하린 교포귀환을 위한 대외교섭 시안

별첨: 재사하린 교포귀환을 위한 대외교섭 시안

가. 대일교섭
  1. 귀환대상자
    (1) 기본방침: 사하린교포 귀환대상자를 결정함에 있어서는 사하린억류 중 취득한 국적에 구애되지 않기로 함.
    (2) 교섭방안: 전기 기본방침을 일측에 통고
  2. 정착지
    (1) 기본방침 :
      (가) 일본정부가 일본정착을 허용하는자 외의 귀국희망자의 한국정착을 허용함.
      (나) 한국정착 희망자에 대한 일본경유와 관련, 일본측이 일본경유 허가에 앞서 아측의 사전 입국허가 보장을 요구할 시는 국내소요 절차를 거쳐 입국허가여부를 일측에 통보함
    (2) 교섭방안 :
      (가) 일본에만 연고자가 있거나 한국에 있는 연고자보다 가까운 연고자가 일본에 있는 경우 또는 기타 특별한 이유가 있는 경우에는 일본정착을 허용함. 일본정부는 여사한 일본정착 희망자의 명단을 한국정부에 통고함.
      (나) 그 이외의 귀환희망자는 한국에 정착을 허용함. 일본정부가 여사한 한국정착 희망자명단을 한국정부에 통고하는 경우 한국정부는 신원, 연고자 확인등 절차가 끝나는대로 한국정착 허용여부에 관하여 일측에 통고함.
      단. 한국정착 희망자가 일본 도착한 후 일본내의 연고자가 확인되는 등, 일본정착의 필요성이 인정되는 경우에는 전기 (1)항에 따라 일본정착을 허용함.
  3. 귀환비용 :
    (1) 기본방침
      (가) 사하린으로부터의 일본도착시까지의 여비를 귀환희망자가 자담할 능력이 없을 경우에는 일본측이 이를 부담토록 함.
      (나) 한국귀환 희망자의 경우 한국도착시까지의 비용(일본체제비 포함)을

한국정부가 부담토록함. 단, 동비용의 전부 또는 일부를 일본측이 부담하도록 최종적인 교섭을 시도함.

 (2) 교섭방안

  (가) 사하린-일본간 비용: 자담능력이 없는 경우 일측이 부담토록 함.

  (나) 한국정착 희망자를 위한 비용 :

   제1안: 한국까지의 귀환에 필요한 여비 및 일본에 체류하는 동안 소요되는 체류비도 일측이 부담토록함

   제2안: 일본에서 한국까지의 귀환여비는 한국측이 부담하고 기타 비용은 일측이 부담토록함.

 4. 정착지원

  (1) 기본방침: 일본정착자는 일본정부가, 한국정착자는 한국정부가 각각 정착지원을 담당함.

  (2) 교섭방안: 상기 아측 기본방침에 따라 일측에 요청함.

나. 대쏘교섭

 다음 사항에 관하여 일본정부를 통하여 쏘련측과 일단 교섭하되, 쏘련측이 이에 응하지 않을시는 귀환업무로 추진토록 함.

 (1) 귀환자 정착을 위한 사전자료 수집협조에 관하여

 (가) 귀환희망자, 귀환희망시기 등을 사전에 파악하기 위한 한국적십자, 국제적십자, 일본적십자, 기타 쏘련측이 수락가능한 인원이 사하린 방문 허용

 (나) 전기를 쏘련측이 수락하지 않을 경우에는 쏘련측이 전항에 관련된 종합적인 자료를 가급적 단시일내에 제공해주기 바람

 (2) 출국자 소지금 증액: 현재 출국시 허용되고 있는 1인당 90루블(미화 약117불)로는 여비로서도 불충분하므로 이들의 귀환여비 및 정착까지의 비용만이라도 충당되도록 출국시 소지금을 타당한 액수까지 증액시킬 것.

사하린교포 2명 일본 경유 문제 대일 통고안

1. 현재까지 일측으로부터 서면 통고받은 한국귀환 희망자 28세대 91명과 한국귀환을 포함하여, 사하린교포 귀환에 관련된 제반 문제에 관하여 현재 한국정부내에서 검토중이며, 이에 관하여 일본측과 협의를 시작하는데는 다소 시일이 걸릴것임.

2. 현재 나호트카에 임시 체류중이라는 강명수와 황인갑2명의 경우, 쏘련 출국 비자가 76.7.5에 만료된다고 하나, 이들의 신원조회를 하는데 상당한 시일이 소요될 것으로 예상되어, 일측이 요청한 2-3일내로는 절차가 끝나지 않을 것이므로, 인도적인 견지에서 우선 일본 입국허가를 부여하기 바람.

4. 외무부 공문(착신전보)-화태교포 귀환문제

외무부
종별 긴급
번호 JAW-07081
일시 031420
수신시간 76.7.3 16:50
발신 주일대사
수신 외무부 장관

　　외무성 나까에 아주국장은 화태교포 문제를 거론키 위하여 당관 정순근 공사를 76.7.5. 오전 외무성으로 초치하려는 바, 다음 사항에 관하여 시급 회보바람.
1. 일측이 작성한 명단에 게재된 201명에 대하여는 74.5.6자로 아측은 이들이 귀국을 희망할 경우 입국을 허용한다는 구상서(OAT-523)를 전달한 바 있음. 현안중인 28세대 91명(및 이 부류에 속하는 자)에 대하여도 현재 신원확인 등에 시일이 다소 소요될 뿐, 201명과 동일하게 귀국을 허가함이 정부 기본방침이라고 일측에 구두 설명하여도 가할지 여부와 만약 불가능하다면 201명과 다르게 취급하는 이유 하시바람.
2. 91명 문제에 관하여 일측과 협의할 것이라고 하였는바(동 취지는 기 보고한 바 있었음)동 협의에 관하여 일측이 문의할 경우 회답을 할 내용 및 요령과 구체적인 협의 시기
3. 적어도 아측의 수용 태세가 가추어질 때까지 일측이 화태교포 귀환문제를 진행 보류하겠다는 태도를 표시할 경우도 일단 예상되는 바 이러한 문제가 제기될 경우 아측 취할 입장(일정-북일)

5. 외무부 공문(발신전보)-사할린 교포귀환 관련 정착지, 경비부담에 관한 교섭내용 보고

외무부
종별 긴급
번호 WJA-0763
일시 032200

발신 외무부 장관
수신 주일대사

대: JAW-07081

1. 사하린 교포귀환문제는 그간 정착지, 경비부담에 관하여 일측과 교섭하여
온 경위는 있으나 쏘련측의 출국허가가 선결 문제였던 바, 28세대 91명을
포함하여 최근 쏘련측의 동향을 보면 사하린 교포에 대한 출국허가가 계속
될 것으로 보여지고 동 귀환이 본격화할 것으로 전망되어 본 문제가 현실문
제로 대두되었음.
따라서 정부는 비단 91명뿐만 아니라 다수 인원의 사하린 교포가 대거 귀환
할 것이라는 전제하에 정착 문제등 제반문제를 서둘러서 검토중에 있음.

2. 91명에 관하여 일측과 협의를 상금 시작하지 못한 이유는 일측과 해결하여야
할 정착지 및 비용부담 문제뿐만 아니라 국내 귀환후의 제반문제를 전반적
으로 검토중에 있기 때문임.

3. 한편 일본에 대하여는 일본정착을 원하거나 기타 사유로 일본정착이 필요한
자에 대하여 일본정착이 허용되어야 한다는 점과 한국정착 희망자를 포함하
여 귀환자들의 귀환에 소요되는 비용을 일본측이 부담함이 타당하다는 것이
그간 아국 정부의 기본방침이었던 바, 금후 전술한 일측과의 협의시에 이점
에 관하여 어떤 결론이 내려져야 할 것임.

4. 이상을 염두에 두고 7.5. 외무성 아세아국장과 협의시 다음 지침에 따라 협의
하기 바람.

　가. 91명뿐만 아니라 금후 다수 인원이 귀환할 것이라는 전제하에 한국정부
　　내에서 정착문제등 제반관련 사항을 서둘러서 검토중에 있으며 이 관계
　　로 91명에 대한 회답이 다소 지연되고 있다는 점을 일측에 표명함.

　나. 정착지 및 비용부담 문제에 관한 종래의 아측 기본입장을 상기시키고
　　이에 대한 반응을 타진토록 함.(참고로 비용문제에 관하여 현재 검토중
　　인 방안은 한국귀환희망자의 경우 우선 제1안으로서 일본체제비를 포함
　　한 한국도착까지의 여비를 일측에서 부담토록 하고 이를 일측이 수락하
　　지 않을 경우 제2안으로서 일본으로부터 한국까지의 항공료 또는 선임을
　　아측이 부담하되 일본체류를 포함한 나머지 비용을 일측이 부담토록 한
　　다는 것인 바, 우선 제1안을 지고 협의를 하되 일측이 도저히 수락 불가
　　능하다고 판단되는 경우에는 사견으로서 제2안을 제시하여 일측의 반응
　　을 타진하여도 무방함)

다. 본건 귀환문제는 쏘련측이 32년간 아국인을 억류함으로서 다년간 현안 문제였던 것이 사실이나 지난번 최정식의 경우라던지 또는 이번 나호트까의 4명의 경우처럼, 일방적으로 축출하는 경향이 보이는 바 앞으로 시간적 여유없이 계속 이런 방식으로 축출하는 경우에는 신원확인, 정착지원 계획수립 등 사전준비에 많은 난점이 있음으로 귀환대상들에 관하여 전반적으로 상황을 파악할 수 있는 자료를 조속한 시일내에 일측이 쏘련측으로부터 입수하여주던지 또는 일본정부기 직접 이를 파악하여주던지 할 필요가 있음.

6. 주일대사관 공문—화태교포 귀환

주일대사관
번호 일본(정)700-284
일시 1976.7.8.
발신 주일대사
수신 장관
참조 아주국장
제목 화태교포 귀환

　　연: JAW-07133
　　연호, 76.7.5. 당관 정순근 공사와 "나까에" 외무성 아주국장과의 화태교포 귀환문제에 관한 면담시, 일측으로부터 수교받은 Talking Paper를 별첨 송부하오니 참고하시기 바랍니다.
　　첨부: 상기 Talking Paper 사본 1부 끝.

6-1. 첨부—talking paper[1]

１．かねてよりの韓国側の強い要請にそうべく日本国政府は、田中・ブレジネフ (1973年10月)、宮沢・グロムイコ外相会談(1975年1月、1976年1月)等極めて高いレ

---
　1) 본 첨부 문서 마지막 장에 딸린 사할린 재주 조선인 귀환 수속 현황 생략

ベルでソ連側に対し、サハリン在住韓国人の出国許可につき繰り返し善処方申し入れてきた。

　これに対し、ソ連側は公務的には極めて冷淡な態度をとり続けている。しかし、実際には最近事態が良い方向に向いつつある兆候が見受けられ、現実にソ連出国許可を受け、日本への入国を求める者が出始めている。今後、相当数の帰還希望者の申請がでてくるものと思われる。

２．サハリン在住朝鮮人のうち日本へ永住を希望する者については、極く近日中にわが国政府は現時点での申請者全員に対し、前向きの結論を出す見込みである。

３．現在、本件帰還手続がスムーズに進捗していないのは、専ら韓国側が韓国へ帰還を希望している者を引受ける旨、明らかにしていないケース_____であり、累次の日韓定期閣僚会議等でわが方に対し、これらサハリン在住の韓国人の帰還問題に関し強く協力を要請しおきながら、韓国政府が帰還が実現しつつあるこの段階でかかる態度をとることは全く理解に苦しむところである。

　加えて、現在貴館あて口上書を以て引き受け意向を確認している91名のうち79名については、韓国政府が1969年に国際赤十字社及び日本国政府に対し、韓国へ帰還のためソ連との折衝を依頼した7,000名リストの登載者であり、また同じく91名のうち61名は1974年8月韓国政府が日本国政府の照会に対し、口上書を以て引き受けを確約した200名リストの登載者であることを指摘したい。

４．なお、ナホトカの4名については、7月3日韓国政府より入国を許可する旨の連絡をうけたので、直ちに日本国政府内部で渡航証明書発給の審査手続を開始した。結果を得次第、本人に伝えることとするが、本人はこれ迄の韓国側の態度もありサハリンに戻っていったので、在ナホトカ総領事館が本人と連絡をとるのには若干時間がかかるものと思われる。

　なお、わが方としても本人のソ連邦よりの出国期限の延長が行われるよう今後ともソ連側に対して側面より働きかけを行う所存である。

５．ソ連側は、本問題をめぐり北韓に対して複雑な立場に立たされているものと推測されるが、右にもかかわらず、少数ではあるが帰還が実現している。仮に帰還者引受けについて消極的な韓国の態度が原因となって、現在懸案となっている帰還希望が阻まれることになれば、ソ連側は今後、帰還希望者に出国許可を発出しないこととして方針を転換してくる公算は極めて大である。

韓国側が真に帰還促進を希望しているのであれば、現段階で検討中の希望者並びに今後出てくる帰還希望者全員を引受ける旨の意向の表明を直ちに行うべきである。

６．かかる意味から日本国政府としては本件に関し、早急に韓国側の誠意ある回答

を期待しており、若し納得のゆく回答を得られないならば、本件についてはかねての韓国からの要請はこれをなかったものとして、今後は対処せざるを得ない。また、今後、対外的には、韓国側が自国民の帰還を認めていないと公表せざるを得ないと思われるので念の為申し上げておきたい。

7. 중앙정보부 공문—사하린 교포 귀환문제에 대한 의견 회신

중앙정보부
번호 중정차450
일자 1976.7.21.
발신 중앙정보부장
수신 외무부 장관
제목 사하린 교포 귀환문제에 대한 의견 회신

　　　귀부 문의 북일700-899(76.6.30)에 대한 당부 의견을 별첨과 같이 통보합니다.
　　　유첨: 사하린 교포 귀환문제에 대한 의견 1부. 끝.

7-1. 유첨—사하린 교포 귀환문제에 대한 의견

사하린 교포 귀환 문제에 대한 의견

1. 의견
　　외무부가 작성한 재사하린 교포 귀환을 위한 대외교섭 시안은 가하다고 사료됨.
2. 참고 및 유의사항
　　아래 사항에 대하여 특별희 유의하여 조치하여 주시기 바람.
　　가. 아국 정부의 정착 대책이 수립될 때까지는 일괄 입국을 허용하기 보다는 선별적, 개별적으로 입국을 허용함이 가할것임.
　　나. 귀환자들의 정착지원, 입국절차, 보도등 필요한 조치를 위하여 외무부, 내무부, 법무부, 보건사회부 및 중앙정보부 관계관으로 구성되는 대책 기구의 조

속한 구성, 운영이 요망됨.

　다. 북괴가 아국 공작을 탐지할 경우 치열한 방해공작이 예상됨으로 사전 철저한 보안대책을 강구하여야 할것임. 끝.

8. 외무부 공문–사하린 교포 귀환 활동[2]

외무부
번호 북일700-1042
일자 1976.7.23
발신 외무부 장관
수신 주일대사
제목 사하린 교포 귀환 활동

　　1. 한국노동조합 총연맹에 의하면, 동 한총은 76.1.17 일본 노동총연맹에 대하여 사하린 교포 한국귀환 운동에 적극 협력하여 줄것을 요청하는 공한을 발송한 바 있다합니다.
　　2. 이에 대하여 "동맹"(동경 소재, 전화 453-5371)은 76.2.16 회신에서 일본 민사당과 협력하여 동 귀환운동을 전개할 것을 확약하였다 하며, 동 운동의 일환으로 동 "동맹"의 귀관지인 별첨 "동맹소식"(76.5.26.자)에 동 교포들의 귀환을 실현하도록 촉구하는 기사를 게재하였다고 하오니 업무에 참고 바랍니다.
　　첨부: 동 동맹소식 사본1부.　끝.

9. 면담요록

면담요록
1. 일시: 1976년 7월 22일(목요일) 10:00시~11:00시
2. 장소: 동북아1과
3. 면담자: 이동익 동북아1과장, 엔도 일본외무성 북동아과장

---

2) 첨부 문서 생략

4. 내용:
　　이동익 과장: 최근 신문을 보면, 일본 정국이 록히드 사건, 자민당내의 보조불일
　　　　치, 임시국회 소집 문제등으로 여러가지 문제를 안고있는 것 같은데, 임시국
　　　　회의 소집시기는 언제쯤으로 보며 해산 총선 등에 관한 전망은 어떠한가?
　　엔도 과장: 일본을 떠난지 1주일이나 되어 최근의 정국동향을 확실히는 모르겠
　　　　으나 임시국회는 8월중순 이후에 소집될 것으로 보인다. 그러나 동 임시국회
　　　　는 재정특례법안의 심의에 역점을 두게될 것으로 보이므로 기타 안건에 관
　　　　한 심의는 사실상 어렵지 않을까 생각된다. 미끼 수상은 자신에 의한 해산
　　　　총선을 생각하고 있은 것 같으며, 미끼 수상 의도대로 된다면 12월 초까지
　　　　해산하는 것이 이론상 가능하나 년말 정기국회 시기등을 감안하면 실제로
　　　　해산시기는 11월 초순경이 되지 않을까 생각한다.
　　이동익 과장: 최근 미야자와 외상의 대중공 발언을 국내정치와 관련시켜 논평한
　　　　일본신문 기사를 읽었는데 어떻게 생각하는가?
　　엔도 과장: 글쎄……, 외상 발언은 좀 지나쳤다는 감이 든다. 미야자와 외상은
　　　　너무 직선적으로 말해버리는 성격이라서……

　　(사할린 교포 문제)
　　이동익 과장: 사하린 교포 문제에 관하여는 내월초까지는 우리측의 검토가 끝날
　　　　것으로 보이기 때문에 그때 가서 일측과 구체적으로 협의가 되겠지만 본건
　　　　역사적 배경 등으로 보아 귀환 비용문제에 있어서는 한국까지의 도착시까지
　　　　의 비용은 일측이 부담하고, 귀국후 정착 지원등은 한국측이 부담하는 선으
　　　　로 타결되는 것이 가장 합리적이라고 생각한다. 이 문제와 관련하여 본인의
　　　　사견으로는, 일본측이 한가지 대쏘교섭을 해주었으면 한다. 즉 지난번 최정
　　　　식의 경우를 보면, 쏘련측은 90루블만을 여비로 인정하였는데 이것으로는
　　　　일본도착까지의 여비 충당밖에 안되었다. 사하린에 있는 한국인들은 30여년
　　　　간이나 그곳에 생활 기반을 쌓고 살아온 사람들이므로 국내에 생활 기반이
　　　　없을 뿐 아니라 국내에 연고자가 있는 경우라도 이들의 귀국 후 정착에는
　　　　많은 문제가 있는 것이 사실이다. 따라서 인도적 견지에서 쏘련측이 출국하
　　　　는 한국인들에 대하여 재일 한국인의 영주 귀국시와 비슷한 정도로 그들의
　　　　사유재산 반출을 인정하여 줌이 소망스러우며, 그렇게 되면 비용문제 해결
　　　　이 그만큼 용이하게 될 것으로 생각되니 일측에서 우선 그런 방향으로 대쏘
　　　　교섭을 해줄 수 있겠는가?
　　엔도 과장: 비용문제 등에 관하여는 주일대사관의 정 공사로부터도 이야기가

있었는 바, 이에 관하여 과거에 한국측이 비공식적으로 한번 이야기를 꺼 낸 일은 있었으나 공식적으로 입장을 밝힌 일은 없었기 때문에 정공사의 representation은 의외였으며 매우 난처하였다. 결론부터 이야기한다면 일 본측의 비용 부담은 매우 어려울 것으로 본다. 솔직히 말해서 비용문제는 한일간의 청구권 협정으로 이미 타결이 된 문제이므로 공식적으로 논의하기 어려운 문제가 아닌가 생각된다.

사유재산 반출 문제에 관하여 일본이 대쏘 교섭을 해보는 것이 불가능한 일 은 아니겠지만 실제로 쏘련측이 이에 응할 가능성은 거의 없다고 생각된다. 왜냐하면 쏘련측의 한국인 출국허가가 한국인을 특히 우대해서 취하는 조치 라면 이야기는 다르겠지만, 본인이 보기에는 이는 작년 6월 헬싱키의 구주 안보 협의회에서 외국인 귀환문제, 특히 유대인에 대한 출국인정 문제가 논 의되었으며 미.쏘간에 유대인 출국에 대한 양해가 이루어진 것이 계기가 되 어 사하린 거주 한국인들에 대하여도 이와 같은 차원에서 이루어지고 있는 것이므로 한국인에 대해서만 특별 취급한다는 것은 현실적으로 거의 불가능 한 일일뿐 아니라, 이를 고집할 경우 귀환 자체가 어려워질 우려마저 있다고 생각된다.

이동익 과장: 사하린 교포 문제에 관한 종래 한국측의 관심의 초점은 무엇보다 도 쏘련측의 출국 허가를 위한 일본정부의 대쏘교섭에 있었으므로 비용 문 제에 관한 이야기를 하는데 있어서도 이를 현실문제로서 이야기하지 않은 것이 사실이다. 그러나 이제 쏘련이 출국허가를 하게됨에 따라 상당수 인원 의 귀환이 현실문제로 되었는데, 30여년간 국내에 생활 기반이 없었던 사람 들을 정착시키는 문제는 간단한 문제가 아니며, 1-2백명 정도라면 몰라도 수천명이 오게된다면 귀국 소요 비용문제, 정착지원 문제 등 어려운 문제들 이 많다. 솔직히 말해서 이들이 빈손으로 귀국할 경우, 정착지원, 복지문제 등은 용이한 문제가 아니며, 실제로 이들에게 충분한 정착지원을 하기에는 예산상 어려운 형편이다.

이러한 형편을 고려하여 본건은 한.일간의 권리의무의 차원에서라기 보다, 인도적, 도의적인 측면에서 양국이 공동으로 협력한다는 자세로 해결해 나 가는 것이 바람직하다고 생각한다.

엔도 과장: 매우 어려운 문제이다.

한국에 돌아가겠다는 교포에 대해서는 한국정부가 우선 입국을 허용하고 비 용문제 등에 대하여도 한국측이 주선하는 것이 문제해결의 첩경이라고 생각 한다. 일본정착을 희망하는 자는 현재 10-15명에 불과한 바, 이들에 대하여는 별도로 일본 입국 절차를 취하고 있다.

이동익 과장: 여하튼 곧 우리측의 검토가 끝날 것이므로 그때가서 구체적으로 다시 협의함이 좋겠다. 양국이 공동으로 협력하는 자세로 임하면 좋은 결과 가 나올 것으로 생각한다.

(편: 후략)

10. 외무부 공문—사하린 교포 귀환

외무부
번호 북일700-1132
일자 1976.8.5.
발신 외무부 장관
수신 주일대사
제목 사하린 교포 귀환

    대: 일본(정) 700-284
    연: WJA-0763
    대호, 사하린 교포 귀환문제에 대하여 별첨 Talking Paper에 따라 교섭하시고, 결과 보고 바랍니다.
    첨부: 동 Talking Paper 사본 1부. 끝.

10-1. 첨부—사하린교포 귀환문제에 대한 아측의 Talking Paper

사하린교포 귀환문제에 대한 아측의 Talking Paper(안)

1976.8.4

---

1. 韓國政府는 日本政府 當局이 그間 사하린 韓國僑胞의 歸還을 爲하여 努力하여

준데 對하여 謝儀를 表함.

2. 韓國政府는 在사하린 僑胞 歸還問題가 그간 相當한 進展을 보이고 있으므로, 이 問題에 關聯된 諸般問題를 檢討하여 왔으며, 이들의 歸還이 韓日兩國의 緊密한 協力下에 早速히 實現되기를 바라는 데는 變함이 없음.

3. 韓國政府는 사하린僑胞 歸還과 關聯, 그간 日側과 그 節次等에 關하여 協議를 해온 바 있으나, 歸還問題가 進展되고 있는 차제에 아래 節次 問題가 빠른 時日內에 諒解에 到達될 것을 바라는 바임.

   가. 歸還希望者는 그들이 終戰後 取得한 國籍(所謂 北韓籍 包含)에 拘碍됨이 없이 이를 歸還對象者로 함.

   나. 韓日政府는 下記 日本定着이 許容된 者를 除外하고, 그들의 韓日定着을 爲한 入國을 許可함.

   다. 歸還希望者로서 緣故者가 日本에만 있거나 또는 보다 가까운 緣故者가 日本에 있는 者에 對해서는 그들이 日本定着을 希望하는 境遇 日本政府는 그들의 日本定着을 許容할 것을 考慮함.

   라. 이들 歸還者가 出國時 許容되는 所持金이 僅少함에 비추어 韓國倒着時까지에는 相當한 어려움이 있을 것으로 豫想되는 바 日本側이 그들의 日本滯在 및 韓國倒着時까지 所要되는 費用에 있어서 恪別한 配慮를 함.

   마. 以上 言及한 事項은 日本政府가 韓國入國 許可與否를 問議하여온 52世帶 163名(76.8.2 現在)과 今後 歸還希望者에도 適用됨.

4. 韓國政府로서는 歸還業務와 定着支援을 圓滑히 推進하기 爲하여 다음의 事項이 必要하다고 생각되는 바, 可能하면 日本政府가 쏘련側에 對하여 이를 爲한 協調를 求하도록 努力하여 줄 것을 바라는 바임.

   가. 相當數의 歸還希望者가 豫見되는만큼 이들의 收容準備를 爲하여 可及的 事前에 歸還希望者, 歸還希望時期等에 關한 資料가 要請되며 이를 爲하여 可能하면 쏘련政府가 韓.日赤十字關係者等의(註1 參照) 쏘련訪問을 許容하여 줄 것.

   나. 前記 사하린 訪問을 쏘련側이 受諾하지 못할 경우에는 前項에 關聯된 資料를 可能한 限 速히 提示해 줄 것을 쏘聯側에 要望함.

   다. 쏘련 當局이 現在 歸還者 出國時 許容하고 있는 所持金 美貨 100弗 程度 相當의 루불貨로는 歸還旅費로서도 不充分함으로 同所持金을 妥當한 額數까지 增額시켜줌이 要望됨.

   註1. 赤十字 關係者는 韓赤, 日赤, 國赤等 쏘련의 裁量에 맡김.

11. 외무부 공문(착신전보)–화태교포 귀환비용 관련 일측의 반응 보고

외무부

번호 JAW-08272
일시 121423
발신 주일대사
수신 외무부 장관

대: 북일700-1132(76.8.5.) WJA-08145
연: JAW-08227
76.8.11 정순근 공사는 외무성 "나까에" 아주국장을 방문, 대호 TALKING PAPER에 따라 화태교포 문제에 관한 정부 입장을 설명하였던 바, 동 국장은 요지 다음과 같이 말하여 일측의 부담비용 문제에 대한 비관적인 첫 반응을 표시하였음. (다른 절차문제에 대하여는 부정적 반응 없었음.)
가. 화태교포 문제는 한국측의 강한 요청에 따라 일본이 쏘련과 교섭을 시작한 것이고 일본은 그동안 성의를 다하여 한국을 위하여 대쏘교섭을 행하여 이제 결실을 본 단계에 이르렀는바 한국측이 근자에 와서 비용부담 문제를 제기함은 이외의 일이며 실망하지 않을 수 없음.
나. 비용문제는 적어도 다나까 수상 방쏘시에 한국측이 제기하였더라면 외무성은 교섭시작과 병행하여 대장성은 관계 정부기관과 협의하여 추진할 수 있었을 것이나 지금에 이르러서는 정부관계관이 이에 응하지 않을 것임.
다. 한일조약이 체결된 후 10년이 지난 지금 화태교포 귀환 비용이 기십만불에 불과할 것이므로 한국측이 자국민을 독자적으로 귀국시킴이 문제해결에 바람직하다고 생각함.
2. 정 공사는 비용문제가 갑자기 제기된 것은 아니며 한일협정 체결 다음해인 1966.9.10 당시 김영주 외무부차관과 "우시바" 외무성 심의관에 이미 언급이 있었고 그때 우시바 심의관은 선편 등 비용을 부담하겠으니 전원 귀국시키도록 일측 입장을 표명한 기록이 있으며 그 이후에도 비용문제가 양국간에 논의된 바 있었음을 지적하였음. 또한 정공사는 비용문제는 재정적으로 경비 염출이 어려워서 제기되는 것으로만 볼 수는 없으며 화태교포 문제의 역사적 배경과 인도적인 면에서 볼 때 일본측은 성의와 온정이 표시되는 경우 양국 국민에게 극히 좋은 인상을 남길것이다 말하고 일측의 호의있는 고려를 요청함.
3. 동국장은 아측 TALKING PAPER 제3항 "라"에서 비용부담을 귀환자의 소지

금이 근소하기 때문이라는 이유를 들고 있다고 지적하고 만약 쏘련측이 소지금을 증액한다거나 귀환자에게 충분한 재력이 있다면 한국측은 일측에 비용부담 요청을 하지 않을것인가 라고 문의하였음. 동 국장은 또한 여사한 비용과 관련된 일본의 의무는 총체적으로 한일 청구권협정으로 해결된 것으로 보는데 비용문제를 협정의무 성질의 것이라고 본다면 이 해결을 위하여는 예비회담으로부터 시작, 향후 수년이 소요되는 큰 교섭이 있어야 할것이며 그러한 과정을 거치지 않고서는 국회가 승인하지 않을것이라고 부언함. 이에 대하여 정공사는 이 문제의 역사적, 인도적 면 그리고 그들의 소지금이 근소하다는 실정등 모두를 고려하여 양국의 협조로 그들의 귀환이 조속히 실현되도록 하여야 할 것임을 강조함. (이점에 관하여 본부의 입장을 회시바람.)

4. 동 국장은 한국측이 우선 이들 귀환희망자를 한국에 귀국시키고 이에 대한 일본의 성의는 다른 방법(예컨에 경제협력 부분에서 고려하는 등)에서 나타낸다 등의 방법은 어떻겠는가 그의 사견이라 전제하여 말하였음. 정공사도 사견임을 전제하고 일본정부가 비용부담을 위하여 예산지출이 어렵다면 일본적십자 등 민간단체를 통하는 것도 좋을것이고, 또한 전액부담이 어렵다면 일본까지의 여비를 일측이 부담하고 그후 한국도착까지는 한국이 부담하는식의 것도 한 해결 방법이 될 수 있을것이라고 시사하였음. 동 국장은 비용문제를 포함, 아측 입장에 대한 공식 회답은 검토후 알려주겠다고 말하였음.

5. 나까에 국장은 금일 일본정착을 희망하는 화태교포 1세대에 대하여 일본입국 허가를 부여하였다고 말하고(나고야에 연고자가 있는 정정식 1세대 1인에 대하여) 76.8.9자로 일본영주 입국허가를 부여하였다고 외무성 동북아과 관계관이 8.11. 오전 당관에 통보하여 온 바 있음.) 이렇게 될 경우 일본정착 희망자는 화태에서 나오는데 모국인 한국귀환 희망자는 자기나라에 못가는 결과 될 것으로 화태교포간에 한국정부가 입국을 허가하지 않아 귀국을 못한다는 여론이 나오게 된 것이라고 말함.

이에 정공사는 나오타카에서 일본영사관이 한국정부가 입국허가를 하지 않아 일본 입국허가를 할 수 없다고 설명하였다고 듣고 있는데 이러한 일은 회피되어야 할 문제라고 말하고 한국정부가 이들의 귀환을 조속 실현하려는 데에는 수차 말한대로 변함이 없으나 단지 절차상의 문제로 지금 협의중이라는 상태라고 이해하여야 할 것이다 라고 말함.

6. 동국장은 현안중인 화태교포 52세대 163명의 한국입국 비용문제등의 교섭이 끝날때까지는 한국측이 하지 않을 생각이라고 보아도 좋을지 문의하였음. 이에 정공사는 절차상의 문제에 양해가 선행하여야 할것이므로 양측이 조속이 문제를 타결하기를 바라는 바라고 말하였음.(일정-북일)

12. 외무부 공문(발신전보)-사할린교포 귀환비용과 관련 일측입장에 대한 아측의 입장

외무부
번호 WJA-0903
일자 011345
발신 장관
수신 주일대사

　　대: JAW-08272
　　연: 북일 700-1132
　1. 대호(3)항과 관련, 나까에 아주국장이 밝힌 사할린교포 귀환비용에 관한 일측
　　　의 입장은 아측으로서 문제시 되는바, 일단 동국장이 구두로나마 일측입장
　　　을 표명한 이상, 아측으로서 이를 그냥 지나쳐 버리는 것이 마치 일측 견해
　　　를 인정하는 듯한 오해를 받을 우려도 있으므로, 아래와 같이 아측의 기본입
　　　장을 통보하니, 적당한 기회에 구두로 일측에 밝히고, 그 반응이 있으면 즉
　　　시 보고바람.
　　　가. 사할린교포 귀환문제는 한일간의 청구권협정과는 별도로 취급해야할 문
　　　　　제임
　　　나. 사할린교포 문제의 역사적 배경과 경위에 비추어, 비용문제를 포함하여,
　　　　　일측의 성의표시 배려로 동 귀환이 원활히 실현되기를 바라는 뜻에서 일
　　　　　본측에 요망한 것이며, 일본의 의무를 규정할 새로운 협정을 체결할 것을
　　　　　요청할 생각은 현재 가지고 있지 않음.
　2. 상기와 관련하여 일측과 구태여 법율론으로서 대결할 필요는 없고 또한 여사
　　　한 법율론적 논란으로 인하여 현안 사할린교포 귀환문제 교섭이 지연되게할
　　　필요는 없다고 생각하는바, 귀지 교섭에 있어서 이점을 유념하시기 바람.
　3. 사할린교포 귀환 교섭을 적극 추진하고 결과 수시 보고바람.(북일-)

13. 외무부 공문(발신전보)-가나야마 전 일본대사의 사할린 교포 귀환교섭 의견

외무부
번호 WJA-09437

일시 291940
발신 장관 대리
수신 주일대사 대리

9.25. 사사가와 료이찌씨에 대한 수교훈장 광화장 수여식에 참석한 가나야마
전 일본대사는, 사하린 교포 귀환문제 교섭에 있어서 한국정부가 이들을 인수하
겠다는 방침을 정하면 타결될 것이며, 그 밖의 일본정착등 세부적인 것은 자신
들이 적절히 도우겠다는 취지의 견해를 표명한 바, 교섭이 지연되고 있는 주된
이유는 귀환비용을 일측이 부담해야 한다는 아측입장에 일측이 응해오지 않기
때문이라는 점을 동인에게 적절히 설명하여, 여사한 관점에서 동씨의 협조를
구하기 바람. (북일-)

14. 면담요록

면담요록
1. 일시: 1976년 10월 4일(월요일)   시~   시
2. 장소: 공로명 심의관실(429호)
3. 면담자: 공로명 심의관, 마부찌 일본대사관 참사관
4. 내용: 사하린 교포 귀환문제
   일측:

   일측으로서는 재사하린 한국교포 귀환과 관련한 비용부담 문제에 대하
여 응할수 없다는 입장을 다음과 같이 밝히고저 함.
   가. 지난 8.11. 주일대사관 정공사가, 나까에 아주국장을 방문, 사하린 교포
   귀환문제에 대한 전반적인 입장을 표명하고, 이들 교포들이 쏘련으로부
   터 출국시 소지할 수 있는 금액이 적어 귀환에 있어서 여러가지 곤란이
   예상되므로 일본에서의 체제 및 한국 도착시까지의 필요한 비용을 일측
   이 부담하도록 요청한 바 있음.
   동 요청과 관련하여, 나까에 국장이 일측의 비용부담이 한국 입국허가의
   조건이냐고 문의한데 대하여 정공사는 그렇다고 답변한 바 있음.
   나. 이에 대하여, 외무성이 극히 주의깊은 검토를 하여온 바 그 결과를 다음
   과 같이 통보하는 바임.

(1) 그간 일측은 사하린 한국교포의 귀환실현에 높은 우선권을 두고 대쏘 교섭을 해왔음.

쏘련이 이 문제에 대하여 유연한 태도를 보여온 차제에 한국측이 이들의 입국을 허용하는데 있어서, 조건을 붙인 것은 납득하기 어려 움.

(2) 최근 일.쏘 관계에 있어서 여러가지 어려운 문제가 발생되고 있으나, 일본 정부로서는 이에 구애됨이 없이 별도로 문제를 처리하고저 함.

(3) 동 귀환과 관련하여 현재 일본내에서는 행정 소송이 제기되고 있으 며, 원고(귀환희망자)측은 일본정부측에 대하여 동 귀환문제의 진척 상황과 문제점등에 대한 자료 제시를 요청하고 있는 바, 일본정부로 서는 동 요청에 대하여 어느정도 응해야 할 것으로 판단됨. 동 자료 제공시에는 자연히 한국측이 경비부담을 일본측에 요청하여 왔다는 것이 언급되어, 이 문제가 표면화될 것인바, 이것은 한국측으로서도 득책은 아닌것으로 보여짐.

다음 재판일은 11.2.로 예정되고 있음.

(4) 일본정부 일각에서는 한국측이 경비부담을 계속 주장한다면, 주쏘 일본대사관이 사하린 교포의 한국을 목적지로 한 도항증명 발급신청 을 계속 접수하는 것이 현책인가 하는 의문을 갖는 견해도 있으나, 이를 거부시에는 사하린 교포 귀환희망자들의 처지가 너무나 딱하게 될것이므로 이는 피하고저 함.

(5) 이상에 비추어, 일본정부로서는 한국정부가 일측에 요청한 비용문제 를 재고하여 줄 것을 요망함.

다. 일본측은 일본귀환을 희망하는 사하린 교포(일본내 신원 인수인이 있고, 생활이 보장되는 사람들) 4건 16명을 받아들일 방침임.

라. 상기가 본국 훈령에 의한 것이며, 추가적으로 다음의 설명을 보충코저 함.

(1) 가나야마 전 주한대사가 9.22. 사사까와 료이찌씨와 박대통령 각하 예방시 대통령 각하께서, 사하린 교포 귀환 희망자중 일본정착 희망 자에 대하여는 일측이 이를 받아들이도록 희망하시고, 나머지 한국 귀환 희망자에 대하여는 무조건 한국측이 받아들이겠다는 말씀이 계 셨다고 함.

(2) 9.30. 김영선 주일대사는 니시야마 대사와의 면담시, 한국정부는 사 하린 교포 귀환에 필요한 비용을 예산으로 확보하고 있으며, 일측에 대한 비용부담 요청은 이들 교포의 한국입국 허가 조건은 아니다라고

말하였음.

(3) 이상에 비추어, 주한 일본대사관은 한국측이 사하린 교포의 한국입국 허가에 있어서 유연한 생각을 갖고 있다고 관측하고 있음.

아측:

가. 상기 일측의 통보내용을 곧 상사에게 보고하겠음.

나. 본인으로써 다음과 같이 Comment하고저 함.

(1) 동 교포들의 사하린에 억류하게된 역사적 배경이나 그 경위에 비추어, 사하린 교포 조기귀환을 위한 아측의 일본측에 대한 협력요청에 일측이 응할 수 없다는 것은, 나 개인으로서 유감으로 생각함.

아측으로서는 일측이 이 문제의 경위와 배경에 비추어, "스지"론 대신에 인도적인 고려를 하여줄 것을 기대하였던 바임.

(2) 일측의 추가 보충 설명에서 언급된 박대통령 각하의 말씀내용은 우리가 전해들은 바와 다름.

일측은 대통령 각하께서 사하린 한국교포를 무조건 받아들이겠다고 하신것으로 이해하고 있으나, 우리가 전해 듣기로는 대통령 각하께서도 동 귀환비용과 관련하여 일측이 성의를 표시하는 것이 바람직스럽다고 하신것으로 이해하고 있음.

(3) 김영선 대사께서 귀환비용이 예산에 확보되었다고 하신 것을 사실과는 다름.

다. 일측은 아측의 비용부담 요청이 사하린 교포 한국입국 허가 조건으로 이해하고 있으나, 나로서는 조건으로 생각하지 않으며, 비용부담 요청은 어디까지나 이들 교포들의 귀환을 촉진하기 위한 일측의 협력을 요망한 것임.

라. 지금까지 일측의 회답을 기다렸던 만큼, 빠른 시일내에 아측입장을 알리도록 하겠음.

15. 외무부 공문(착신전보)—귀환요구 데모 관련 산께이 석간 기사 요지 보고

외무부
번호 JAW-10470
일시 181900

수신시간 76.10.19. 1:32
발신 주일대사
수신 외무부 장관

　　76.10.8. 산께이 석간은 사할린 한국인 3만, 귀환요구 데모-각지의 가두에서 일제히 "지난4월-간부100명은 강제노동"이란 제목하의 기사를 주모스크바 특파원 보도로(1면 SECOND TOP 좌상단 5단) 다음 요지 게재함.

　　가. 극히 신뢰할 수 있는 소식통이 밝힌바에 의하면 2차 대전중 남사할린 탄광지역에 일본군에 의해 징용된 한국인 약3만명은 지난 4월 "일본 및 한국에의 귀환"을 요구하는 대규모의 데모를 벌린 소동이 있었음이 알려졌음. 메모는 경찰 출동으로 곧 진압되었으나 참가한 간부 약 100명이 체포되어 강제수용소등에 수용되어 연금상태에서 노동을 하고 있다고함.

　　나. 쏘련 당국은 "북괴에의 귀환이라면 인정한다"라는 것이어서 체류한국인 5만인 중 약 6할에 해당하는 3만명이 유지노 사할린스크를 중심으로 각지에서 일제히 가두 데모를 벌렸으며 참가자들은 가슴에 "일본, 한국에의 귀환을 인정하라"고 쓴 휘장을 둘르고 고국 귀환을 외쳤음.

　　다. 한국과 소련은 정식국교 관계가 없음으로 그들의 요구는 지금까지 정식외교 루트에 의하여 교섭된 바 없었음. (일정, 북일, 구삼)

16. 외무부 보고사항-사하린 교포 귀환 문제

외무부 보고사항
번호 북일700-1537
일자 1976.10.20.
발신 외무부 장관
수신 대통령각하, 국무총리각하
제목 사하린 교포 귀환문제

　　다음과 같이 보고합니다.
　　1. 사하린 교포 귀환문제에 관하여는(가) 본국 귀환을 원칙으로 하되 일본거주를 희망하는 경우에는 동 희망이 이루어지도록 하며, (나) 일측이 끝까지

비용부담을 거부할 경우, 아국정부 비용으로라도 귀환을 실현시키는 새로운 방침(76.7.22. 대통령각가 재가 득함)을 정하고, 일측과의 교섭을 촉진한 바 있습니다.

2. 그 결과 일본정부는 일본내에 연고자가 있고 이들의 부양 능력이 확실한 경우, 사하린 교포의 일본정착을 허용할 수 있다는 입장을 취하고, 여사한 방침하에 최근 일부 교포에 대한 일본 입국 허가를 부여하기 시작하였습니다.

3. 이로써, 비록 소수 인원이나마 일본정착 희망자의 귀환이 실현되는 단계에 이르렀으나, 비용문제에 관하여는 일측은 한일국교 정상화 당시 청구권 협정으로써 여사한 문제에 대한 일측의 재정적 의무는 없다는 입장을 표명하면서 계속 난색을 표시하고 있습니다.

4. 사하린 교포 귀환 실현이 전술한 한일 양국간의 비용문제의 미결로 지연되는 경우, 대외적으로 아국정부가 귀환에 소극적이라는 인상을 줄 우려가 있습니다.

5. 이상의 실정을 감안, 일본정부로서는 비용부담 의사가 없는것으로 결론을 내리고, 전기(1)항의 방침에 따라 아측의 비용 부담으로 귀환을 추진시켜 나가겠음을 보고드립니다. (단. 사하린으로부터 일본 도착시까지의 여비는 귀환대상 교포들이 자담할 능력이 있는 것으로 사료되어 비용문제가 발생할 가능성이 없는것으로 보나, 만약 여사한 여비도 자담할 능력이 없는 교포가 있을 경우, 동 비용은 일본측이 부담하도록 계속 촉구해 나가겠습니다. 끝.

17. 외무부 공문(착신전보)–다부치 의원 화태교포 귀환에 대한 질의응답

외무부
번호 JAW-10574
일시 211825
발신 주일대사
수신 장관

76.10.21. 참의원 외무위에서 민사당 다부찌 데츠야 의원의 화태교포 귀환에 관한 질의에 대하여 다음과 같은 답변이 있었음(속기록은 입수되는대로 송부위 계임)

다음

답변: (고사까 외상) 도의적 정치적으로 책임을 느끼고 있으며 앞으로 이들의 거주지 선택을 위해 쏘련 당국과 외교교섭을 벌이겠다. 현재 일본입국 신청을 한 한국인은 95세대 331명이며 이중 11세대 25명에 대해 일본 입국을 하가했다. 남어지 84세대 306명에 대해서는 한국정부와 협의중에 있음.

답변: (다께무라 법무성 심의관)과거 일본 거주중 사하린으로 끌려간 한국인은 본인의 희망에 따라 일본에의 입국을 허락할 수 있다. (일정-북일)

18. 외무부 공문(발신전보)-사할린교포 귀환문제 관련 출입기자단 공표

외무부
번호 WJA-10326
일시 231515
발신 장관
수신 주일대사

1. 사할린교포 귀환문제는 쏘련, 북괴등이 관련된 점을 감안, 가급적 조용히 추진하는 것이 기본방침이나, 일전에 주재국 국회에서 본건과 관련한 질의응답 내용이 보도되고, 국내에서도 보도됨으로써 그간의 경과를 어느정도 대외적으로 밝힐 필요가 있다고 사료되어, 금 23일 10.30. 경 아주국장이 외무부당국자 논평형식으로 아래와 같이 당부 출입기자단에 공표하였음.

아래

최근 사할린교포 중 약 300여명이 주쏘일본대사관에 대하여 일본입국사증을 신청하여 왔음으로 일측으로부터 통고받고 이들의 신원을 확인중에 있음. 이들의 신원이 확인되는대로 일측에 대하여 일본입국 허가를 부여토록 수시 요청할 방침인데, 현재까지 52세대 15명에 대하여 일본입국허가를 부여토록 요청했음. 이들 교포들에 대한 쏘련당국의 출국허가 여부는 상금 확인되지 않음. 우리는 이 문제에 있어서 일본으로서 도의적 책임이 있음을 지적하고, 오래전부터 문제해결을 위하여 가능한 한 모든 노력을 다할 것을 수시 일본정부에 촉구해 왔음.

2. 상기 공표를 뒤바침하기 위하여, 본부는 동북아1과장으로 하여금 금23일

10:15 주한 일본대사관 마부찌 참사관에게 아래내용을 구두로 통고하였으니 아울러 참고바람.

아래

최근 일본측으로부터 통고받은 300여명의 사할린교포중 현재까지 신원이 확인된 48세대 151명(기통보한 4세대 4명을 합하면 52세대 155명)을 한국측이 인수할 것이니, 일측은 조속히 이들에게 일본입국을 허가할 것을 요청하며, 불원 주일한국대사관이 일본외무성에 서면으로 통고할 것임.

3. 신문보도에 관하여는 계속 세심한 주의가 필요하며 귀지에서도 필요이상의 내용이 누설되지 않도록 유념바람(북일-   )

19. 주일대사관 공문―화태교포 귀환

주일대사관
번호 일본(정)700-441
일자 76.10.26.
발신 주일대사
수신 외무부 장관
참조 아주국장
제목 화태교포 귀환

    대: WJA-10293
    연: JAW-10654
    76.10.25. 화태교포 귀환과 관련, 일측에 수교한 아측구상서 및 Talking Paper(국문본) 사본을 별첨 송부합니다.
    첨부: 구상서 및 Talking Paper 사본. 끝.

19-1. 첨부―구상서[3]

    사하린 교포는 구일본제국 정부에 의하여 일본의 제2차 세계대전 수행과정에서

---

3) 일문 및 영문 구상서, 첨부 명단은 생략

강제징용되어 사하린에 끌려가 가혹한 노역에 종사하였으며 동 전쟁 종료후에도 사하린이 쏘련 영토로 귀속됨으로써 본국에 귀환하지 못하고 억울하게도 계속 억류된 생활을 하여왔음에 비추어 그들이 그간 겪은 심한 고통에 대하여는 한국인 전체가 분노와 함께 동정하여 마지않는 바이다.

따라서 한국정부로서는 이들의 귀환에 따른 경비를 일측이 어느정도라도 부담함으로서 그간 그들이 당했던 여러 고통을 조금이라도 덜어주게될 뿐만 아니라 한국인의 격한 감정도 누그러뜨릴 수 있도록 하고 이에 따라 본 사하린교포 귀환문제를 원활히 해결할 수 있는 일조로 삼으려는 기대에서 동 비용부담을 일측에 요청했던 것이다.

그러나 일본정부는 유감스럽게도 아측의 이러한 협력요청에 끝내 난색을 표명하여 왔음으로 한국정부는 일본정부에 대한 비용부담을 더 이상 요청하지 않기로 하였으며 따라서 귀환과 관련된 인적 확인 등 국내에서의 채비가 일단 끝난 48세대 151명의 한국으로의 귀국을 받아드릴 것임을 확약하니(또한 나머지 12명에 대하여도 호적상의 확인 조치가 끝나는 대로 동일 취지의 확약을 할 것이니) 이들의 귀환이 조속히 이루어지도록 일본 정부가 대쏘교섭을 계속 추진할 것을 요청하는 바이다.

20. 외무부 공문(발신전보)-나까에 아주국장 면담 보고

외무부
번호 JAW-1□□□□
일시 041838
발신 주일대사
수신 외무부 장관

11.4 정순근 공사가 나까에 아주국장과의 오찬 석상에서 양국간 제반문제에 관하여 면담한 바를 아래 요지 보고함.
3. 사하린 문제(대: WJA-11041) :
동 국장은 일본측이 쏘련측에 대하여 한국정부가 수락통보한 151명의 비자 교섭을 곧 행할것이나 지금은 미그 문제 때문에 타이밍이 좋지않아 동 기체가 반환되는대로(이미 운반할 배는 정해졌다함) 비자 교섭에 착수할 것이라고 했음. 동 국장은 쏘련이 비자신청자에 대하여 일괄 다수로 발급할 것으로는 보이지 않고, 수명씩 내보낼 것으로 전망했음. 정공사는 마치 아측이 사하린 교포를 받아들일 방침이 결정되지 않아 지연되어 온 소문이 나온것에 대하여(아국 국회에까지 논의되었던 점등) 불쾌를 표시하고 이점 외무성으로서 앞으로 시정해 주어야 할 문제라고 했던 바 동 국장은 니시야마 대사로부터 보고받았다고 하면서 앞으로 유의해야할 문제로 염두에 두겠다는 시사를 했음.

21. 외무부 공문(발신전보)-한국귀환 사할린교포의 체일기간 보고

외무부
번호 WJA-11376
일시 251830
발신 외무부 장관
수신 주일대사

   대: JAW-11164
1. 대호, 한국귀환 사하린 교포의 체일기간은, 일본경유시의 비용 절약등을 감안할 때 실제에 있어서 2주일 미만으로 족하다고 사료됨.
2. 그러나 쏘련당국이 적어도 형식상 일본을 목적지로 양해하고 출국허가할 것이라는 전제하에서는 일본정부가 이들에게 통과사증을 발급할 경우 쏘련출국 허가에 있어서 문제가 발생하여 귀환이 어려워지게 될 가능성도 예측되는 만큼, 통과사증이 아닌, 최정식 귀환시와 같이 특별재류 사증(4-1-16-3)이 발급되도록 하고, 그 기간도 가능한한 장기간이 부여되도록 교섭 바람. (북일-)

22. 외무부 공문-사하린교포 귀환[4]

외무부
번호 북일700-

---
 4) 첨부 공한 생략

일자 1976.12.6.
발신 외무부 장관
수신 주일대사
제목 사하린 교포 귀환

　　대: 일본(정)700-5165, 5607, 5948
　　대호 사하린 교포 귀환예정자 38세대 163명중 신원조회를 필한 36세대 156명의 한국귀환을 받아들일 것임을 확약하는 귀관 명의의 별첨 공한을 일본 외무성에 전달하시기 바랍니다.
　　첨부: 동 공한1부. 끝.

⑦ 재사할린 교민 귀환 문제, 1977

○ ○ ○

기능명칭: 재사할린 교민 귀환 문제, 1977

분류번호: 791.51

등록번호: 11190(18584)

생산과: 동북아1과

생산연도: 1977-1977

필름번호: 2007-66

파일번호: 4

프레임 번호: 0001-0330

1. 외무부 공문(발신전보)-도만상 일가 북송 관련 조사 지시

외무부
종별 긴급
번호 WJA-02513
일시 262100
발신 장관
수신 주 일본대사

금 2.26. 귀지발 특파원 보도에 의하면 한국 귀환 신청중인 도만상의 가족 7명
(계3명)이 소련에 의하여 최근 북송되었다고 귀지 화태 억류 교포 귀환 촉진회
에 알려 왔다고 하는바 이를 동 촉진회에 확인하는 한편 외무성에도 확인 요청
하고 결과 보고 바람.(북일)

2. 외무부 공문(착신전보)-도만상 가족 북송 관련 보고

외무부
번호 JAW-03034
일시 021125
수신시간 3.2. 16:23
발신 주일대사
수신 장관

대: WJA-02513
1. 대호 도만상 가족의 북괴 송환 보도는 화태교포 오성호씨가 77. 2. 13. 자로
박노학 회장에게 보낸 편지에 의한것임.(동서신 사본 파편 보고 위계임)
2. 2.28. 조명행 서기관은 외무성 가와시마 북동아과 차석과 접촉, 쏘련 당국이
도만상 가족을 북괴로 송환 하였는지를 확인해 줄것을 요청하였는바 동차석은
노력해 보겠으나 동건 확인이 매우 어려울 것 같다고 말하였음.
3. 당관은 화태 재판 실행 위원회로 하여금 일본의 5대 일간지 주모스크바 지사
가 쏘련 당국에 문의 확인하도록 조치를 취하였음.(북일)

3. 주일대사관 공문-화태교포 서신

외무부
번호 일본(정)700-1081
시행일자 1977.3.3.
발신 주일대사
수신 장관
참조 아주국장
제목 화태교포 서신

    연: JAW-03034
    연호, 화태교포 오성호의 박노학 회장 앞 서신을 별첨 송부합니다.
    첨부: 상기 서신 사본 1부. 끝.

3-1. 첨부-서신

C-83

朴魯學氏殿

    二月九日에 魯學氏에게 片紙를 付送하였으나 今日 同胞들의 付託으로 再次 소식을 傳합니다. 南樺太 大泊市에 居住하고 있는 도망산氏가 數次当地民警署에가서 日本으로 보내라고 要求한 結果에 今年一月二十七日에 日本으로 보내지 않고, 그의 家族을(家族中에서 2人은 ソ聯國籍이니 大泊에 두고) 北朝鮮으로 보냈습니다. 이 問題 때문에 이곳 림준호, 리근삼, 신이덕, 다른분들이 겁을 내고 있으면 저를 차저와, 助言을 要求하나 저도 역시 魯學氏에게서 片紙回答을 받지 못한 결과 아무 말을 할 수가 없읍니다.

    그분들의 付託을 받아 片紙를 보내면 따라서 앞으로 어떠한 처분을 해야 옳은지 回答을 보내주시면 感謝합니다. 무구레 고-루스크(惠須取)

1977年 2月 13日

五成浩 拜

4. 사하린 교포 귀환문제

사하린 교포 귀환문제

1. 현황
    - 교포 총수: 약45,000명(종전당시 추정)
    - 귀환 희망자: 1,700명(1974년도 화태억류 한국인회 집계)
    - 기 귀환자: 최정식(76.3.18.), 장전두(77.1.30.)
    - 귀환 예정자(77.4.28. 현재): 110세대 359명
2. 대일 교섭
    일본외무성은 상기 359명이 주쏘 일본대사관을 통하여 일본경유 한국귀환 희망
    을 하여왔음을 통보하는 동시, 이들의 아국입국 허용여부를 문의하여 왔는바, 동
    359명중 신원확인등 국내절차를 마친 105세대 345명의 아국입국 허가를 일측에
    통보하고, 이들의 쏘련 출국 허가되도록 대쏘교섭 요청함.
3. 일.쏘 교섭
    가. 77.3.22. 일본외무성 주일 쏘련대사관측에 전기 아국 국내 절차를 필한 귀환
        희망자의 쏘련 출국허가 요청함.
    나. 그러나 76.9.2. 미그기 사건과 77.3.1. 발효된 쏘련의 200해리 어업 전관수역
        선포등으로 일.쏘 관계가 냉각되어 있어 사하린 교포의 쏘련출국 허가 전망이
        밝지 않음.
3. 대책: 미국, 불란서등 우방국의 국제기구등록 통한 대소교섭 적극 강화.

5. 외무부 공문(발신전보)—신문보도 진위 여부 확인 지시

외무부
번호 WJA-09438
일시 271310
발신 장관
수신 주일대사

    1. 작26일 당지언론은, 최근 일본(삿포로)을 일시방문한 김만식에 의하면, 사하

린 교포 30여명이 작년 11월 귀환데모를 벌이다 쏘련군의 진압으로 1명이 사망하고, 수명이 북괴에 송환되었으며 나머지는 정신병원에 입원되었다고 하며, 또한 금년 4월에도 수백명의 동포들이 귀환데모를 하였다고 보도함.

2. 귀관 또는 총영사관에서 상기 김만식을 면접, 상기 보도내용을 포함한 사하린 교포실태를 파악하고 특히 귀환 희망자들의 현황을 청취 보고바람.

3. 아국정부는 본건에 대하여 깊은 관심을 갖고 있으니, 일외무성에 동 보도에 대한 사실을 알고있는지 여부를 문의, 가능하면 확인해 줄수 있는지를 타진 바람.

4. 또한 일정부에 통보한 107세대 349명에 대한 쏘련출국 허가 교섭이 어느정도 진전되고 있는지에 대하여도 문의하고 결과 보고 바람.(북일-)

6. 주일대사관 공문—화태교포 국적 회복 소송

외무부
번호 일본(정)700-3874
시행일자 1977.7.28.
발신 주일대사
수신 장관
참조 아주국장
제목 화태교포 국적 회복 소송

　　1. 일본인 "요시다 세이지"는 77.7.27. 당관을 방문, 화태 억류 한국인 오오야마 이찌로(일본명)의 국적 회복청구 소송을 위하여 자신이 원고가 되고 미국 대통령을 피고로 하여 별첨 내용과 같은 소송을 제기할 것이라고 알려왔기에 보고합니다.

　　2. 일본인 "요시다"는 2차대전 당시 화태노동대 책임자인 "오오야마"(한국인)의 신원 보증인의 관계에 있었던바, "오오야마"씨가 일본국적의 상실하여 전후 일본으로의 귀환할수 없었던 것은 대일 평화 조약에 기인한것으로서 미국은 동 인의 국적을 원상회복시킬 책임을 져야한다는 것을 소송의 취지로 하고 있다 합니다.

　　3. 기타 상세한 내용은 별첨 소송원안(일문)을 참고바랍니다.

첨부: 소송원안 1부. 끝.

6-1. 첨부―소송원안

訴状原案(日本国地裁への訴状形式に準拠)

原告
　　日本国横浜市機子区岡村三丁目三番二十一号　吉田清治
被告
　　アメリカ合衆国ワシントン
　　　　アメリカ合衆国
　　　　代表者　大統領

　　元日本人玉山一郎の国籍回復訴訟事件
　　訴訟物の価額千ドル(価額算定不能につき)
　　訴訟のための約付金　　　　　　ドル

請求の趣旨

一、被告は原告が身元引受人である玉山一郎の日本因籍を、対日平和条約に
　　よって喪失させたことは不法であることを認め、その国籍を原状回復させ
　　る。
二、訴訟費用は被告の負担とする。
上記の判決を求める。

請求の原因

一、原告と玉山一郎との関係
　　１．原告は第二次世界大戦中に、日本国の法令により日本国の行政機関の
　　　　労務動員業務に従事して、一九四三年七月に、朝鮮半鳥出身者で日本国
　　　　籍を有していた玉山一郎以下二十名を労務動員して、樺太勤労報国隊を
　　　　編成、玉山一郎をその隊長に任命して、当時日本国領土であった南樺太
　　　　(現在ソ連邦領土のサハリン)へ派遣した。当時原告は勤労報国隊の隊長

に朝鮮半島出身者を任命するときは、確実な身元引受人を必要とし、その任務に違反しないように連帯責任を負わせることを、日本国行政機関から行政指導を受けていた。玉山一郎にはその連帯責任を負わせる身元引受人が無く、原告自ら玉山一郎の身元引受人となり、日本国行政機関に対して、玉山一郎の樺太勤労報国隊長の任務の遂行を連帯保証した。

2. 当時原告は　勤労報国隊を編成派遣した場合は所定期間の勤労が終わると、勤労報国隊の帰還受け入れ業務を行ない、隊員の動員を解除して勤労報国隊を解散させる義務を、日本国行政機関から負うていたが、玉山一郎に対して、原告はその帰還受け入れ業務と労務動員を解除する義務を、日本国敗戦後に日本国を占領した被告の占領政策のために、果たすことが出来なかった。

二、被告と玉山一郎との関係

1. 被告は日本国を占領中に、一九四六年三月十六日付け連合軍最高司令部発日本国政府あて覚書「引揚に関する基本指令」(以下基本指令という)で、極東「ソビエト」軍総司令官の支配下にある軍政地区よりの日本国民の引揚げは、適当なる協定を締結した後に行なう旨規定した。その基本指令により、一九四六年十二月十九日に、連合国最高司令官代表と対日理事会ソ連邦代表との間に「ソ連地区引揚米ソ協定」(以下引揚協定という)が締結された。その引揚協定第一節「引揚該当者」において、「左記の者がソ連邦及びソ連邦支配下の領土よりの引場の対象となる。」として、「(イ)日本人捕虜、(ロ)一般日本人(一般日本人のソ連邦よりの引揚は各人の希望による)」と規定した。また同協定第三節「乗船処理及び輸送」の第二項には、「引揚港における引揚者の集結及び引場者を乗船させる責任は各引揚港の引揚係官にある。同官憲は同時に各引揚船に乗船させるべき引揚者の選択、乗船順序の立案及び監督に関し一切の責任を負う。」と規定して、被告は玉山一郎に対して、他の同様な境遇にあった日本国籍を有する朝鮮半鳥出身者約四万三千人と共に一般日本人としての取り扱いをせず、引揚げの機会を奪った。

2. 被告は一九五一年九月、日本国と平和条約を締結して、同条約第二条(a)項に「日本国は、朝鮮の独立を承認して、清州島巨文島皮び欝陵島を含む朝鮮に対するすべての権利、権原及び請求権を放棄する」と定のて、朝鮮人としての法的地位を有していた者は平和条約発効と共にすべて日本国籍を喪失させた。その結果、玉山一郎は他の同様な法的地位を

有する約四万三千人と共に、第三次世界大戦のために日本国から強制的に連行されたのに、帰還することを被告から不可能にされて戦後三十年余の現在もなおサハリンに残留させられている。玉山一郎とこの約四万三千人に対して、日本国は労務動員の時に所定の勤労期間を満了した者を帰還させる法的義務を負うていたのに、被告はそのことを配慮せず対日平和条約を締結して、王山一郎とこの四万三千人の日本国籍を喪失させた。しかもソ連邦は大韓民国を承認していないため、ソ連邦領土内の当人らが故国の大韓民国の国籍取得は不可能な実情にあったにもかかわらず、何らの救済処置をとらずに、被告は一九四八年十二月、国際連合第三回総会で「すべての人民とすべての国とが達成すべき共通の基準として」公布された「世界人権宣言第十五条(国籍) 1. すべて人は、国籍をもつ権利を有する。 2. 何人も、ほしいままにその国籍を奪われ、又はその国籍を変更する権利を否認されることはない。」という国際連合加盟国の人権に関する誓約に反して、当人らの日本国籍を喪失させた。

三、被告の義務

以上の理由により、玉山一郎は被告から日本国籍を喪失させられたため、現在も自らは日本国へ帰還するいかする手段も講ずることができず、基本的人権を奪われている。よって被告は玉山一郎の日本国籍を原状回復させろ法的義務を負うものである。

以上の通り、現在玉山一郎が自ら提訴が不可能である実情にかんがみ、原告は原告が身元引受人である玉山一郎の人権擁護のため、請求の趣旨記載のとおりの判決を求めて本訴におよんだ。

　　　　　　一九七七年七月　　日

　　　　　　　　原告　　　　　吉田清治(署名)

　　　　　　　　代理人　　　　アリカ合衆国弁護士(署名)

アメリカ合衆国 裁判所 御中

7. 화태억류교포귀환촉진회 진정서(적십자사 연맹의장)[1]

8月15日 채택 발송

진정서

국제적십자사 연맹의장 귀하

1977.8.15.
화태억류교포귀환촉진회

진정서

국제적십자사연맹 의장 귀하

　박애와 숭고한 인도주의의 실천자로서 전세계 인류의 억울하고 불행한 사정을 구제해 주고 도와주는 귀하의 끊임없는노력에 진심으로 감사와 경의를 표하면서 제2차 세계대전이 끝난지도 어느덧 32년의 세월이 경과하고 있는 현재까지 전쟁의 피해자로서 부모형제가 서로 헤여진채 이산가족의 뼈져린 고통만을 간직하고 강대국들의 횡포에 휘말려 인간의 존엄한 인권마저 유린당하고 있는 쏘련령 사할린 거주 한국인들과 본국에서 그들의 귀환만을 안타깝게 고대하고 있는 수십만의 유수가족들의 한맺힌 사정을 귀하에게 간곡히 호소하오니 성의있는 노력으로 혈육이 다시 결합할 수 있도록 배려해 주시기 바랍니다

　현재 쏘련의 관활하에 있는 사할린 섬에는 4만여명의 한국인들이 본의 아니게 강제 억류 되어 있으며 이들은 모두가 지금으로부터 32년전에 일본이 한국을 식민지 통치하던 시절 일본군부에 의해서 강제 징용 당하여 노무자로 끌려간 한국의 선량한 한국의 청장년들로써 종전 이후 그들은 당연히 고국땅에 돌아와 있어야 함에도 불구하고 영토권이 변경으로 인해 쏘련의 지배아래 놓이게 되어 어쩔 수 없이 지금까지도 고국과 가족에게 돌아오지 못하고 있는 역사의 희생자들이요 비운의 주인공들인 것입니다. 그들의 대부분은 어느덧 60세 이상의 고령자가 되어 고국에서 전해주는

---

1) 본 문서는 화태억류교포귀환촉진회의 제7회 정기총회 자료 중 「멧세지 및 진정서 채택」부에 수록되어 있는 자료임. 본 진정서는 대통령, 일본수상, 적십자사 연맹의장에게 보내는 내용이 각기 채택되으나, 내용은 크게 다르지 않다.

부모 처자와 형재 자매들의 애닳은 사연에 향수를 달래면서 귀환될 그날만을 목마르게 기다리고 있으며 실의에 젖은 채 죽어서 뼈라도 고국산천에 묻게 해 달라고 애처럽게 호소해 오고 있는 것입니다.

이제 일본국에 있는 양심적인 정치인과 법조인 그리고 지식인들도 과거 자국 정치인들의 횡포와 인간의 존엄성을 깊이 인식하고 이들을 구출하기 위해서 [재판실행위원회]와 [변호인단]을 구성하고 일본정부를 상대로 사할린 거주 한국인 귀환 청구 소송을 제기하고 적극적인 구출 활동을 전개하고 있으므로 반드시 인도주의의 위대한 정신이 승리할 것을 굳게 확신하는 바입니다.

작년까지만 해도 쏘련정부에서는 조국으로의 귀환을 요청하는 한국인들에게 일본 정부가 받아 주겠다면 언제던지 보내주겠다는 태도를 보여왔으나 현재 일본 정부가 입국을 허용하고 있는 108세대 300여명의 한국인들이 쏘련당국에 일본입국허가서를 첨부하여 출국신청을 하게 되니까 한국과는 외교 관계가 없기 때문에 보내 줄 수 없다는 비인도적인 처사로 그들의 귀환길을 막고 있다는 현지 동포들의 안타까운 연락입니다.

그러므로 이 문제에 있어서 직접적으로 그 책임이 있고 오래전부터 쏘련과는 외교 관계가 수립되어 있는 일본정부로 하여금 지난날 사할린에 있던 37만 여명의 일본인들을 자국으로 귀환시켰을 때와 같이 성의있는 해결을 할 수 있도록 강력히 촉구해 주시옵고 쏘련 정부도 30여년 이상 그들에게 희생되어 온 한국인들의 출국에 대해서 인도주의 정신에 의거 최대의 편의와 협조를 제공할 수 있도록 협력해 주시기를 간곡히 요청하는 바입니다.

한국과 쏘련은 외교 관계가 없기 때문에 국제적십자사의 인도적인 노력에 커다란 기대와 희망을 가지고 기다리고 있겠아오니 각국적십자사를 통해서 이해와 노력이 있기를 바라마지 않는 바입니다.

한서린 망향의 세월 30여년을 오고 갈수도 없는 남의 나라땅에서 비참하게 살아야 하는 사할린 거주 한국인들의 비애는 제2차 세계대전이 남겨 놓은 악몽의 연속이며 인류 역사상 그 예를 찾아 볼 수 없는 세기적인 비극인 동시에 가장 오랫동안 인간의 인권이 유린당하고 있는 문제임으로 국제적십자사 정신에 의거하여 국제사회의 이해와 지지를 받아서 이들의 귀환 문제가 하루 속히 실현되어 그리운 조국과 사랑하는 가족들의 품에 돌아올 수 있도록 최선을 다해 주시기를 바라마지 않는 바입니다.

귀하와 모든 분들의 앞날에 행운이 함께 하기를 바라면서 아울러 지금 이 시간에도 타국 땅 사할린 섬에서 귀환을 애타게 호소하고 있는 한국인들의 소망과 그 가족들의 공동의 염원을 한데 모아 오늘 사할린 억류교포 귀환 촉진회 제7차 정기총회를 맞이하여 한국의 전가족이 한 자리에 모여 삼기 이 진정서를 채택하여 올립니다.

8. 사하린 교포 "김만식"의 진술 내용

사하린 교포 "김만식"의 진술 내용

1. "김만식"의 인적 사항
   가. 성명: 박민식(일본령-森岡新吉, 여권명-朴永壽)
   　　("김만식"은 가명으로서 당지 특파원이 동씨의 사하린 귀가후 문제발생을 우
   　　려, 가명을 사용하여 보도함)
   나. 생년월일: 1918.3.6.생(당59세)
   다. 국적: 쏘련
   라. 원적: 경북 영양군 수비면 발리동(慶北 英陽郡 首比面 發里洞)
   마. 직업: 박씨-수도공사 인부, 처-국영 야채시장("바자루") 판매원
   바. 부모(사망): 박문수(부), 권옥춘(모: 호적명 불명)
   사. 현가족 및 친족 상황
   　　(1)처: 박춘자(일본인, 호적명: 大久保鶴子)
   　　(2)자: 3명(남자1명, 여자2명)
   　　(3)동생: 박우식(朴又植)
   　　　　주소-서울시 영등포구 신길동 198-22(69-7171)
   　　　　(김씨가 오따루 체류시 국제전화로 통화)

2. 사하린 입국경위
   1942.5.18.(24세)에 아버지 대신 광부 모집에 응하여 三菱內淵 광업소 4동에서
   山田(□) 대장 및 花岡 반장 아래에서 근무함.

3. 사하린 출국 경위
   가. 박씨는 일본거주인 처형(大久保政治)의 초대장을 발급받아 금년 6월 하순 일
   　　본 북해도 "오따루"의 집을 방문한 후 8.19. 돌아갔음.
   나. 출국경위:
   　　처의 형은 大久保鶴子가 사망한 것으로 알고 있던 중, 71.9월 성묘단 일원으

로 사하린을 방문, 사하린쯔꾸 "도요하라"(豊原) 시장에서 우연히 동생과 해후함.

1974년부터 처형은 동생 가족의 귀성 방문 수속을 시작,

75년 국철노조 "오따루" 지부 1만명의 서명을 받아 국철 노조 서기장을 통해 1975년 9월 성묘단에게 동생 가족의 초청장을 지참시키는 한편, 삿뽀로 쏘련 영사관에도 수속을 착수함.

1976년 10월 6일 모스크바로부터 "도요하라" 경찰을 통해 일본 입국 허가를 통보받아, 동년 11월 여권수속 완료 및 건강진단 검사를 받음. 동 신검시 처의 병이 발견되어 요양후 77.6.2. 처의 완쾌 진단서를 첨부, 77.6.6. 여권 발급받아 77.8.5.까지 출발하라는 지시에 따라 77.6.7. 항공표를 매입, 6.13. 도요하라(豊原)를 출발함.

다. 여행 경위:

6.13. 도요하라 출발-우라지오행(항공편, 1인당 41루블)

우라지오-나호도까행(택시대절 40루블 및 뻐스 3루블)

나호도까-5박(일본영사관 수속 5일소요, 동영사관 주선으로 호텔에서 5박, 1인 1일 2루블)

나호도까-우라지오행

우라지오-하바로브스끄행(항공편, 1인당 19루블)

하바로브스끄-4일간 체재(1박 2루블)(니이가다행 비행기를 대기)

하바로브스끄-니이가다행(항공편, 1인당 126루블)

4. 박씨의 진술내용(신문보도와 비교)

신문보도	진술내용
1. 작년 11월 사하린의 "도요하라"에서 열린 레닌 기념일에 사하린 동포 30여명이 일본과 한국에 돌려 보내달라고 격렬한 데모를 벌려 이 데모에 다른 동포들이 합세하자 쏘련당국이 군대를 출동시켜 진압하였다. 또 이 데모로 동포 1명이 사망하고, 데모 참가자 전원이 강제로 정신병동에 수용되었으며, 이 중 몇 명은 북괴로 송환되었다.	작년 11월 레닌기념일에 일가 친족 30명이 일장기를 휘두르며, 머리띠를 두르고, 진정서를 가지고 2시간 만세를 불렀음. 너무 떠들썩하기 때문에 추석 축제(민족행사는 허용됨)인가 하고 쏘련의 높은 사람이 물었음. 군대가 출동하여, 진압하였음. 이러한 사람을 그냥 둘수는 없다고하여, "도요하라" 정신병원에 강제 입원시킴. 한 할아버지는 죽었다고 들었고, 젊은 사람들은 이북에 끌려갔다고하고, 정신병원에 남아있던 사람들은 병이 악화되었다는 소문을 들었음.(都方相 및 그 가족인지는 모른다고 하나 都民의 경우라고 당관은 일단 추측함.)
2. 이 밖에도 작년 4월 수백명의 동포들이 데모를 벌린 사실을 재확인하였음.	작년 "도요하라" 경찰서 앞에서의 폭동은 사실인바, 국적불문하고, 30루블 및 주거표 3매 지참

	하여 귀환수속(단, 쏘련국적은 마지막 순서)하라는 경찰측의 통고를 받고, 수만명이 아침 9시부터 밤 12시까지 대기하여 왔음.
	그러든중, 쏘련 경찰외사과와 북조선외사과가 와서, 5월 한달 계속된 수속이 6월로서 마감됨. 경찰측은 6.10. 경 "너희들은 돌아갈수 없으니, 일이나 하라"고 말하였음. 이로인해, 돈을 돌려달라는 데모가 일어나자, 경찰측은 수속서류에 이미 인지를 부쳤기 때문에 그중 수속을 끝낸자는 돌려보내겠으나 지금 돌려보낼수는 없다고 말하고 있음.
3. 현재 사하린에는 북괴 로동신문지국이 개설되어, 북괴국적을 가진 동포들을 엄중 감시하고 있음. 동 로동신문지국은 동포를 감시하고, 심지어 서신왕래하는 것까지 간섭하려들고 있다고 폭로함. 또 북괴는 사하린에 북괴 영사관을 설치하려고 노력하고있으나, 쏘련이 거부하고 있으며, 한국 또는 일본입국 비자를 받고있는 사람이 3백여명이나 되지만 모스크바와 현지 사정이 조정되지 않고, 북괴의 압력이 많아 언제 입국할수 있는지는 막막한 심정이라고 말했음.	가장 곤란한 것은 북조선 신문사가 집집마다 신문을 배부하고 있어 거절할 수 없다는 것임. 북괴노동신문사는 사하린 한국사람들이 일본에 전부 돌아가 버리면 신문이 팔리지 않게되어 곤란하다는 점과 자기들의 업무의 성과를 본국으로부터 취조받기 때문에 곤란할 것이라고 얘기하고 있음. 북조선 영사관은 영사관원이 1개월 1회씩 여기에 남아있으라는 내용의 설명회를 열고있음. 문관일(김화춘의 자)의 귀국도 북조선측이 중지시켰다고 전해짐. 모스크바의 수속은 순조롭게 끝나도, 그 수속이 사하린에 오면 이상하게 되어짐. 북조선관리가 와서, 김일성의 도장(인)과 사인을 받지 않았으면 출국허가가 사실상되지 않으므로, 북조선적의 사람들은 속아서 북조선적을 취득하였다고 말하고 있음.
4. 한편, 사하린에서 북괴국적을 갖고 있는 동포들은 거주지에서 40키로 이상을 여행하려면 쏘련당국의 허가를 얻어야만 하는 불편이 겹쳐 무국적 동포들을 부러워하며, 북괴 노동신문 지국이 들어서기전까지는 한국방송을 자유로이 들었는데, 지국에서 쏘련에 합의, 요즘에는 숨어서 몰래 듣고있다고 전했음.	일본으로부터 확실한 정보가 부족하기 때문에 귀환가망이 없다고 낙심하여 북조선적보다 쏘련적이 좋다고 하여, 최근에는 북조선적에서 쏘련적으로 바꾼사람이 많음. 그러나, 참아가면서 무국적으로 있는 사람은 일본이 불러준다면, 뛰어갈려는 채비를 갖추고 있음. 쏘련 공산당적과 북조선 공산단적은 같은 공산당적이라 하여도, 차이가 있어서 북조선 공산당적은 북조선 영사의 증명이 없이는 아무것도 할 수 없음. 이들은 이동도 현재로서는 영사증명 없이는 40키로 이내를 나갈 수 없음.(쏘련적, 무국적은 제한없음.) 또한, 일본방송 및 한국방송을 들으면 북괴영사관의 관원이 와서, 쏘련적 조선인 "엥게베"에게 밀고한다고 압력을 가함.

5.	-쏘련측 관리인은 일본의 명령이 있으면 돌아갈 수 있다고 말하며, 남조선과는 교섭을 아직할수 없으므로, 안심하고 일을 하라고 하고, 증명은 되어있다고 말함. -쏘련 당국도 이제는 정치에 자신이 있어서 못살게 굴지않음. 한국계 졸짜 관리 및 북조선 영사 관헌과 타협한 북괴계들이 우리들을 못살게 함.
6.	사하린과 북조선간의 여행은 자유로우나, 북조선적을 가진 자로서 북조선 다녀온 자의 말에 의하면, 북쪽은 어려운 생활을 하고 있으며, 이북에는 식량권의 제한(배급제)이 있어, 북조선을 여행하는 여행자들은 식사배급을 못받아 몇 일 못있다가 돌아오며, 모두가 북조선에의 귀국을 거부하고 있음.

5. 요망사항

　가. 한국방송

　　　-KBS 방송은 잘들림.

　　　　화태교포들에게 조속 귀국을 방송으로 호소하고 있지만, 자유롭지 않은 몸인바, 구체적인 방법을 제시하여 주지않기 때문에 초조해 하고 있음.

　　　-이북방송은 남한의 현상을 허위로 중복된 방송만을 함으로 잘 듣지 않음. KBS 방송도 김일성이 잘못되었다는 반복된 얘기만을 함. 방송프로중에서 옛날 유행가등의 노래가 좋음. 최근 한국의 발전상을 방송을 듣고 알고있는데, 이들 드라마나 소설낭독으로 확인하는 형식의 방송이 되기를 바람.

　나. 화보의 우송

　　　-사하린 교포들은 북의 처참상을 잘 알고있으며, 남한은 북한보다 잘사는 것으로 알고 있으나, 어느정도로 국민인 생활을 향유하는지 궁금해 하므로, 화보등 자료를 보내주었으면 좋겠음.

　　　　(당관은 우선 화보를 제공, 휴대케 하는 한편, 文光日(김화춘의 자)과 하바로브스크까지 나왔다 돌아간 4명에게 출국 절차가 일본정부로부터 나와 있다는 사실을 전달토록 요청한바, 전하겠다고 함)

　　　-일본 및 한국에서 보내오는 우편물은 노동신문자료라는 이유로 노동신문 기자가 압수해 간다 하므로, 당관의 생각으로는 화보등 자료를 구라파를 통해 우송해 줄것을 검토바람.

6. 당관의 의견

　　북해도 성묘단 일원으로 명년도에 화태에 사람을 투입시켜 화태교포의 실정등 제사정을 조사케 하는 방법(실현 가능성 여부는 불확실)을 검토 중인바, 동 공작에 약 60만엔 소요될 것으로 보는데 이에 대해 검토 바람. 끝.

⑧ 재사할린 동포 귀환 문제, 1978

○ ○ ○

기능명칭: 재사할린 동포 귀환 문제, 1978

분류번호: 791.51

등록번호: 12501(18582)

생산과: 동북아1과

생산연도: 1978-1978

필름번호: 2008-81

파일번호: 15

프레임 번호: 0001-0354

1. 외무부 공문(착신전보)–소노다 외상 관련 보고

외무부
번호 JAW-03080
일시 032100
수신시간 3.4. 11:13
발신 주일대사
수신 장관

1. 78.3.2. 저녁 중의원 내각 위원회에서 사회당 도가노 다이지(시마네현) 의원이 화태억류 한국인 귀환문제에 관한 정부측 자세를 문의한데 대하여 소노다 외상은 "법율상 문제보다 정치적, 도의적 책임이 크다는 관점에서 최선을 다할 것"이라고 답변함.(위원회 속기록은 입수되는대로 송부위계임)
2. 78.3.3 오전 각의후 소노다 외상, 세도야마 법상 및 오자와 후생상은 화태 한국인 귀환문제에 관하여 협의, 귀환후의 생활보장등을 위하여 관계각성 사무당국이 구체적 조치를 검토하도록 한다는데 합의함. (동내용은 78.3.3자 아사히 석간이 보도함)
3. 상기에 대해 금 3.3. 외무성측에서 확인한 내용은 다음과 같음.
가. 소노다 외상의 3.2. 국회 발언은 종래 외무성이 인도적, 도의적 견지에서 노력하여 왔다는 취지로 설명한것이라고 하며 외상은 지난 1월 일쏘 외상회담시 쏘련측에 화태 한국인문제를 거론하였음을 국회에서 밝히면서, 쏘련의 입장이 있으므로 협의 내용을 그대로 이야기 할 수는 없다고 언급했다함.
나. 금 3.3. 각의후 관계 3성 대신이 화태 한국인 문제를 협의한 것은 전일(3.2) 국회에서 소노다 외상의 발언내용(귀환자 접수에 따른 태세 정비를 법상 및 후생상과 협의하겠다는 약속)에 따른것이며, 일본영주 귀환자에 대한 생활보장안에 대하여 앞으로 관계 각성에 검토하도록 한다는 원칙적인 내용에 지나지 않았다고함.
다. 현재 일본정부가 입국을 허가한수는 한국으로의 귀환을 전제로한 입국허가가 343명, 일본 영주를 위한 입국허가가 35명, 합계 378명임.(신문보도의 391명은 378명에 최근 법무성이 입국허가키로 결정한 13명을 포함시킨 숫자라함.)
4. 한편 민사당도 금 3월중 화태 한국인 귀환촉진을 위한 길의문을 내고, 이를 국회에서 제기할것이라는 이야기가 있는바, 기타 국회 논의배경 및 상세 내용등은 입수되는대로 추보 위계임.(일정-북일)

2. 외무부 공문(착신전보)—중의원 내각위원회 중 화태한국인 귀환문제 관련 질의응답 요지 보고

외무부
번호 JAW-03108
일시 041407
발신 주일대사
수신 장관

연: JAW-03080
연호 3.2. 중의원 내각위원회에서 있은 화태 한국인 귀환문제에 대한 질의응답 요지는 다음과 같음.
도가노의원: 본인자신, 화태에 많은 한국사람이 남아있다는 사실을 최근 알게되었음 일본정부는 책임이 없다고는 할수없을것임. 실태파악은 어떠한가
오오모리 조약국장: 귀환촉진 단체가 제공한 자료에 의하면 약4만인이 있는바 그중 65프로가 북괴적이고 25프로가 쏘련적 나머지 10가 무국적으로 되어있음.
도가노의원: 귀환을 희망하고 있는 사람의 숫자는 어떠한가
동조약국장: 쏘련에 실태조사를 요청했으나 회답이 없음. 1969년에 귀환 촉진단체가 희망자 7천명의 명부를 제출한바있음. 그중 일본에 정착을 희망한 숫자는 1천 5백명임
도가노의원: 귀환을 위해 어떠한 수단을 강구해 왔는가
나까에 아주국장: 일본과 쏘련간의 직접 문제는 아니며, 인도문제로서 취급하고 있음. 기회가 있을때마다 일쏘간 협의를 하고 있으며, 최근에도 5회에 걸쳐 대신 레벨에서 요청을 행한바있음
도가노의원: 인도적 견지이상으로 책임이 있는것임
동아주국장: 국제법상 엄격한 이론으로 말한다면 어려운 문제임
도가노의원: 그것은 국적이 없다는 이유 때문인가
산프란시스코 조약시까지는 일본국적을 갖고 있었던 사람들이 아니였던가
동아주국장: 국제법상의 권리는 없어져 버렸음. 그러나 인도상으로 취급해도 좋은 입장임
동아주국장: 산프란시스코 조약에서 조선에 관한 모든권리가 포기되었고, 주권도 국적도 반환되었다고 할수 있겠지만, 사하린에 있는 사람들은 조국의 국적을 취득할 방법이 없음 일방적으로 일본국적을 박탈당함으로서 이익을 얻을수 없

게 되었음. 일본국적이 있는것이 유리하다면 그렇게 하도록 해야할것임. 세계인권선언에서도 누구도 국적을 박탈당하지 않도록 선언하고 있음.

오모리 조약국장: 전부를 반환한것으로 해석하고 있음

도가노 의원: 어떠한 이유로서 화태에 끌려간것인가

아주국장: 후생성 주관일인바 정확한 자료를 준비치 못했음.

도가노의원: 국가 총동원법에 의하여 억지로 끌려 간것이며 탄광등에서 강제노동을 당한것임

정책 책임이 있는것이 아닌가

소노다 의상: 인도적, 법율적 이상으로 도의적 정치적 책임을 느끼고 있기 때문에 그들의 희망이 달성되도록 노력해야 할것으로 생각함.

도가노의원: 귀환희망자 7,000명 가운데 소수밖에는 귀환수송을 하지 않고 있는 것 같은바 그것은 어떤이유인가

아주국장: 쏘련으로부터 출국허가를 받지못하고 있기 때문임

도가노의원: 왜 진척되지 않는것인가, 사증발급은 어떻게 되었는가

야마노 입국심사과장: 두가지 경우가 있음, 그 하나는 일본을 경유하여 한국에 귀환하는 경우의 통과사증과 또 하나는 일본영주를 희망하는자에 대한 거주사증임

전자는 30일 기간이며, 후자는 1년간의 비자로 되어있음.

도가노의원: 전번에 참의원 결산위원회에서 이나바 법상이 어째든 일본에 오도록 하지 않는다면은 않될것이라고 말한바 있음. 법무성의 조건은 특렸음. 귀환신청자가 적은것은 수속하기 힘든조건이 있기 때문이라고 생각하는바, 관계성과 어떠한 연락을 갖고 있는가

아주국장: 법무성과도 협의하고 있으며 신청에 대하여서도 조회가 있을 경우 외무성에서 할수 있는 정보 교환에 하고있음.

도가노의원: 정부에 이문제를 담당하는 기관이 없음 후생성은 어떠한 역활을 하고 있는가

요시에 후생성 원호국 서무과장: 일본인처와 함께 귀환할경우는 사정에 따라서 선편요금을 정부에서 부담하고 있음.

도가노의원: 무국적인 사람은 어떻한가

요시에과장: 현제의 단계에서는 그렇게하고 있지 않음.

도가노의원: 바로 그것이 문제임. 단순한 외국인이 아님. 쏘련적이나 북괴적을 갖고있지 않은것은 단순히 귀환하고 싶다는 일념에서임. 원호를 하지 않을 이유는 없는것임

요시에과장: 그러한 경우는 새로운 문제이기 때문에 충분히 검토할것임.

도가노의원: 특수한 입장을 생각한다면 일본인으로서 취급하여야 할것임. 후생성이 주관하여 원호 대책을 세워야할것임. 외상이 쏘련을 방문하여 이 문제를 협의한 것으로 듣고 있는바, 쏘련은 어떠한 해답을 하였는가

소노다의상: 그로미코 외상에게도 성의를 갖고 이야기 하였음.

쏘련의 태도를 그대로 내가 말한다면 오히려 화태에 남아있는 사람의 귀환이 어렵게 될것이기 때문에 양해하여 주기바람. 이치에 맞지 않는일이 있으므로 열심히 요청을 계속할것임. 귀환접수에 관한 태세를 위해서도 후 생성 법무성 대신과도 협의할것임

도가노의원: 주관부서를 만들도록 조직개편을 요청함 (일정-북일)

3. 주일대사관 공문-사하린 동포문제 질의응답 내용

주일대사관

번호 일본(정)700-2200

일시 78.4.24.

발신 주일대사관

수신 장관

참조 아주국장

제목 사하린 동포문제 질의응답 내용

78.4.18. 중의원 외무위원회와 참의원 사회, 노동위원회에서 얻은 재사하린 동포 문제의 질의 응답 내용을 다음과 같이 보고 합니다.(당관 비공식 번역)

1. 중의원 외무위원회의 질의 응답

"다부찌"의원: 입국 허가를 부여받은 사람이 113세대 378명이나 있는데, 지금까지 송환된 사람이 3명에 지나지 않는 원인은 어디에 있는가?

"나까에" 아주국장: 일본정부로서는 도의적으로 대처하고 있다. 쏘련측이 출국허가를 하지 않는것이 최대의 이유다.

"토고" 동구제1과장: 북괴와의 관계도 있다고 생각한다.

"다부찌"의원: 정부는 국적의 원상 회복을 요구하는 화태 재판의 사설을 알고 있는가? 또한 일본 국적을 주는 특례를 인정한다면 어떻게 하겠는가?

"미야자끼" 민사제5과장: 소송사실은 알고있다. 샌프란시스코 강화조약으로 그러한 사람들의 일본 국적은 상실되었다고 생각한다. 일본국적의 취득은 자유 의사로써 되는것으로서 현재의 국적법으로 귀화하고 하는 방법 이외는 없다.

"다부찌"의원: 그렇다면 무국적자의 입장이 너무 약하다고 생각하는데,

"미야자끼" 과장: 평화조약으로 일본국적을 상실한 사람의 수(중공인, 대방인포함)가 많다. 일부의 사람들만이 인정하는 것은 곤란하다. 일본국적을 상실한 시점부터 한국적을 취득하였다고 나는 생각하고, 한국정부도 그러한 인식을 하고 있는 것이 아니겠는가고 생각한다.

"다부찌"의원: 그것은 이상하다. 현재 사하린에 국적을 부여받지 않은 사람들이 있는 것이 아닌가? 귀환 촉진의 수단으로서 일본국적을 부여하면 어떤가고 말하고 있는것이다.

"미야자끼" 과장: ….

"다부찌"의원: 강화조약체결시점에는 설마 이러한 사태가 일어날것이라고는 예상도 하지 못했을 것이다. 그러한 의미에서 당시의 연합국측에도 책임이 있다고 생각한다. 국련에 상정해 보는 것이 어떤가?

"나까에" 국장: 국련 상정시의 효과는 무엇이라고 말할 수는 없지만 무국적의 이유는 조선반도가 2분되어 있는것에도 있다.

　　두개의 조선이 이해되어 쏘련이 그것을 인정하는 경우, 사하린 문제는 해결되는 것이 아닌가. 다만 정부로서는 과거에 대한 책임으로 대처하여 나간다.

"다부찌"의원: 국제정세가 해결하는 것은 언제인가, 사하린에 체재하는 사람은 일일천후의 생각으로 귀환을 희망하고 있는데도…일체의 원인은 일본정부에 있는것이므로 보다 적극적인 노력을 해야 한다.

"소노다"외상: 국련 상정에는 쏘련정부가 강한 반대를 표시하고 있다. 국제적인 이해를 구할 필요는 인정한다. 일본국적으로 일본에 인수한다면 문제가 없으나, 한국으로 귀국시키는 것이 어려운문제가 된다.

"다부찌"의원: 그렇다면 일본 영주 희망자로서 입국 허가를 부여 받은 사람들에 관하여는 국적 문제만 잘된다면 해결되는 것이 아닌가?

"소노다"외상: 일본 영주 희망자는 일본 국적을 부여하더라도 좋은 기분이 든다. 일본국적 부여에 관하여는 전문가가 아니기 때문에 조사하고 싶다.

2. 참의원 사회 노동위원회의 질의 응답

　"까타다니"의원: 당신은 영화 "망각의 해엽"을 보았는가?

"오자와" 후상: 유감스러우나 아직 보지 못했다.

"까타다니"의원: 일본인으로서 가슴을 세게 조르는 영화다. 일본정부에 의해 강제적으로 연행된 재화태 한국인의 귀환에 책임을 져야만 하지 않는가?

"오자와" 후상: 도의상 노력하는 것은 당연한것이다. 외상과 협력하여 상대 국과 끈기있게 절충을 하고싶다.

"까타다니"의원: 억류 미귀환 한국인에 관하여 쏘련측의 기본 방침은 73년 5월의 일쏘 적십자 회담. 일쏘 우호의연 방소에 즈음하는 발언으로 밝혔 다고 생각하는데,

"사또" 북동아과장: 그당시에 지적된 발언 내용과 현재 소련정부의 입장과는 반드시 일치하지 않는다. 금년 1월의 외상 방소의 즈음, 북조선과의 문제 가 있으므로 강한 난색을 표시하고 있다.

"까타다니"의원: 실태 조사를 위하여 일본으로부터 사하린에 담당직원을 파 견할 수 없는가?

"사또" 북동아과장: 쏘련측의 주권하에 있는이상, 쏘련정부의 협력이 선결문 제다. 최근의 쏘련측의 태도를 보면, 그것은 어려운 제안이다. 그것보다 도 일본의 인도적 입장을 쏘련측에 설득시키는것이 현실적인 아프로치 라고 생각한다.

"까타다니"의원: 72년의 "우께다"의원의 질문 취의서의 답변서에 (1) 귀환된 사람은 전부 한국에 귀국 시킨다. (2) 그것에 사용된 경비는 일체 한국측 이 지불한다고 써 있으나, 그후 입관국장이 "그것에 구애되지 않는다" 라 는 발언은 사하린 잔류 한국인이 일본에 영주를 희망한다면 영주하에 한 다고 이해하여도 좋은가?

"사또"과장: 어려운 문제이지만, 그렇게 되는 때를 위하여 대처하여 나가지 않으면 안된다.

"까타다니:의원: 후생성으로서는 송환 희망자에 대하여 어떻게 대처할것인 가?

"고우노"원호국장: 인도적 도덕적으로 원호 조치를 취하지 않으면 안된다고 생각한다.

"까타다니:의원: 일본인과 동등한 대우를 생각하고 있는가?

"고우노"원호국장: 검토해야할 문제다. 필요성이 있는한 검토하지 않으면 안 된다고 생각한다.

"까타다니:의원: 외무, 법무, 후생의 3자의 프로젝트 팀을 만들어 협력하라고 말하고 있는데…

"고우노"국장: 사무레벨로서는 이미 2번이나 협의를 되풀이 하였으나, 구체적 조치에 관해서는 아무것도 결정되지 않았다.

"까타다니"의원: 후생성이 받아들일 만전의 태세를 취하고, 귀환자의 영주를 인정한다고 말하는 자세를 쏘련측에 시사하면 어떤가? 후생성은 지금 까지는 외무성에 맡기고 배후의 관계 당국이 아니었는가?
(1) 일본정부의 역사적 책임 (2) 망향의 소원은 이데오로기를 초월하고 있음. (3) 한. 쏘의 관계등의 점으로 보아 일본의 외교 루트로 하는 것 해외에 없다고 생각하는데 어떤가?

"오자와 후상: 외무 대신과 의견은 완전히 일치하고 있다. 대소 교섭에 도움이 된다면 조속히 최대의 노력을 하고 싶다. 끝.

4. 외무부 공문(착신전보)–외무성 북동아과 화태문제 담당관 발언 보고

외무부
번호 JAW-04607
일시 251811
발신 주일본대사
수신 장관

78.4.25. (별도의) 업무연락차 외무성 북동아과를 찾아간 당관 이원형 3등 서기관에게 동과 화태 문제 담당관은 다음과 같은 말을 하였음.

1. 78.3. 모스크바에서 사하린 한국인 귀환 문제에 관한 사무 "레벨"의 협의가 있었는바, 동 협의회에서 일측은 귀환 신청자 115세대 338명이 등재된 리스트를 전달코자 하였으나, 쏘련측은 북괴와의 관계가 있어 일본 정부와 이에 관하여 이야기 할수 없다고 하며 동 리스트의 수령을 거부 하였음.(동 사실은 주한 일본 대사관에 전달되었다함.)

2. 78년 4월에도 동경에서 사무"레벨"의 협의가 있었으나 쏘련측은 동일한 태도였다고함.(일정-북일)

5. 외무부 공문(착신전보)─화태억류 교포 귀환촉진위원회 회장 정태경 방일 관련 협조 요청

외무부
번호 JAW-05522
일시 231642
수신시간 5:24 10:46
발신 주일본대사
수신 장관

　　연: 일본 정 700-2530
1. 78.5.23. 다부치 데츠야 참의원 의원(민사당 중앙집행 위원 겸 참원 국회대책 위원장)은 연호 화태억류 한국인 귀환촉진 주장집회가 78.6.16. 동경에서 개최 예정이며 동 집회는 민사당 및 동맹이 추진 하는 것임을 설명하면서 화태억류 교포 귀환촉진 위원회 회장 정태경(대구 거주)이 동 집회에 참석할수 있도록 여권발급 등 협조를 요청하여 왔음.
2. 민사당 사사끼 당수 및 화태억류 한국인 귀환촉진 위원회 위원장 와다 고오사꾸 위원 공동명의의 초청장이 5.12.자로 정태경에게 송부되었다함.
3. 전기 중앙집회가 민사당 및 동맹의 주최인점 사사끼 민사당 당수 및 와다 고오사꾸 위원의 초청이라는 점 및 민사당측의 협조 요청이 다부치 데츠야 참의 원을 통하여 전달 하여왔다는 점을 고려 정태경의 방일이 적시에 실현될수 있도 록 여권 발급조치 있기를 건의함.
4. 당관은 민사당측에 대하여 동 당 요청임을 참작 정태경 방일이 실현 되도록 당관으로서는 노력 하겠다고 말하였음.
5. 전 제2항 초청장은 당관 영사부의 영사확인을 받지 아니하고 전달되었다고 하는바 동 초청장은 내용은 다부치 의원으로부터 당관 간부가 확인한것이오니 이점 여권 발급절차에 참고바람. (일정, 아일)

6. 주일대사관 공문─화태 억류 한국인 귀환 촉진 중앙집회 개최 보고

주일대사관
번호 일본(정)700-3204

일시 78.6.21
발신 주일대사
수신 장관
참조 아주국장
제목 화태 억류 한국인 귀환 촉진 중앙집회 개최 보고

　　대: WJA-06122
　　1. 대호 정태경은 78.6.15. 화태 억류 한국인 귀환 촉진 국민집회(집행위원
장: "와다 고우사꾸" 민사당 중원의원)에 참석, 내빈 인사를 별첨(1)과 같이 행하
고, 6.24. 3시 30분 서울도착 KE-704 편으로 귀국할 예정임.
　　2. 상기 집회는 6.15. 오후 6시부터 동경 "니소홀"에서 민사당의 "쯔까모도
사부로우" 서기장 등 내빈들이 참석한 가운데 "한국과 쏘련은 국교가 회복되지
않은 사정이 있다고는 하지만 일찍이 일본국적을 소지한 사람들의 귀환은 인도
적 견지에서 일본정부가 정치적 책임을 져야한다"는 내용의 결의를 행한후에
화태 한국인의 실정을 묘사한 영화 "망각의 해협"을 상영하였음.
　　첨부: 1. 내빈 인사문 1부.
　　　　　2. 팜프레트 1부. 끝.

6-1. 첨부-내빈 인사문

　　먼저 이 자리에 서서 여러분을 대할수 있게 됨을 내가 믿는 신에 감사 드립니다.
그리고 남다른 사명감을 가지고 오늘 이 엄숙한 집회를 개최하여 주신 민사당 중앙
당본부장님께 감사 드리고 저를 초청 하여 주신 여러분께 감사 드립니다.
　　오늘 제가 이 자리에서 지나간 2차대전의 참상이 우리 국민, 우리 사하린 가족에
게 아물지 않는 상처를 또 터뜨려야 하는 이 괴로움을 왜, 또 되씹어야 하며 바쁜
세상에 이 자리까지 와서 외쳐야 하는지 마음 아픕니다.
　　오는 길에 2차 대전후 변화 발전된 일본국의 모습을 보았읍니다.
　　과거의 슬픔을 잊고 자기에게 주어진 일에 최선을 다하는 국민도 보았읍니다.
그러나 우리 대한민국의 이산가족 그리고 가라후도의 이산 가족은 왜, 오늘도 슬퍼
하며 오혈을 터뜨려야 합니까? 이것은 역사의 과거의 사실이요 현실의 비극입니다.
　　저는 오늘 여기서 이러한 문제를 지적하고 누구를 원망 하기 전에 앞으로의 해결
점을 모색 하고자 여기 섰읍니다. 먼저 저는 제한된 시간에 과거의 이산 가족의 참상

을 몇 가정 소개 드리고 현실의 그들의 상태를 말씀 드리며 앞으로의 본회의 희망을 의논 하고자 합니다.

1. 김천: 황용수 (황용길)
2. 밀양: 이선희 (김오봉)
3. 부산: 박선희
4. 광주: 유관철
5. 저의 큰 아버지
6. 경장의 이봉두 씨 등

월남의 피난민이 우리 나라에 와서 안식 하고 떠나 갈때 사하린 이산 가족의 심정은 어떠했겠습니까?

이들은 과부모 고아요 걸인이요 홀어미입니다.

이들이 현실까지 살아 오는 과정은 말로 표현 할 수가 없습니다. 이들의 피나는 노력과 박대통령 각하의 유신 한국의 세로운 령도하에 이들이 오늘에 사는 생활은 새마을 사업과 함께 잘 사는 가정이 되었읍니다.

지금 이들의 심정이 어떠하겠읍니까? 부모를 그리워하고 형제를 그리워 함은 인륜의 상징 입니다.

여러분, 일본 정부가 또 국민이 이러한 점도 감안 하여 가라 후도 이산 가족 돕기 위하여 원호회 장학회 등 생각해 본적이 있읍니까?

일본 국민이 이런 점에 처해 있다면 돈을 주고도 싸웠을 것입니다.

여러분!

이러한 계속되는 비극이 우리 동포에게만 있다고 누가 보장을 하겠읍니까? 그러나 우리들은 이 시점에서 좌절 하거나 물러서지 않습니다.

안으로는 박대통령 각하를 중심하여 온 국민이 한 마음 한 뜻으로 앞으로는 이런 일이 우리 역사에 없어야 한다는 일렴하에 국력 배양에 총력을 경주 하고 있읍니다.

밖으로는 이러한 사실을 세계 우방에 호소하여 만천하에 비인도적인 사실을 고발 할것입니다.

제비도 한해가 지나면 옛집에 찾아오고 짐승도 밤이면 집을 찾는데 왜, 우리 가족은 찾아 오지 못하고 울부 짖어야 합니까? 오늘 이 문제는 나 회장 개인의 문제가 아니오 우리 온 국민의 문제, 여러분의 문제, 세계 전 인류의 문제입니다.

마지막으로 저는 여기서 몇 가지 제안을 하고 싶읍니다.

A. 현재의 우리 적십자사와, 일본국과 우리회가 합류하여 거기에 실태라도 파악 하고 싶습니다. 조사단을 파견 하게 할수 있도록 원하고 싶습니다.

B. 살아 있는 사람은 국교와 이대올로기 차이로 송환이 지연되면은 죽은 사람의 유

골이라도 송환해서 우리 국립 망향의 동산에 안장해 달라고 하고 싶습니다.

C. 송환이 어려우면 세계 적십자 연맹의 주선 아래 동경에서 면회소라도 만들어 얼굴을 보고 생사 확인이라도 해서 헤어지게 해 달라고 애원 하고 싶습니다.

"일본국 국민 여러분!"

여러분이, 우리 이산 가족의 입장으로 돌아 가서 깊이 반성 해 주었으면 합니다. 국적은 달라도 감정과 양심은 인간으로써 같을 것입니다.

오늘에 우리에게 무엇이 필요한지 여러분은 잘 아십니다.

그리고 여기 만장 하신 여러분 공사 간에 바쁘시나 뜻이 있으셔서 오셨읍니다.

여러분! 마음에 불붙은 그 박애의 정신이 여러분 주의로 파급되어 우리의 뜻이 하루 속히 이루어 질수 있도록 노력해 주시고 기도해 주시고 성원해 주시기 바랍니다.

오늘 여기서 말씀 드려야 할말은 너무 많은 까닭이기에 여러분께 몇 가지 문제만 제시 하고 이만 끝을 맺겠습니다.

6-2. 첨부–팜플렛

> ### 樺太抑留韓国人帰還促進
> ### 中央集会
>
> みんなの力で一日も早い帰還実現を！
> 日本国人は、この事実をほとんど知らない。
> 樺太問題の解決なくして戦後は終わらない。
>
> 日時／6月15日(木)・午後6時
> 場所／ニッショーホール

　戦時中、日本政府によって、強制的に樺太に連行されていった韓国人約四万数千人の人々が、戦後三十三年を経た今日、なお故郷に帰ることができず望郷の日々を送っています。

　これは韓国とソ連との国交回復が実現していないことによるものですが、かつて日本人として扱われたこれらの人々の帰還については、日本政府がその責任を果す

ことは当然といわなければなりません。ここ、数年来、その点について民社党議員を中心に国会でも取りあげられてきましたが、未だ前進をみていません。

そこで私たちは、日本国内の帰還促進気運をもりあげるため、日本政府による連行の実態、一日も早い肉親の帰りを待ちわびている留守家族の実情を中心とした、映画 "忘却の海峡" の製作に協力し、いまその上映運動を展開しています。

そして、帰還促進運動を一層前進させるため、各団体と協力し、国民集会をひらくこととなりました。

死ぬ時には生れ故郷でと樺太からはるかな韓国の空の方角をあおぎながら年老いていく人々の心に思いを寄せ、人道的見地から、この運動に対する皆様方の一層の御協力を得たく、心から御願い申し上げる次第です。

樺太抑留韓国人帰還促進国民集会

行委員長和田耕作

樺太抑留韓国人の一日も早い帰還を促進する決議(案)

戦時中、日本政府の動員令によって強制的に樺太に連行されていった韓国人は、戦後三十三年を経た今日に至るも、未だに生れ故郷に帰ることができないでいます。

その数は四万数千人にのぼっていますが、これらの人々は次第に老令となり、一日も早い帰還を切実に願っています。そして、韓国には彼らの帰りを待ちわびる留守家族が五十万人もいます。働きざかりだった父や夫や兄弟を失った、これら留守家族の今日までの生活は涙なくしては語られぬほどの悲しみに満ちています。

樺太はいまソ連領となっており、韓国とソ連との国交が回復されていない、という事情があるとはいえ、かつて日本国籍をもっていたこれらの人々の帰還は、人道的見地から日本政府が政治的責任を負うべきであります。

しかるに政府は、この問題に対し極めて消極的です。日本人の多くが、この事実を知らないこと、日本ーソ連ー韓国ー北朝鮮の複雑な国際関係のからみがあること、などの理由によるものですが、それだけの理由で、この問題の解決を遅らせてよいものでしょうか。

われわれは、樺太在住の韓国人及び留守家族の心を心として、本集会を転機にひろく日本国民に樺太抑留韓国人問題を知らせ、一日も早い帰還実現のために全力

を傾注します。
　　右決議する。

昭和五十三年六月十五日

樺太抑留韓国人帰還促進国民集会

7. 외무부 공문(발신전보)-도가노 의원 방한 희망에 따른 조치 사항 지시

외무부
번호 WJA-08120
일시 091900
발신 장관
수신 주일대사

　연: WJA-04122
1. 당지 사하린교포귀환촉진회의 정태경회장에 의하면, 연호 사회당 소속 도가노 의원 외 1명이 9.1~9.10. 사이 방한할 예정이라 하면서 방한에 따른 필요한 준비등을 하여줄 것을 요청하는 서한을 귀지 사하린교포 귀환 한국인회의 박노학 회장으로 부터 접수하였다고 함.
2. 귀관에서 전기 도가노 의원과 박노학회장과 접촉하여, 방한의사 유무를 타진하는 동시에 방한할경우 방한일자, 목적 및 체한중 활동 계획등 필요한 사항을 확인 보고 바람.
3. 또한 도가노의원의 방한허가 여부에 대한 귀관 판단과 건의 사항이 있으면 아울러 보고 바람(아일-

8. 외무부 공문(발신전보)-도가노 의원 방한 관련 보고

외무부
번호 JAW-08345

일시 181932
수신시간 78.8.19. 10:□□
발신 주일대사
수신 장관

대: WJA-08120
대호에 관하여 당지 박노학 회장에 확인한바 다음 보고함.
1. 도가노 의원과 이즈미 변호사는 대구소재 사하린 귀환 촉진회에서 방한초청
한다면(경비는 한국측 촉진회 부담) 9월초순 방한할의사를 계속 갖고 있고 현재
대구측 회답을 기다리고 있음.
2. 동인들의 방한경우, 도가노 의원이 행한바 있는 화태교포 귀환 관련 일본국
회 질문사항과 관련한 활동을 할것이며 앞으로 이문제에 관한 일정부 국회 대상
의 행동에 필요한 자료, 사정조사를 할것임.(일정, 아일)

9. 외무부 공문(발신전보)—도가노 의원 방한 연기 통고

외무부
번호 WJA-09331
일시 251550
발신 장관
수신 주일대사

대: JAW-08380, 08422
대호 도가노의원 방한 초청건은 초청자측의 사정으로 당분간 보류코저 하니
이를 동인들에게 적절히 전달 바람. (아일-   )

⑨ 재사할린 교민 귀환 문제, 1979

○ ○ ○

기능명칭: 재사할린 교민 귀환 문제, 1979

분류번호: 791.51

등록번호: 13921(18598)

생산과: 일본담당관실

생산연도: 1979-1979

필름번호: 2009-93

파일번호: 01

프레임 번호: 0001-0193

1. 대통령비서실 공문—청원서 처리

대통령비서실

일시 1979.1.10

번호 □□-□□□

발신 대통령 비서실장

수신 외무부 장관

제목 청원서 처리

　　1. 별첨 청원서를 이첩하니 적의처리바랍니다.

　첨부: 청원서(901-177) 1부. 끝

1-1. 첨부—청원서

```
                              진정서
              대통령각하


                           1978.12.21
                       화태억류교포귀환촉진회
```

진정서

대통령 각하

　대통령 각하의 취임의 뜻깊은 날을 맞이하여 사할린 억류동포의 가족들이 한자리에 모여 존경하는 대통령각하께 이 진정서를 채택하여 올립니다.

　한 많은 기나긴 세월 동안 낯설은 타국 하늘 아래서 이방민족과 생활하면서 조국광복의 벅찬 기쁨도 모르는채 오직 가족과의 재결합만을 염원하면서 단절 33여년의 뼈 아픈 슬픔을 안고서 오늘도 조국의 따뜻한 구조의 손길만을 갈망하고 있는 4만여명의 사할린 동포들의 목메인 호소와 애타는 사연들이 수없이 전해오고 있습니다.

그동안 대통령 각하께서 사할린 동포들에 대한 지대하신 관심을 가지시고 돌보아 주신 덕택으로 이제 일본 정부에서도 귀환을 원하는 동포들에게 일본 입국을 허가해 주고 있는데 대해서 저희 가족들은 진심으로 신뢰와 감사를 드립니다.

그러므로 남은 문제는 쏘련당국의 출국허가만 받게 되면 한서린 33여년의 망향생활을 청산하고 이 아름다운 조국 강산과 그리운 가족품에 돌아올수 있게 되었읍니다만 쏘련 당국의 출국거부로 인해서 그들은 귀환을 못하고 있다는 현지 동포들의 안타까운 연락입니다.

작년까지만 해도 쏘련 당국에서는 귀환을 청원하는 우리 동포들에게 출국 허가를 해주고 일본이 입국을 허용하게 되면 언제든지 보내 주겠다는 약속을 해놓고 이제와서는 일본 입국허가를 받은 동포들이 도항증(비자)을 제시하고 출국허가를 요청하게 되니까 한국정부와는 외교 관계가 없기 때문에 보내 줄수없다는 비인도적인 태도로 귀환 길을 막고 있다는 것입니다.

물론 국교관계가 없는 쏘련과의 문제이기 때문에 어려운 점이 많으신줄 아오나 일본이 입국허가를 해 주고 있는 동포들에게 하루 빨리 쏘련측의 출국허가를 받아 귀환할수 있도록 하는것이 사할린동포 귀환 문제의 마지막 과제라고 생각합니다.

쏘련 정부에서는 한국 정부와 외교 관계가 없기 때문에 귀환을 허가할 수 없다는 태도이지만 이 문제에 있어서 직접적으로 그 책임이 있고 쏘련과는 국교 관계가 수립되어 있는 일본정부가 지난날 사할린에 거주하던 37만여명의 일본인을 자국으로 귀환시켰을 때와 같이 성의있는 태도로 사할린 동포들의 귀환교섭을 위해서 일본정부의 공식대표단을 파견해서 적극적으로 송환교섭에 임한다면 쉽게 해결될 수 있으리라 생각합니다.

그동안 정부에서도 사할린동포의 귀환교섭을 위해서 줄기차게 노력을 계속하고 있는 줄은 압니다만 어떠한 난관과 어려움이 따르드레도 일본과의 외교적인 절차를 통해서 강력히 촉구하여 하루속히 그들이 돌아올 수 있도록 배려해 주시기를 간곡히 진정하는 바입니다.

사할린 동포들에게도 돌아올 조국강산이 있고 사랑하는 부모 처자가 기다리고 있는데 왜 그들만이 이국적인 비극에 휘말려 고통을 받아야 합니까.

이제 우리도 대통령 각하의 위대하신 영도 아래 전국민이 총화 단결하여 남의 나라의 도움만 받던 가난을 벗어나서 남을 도울수 있는 나라로 번영과 발전을 거듭하고 있으므로 4만여명의 사할린 동포중 33여년 동안 굴하지 않고 오직 조국 귀환만을 원하는 950여세대 3,532명의 귀환 문제는 그다지 어려움이 없을줄 압니다.

존경하는 대통령 각하!

과거 나라 없는 슬픔속에서 일본정부의 강압에 못이겨 끌려간 우리의 청장년들이 이제는 백발이 다되여 오직 그 옛날의 꿈만이 가득찬 고국산천과 그 가족들을 그리워 하면서 어쩔수없이 타국생활을 계속하고 있는 사할린 동포와 오늘도 따뜻한 조국의 품속에서 가족상봉의 벅찬 기대와 희망을 안고 기다리고 있는 그 가족들에게 기쁨과 행복이 함께 할수 있도록 해주시기를 간절히 바라는 바입니다.

　이제 사할린 동포의 귀환 문제는 마지막 실현단계에 도달하고 있읍니다. 이때를 놓치지 말고 귀환을 갈망하는 동포들이 하루빨리 조국땅에 돌아와 가족과 더불어 대통령각하의 은총 아래 남은 여생이나마 보람있게 보낼 수 있도록 배려해 주시기를 간곡히 진정하는 바입니다.

　오늘도 국가의 발전과 민족의 번영을 위해 전념하시는 대통령 각하의 만수무강을 충심으로 기원하는 바입니다.

1978年12月21日

화태억류교포귀환촉진회

가족일동

2. 외무부 공문—진정서 회신

외무부

번호 아일700-

일시 1979.1.25.

발신 외무부 장관

수신 경북 대구시 중구 계산동 1가 89번지 화태억류교포 귀환촉진회 회장 정 태경 귀하

제목 진정서 회신

1. 귀하가 대통령 각하께 보내드린 78.12.21 자 진정서에 대한 회신입니다.
2. 주지하시는 바와 같이 정부는 현재 재사할린 귀환 희망 동포의 조속한 송환 실현을 위하여 다각적이고 적극적인 대일 외교 교섭을 추진하고 있읍니다. 일본 정부로서는 현재 쏘련으로부터 출국하는 교포의 일본 입국을 받아드릴 의사를 명백히 하고 있으니, 쏘련 정부가 출국 허가를 부여치 않고 있는 것이 당면한 가장 큰 어려운 점입니다. 정부로서는 쏘련당국과 직접 교섭에

임할 수 있는 입장이 아니기 때문에 향후에도 귀하가 건의하신 대로 계속 일본 정부로 하여금 대쏘 교섭을 강하토록 촉구하여 이들의 조기 귀환의 실현을 위하여 최선을 다할 방침입니다.

3. 끝으로 귀회의 무궁한 발전이 있기를 기원합니다. 끝.

3. 주일대사관 공문— 화태 재판의 증인 선정 의뢰

주일대사관
번호 일본(정)700-1484
일시 1979.3.20.
발신 주일대사
수신 장관
참조 아주국장
제목 화태 재판의 증인 선정 의뢰

1. 화태 재판 실행위원회 "미하라" 사무국장은 79.3.16.(금) 당관을 방문, 제18회 구두변론(4.16)부터는 본격적으로 심의에 들어갈 예정이라고 하는바, 이를 위하여 하기와 같은 증인을 환문하려고 한다고 함을 보고합니다.

가. 화태귀환 교포 촉진회(한국소재) 2명
나. 원고 4명의 가족 각 1명 계 4명
다. 한국단체대표(예를들면 화태 문제를 연구한 한국의 학자 또는 재일본거류민단대표 등) 1명
라. 화태귀환촉진 한국인회(동경소재) 2명
마. 화태귀환자의 처의 모임 2명
바. 화태재판 실행위원회 2명
사. 일본 학자 및 메스콤 관계자 각 1명 계 2명
아. 일본국측 실무자 5명
자. 강제연행된 일본측 관계자 3명.

2. 이어, "미하라" 사무국장은 상기(가항-다항) 한국측(한국거주) 증인을 일본법정에 환문하기를 희망하고, 이를 당관이 협조하여 줄것을 요청하면서, 증인들의 경비부담능력(왕복항공료, 체재비)을 문의하여 왔는 바, 일본법정에 증

인 필요성 여부 등을 검토하여 그결과를 당관에 통보하여 주시기 바랍니다.

3. 한편, 상기 증인(가항-다항) 환문과 관련, 당지 화태귀환촉진회 박 노학 회장
에게 확인한 관계자를 다음과 같이 보고합니다.

　가. 화태귀환교포촉진회(한국소재)

　　(1) 김창유: 화태억류교포귀환촉진회 고문 변호사(서울 거주: 777-6749)

　　(2) 한영상: 화태억류귀환촉진회 전회장(대구 거주: 92-8265)

　　(3) 이행우: 화태억류귀환촉진회 회장 예상자(부산 거주)

　　(4) 김재세: 화태억류귀환촉진회 위원장(부산 거주: 49-2602)

　나. 원고 4명의 가족

　　(1) 엄상권: 원고 엄수갑의 장자(경북달성군 거주)

　　(2) 이종섭: 원고 이덕림의 장자(경기도 파주군 거주)

　　(3) 조종준: 원고 조경규의 장자(경북 고령군 거주)

　　(4) 이영준: 원고 이치명의 장자(전북 전주시 하주) 끝.

4. 외무부 공문(착신전보)–화태재판의 증인신청

외무부
번호 JAW-04338
일시 132156
발신 주일대사
수신 장관

　화태재판의 증인신청
　대: WJA-0487
　대호 화태재판증인(4명)의 방일예정 사실을 4.13.(금) 화태재판실행위원회 미하
라 사무국장에게 통고하였던바, 동사무국장은 다음과 같이 말했음.
　1. 한국측 재판증인(4명)을 제18회 구두변론 재판(4.16.)에 신청할 예정임.
　2. 4.16. 구두변론이 재판에서는 상기 신청과 함께 일측 증인신청도 받아 검토한
후 구체적으로 누구를 증인으로 채택할 것인가는 제19회 구두변론(금년6월경
예정)에서 결정할 예정이라함.
　3. 제19회 이후의 재판부터 우선 일본측 증인이 환문되고 한국측 증인의 변론이
뒤따른다함.

4. 구체적인 한국측 증인환문 시기에 관하여는 확정되는대로 추보위계임.
(일정-아일)

* 現在 日本예정 必要無
   3명(1명제외)의 신원조회만 해두게 하고 實際 여권발급 등 일본여행은 구체
   적으로 한국측 증인환문이 있을시 행하도록 할 것

5. 신문기사

74.4.14. 동아일보. 사할린血肉「書信상봉」. 金德柱씨 家族찾아와 卽席서 答信

6. 증인신청서

昭和五〇年(行う)第一四四号
　　　　原告　　　　　　　　嚴壽甲　外三名
　　　　被告　　　　　　　　國
　　　昭和五四年四月一六日
　　　　原告ら訴訟代理人弁護士　柏木博　外一六名
東京地方裁判所
　　民事第三部　御中

証拠の申し出(一)
一、人証の表示
(いずれも同行)
　　1．東京都足立区六月一～三二～一五
　　　　証人　　　朴魯学
　　2．同　都足立区伊興町本町三、四一五
　　　　証人　　　李義八
　　3．同　都足立六月一～三三～一
　　　　証人　　　沈桂変
　　4．同　都足立区六月一～二七～一八
　　　　証人　　　李大薫
　　5．同　都足立区六月一～三二～一五
　　　　証人　　　堀江和子
　　6．同　都足立区青井四～三九～九～五〇
　　　　証人　　　山口□八
　　7．北海道岩見沢市日の出町北一～九～一〇
　　　　証人　　　杉田タケ子
　　8．東京都足立区鹿浜二～三七～一〇～一〇一
　　　　証人　　　岩谷節子
　　9．同　都足立区六月一～三二～一五　朴魯学方
　　　　証人　　　張田斗
　　10．大阪府門真市本町九番一一号　文辛子方

証人　　　　金花春
１１．大阪府門真市本町九番一一号
　　　証人　文幸子
１２．東京都葛飾区新川岩二～一〇～一四
　　　証人　　　　公忠君
１３．小樽市入船町三～一七～一五
　　　証人　　　　大久保　正治
１４．大韓民国慶尚北道大邱市南区大明洞五区一五四～五番地
　　　証人　　　　丁泰景
１５．大韓民国ソウル特別市中区小公洞九一～一
　　　証人　　　　金相郁
１６．大韓民国慶尚北道達城郡論工面南洞二六二
　　　証人　　　　厳相抻
１７．大韓民国慶尚北道高靈郡星山面手谷洞五二〇
　　　証人　　　　趙(金＋康)俊
１８．大韓民国京幾道坡州郡州内面烽岩里三九二
　　　証人　　　　李原変
１９．大韓民国全羅北道任実郡屯南面之基里
　　　証人　　　　李宰俊
２０．大阪府大阪市淀川区野中北一～一一～二　　大阪商銀内
　　　証人　　　　姜宅佑
２１．兵庫県加古川東神吉町神吉二五八～一
　　　証人　　　　車慶泰
２２．東京都杉並区天沼三～一六～一一
　　　証人　　　　政池仁
２３．埼玉県浦和市本田窪一～一二～一七
　　　証人　　　　三原令
２４．東京都足立区扇一～一二～一六～二〇二
　　　証人　　　　西沢公一
２５．同　都品川区港南中日映画社内
　　　証人　　　　日下部水棹
２６．同　都港区新橋六丁目木村ビル六階
　　　証人　　　　趙昌化

２７．カラフトコルサコフ市ンビエトスカヤ町九五番五九
　　　原告本人　　厳寿甲
２８．カラフトコルサコフ市フロツトスカヤ町六二番二一
　　　原告本人　　李徳林
２９．カラフトコルサコア市トルストゴー町二七番他
　　　原告本人　　趙敬奎
３０．ユージフサハリンスク市ポチエトワーヤ町一八番地
　　　原告本人　　李致明

二．立証要旨

　　１．人証の表示１．乃至４．の四名の証人は、いずれも現在「樺太抑留帰還韓国
　　　人会」の役員であり、約二〇年にわたつて、樺太に残留している韓国人及び
　　　その留守家族と連絡をしつつ、日本政府その他関係機関に対して、右残留韓
　　　国人の帰還実現のために運動を続けている者である。この四名はいずれも、
　　　太平洋戦争中に韓国の郷里より日本政府によつて樺太まで強制連行され、そ
　　　の地において長期間、強制労働を強いられた経緯をもつ。そして、日本の敗
　　　戦後の引揚げは、当然のように日本人にのみその権利が与えられ、韓国人は
　　　全て引揚げを拒否された中で、右の四名は、いずれも日本人女性と結婚した
　　　ため、昭和三四年以降引揚げが実現し、現在まで東京付近に家族と共に住み
　　　現在に至つている。

　　　　従つて、右の各証人によつて、強制連行の□様とそれについて日本国の関
　　　与の状況、連行の模様、樺太での労働の強制と当初の「契約」期間延長におけ
　　　る日本国の関与状況、さらに、敗戦後の引揚げについで韓国人が差別され取
　　　り残されるに至つた事情(特に日本政府の関与の有無)及び現在に至るもなお
　　　残留を強いられている韓国人の数、生活、帰還希望の有無・程度、連絡内
　　　容、留守家族の実態等をまず立証し、次いで同会が長年にわたり、日本政府
　　　を始めとして関係諸機関と引揚げ実現の□□をする中で、現われた日本政府
　　　を始め各機関の対応、引き揚げ実現のために本訴が必要不可決である点を立
　　　証する。

　　２．人証の表示５．６．の証人はいずれも、戦前樺太に居住していた日本女住
　　　であるが、□□、韓国人と結婚し、前記四名の韓国人らと共に引揚げてきた
　　　者である。

　　　　同証人らによつて、戦前の樺太における韓国人と日本人の関係、韓国人の

労働の実態、戦後の引揚げにおいて韓国人が引揚げを拒否された事情、その後引揚げが実現するまでの生活及びげ引揚げが実現した過程、引揚げ船及び日本到着に際して韓国人が日本政府によりどう扱われたか、その後の生活、残留韓国人の状況を立証する。また、数年前から「妻の会」を結成し、残留韓国人の帰還運動を続けているが、運動の状況を、他の日本人や日本政府の対応についても立証する。

3．人証の表示7．8．の証人は同じく韓国人の夫を持ち、それぞれ昭和五二年七月、同五一年一二月に樺太から日本に引揚げてきた□も新しい引揚者である。また、杉田証人は、現在、樺太に子供を残してきている。

　　従つて両証人によつて、戦後の樺太における韓国人の生活、引揚げ希望の有無・程度・とくに最近の韓国人の状況及び現在もまだ引揚げがなされていない他の日本人妻の例を立証する。

4．人証の表示9．10．の証人はいずれも最近の昭和五一年に帰還した韓国人である。このうち、張証人は、戦後樺太において韓国人の帰還運動をしたため樺太を追われ、ソ連邦ノリレスクに居住していたのであるが、そこから日本に帰還したものであり、金証人は、戦前に大阪に店住し娘を残したまま、戦争中、夫を訪ねて樺太に渡り、戦後も様々な努力をしたが引揚げが出来ないままになつていたのを、最近ようやく、息子達はそのまま残され本人のみの引揚げが実現したものである。

　　右両人によつて、戦後の樺太在住韓国人の帰還努力とそれに対するソ連邦の扱い、帰還実現の過程手続と日本政府の対応、残留韓国人の様子等について立証する。

5．同11．の文辛子証人は右10．金化春の四女であるが、同証人は他の二人の姉たちと協力して約一八年間にわたり、母の帰還のため運動をし、その結果、やつと帰還が実現した。

　　同証人によつて、残留韓国人帰還の困難さと帰還実現のために日本国の対応が□も重要なこと、及び受け入れる日本側における帰還手続について立証する。

6．同12．の公忠君証人は、父親が韓国より樺太に強制連行されていたので戦前一時樺太に渡つたが、日本の敗戦時東京にいたため、その後同証人と樺太に住む父や兄弟と別ればなれになっていたが、長年の努力が実り、昨年(昭和五三年)九月、社会党議員団と共に樺太に渡り、兄弟姉妹らと三六年振りに再会できたものである。

同証人によつて、樺太への渡航手続、各機関の対応状況、樺太における残留韓国人の生活実態、帰還への□意等について立証する。

７．同１３．の大久保正治証人は、その妹鶴子が樺太に居住し、鶴子の夫の韓国人と共に昭和五二年八月鶴子夫婦が一時里帰りをしたが、現在もなお同証人は鶴子らの引揚げを申請中のものである。

　　　同証人より、樺太よりの引揚げについて関係各機関の協力について立証する。

８．同１４．１５．の各証人は、樺太残留韓国人の留守家族によつて結成された大韓民国内の「樺太抑留僑胞帰還促進会」のそれぞれ会長及び名誉会長(弁護士)である。

　　　両証人によつて、大韓民国内の六〇万人といわれる留守家族の実態、再会への想い、大韓民国政府の姿勢、本件訴訟に対する期待等ついて立証する。

９．同１６．乃至１９．の四名の証人は、いずれも本訴原告の息子であり、一日も早く父親との再会を望んでんいるものである。

　　　各証人によつて、原告らがどのようにして樺太へ連行されたのか、それによつて受けた打撃、日本国の対応、原告らの音信状況、本件訴訟のもつ意味及び期待について立証する。

１０．同２０．２１．の各証人は、いずれも在日韓国人であり、樺太に実弟がなお残留しているものである。

　　　両証人によつて、樺太残留の実弟の状況、音信の内容、その帰還のため払つた努力と各機関の対応について立証する。

１１．同２２．乃至２４．の三名の証人は、いずれも日本人として、樺太残留韓国人の帰還運動を続けているものであるが、各証人によつてなぜ本運動に関わつているのか、運動の内容、接触した日本人、関係機関の反応及び変化、また国祭機関や外国よりの反応、また在留韓国人・帰還韓国人・留守家族に関する調査状況及び日本国日本人の責任と本件訴訟がなぜ必要かについて立証する。

１２．同２５．の日下部水棹証人は、一昨年製作された、本件訴訟内容をテーマとした映画「忘却の海峡」の監督であり、二ヶ月間、韓国において留守家族の取材をしたものであるが、右映画製作の動機、留守家族の状況、帰還への熱望、その責任についての考え方、及び右映画上映に対する日本での反対について立証する。

１３．同２６．の趙昌化証人は、韓国放送(KBS)の東京特派員であり、韓国放

送は毎日樺太へ向け放送をし、残留韓国人と留守家族の音信の協力もしているが、右放送の樺太での反響、帰還希望者の状況、留守家族の実態について立証する。

14. 同27. 乃至30. の四名は、いずれも本件訴訟の原告であり、韓国からの強制連行の状況、強制労働の事実、引揚げを拒否された状況、戦後の生活、国籍、帰還希望の程度、本訴の必要性その他原告主張事実について立証する。

7. 외무부 공문(발신전보)—사하린 교포 귀환

외무부
번호 WJA-05213
일시 171430
발신 장관
수신 주일대사
제목 사하린 교포 귀환

　　　79.5.14 일자 동아일보 동경 특파원 보도에 의하면, 소련정부는 사하린내 북한국적 소유자 5만명과 한국에 돌아오기 위해 무국적 상태에 있던 5천명의 한국교포에게 소련국적을 강제취득케 함으로써 사실상 이들의 한국귀환이 불가능하게 하게 되었음을 최근 요코하마 입항 한국계 소련선원이 밝혔다고 보도한 바, 이에 관해 확인 보고 바람. (아일-　　)

8. 주일대사관 공문—화태교포의 생활상등 탐문

주일대사관
번호 일본(정)700-2681
일시 1979.5.24.
발신 주일대사

수신 장관
참조 아주국장
제목 화태교포의 생활상 등 탐문

　　화태교포귀환재판위원회 "미하라" 사무국장은 79.4.29-5.4. 간 후꾸이현 "쯔르가"에 출장하였는 바, 동출장 보고서를 별첨과 같이 송부합니다.
　　첨부: 출장보고서 1부. 끝.

8-1. 첨부—출장보고서

　　１９７９．５．１．福井県敦賀港７号岩壁ソ連サハリン船舶公国所有 PERVOURALSK(ペルウオララルスク)号3,000屯敦賀海陸会社(ソ連船代理店)に問合せると、４月２９日午后入港とのことなので入関及び関税事務の終了した頃を見合せて５月１日に行くなら船への連絡を頼むと、敦賀海陸会社より船長・副船長の許可を取って貰う。

　　５月１日Am９：３０敦賀関税局にてソ連船乗船の手続きをする。メーデの当日で関税局も海運会社も職員はメーデ会場へ出かけて、えらい人ばかりの留守番で、特別許可の手続きばかしで計ってくれた。

　　船長コージェホウさん(４５才)他乗員30名、サハリン朝鮮人は電気技師金ソクチョさん１名。船長さん及び副船長さんに船全員へ、洋菓子のお土産及びリンゴ(むつ)一箱を持ち込む。

　　金ンクチョさんへは　今日の韓国最近号及び統一日報、カレー粉、農産物種(小豆、大豆、芋、ゴマ、白菜、小松菜、韓国カレンダー(美人画集)其の他５ｋ箱詰)
以下　金ソクチョさんの話を記す。

① この船に乗って３回目の日本航海なので、まだ　誰が政治局員か解らないので、今日は、１０時から、２時までの休暇を貰って三原さんと親戚だから会いたいということにしておいた。次からは一日中話せるように許可を貰うようにする。

② 今回休暇を2ヶ月とったことと、ガス工事学習を３カ月やらされた間に、三原さんの伝えて来た人々には全員連絡をとった。
　　現在は１ケ月に５人位の人々が死亡していく。サハリンの一世たちと話合つた要旨は

③ 最近は北朝鮮籍を取った

(以下、判読不可)

を見たい。どんな噂話でも良いから故国の話を聞きたいといっている。私が今回の出航のときも、多くの人たちがそっと訪ねて来て何でも良い、韓国の話を聞いて来てくれといわれた。

⑤ 長い年月が立ってしまつたので殆どの人々が□□位、故郷帰還をあきらめてはいるが、それは自分の心に自分で言い聞かせていることで、一度だけ故郷を見たい、帰りたり、あきらめ切れないと言っている。

⑥ 故郷の人たちと何らかの話合いが出来る日のために、正確な朝鮮語をお互いに語り伝えている。

⑦ 誰もが、親族の消息を知りたがっているが、来る手紙は相変わらずのパターンのものばかしである。細かいことを知りたい、誰がどうなったか、どうしているかを知りたい。日常の生活状況が伝わって来ない。そうしたことを知らせて欲しい。

⑧ サハリンの人々は、会員北朝鮮を拒否している。北朝鮮を好まないことをソ連当局に事あるごとに理解させている。自分たちの知る範囲ではソ連当局の反応は北朝鮮に対しては同じ人民共和国同士という、背定しなければならない条件で認めてはいるが、それ以上を出た好意を持っているとは、どの角度から考察しても考えられないように思える。こうした判断のもとに韓国政府の現状を知りたいと思う。直接韓国政府に、救出願いをする方法はないかと、みな話合っている。が、そうしたことがソ連政府に知られることが、自分だちはこわい。これ以上どうしたら良いかでみなが悩んでいる。裁判の資料も念を入れてみなで読んだ。東京で信じられないことが、日本人の間で行われていると話合った。一同が見ている前で、新聞紙を燃やして資料は燃してしまつたことにして、ビニールに包んでキムチの漬け物樽に漬け込んでしまってある。

⑨ ソウル放送も毎年正月から2月、3月まで私たちに呼びかけてサハリンの人々の心だけを淋しくさせないでくれ、一年中まつり、地方行事、流行歌を知らせてくれ、シウルの人口、朝、昼、晩の韓国首都の生活の流れを知らせてくれ、体裁だけの放送ではなく私たち誇りにしたい故郷を現在の状態を知らせて欲しい。

⑩ 韓国政府の要人なちは、罪無くして、サハリンで故郷を恋こがれている私たちを、どう思っているか知りたい。どこまでの要人たちが私たちのことを知って

くれているのか、韓国政府は、私たちのことを、日本国に対して話合える立場にないのでしょうか、ソ連に対しても、話合える立場にないのでしょうか、それがサハリンの人々の今一番知りたりことなのです。

9. 외무부 공문—사하린 교포를 위한 물품 송부

외무부
번호 아일700-
일시 1979.5.31.
발신 외무부 장관
수신 주일대사
제목 사하린 교포를 위한 물품 송부

　　1. 화태재판위원회 사무국장 미하라 여사가 79.6.18. 소련여행 예정이라는 바, 동 여사가 동지 여행중 사하린 교포들에게 전달하고자 본부에 요청한 물품을 송부하니, 이를 동 여사에게 지급 전달하여 주시기 바랍니다.
　　2. 상기 여행과 관련 동 여사의 사하린 교포와의 접촉 결과와 교포 실태등을 가능한한 조속히 파악 보고하시기 바랍니다.
　첨부: 1. 인형 10쌍
　　　　2. 민요 및 대중가요 카셋트 10매
　　　　3. 그림엽서 10조. 끝.

10. 외무부 공문(착신전보)—화태교포 귀환(언론보도)

외무부
번호 JAW-07525
일시 251925
수신시간 79.7.26. 0:38
발신 주일대사

수신 장관

　　화태교포 귀환(언론 보도)
　　79.7.25. 아사히 신문(석간)은 "처음으로 증인 채용-사할린 잔류자 4명의 귀국 청구 소송" 제하(9면1단)로 다음 요지 보도함.
1. 동경지방 제판소 민사3부(사또 시게루 재판장)는 7.25. 화태교포 엄수갑 씨등 4명의 귀국청구소송에 관하여 이미 귀환한 일본국내 거주자 등 3명을 처음으로 원고측 증인으로서 채용할 것을 결정하였음.
2. 최초의 증인은 10.15. 출정하게 되는바 원고측은 증인조사의 실현으로 인해 무국적인 채로 귀향의 날을 기다리고 있는 사람들의 비참한 전후가 처음으로 일본의 법정에서 밝혀지게 될것임.　(일정 - 아일)

11. 대한적십자사 공문—사할린 교포 상봉을 위한 모스크바 방문 진정

대한적십자사
번호 한적섭-1668
일시 1979.7.25
발신 총재 이호
수신 외무부 장관
참조 아주국장
제목 사할린 교포 상봉을 위한 모스크바 방문 진정

　　대한적십자사는 경기도 파주군 주내면 봉암리 392번지에 거주하고 있는 이종섭으로부터 별첨 사본과 같은 건의서를 접수하였습니다.
건의서 내용은 사할린에 억류되고 있는 아버지 이덕림(李德林)으로부터 1980년 모스크바 올림픽때 소련을 방문하게 되면 모스크바에서 부자간의 상봉이 이루어지리라는 편지를 받고 모스크바를 방문할 수 있도록 진정한 것인 바 탄원인의 소망이 이루어지게 되기를 바라면서 귀부의 협조를 구하는 바입니다.
별첨: 사할린교포 이덕림의 편지사본 1통
　　　이종섭의 건의서 사본 1통 끝.

11-1. 별첨-이종섭 건의서 사본

건의서

대한적십자사총재 귀하

주소: 파주군 주내면 봉암리 392번지
성명: 이 종 섭

저는 경기도 파주군 주내면 봉암리 392번지에 거주하는 이종섭입니다.

저의 부친께서는 1943년 일제 통치하에서 강제로 일본 전쟁 제물로 강제 징용되었고. 1945년 해방이 된지 35년이 되어도 싸하린에 억류된체 귀환을 하지 못하고 있는 실정에 있습니다.

그러던중 1968년 정부에 성의 있는 외교의 이념과 체질을 달리하는 국가간의 문허를 개방함으로서 30여년을 생사를 알지 못하였던 싸하린 교포의 생사를 알 수 있는 길이 트였으며 직접 상면은 하지 못할지라도 서신만이라도 왕래하게 된데 대한민국 이산가족의 장본인으로서 총재님과 대한민국 정부에 감사들이는 바입니다.

1968년부터 부자지간의 서신과 K.B.S 방송국의 전파를 통하여 서로 애타게 상면을 호소하고 귀환만을 고대하던중 1989.7.5. 아버님이 상봉을 호소하는 서신이 저한테 전달되었습니다. 부친께서는 귀환을 못하드라도 1980년도 세계 올림픽 대회가 모스크바에서 거행되는데 한국선수단과 같이 모스크바에 올수있다면 부친께서는 싸하린에서 모스크바에 오실수있다는 애절한 상봉을 요하는 서신을 보내왔습니다.

존경하는 총재 각하

36년간의 혜여저 서로의 상면을 그립게 외치며 68년부터 서로의 방송 및 서신으로 애타게 연락을 하였습니다. 이번 기회에 아버님과 36년간의 상봉할 길이 있는지 아버님의 서신을 사본하며 건의합니다.

1979.7.12.
건의자 이종섭

11-2. 별첨-사할린교포 이덕림의 편지사본

종섭 바다 보아라.

세월은 유수와 갓치도 35년이 지나갓구나. 조국에 있는 태소제절이 무사태평허옵

길 이역말니 싸하린에서 축원헌다. 이곳에 잇는 집안 가족은 종섭이가 염여해 주는 덕택으로 아무별고 업시 다 잘 잇다. 어먼니에 근 아들 술라위가 굴리레트에 사는데 싸을 1살 2두달 자리을 어먼니에게 보라고 데리와서 볜시를 78원 타고 집에서 보고 잇다. 집에서 식사를 지우면서 손주짜을 보고 잇다. 갈야 면누리는 레바곱니낫트에 이허여는데 123밭으로 일허기 째문에 불편허여서 아버지 일허는 직장 치마단 도라크 공장에 취직허여다 한 직장에서 아버지허고 갈야 머누리도 갓치 일헌다. 5月 9日에 너에 방송을 잘 듯지 못허엿다.

다은 사람헌데 저서헌 내용을 드엇다.

종섭아 너에 부탁은 전화 열낙은 아직 싸하린에는 아직 학실헌 발표가 업다. 6月달에도 조선에서 방송을 싸하린 시간으로 아침 6시 30분거지 잘 들리는데 그 후로는 태향이 빗치고 나무 잎피 나오는 결과로 잘 드을 수 업다. 89.10. 11. 12.월에는 잘 들니다. 압서 편지 두 장을 잘 바다 보앗느냐.

1980년에 모쓰크와에서 올림비가 진행□는데 한국 선수단이 창가허는데 종섭아 거귀 싸라 모쓰크와에 오겟는가. 한국 정부에 아라보아서 라디오 방송을 허면 아버지는 모쓰크와에 갈 수 잇다. 한 달에 열 번도 갈 수 잇다. 그리 알고 문네해 보아라.

고향분 여러분들도 잘 잇다.

샤나이 23세 6月 3日은 와샤에 생일날이다.

(일본에 계신 박노학씨의 문의입니다.)

在日韓國觀光會社에서는 1980年 모스크와 오림픽에 在日僑胞 1000名 入國를 □엿는 本國政府의 許可도 받엇다고 합니다. 모스크와 東京間 往復 5日間 45萬 5千圓. 競技는 7月 19日부터 開會함.

□에서도 갈 수 잇는가 外務部에 물어 보십시오.

제4부
재일본 한국인 북한 송환

해방이후 재일한인 외교문서 해제집
∎제6권∎ (1975~1979)

북한송환사업(이하, 북송)은 1959년 12월 14일부터 수차례의 중단과 반복을 거치면서 1984년까지 9만 3340명이 일본을 떠나 북한으로 향한 전후 최대의 집단이주이다. 본 해제에서는 1975년부터 1979년까지 한국 정부가 생산한 북송 관련 외교문서를 대상으로 하고 있으며, 현재 외교부 외교사료관에는 『북한 선박 만경봉호의 일본 입항』(1975), 『일본 정부의 한국인 밀입국자 황정하 북한 송환 조치』(1975), 『재일본 한국인 북한 송환』(1976), 『북한 송환 대기 재일본 한국인 김미혜 탈출사건』(1977), 『북한송환 대기 재일본 한국인 김태훈 일가족 탈출사건』(1978), 『북한 송환 예정자 중 귀환 의사 변경 재일교포 처리문제』(1979), 『재일본 한국인 북한 송환, 1979-81』(1979) 등의 외교문서가 소장되어 있다.

먼저, 1975년 이전까지의 북송 현황과 관련 협정의 변화에 대해서 간단하게 살펴보면, 일본 적십자사(이하, 일적)와 북한 적십자사(이하, 북적)는 1959년 8월 13일에 칼카타협정을 체결하고 1959년 12월 14일부터 북송을 시작했지만, 1965년 한일국교 정상화 후인 1967년 11월 12일에 협정 기간이 만료됨에 따라 북송은 일시 중단된다. 하지만 일적과 북적은 칼카타협정 기간 중에 북송을 신청한 약 1만 5000명에 달하는 재일조선인의 잠정북송 조치로서 1971년 2월 5일에 이른바 모스크바합의서에 서명하고, 이를 통해 1971년 5월 14일부터 같은 해 10월 14일까지 1081명이 귀국하게 된다. 이후, 1971년 12월 17일부터는 모스크바회담요록의 사후처리 형태로 일반 외국인의 출국과 동일한 방식으로 북송이 진행된다.

또한, 모스크바합의서를 통해 북송이 진행되던 1971년 8월의 159차 귀국부터는 기존의 소련이 제공해준 귀국선을 통한 북송에서 북한의 화객선 만경봉호를 통한 직접 배선으로 변경되었으며, 1972년 1003명, 1973년 704명, 1974년 479명, 1975년 379명, 1976년 256명, 1977년 180명, 1978년 150명, 1979년 126명, 1980년 40명이 각각 귀국하게 된다. 특히, 1972년에 1003명으로 천 명대를 마지막으로 1970년대 후반까지 귀국자 수는 급감했고, 1980년에는 백 명대 이하로 떨어지게 되는데, 이와 같은 귀국자의 급감에는 1975년의 '조총련계동포모국방문단'(민단)과 '1979년의 '단기조국방문단'(조총련) 사업이 시행되면서 다양한 형태의 모국 방문이 가능해졌기 때문이다.

다음으로, 시기별·문서철별로 재일조선인 관련 외교문서 내용을 살펴보면, 먼저 1975년에 생산된 『북한 선박 만경봉호의 일본 입항』에서는 173차 북송선 만경봉호를 통해 3월 28일에 120명(58세대)이 귀국했다는 사실과 북송 희망자 수와 실제 북송된 자의 수가 크게 차이가 나는 사실을 강조하며 조총련의 '가공적인 조작' 의혹을 일본 외무성에 재차 표명하고 있다. 또한 동 문서철에서는 민단과의 공조를 통해 무역선 만경봉호의 오사카 및 요코하마 항구의 기항 반대를 위한 데모와 이를 위해

포스터 2만 부 제작·살포 및 민단 차량 8대를 동원하는 등, 오사카 민단원 약 5천 명이 동원되었다고 보고하고 있다.(조총련 측은 약 300여 명의 환영자가 참가)

특히, 1975년 6월 16일에 만경봉호가 요코하마항구에 입항할 당시, 민단 가나가와 현본부와 조총련이 충돌하여 민단원이 소지하고 있던 태극기와 민단기가 파손되고, 단원 2명이 부상당하는 사건이 발생한다. 동 사건에 대해서 한국 외교부에서는 국기 파손자의 형사적 처벌이 가능하다고 판단하고, 본 사건을 정치화할 경우의 득실에 대해서 주일 대사 및 요코하마 총영사에게 의견을 구한다. 이에 민단 가나가와현 본부단장의 명의로 1975년 6월 18일에 피해자의 진단서를 첨부하여 수상경찰서에 정식으로 고소하게 되는데, 주목할 점은 동 태극기 및 민단기 파손 사건과 관련해서 요코하마 수상경찰 서장으로부터 한국 정부가 일본 정부에 직접 외교적 항의 표시를 하는 것이 사건 해결에 효과적이라는 조언을 받고 있다는 사실이다. 그 이유는 현재 의 아스카타 이치오(飛鳥田一雄) 요코하마시장이 '좌경적'이기 때문에 공정한 행정 처리가 불가능하다는 것인데, 이것은 일본 각 지역의 단체장의 소속 정당에 따라 소재지 내의 재일조선인에 대한 처우가 전혀 다를 수 있다는 것을 시사하고 있다.

예를 들면, 아스카타 이치오 시장은 1963년부터 1978년까지 4회에 걸쳐 요코하마 시장을 역임했고, 일본사회당 소속으로 도쿄와 가나가와현에서 각각 중의원 의원 2선과 4선에 당선된 정치인이다. 이후, 일본사회당 위원장을 역임하기도 했는데, 일 본사회당은 재일조선인의 북송에 대해서 1958년 10월 16일에 당 대회를 통해 대대 적인 지지 표명과 함께 초당파적인 협력 태세를 구축하기로 결정한다. 특히, 일본사 회당은 북송에 대해서 단순히 인도적 문제뿐만 아니라 일본의 식민지지배에 대한 도의적 책임과 사회주의 국가에 대한 신념, 그리고 사회주의 국가로부터 일본공산당 보다 저평가되어 있던 본인들의 정당을 재일조선인의 사회주의 국가로의 북송 그 자체를 이용해서 국내외적으로 어필할 수 있는 절호의 기회로 인식했다.[1] 따라서, 이와 같이 역사적으로 북한 및 조총련과 일본사회당의 초당파적인 의존 관계를 생각 하면, 한국 정부의 요코하마시에 대한 항의 표시는 처음부터 실효성이 없었다고 볼 수 있다.

다음으로, 1975년도에 생산된 문서철 『일본 정부의 한국인 밀입국자 황정하 북한 송환 조치』에서는 한국인 밀입국자 황정하가 한국에서의 처벌을 우려해서 북송을 결정한 건에 대해서 다루고 있는데, 한국 정부는 불법 밀항자인 한국인의 북송은 일본 스스로가 한국 공작을 위한 간첩 루트를 인정하는 것이라며 북송 철회를 요구 한다. 하지만, 일본 법무성에서는 이전에도 한국적을 가진 밀항자 2명이 자비출국한

---

1) 菊池嘉晃(2009)『北朝鮮帰国事業』中公新書, p.95

선례가 있기 때문에, 법적으로는 더 이상 북송을 막을 수 없다는 답변이 돌아온다. 이에 대해 한국 정부는 2명의 북송 역시 사전통보 및 협의없이 이루어진 것이라고 강력하게 반발하고, 일본 외무성은 한국 정부의 요청을 일부 수용하여 2명의 북송을 일시적으로 보류하겠다고 약속한다. 다만, 이와 같은 외부성의 약속에도 불구하고 8월 8일의 북송은 아무런 사전 통보없이 진행되었고, 입관 당국은 북송 문제는 전적으로 법무성의 소관이라는 점을 강조하며 서로에게 책임을 떠넘기며 회피한다. 즉, 모스크바회담요록 이후의 북송은 동 귀국사업을 추진하는 담당 주체의 모호성으로 인해 원천적 북송 중지에 이르지 못하고, 한국 정부의 항의 표시와 일본의 원칙론적 답변이 반복적으로 전개되던 시기였다고 할 수 있다.

다음으로, 1977년도와 1978년도에는 각각 『북한 송환 대기 재일본 한국인 김미혜 탈출사건』과 『북한송환 대기 재일본 한국인 김태훈 일가족 탈출사건』 관련 외교 문서철이 생산되어 있듯이, 북송 예정자가 귀국선이 출발하는 니가타에서 승선 직전에 탈출하는 사건이 발생한다. 예를 들면, 김미혜의 경우에는 1977년 3월 31일에 북송 예정자의 합숙소인 조총련 운영 호반호텔에서 공포 분위기를 감지하고 아버지를 홀로 두고 탈출하게 되는데, 당시 주일본대사가 한국 외교부 장관에게 보낸 외교문서를 살펴보면 "1. 77.4.1 출항하는 만경봉호 편에 북송 대기로 되어 있던 김 미에꼬(일본국적: 아오끼 미에꼬)가 작 3.31 오후 8시경 북송자 집합소에서 탈출 현재 민단 간부집에서 보호중임. 2. 금 4. 1 급거 니이가다에 향발한 박성무 총영사는 연호 한식 성묘단 김행강 납치 사건 및 본 건 김미에꼬 탈출사건에 대한 경위 조사 및 사후 대책을 현지에서 강구중인 바 상세는 계속 보고위계임"[2]이라고 보고하고 있듯이, 북송과 1975년부터 민단 주도하에 시작된 '조총련계동포모국방문단사업'이 연동되어 있다는 사실을 알 수 있다. 예를 들면, 당시 한국 미디어는 제1회 조총련계동포모국방문단의 한국 방문에 대해서 다음과 같이 그 모습을 보도하고 있다.

> 『아이고, 이게 누꼬.』『언니-』
> 『그렇게 무정할 수 있능가.』
> 『이제 자주 오꼬마.』
> 뺨을 타고 흘러내리는 눈물을 닦는 것도 잊은 채 여기저기서 부둥켜안고 한참씩 떨어질 줄 몰랐다. 30년간 참았던 그리움이 한꺼번에 터지는 순간이었다. 재일 동포의 출신지와 이들이 찾는 연고자의 이름을 호명하는 확성기 소리는 허공만을 맴돌았고, 아무리 긴 세월이 흘렀지만 혈육은 육감과 눈빛으로 먼발치에서도

---

2) 외교문서(1977) 「외무부 공문(착신전보)-김미혜 탈출 사건 보고」『북한 송환 대기 재일본 한국인 김미혜 탈출사건』 외교부, p.2

용케 잘 찾아냈다. 역시 피는 사상과 이념따위보다 더 진한가보다.[3]

조총련계동포모국방문단사업은 한국 정부의 이산가족 재상봉사업의 일환으로 추진된 것으로, 이를 실현시키기 위해 민단 동포 및 국내 국민들의 범국민적인 모금운동을 통해 이루어진 것이었다. 위 기사가 전하는 장면은 1975년 9월 18일에 부산역 광장에 임시로 마련된 재일동포추석성묘단 가족상봉안내소의 모습이며, 조총련계 재일동포 성묘단 일행 187명이 거류민단의 주선으로 고국을 방문했고, 방문단 대부분은 50대 이상의 교포 1세가 차지하고 있었다. 특히, 방문단 참가자는 지금까지 조총련의 악의적인 선전으로 한국을 "가난하고 궁색한 나라"라고 생각했지만, 현대 조선소 및 울산 공업단지 등의 견학을 통해서 한국의 '발전상'을 알 수 있었다는 목소리를 적극 소개하면서 "이데올로기나 정치적 차원을 초월, 이산가족의 고통을 덜어 준 인도주의의 승리였다"라고 자평하고 있다.

물론, 『동아일보』의 경우에는 지금까지 조총련의 '중상과 모략'으로 조국의 참모습을 알지 못했다고 비판하면서도, 전쟁 책임에 대한 사과와 보상을 하지 않는 일본에 대한 비판, 그리고 "친정이 잘 살아야 며느리는 기가 죽지 않"[4]는다고 하며 한국 정부의 경제적 나약함을 자성하는 기사도 존재한다.

조총련계 재일동포 구정귀성단 약 2천 5백명이 24일부터 모국에 오기 시작한다. 약 6백명으로 구성된 제1진은 이날 오전과 오후에 걸쳐 KAL편으로 金浦공항에 도착하며 이어 25일에도 약 6백명, 26일에 약 8백 50명, 27일에 약 2백 50명 등 몇 차례에 나누어 계속 입국할 예정이다. (중략)지난 번 모국을 방문했던 동포들이 진실을 전하는 입을 무엇보다도 두려워하고 있는 조총련 조직 간부들은 "당신들을 제명하지는 않을 테니 제발 입만 닫아 달라"고 애걸하고, 다른 조총련계 사람들에게는 그들을 '민족반역자'라고 매도하며 철저한 격리를 시도하고 있다. 北九州의 小倉市에서는 방문자가 속출하자 그곳 조총련 책임자 서영욱을 북괴로 송환해버렸다. 大阪의 한 방문 희망자는 김일성훈장을 받은 사람이다. 그는 "김일성훈장보다 고향의 노모가 더 중요하다"고 하면서 10명을 권유해 왔다. 이곳의 한 민단원은 1천만엔을 모국방문사업에 내놓았다. 그런가 하면 어머니가 고국방문을 한다는 이야기를 들은 아들이 머리를 때려 귀국을 못하게 된 사례도 있다.[5]

---

3) (1975.9.21)「속아 산 30年…"母国 万歳"」『조선일보』
4) (1975.10.1)「秋夕省墓団」『동아일보』
5) (1976.1.24)「在日동포 2千 5百명 旧正 성묘 母国 방문, 1陣 6百명 오늘 入京」『조선일보』

특히, 위의 기사에서는 동 사업을 통해 "조총련의 온갖 방해공작을 극복, 30여년만에 그리던 모국의 품에 안기게 된 것"이라고 하며 한국의 경제적 발전상에 대해서 어필하고 있고, 「朴槿惠양, 金美惠-金幸江양 접견」[6] 기사에서는 대통령의 영애 박근혜가 김미혜와 김행강을 청와대에 초청해서 만난 자리에서 "어머님께서도 공산당 때문에 돌아가셨어요"라는 말에서 알 수 있듯이, 북한과 조총련의 폭력성을 강조하는 문맥 속에서 소비되고 있다는 사실을 알 수 있다.

이와 같이 북송과 조총련계동포모국방문은 정치적으로 연동되어 있었는데, 당시 외교부에서는 동 탈출 사건을 "재일교포의 의사와는 달리 강압적인 인권유린하에 추진"된 것이라는 전제 아래 "외신 FEATURE 기사(북송의 진상, 북송된 사람들의 생활상) 및 4대 통신 기사화"[7]를 위한 홍보자료(북한에서 온 편지, 북송의 경과와 그 동안에 일어난 사건 및 에피소드 중심)를 적극적으로 국내외 관련 기관에 배포하기 시작한다.

또한, 김태훈의 일가족(자녀 4명) 역시 김미혜의 탈출과 동일한 방식으로 1978년 3월 30일에 조총련이 운영하는 합숙소 호반호텔에서 극적으로 탈출하게 된다. 김미혜와 김태훈 일가족 모두 탈출 직후에 니가타현 민단본부의 보호를 받게 되는데, 김태훈의 경우에는 이미 만경봉호에 선적한 2천만엔 상당의 기계류 화물을 반환해 달라는 '재산 확보를 위한 선박 출항 정지 가처분 신청'을 니가타 지방재판소에 제출하는 등의 법적 대응을 하지만, 조총련계 환영인파의 고의적 방해 등으로 승선하여 영장을 제시하지도 못하고 귀국선은 출항해버린다.

동 탈출 사건과 관련해서는 주일대사가 한국 외교부 장관에게 보낸 공문에는 "주일 외신, 특히 AP 통신 동경지국에 사태 진전을 소상히 제보(동 통신은 작년 4월 김 미에꼬 탈출 사건도 포함시킨 북송선에 관한 통합 FEATURE STORY로 금일 보도토록 양해되었음)"[8]이라고 보고하고 있듯이, 김미혜와 김태훈 일가족 탈출 사

---

6) (1977.4.23) 「朴槿惠양, 金美惠-金幸江양 접견」 『조선일보』
「대통령 영애 朴槿惠양은 22일 오전 청와대에서 북송 직전 탈출한 金美惠양과 모국방문 전 조총련에게 납치됐던 金幸江양을 접견, 환담했다.(중략) ▲ 朴양=日本에 돌아가시거든 보고 느낀대로 전해 주기바라요. 아울러 우리 국민의 성실성과 자주국방을 위해 힘쓰는 모습들을, 아직 한국에 와보지 못한 분들에게 알려주기 바랍니다. (벽에 걸려 있는 陸英修 여사 사진을 가리키며)어머님께서도 공산당 때문에 돌아가셨어요. 美惠양이 아버지와 헤어지게 된 것도 공산당 때문인데, 우리나라에 얼마나 많은 사람들이 공산당 때문에 고통을 당했는지 몰라요. 지성이면 감천이라고 우리가 이와 같이 평화통일을 위해 노력을 기울이니 언젠가는 반드시 통일이 될 거예요. 그때까지 용감히 살아주기 바라요. 굳세게 살면 어떤 어려움도 극복할 수 있어요. 우리국민과 民團 여러분이 앞으로도 계속 도울 거예요.」
7) 외교문서(1977) 「6. 외무부 공문(착신전보)-김미혜 사건 홍보 관련 보고」 『북한 송환 대기 재일본 한국인 김미혜 탈출사건』 외교부, pp.11-12
8) 외교문서(1978) 「외무부공문(착신전보)-만경봉호 탈출사건 관련 홍보 기사 보고」 『북한송환 대기 재일본 한국인 김태훈 일가족 탈출사건』 외교부, p.22

건을 하나로 묶어서 보도하는 '기획기사'로 다루어지고 있었다. 특히, 두 사건 모두 북송자 합숙소에서 탈출한 것은 일본 측이 주장하는 거주지 선택의 자유라는 미명 아래 '귀환 의사'가 충분히 확인되지 못한 결과라는 점을 강조하며 북송을 전면 중단해 줄 것을 요청하게 되는데, 주의할 점은 북송자의 '귀환 의사' 확인 문제는 귀환 초기 단계부터 첨예하게 대립하던 문제였다는 사실이다.

예를 들면, 첫 귀국선이 출발하기 전인 1959년 9월 9일에 발행된『귀환안내』에는 귀국자의 안전을 지키기 위한다는 이유에서 귀국열차에 탑승한 이후에는 면회 금지 및 외출 금지, 그리고 '귀환 의사의 확인'을 두 번 실시한다는 규정이 담겨 있었다. 조총련은 특히 두 번씩이나 반복되는 '귀환 의사의 확인'은 자유를 속박하는 행위라며 맹렬히 반발했고, 그 결과 같은 해 9월 21일부터 귀국 신청 등록을 일제히 보이콧하는 집단행동에 나서게 된다. 조총련의 보이콧에 대한 당시 미디어는 개인의 자유를 속박한다고 하는 의견은 "이치에 맞지 않고 오히려 이러한 방법은 인도적 측면에서 배려 깊은 것이다", "동 문제를 둘러싼 정치적, 사회적 조건을 생각할 때, 당연히 이해 가능한 범위이다"라며 조총련의 인식 부족에서 오는 경솔한 집단행동을 자중해야 한다는 요청이 압도적으로 많았다.

하지만, 조총련의 보이콧으로부터 대략 한 달 후인 10월 27일에 양측은 극적으로 타협하게 되고, 송별회와 면회는 자유이며, '귀환 의사의 확인'에 대해서는 '귀환지 선택의 자유'라고 적힌 문구를 보여주고, 북송자에게 "이것을 알고 있는가?"라고 묻는 정도로 절차가 간소화된『신통달』이 발표된다. 이후, 첫 송환선이 귀국한 이후 2차 송환 수속 과정에서「처음 의사 변경자」[9]가 나왔고, 3차 송환 과정에서도「"의사" 흔들리는 청년」[10] 등의 의사변경자가 속출하게 된다. 주의할 점은「"의사" 흔들리는 청년」의 경우에는 제3선으로 귀국하고 싶지 않다고 한 청년이 '10분' 후에 재차 귀국 의사를 변경한 사례인데, 당시 귀환협정에는 이와 같은 항목이 없었기 때문에 적십자국제위원회의 방침에 따라 재신청을 해야 한다는 결론에 이른다. 일적과 북적은 동 문제에 대해서 인정 여부를 둘러싸고 충분히 논의를 거쳤다는 사실을 강조하며, 그럼에도 불구하고 송환을 둘러싼 미묘하고 민감한 문제에 대해서는 독단적으로 결정하지 않고 적십자국제위원회의 방침을 존중하면서 공평하고 인도적으로 처리하고 있다는 프로세스를 재차 강조한다.

이상과 같은 송환 초기의 의사변경자에 대한 일적과 북적의 태도를 경유하면서 1970년대 후반의 북송자 합숙소에서 탈출한 의사변경자에 주목해 보면, 물론 칼카타 협정 및 모스크바합의서(잠정북송), 그리고 모스크바회담요록(사후조치, 일반 자비

---

9) (1959.12.20)「初めて意思変更者」『朝日新聞』
10) (1959.12.27)「日赤センター爆破計画」『毎日新聞』

출국) 이후의 의사변경자라는 점에서 시대적 문맥이 전혀 다르지만, '귀환 의사의 확인' 문제는 결과적으로 송환사업의 슬로건인 거주지 선택의 자유에 대한 허구성과 폭력성을 표면화하는 민감한 문제라고 할 수 있다. 그렇게 생각하면, 1970년대 후반의 북송 예정자의 탈출사건은 일적과 북적의 미묘하고 민감한 문제를 조율하는 적십자국제위원회의 부재를 부각시키게 되고, 송환 초기에 일적과 북적이 북송의 정당성을 확보하기 위해 최소한으로 인정해야 하는 의사변경자에 대한 정치적 배려가 기본적으로 배제되어 있다고 볼 수 있다.

따라서, 이후 1979년도에 생산된 문서철 『북한 송환 예정자 중 귀환 의사 변경 재일교포 처리문제』에서는 칼카타협정과 모스크바합의서가 폐기된 이후부터는 제도적 측면에서 법무성의 입국관리소가 담당하게 되어 있음에도 불구하고, 여전히 일적이 의사변경을 확인하고 있는 현실적 부당함을 지적하면서 김미혜 및 김태훈 탈출과 같은 동일 사건이 발생하지 않도록 한일 간에 양해사항을 문서화하는 작업에 착수하게 된다. 특히, 외교부에서 북송 예정자의 출국 전 귀환의사 변경자에 대한 일적과 경찰 측의 방안에 대한 한국 정부의 견해를 적극적으로 반영시키기 위해 회의를 소집하게 되는데, 주의할 점은 동 건과 관련해서 회의소집 참석범위를 중앙정보부까지 포함시키고 있다는 사실이다.

이후, 1979년 2월 2일에 「송환 예정자의 의사 변경 사태에 대한 취급」[11]이라는 일본 측 기본안에 대해서, 아측 기본안과 중앙정보부 검토안, 니가타 건의안, 주일대사관 건의 등의 의견을 종합해서 최종안이 만들어진다. 특히, 일측안에는 '의사 변경자의 의사 확인 기관'에 대해서 "귀환예정자의 의사변경 확인은 일적 책임 하에 행하며, 확인장소는 원칙적으로 일적 니가타 현지부로 하되, 동 지부 내에서 행함이 적합지 못할 때는 타장소 고려함"라고 되어 있는데, 한국 측 최종안에서는 일적은 북송자의 최소한의 편의를 위한 뒷바라지에 국한되어야 하며, 따라서 "의사확인은 입관 책임하로 하는 것이 바람직"하며, 한국 측의 총영사관 관계자의 참여가 허용되어야 한다고 주장한다.

또한, 귀환예정자가 귀환의사를 변경하고 한국총영사관의 비호하에 있는 경우에 대한 일측안은 "의사 변경이 본인의 자유의사에 의한 것임을 객관적으로 확인하기 위하여 일본측 의사 확인기관인 일적 및 입관의 조치에 위임하도록 요청하도록 함. 또한 조총련과의 트러블 발생 방지를 위하여 경찰은 상기 사태에 관하여 총영사관 및 일적과 필요한 연락을 취하도록 함"이라고 되어 있는데, 이에 대해서 한국 정부의 최종안에서는 "원칙적으로 객관적인 의사변경 확인을 전적으로 일측에 위임할 수

---

11) 외교문서(1979) 「송환 예정자의 의사 변경 사례에 대한 취급」 『북한 송환 예정자 중 귀환 의사 변경 재일교포 처리문제』 외교부, pp.3-7

없"다고 하며 한국총영사관의 입회 하에 자유로운 분위기 속에서 이루어져야 한다고 강조하고 있다. 다만, 북송 예정자의 귀환의사 확인을 둘러싼 한국 측의 의견은 반드시 일치했던 것은 아니라는 사실에는 주의할 필요가 있다. 예를 들면, 주니가타총영사관 측은 귀환의사 변경자의 의사 확인 과정에 총영사관의 입회 등과 같은 적극적인 개입에 따른 부작용을 다음과 같이 보고하고 있다.

북송기지인 "니이가다"에 한국총영사관이 개설되기까지의 일본 정부와의 교섭경위에 유념하고 또한 1978.4.28. 한국총영사관이 설치되면 북송예정자를 납치하는 등 하여 북송사업을 방해한다는 구실로서 한국총영사관 설치반대 운동을 장기간 전개하였음을 감안할 때 귀환의사 변경사태 발생시 경우에 따라서는 한국총영사관에 대한 각종 비난 및 모함의 호자료로 악용할 우려가 있으므로(특히 귀환의사 변경자가 한국총영사관의 보호하에 있다가 의사를 재변경할 경우), 사태발생시 한국총영사관이 적극적으로 보이지 않게 개입하여 일본 경찰 및 적십자사와 원만한 협조하에 사태에 대처하는 것이 일본혁신세력이 강하고 조총련의 아성인 당지에서 한국 총영사관에 대한 잡음을 빠른 시일내에 불식시키는 데 효과적일 것으로 사료되며, 홍보 활동을 조심스럽고 효과적으로 전개하므로서 조총련 세력을 점차적으로 와해시키고 선전에 현혹되어 북송되는 자의 수를 줄이도록 제반대책을 강구하는 것이 장기적인 안목에서 더욱 유익할 것임.[12]

또한, 위의 주니가타총영사관의 공문에는 귀환 의사변경자의 사후 신병조치에 대해서 "의사변경 확인 후의 처리는 필히 교민보호의 임무를 맡고 있는 한국 총영사관과의 긴밀한 협조하에 행하여야 하며, 일본에 계속 거주하느냐 또는 한국으로 귀국하느냐(78.4.1. 북송탈출자 "김태훈"의 경우)는 전적으로 본인의 의사에 맡겨야 함"이라고 건의하고 있는데, 이것은 귀환 의사변경자의 경우에는 조총련의 지령 또는 사주에 따라 한국총영사관의 납치극을 역선전하기 위한 '위장의사변경자' 역시 존재할 수 있다는 점에서, 일본 현지의 사정을 잘 알고 있는 한국총영사관과의 협조가 무엇보다도 중요하다고 강조하고 있다.

또한, 같은 해에 생산된 문서철『재일본 한국인 북한 송환, 1979-81』에서는 1979년 9월 21일에 출발하는 183차 북송자 중에 한국적 소지자 12명(협정연주권 소유자)이 포함된 사실을 계기로, 칼카타협정 및 잔무처리 목적의 북송마저 끝난 현시점에서 "한국적 교포까지 북송 대상에 확대시키는 경우, 이는 일본을 근거로 한 북괴의

---

12) 외교문서(1979)「주니이가다총영사관 공문-북송 예정자중 귀환의사 변경자 처리문제」『북한 송환 예정자 중 귀환 의사 변경 재일교포 처리문제』외교부, pp.52-53

대남 적화 공작과 관련, 한국의 안보에 위협을 초래함은 물론, 한국민의 북송은 아국 국민의 감정을 자극하여 양국관계를 크게 저해할 것이 우려됨"[13]이라고 하며, 그간 이루어진 한국적 소지자의 북송 현황과 즉각 중지를 일본 정부에 강력하게 요청하게 된다. 그 결과, 1971년 12월 잔무처리를 위한 모스크바회담요록 이후부터 1979년 현재까지 20회에 걸쳐 총 126명의 협정 영주자가 북송된 사실이 밝혀진다.

이에 대해 일본 법무성은 "한국적 소지자가 북송된 선례는 전부터 여러 번 있었는데 한국 측이 왜 새삼스럽게 이를 문제시하는지 궁금하다. (중략)한국 측 입장은 이해가 되나 외국인 출국문제는 개인의 자유의사의 문제이며 출국의사가 확인된 이상 일본정부로서는 전혀 재량권이 없다는 점을 이해바람"이라는 답변을 보내오는데, 한국 정부는 한국적 소지자의 북송을 강조하며 북송선 배선 간격 문제(연 2회에서 무실화)와 "재일 한국인이 일본국내에서 안정되고 공평한 생활 여건을 향유함이 북송의 근본원인을 제거하는 것"이라며 재일동포에 대한 일본 정부의 복지 및 처우 개선을 요청한다. 다만, 이에 대해 일본 정부는 "일본 내에 있는 민단의 활동을 통하여 북송 희망자가 생기지 않도록 평소에 선도해나가는 것이 문제 해결의 첩경이 아닐까 생각됨"이라는 의견을 제시하고 있듯이, 북송의 해결책을 둘러싸고 한국과 일본의 불통과 의견 차이가 여전히 존재하고 있다는 사실을 알 수 있다.

그리고 개인의 자유 의지를 통한 북송이 아니라 국적을 기준으로 하는 한국 정부의 대응 방식은 1965년 한일 협정과 이후의 영주권 신청 과정에서 보여 주었던 한국 정부의 대응 방식과 유사하다. 1965에 체결된 한일 법적지위협정이란 외국인등록 증명서의 국적란에 '한국'으로 기재를 하고 영주권을 신청하면, '조선' 국적의 재일조선인보다 여러 가지 면에서 우대조치를 해 준다는 것이었다. 하지만 영주권 신청 마감일이 1971년 1월 16일까지임에도 불구하고, 신청자 수는 재일조선인 60만 명의 절반에도 미치지 못했다. 따라서 한국정부는 일본정부에 협조를 요청하게 되고, 당시 일본정부는 일단 '한국' 국적을 취득한 재일조선인은 재차 '조선'으로 국적 변경을 인정하지 않으며, 당시의 아이치 기이치(愛知揆一) 외무성 장관은 "외무성과 법무성, 양성과 더불어 자치성을 포함해서 협력 촉진의 태세를 굳히겠다"[14]라는 약속까지 하게 된다.

그런데 1970년 8월 13일에 후쿠오카현(福岡県) 다가와시(田川市) 의 일본사회당 출신 사카타 쓰쿠모(坂田九十百) 시장은 국적변경은 정부가 지방자치 단체에 위임을 한 위탁사무이고, 또한 헌법 제22조의 '국적 이탈의 자유'와 세계인권선언 제15조의 '국적 선택의 자유'를 근거로, 1970년 8월 14일에 5세대 14명의 재일조선인의 국적을

---

13) 외교문서(1979) 「한국적 소지자 북송선 승선」 『재일본 한국인 북한 송환, 1979-81』 외교부, pp. 15-54

14) 宮崎繁樹(1971.1) 「在日朝鮮人の国籍登録変更──「韓国」籍から「朝鮮」籍書換えをめぐって──」 『法律時報』, p.57

정부의 허락 없이 '한국'에서 '조선'으로 국적변경을 인정해 버리는 사건이 발생한다. 사카타 시장은 국적변경은 '당연한 의무'이며, "나에게 있어서 조선인 문제는 속죄의 마음도 담겨져 있다. 자기 합리화를 위한 이론이 아니라, 당연히 하지 않으면 안 되는 인간의 길이라고 생각한다"라고 말하고 있다. 또한 1970년 11월 24일에 열린 시의회 대표자 회의에서는 "재판으로 갈지도 모르겠다. 나는 법 해석의 차이, 인도적 입장을 지키는 것 외에는 무엇도 생각하고 있지 않다"[15]라고 항변하며, '법 해석의 차이'와 '인도적 입장'에서 국적변경을 단행하게 된다. 동 사건을 계기로 사카타 시장은 정부와 정면대결 구도를 취하게 되고 재일조선인의 국적변경 문제는 전국적으로 확산되는데, 조총련과 일본의 혁신 세력은 이것은 '조국을 선택할 자유'의 침해라고 항의하며 부당하게 한국 국적을 강요받은 사람들의 조선 국적으로의 변경 신청 및 그 지원 운동을 대대적으로 전개하기 시작한다.[16]

그리고 당시 한국 정부가 재일조선인의 국적변경 문제에 대해서 어떠한 입장을 취하고 있었는지에 대해서는, 2000년에 외교통상부가 일반 공개한 다음과 같은 외교 문서를 통해서 알 수 있다.

1 永住權 申請 促進에 対抗하여 朝総連이 今年 봄부터 推進하였음.
2 約四万名의 朝連系 僑胞가 永住權 申請을 為하여 駐日大使館의 確認을 얻어 「韓国」籍으로 変更 한 것이 直接的인 動機임.
3 朝総連 僑胞 2,000余名은 今年 8月初에 国籍 変更 申請을 地方 自治団体에 提出함. (중략)
5 革新系가 市長으로 되어 있는 福岡県 田川市는 法務省 通達을 無視하고, 国籍 変更을 許容하였음.[17]

한국의 외교문서를 보면, 당시 한국 정부의 입장은 재일조선인이 자신의 의지에 따라 국적을 선택하는 '국적 선택의 자유'가 가지는 의미에 대해서는 그다지 큰 관심을 보이지 않고, 오히려 국적변경 문제를 한국정부가 추진하고 있었던 영주권 신청을 저지하기 위한 '조총련'과 좌익 시장의 주도하에 벌인 방해공작으로밖에는 인식하지 않았음을 알 수 있다. 즉, 한국 정부는 '자유진영/공산진영'의 이분법적 구도 속에서 자유진영인 한국의 우위성을 과시하는 것에만 집중하고 있었다. 그런 점에서 한

---

15) 和田英夫(1971.5) 「住民と国籍選択の自由—田川市の国籍書換え問題」『法学セミナー』, pp. 76-77
16) 津村喬(1971.4) 「田川市—＜在日＞の基本構造·序説」『現代の眼』, p.108
17) 외교문서(1970) 「朝総連이 推進하고 있는 在日僑胞 国籍을 「朝鮮」으로 変更하는 問題」『재일교민의 외국인등록 국적란 변경문제, 1970』외교부, p.262

국의 포지션은 국적변경을 인정하지 않는 일본 정부의 포지션과 일치한다고 볼 수 있고, 정부와 법정 싸움을 각오하고 변호사와 의견교환(1971년 1월)까지 했던 사카타 시장은 아래와 같은 정부의 조건을 수용하며 극적으로 타협을 하게 된다.

> ① 「경사방식(経伺方式)」으로도 문제가 없는 10명에 대해서는 법무성이 자주 변경을 추인한다. ② 한국 여권의 발급을 받은 이판복(李判福) 씨 일가 4명은, 『한국』으로 다시 정정해서 경사, 법무성에서 검토한다. ③ 직무집행 명령은 철회한다.[18]

타협안에 나오는 '경사방식'이란 동 문제에 대해서 자치단체의 책임자가 독단으로 판단·처리하지 말고, 일단 정부에 의견을 구하고 그 결과에 따라서 처리를 하는 업무 방식이다. 즉, 지금까지 '경사방식'에 반대를 하며 재일조선인의 국적변경을 단행했던 사카타 시장은 한국 여권을 소지하고 있다는 이유만으로 '14명' 중 이판복 일가 '4명'의 국적을 다시 본래대로 '한국' 국적으로 되돌린다는 조건하에 극적으로 정부와 타협을 한 것이다. 이러한 사카타 시장의 타협에 대해서 "조선 국적 문제에서의 사카타 시장의 자세는 칭찬할만한 저항정신"[19]이었으며, 정부의 직무집행 명령을 "4명 이외에 대해서는 묵인하는 형태로 사실상 철회시킨 것은 사카타 시장의 공적"이라고 하며 "수장의 판단으로 추진하는 자주적 변경의 길을 열었다"[20]라는 긍정적인 평가를 받게 된다. 하지만, 정부의 묵인에서조차도 배제당한 네 가족 일가의 가장인 이판복은 다음과 같이 그 속내를 토로하고 있다.

> 이젠 그 어떤 일이 있어도 나의 국적을 '조선'에서 '한국'으로 변경을 해라, 라고 하는 명령에는 응하지 않을 것입니다. 만약, 내가 동의하지 않았는데 다가와시 시장이 변경해버린다면, 그것은 내 국적을 훔치는 것이 됩니다. 국적은 내 영혼입니다. 일본 정부는 다가와 시장을 국적 도둑, 영혼의 도둑으로 만들 작정입니까?[21]

타협 전의 사카타 시장은 국적변경은 "남자 대 남자의 약속이다"라며 끝까지 법적으로 대응을 하겠다고 말한 바 있다. 하지만, 타협 직후의 기자회견에서는 "직무집행 명령을 철회시키고, 지자체 독자의 판단에 의한 변경을 인정시키는 돌파구를 만들었

18) 出版部(1971.4) 「朝鮮人国籍―「田川方式」の決着」『世界』, p.122
19) 小迫成明(1971.4.30) 「田川市 国籍書換えで対決」『朝日ジャーナル』, p.110
20) 出版部(1971.4) 「朝鮮人国籍―「田川方式」の決着」『世界』, p.122
21) 長塚記者(1971.2.19) 「急転した田川市の国籍書換え問題」『週刊朝日』, p.40

기 때문에 성공이다", "90퍼센트 상쾌한 기분", "이겼다"[22]라고 자평할 때, '90퍼센트' 안에 들지 않은 이판복을 비롯한 재일조선인이 여전히 존재한다는 점에서 사카타 시장의 '인도적 입장'에서의 투쟁은 좌절했다고 하지 않을 수 없다. 또한 사카타 시장의 정부와의 극적 타협은 결과적으로 정부의 입관행정과 외국인등록 행정, 정부의 통달행정과 지방자치단체의 관계, 그리고 국적선택의 자유라고 하는 기본적인 인권 문제를 재판을 통해 법적 테두리 안에서 공정하게 그 시비를 가릴 수 있는 기회를 상실했다고도 하지 않을 수 없다.

이상과 같이 사카타 시장의 국적변경 문제를 경유하면서 1970년대의 한국적 소지자의 북송에 대해서 살펴보면, 북송 합숙소에서 탈출한 김미혜는 일본 국적 소지자이고, 김태훈의 경우에는 제주도에서 건너간 밀항자이며 또한 오사카 입국관리소에서 체포되어 오무라수용소에 구속된 경험이 있다. 이후 일본인 아내와의 결혼 및 이혼, 생활고 등으로 북송을 희망했다가 변경한 경력이 있고, 자동차 사고 변상금을 해결하기 위해 조총련 쪽에 먼저 도움의 손길을 내밀기도 했다. 즉, 김미혜와 김태훈의 일본에서의 생활은 국적만으로는 설명할 수 없는 일상 생활사가 존재했음에도 불구하고, 한국 정부의 외교문서에는 두 사건을 한국 국민으로 포섭하면서 '자유진영/공산진영'의 이분법적 구도 속에서 자유진영인 한국의 우위성을 과시하는 것에만 집중하고 있었다. 달리 말하자면, 당시의 한국 정부는 재일조선인의 북송 문제를 한일의 정치적 유착을 위한 수단과 조총련 및 좌익의 방해공작, 즉 반공의 측면에서밖에 인식하지 못했고, 이와 같은 외교적 대응방식은 결과적으로 일본에 거주하는 재일조선인의 분열을 조장하고 고정화시키는 결과를 초래했다고 하지 않을 수 없다.

┃관련 문서┃

① 북한 선박 만경봉호의 일본 입항, 1975
② 일본 정부의 한국인 밀입국자 황정하 북한 송환 조치, 1975
③ 재일본 한국인 북한 송환, 1976
④ 북한 송환 대기 재일본 한국인 김미혜 탈출사건, 1977
⑤ 북한송환 대기 재일본 한국인 김태훈 일가족 탈출사건, 1978
⑥ 북한 송환 예정자 중 귀환 의사 변경 재일교포 처리문제, 1979
⑦ 재일본 한국인 북한 송환, 1979-81

---

22) 出版部(1971.2.12) 「大国主義的"ボス交"で処理」『朝日ジャーナル』, p.107

① 북한 선박 만경봉호의 일본 입항, 1975

○ ○ ○

기능명칭: 북한 선박 만경봉호의 일본 입항, 1975

분류번호: 725.1JA

등록번호: 8214(17950)

생산과: 일본담당관실

생산연도: 1975

필름번호: D-0019

파일번호: 36

프레임 번호: 0001-0017

1. 외무부공문(착신전보)–173차 만경봉호 입항과 출항, 북송인원 보고

외무부
번호 JAW-04022
일시 011851
수신시간 4.2. AM8:57
발신 주일대사
수신 장관

    대: WJA-03374
    1. 대호 통산 173차 북송선 만경봉호는 3.26일 니이가타항에 입항하여 3.28일 출항하였으며 이번 북송한자는 120명(58세대)임을 외무성을 통하여 확인하였음.
    2. 외무성 관계관에 의하면 이번 만경봉호 입항시에 조총련 감시 및 우익단체와의 마찰 방지 등을 위하여 종전 만경봉호 입항시와 같이 경찰의 경계 감시 체제를 엄격히 하였으며 특히 동 선반 승강자 한사람 한사람을 엄밀히 □□하였다고 함.
    3. 외무성에 대하여 이번 만경봉호 배선으로 실제 북송된자의 수가 전에 없이 급격히 감소되었으며 특히 북송 희망자수와 실제 북송된자 수와의 차가 심한 사실을 지적하고 이는 만경봉호의 일본 입항을 위한 북송 희망자수의 가공적인 조작이 아니겠는가하는 종전의 우리 의혹을 거듭 표명하였음.(일정 북일)

2. 외무부공문(착신전보)–만경봉호 입항 예정 보고

외무부
번호 OSW-0445
일시 241600
발신 주오사카 총영사
수신 장관
참조 내무부 장관

    1. 북괴 무역선 만경봉호는 4.24. 22:00경 오오사카항 연해에 도착 4.25. 10:00경 오오사카항 중앙부두에 입항할 예정임.

2. 동선은 북괴 잡화 약 300톤을 동 항에 하역하고 대신 일본 잡화 약 600톤을 적재 귀항할 것이라하며 체항 예정 약 4일이나 현재 진행중인 오오사카항 부두 노무자의 사보타지 관계로 약 2일 체항일이 연장될 가능성이 농후함.

3. 동선 승무원은 79명이며 승무원의 상륙 여부 및 일반인의 승선여부 등은 선장 결정 사항임으로 미상이나 일본 사회당을 중심으로 한 친북괴 단체에 의한 입항 환영행사가 입항시 행해질 것으로 예상됨.

4. 당관은 관할 민단과 협조 동선 입항 반대 및 승무원 상륙 반대를 위한 적극적 행동실시를 준비중에 있음.

3. 외무부공문(착신전보)-만경봉호 입항에 대한 민단과 조총련의 활동

외무부
번호 OSW-0453
일시 281755
수신시간 75.4.29. 2:39
발신 주오오사카 총영사
수신 장관
참조 내무부 장관

1. 75.4.25 북괴 만경봉호는 오오사카 외항에 정박 4.25 입항예정이라는 정보를 입수하고 오오사카 민단은 입관 및 출입국 관리사무소에 동선의 입항에 대한 항의를 행하고 포스타 20,000매를 인쇄.(4.25 23:00 - 4.26 02:00) 살포할 준비를 하였음.

2. 4.25 민단은 차량 8대를 동원하여 만경봉호 입항을 반대하는 선전활동을 게시하였으며 11:30 - 12:30에 일본 당국에 선박 정박 및 승조원의 상륙 금지를 요청하였음.

3. 4.25 17:00 만경봉호의 접안에 따라 오오사카 민단원 약 5,000명을 4.27 11:30 - 14:30에 부두에서 입항□한 항의 시위를 벌였음.)조련계는 환영자 300명을 동원했음.)

4. 만경봉호는 4.28 15:05 요꼬하마로 향발하였음.

5. 상기 시위에 있어 일본 경찰은 충돌을 경계하여 삼엄한 경비진을 동원했으나

특별한 시도는 없었음.

추기: 만경봉호 승무원 11명은 입관의 허가를 얻어 4.27 10:15 - 16:05에 조련계의 안내로 오오사카 시내에 상륙한 바 있음. (교일.북일)

4. 외무부공문(착신전보)—만경봉호 기항 반대 데모

외무부
번호 YOW-0606
일시 162155
수신시간 75.6.17. 10:18
발신 주요꼬하마 총영사
수신 장관

만경봉호 기항 반대 데모가 민단 가나가와현본부 주최로 75.6.16. 13:00 - 15:00 요꼬하마 항구 부두에서 민단원 약 100명이 동원된 가운데 실시되었는 바, 동 데모 중 사전에 동원된 조총련 약 150명과 충돌하여, 민단원이 소지한 태극기와 민단기가 파손되고 단원 2명이 부상(각각 전치 2주 및 1주) 당하는 사건이 발생하였음.
2. 본건 계속 보고 위계임.(요총-교일, 정보, 북일)

5. 외무부공문(착신전보)—만경봉호 입항 반대 데모

외무부
번호 YOW-0607
일시 171200
수신시간 75.6.18. 10:19
발신 주요꼬하마 총영사
수신 장관

연: YOW-0606

1. 만경봉호 입항 반대 데모 중 부상한 민단원의 인적사항은 다음과 같음.
민단측 청년회원 정태화 18세 남(2주 진단)
민단측 청년회원 노태희 20세 여(1주 진단)

2. 민단과 조총련 양측의 데모계획은 사전에 계출되었으며 민단은 양측의 충돌 미연 방지책으로 데모대의 상호 접근을 금할 것을 요청한 바 있었고 데모 현장에는 200여명의 정사복 경관이 배치되어 있었음.

3. 민단은 경찰의 불철저한 경비에 불만을 표시하고 부상자의 진단서를 첨부하여 폭력범(가해자)의 색출, 처벌을 요청하였으며 앞으로 만경봉호 입항시마다 데모를 계속할 결의를 보이고 있음.

4. 국기 파손문제는 그것이 공관내에 난입한 군중에 의한 계획적 행동과 같은 공식 사과를 요청할 성질의 것이 아님을 공관으로서는 상기 3항의 민단측 요청이 관철되도록 적극 협력하는 한편 유사한 불상사의 재발을 막기 위하여 계속 노력하겠음.

5. 만경봉호는 75.6.12. 11:00 요꼬하마항에 입항하였으며 6.18. 16:00 출항 예정임. (요총: 북일, 교일, 정보)

6. 외무부공문(발신전보)–민단과 조총련간 충돌사건 관련 보고 지시

외무부
번호
일시
발신 장관
수신 주일대사, 주요꼬하마 총영사

대: YOW-0606, 0607

1. "요꼬하마"에서 발생된 민단과 조총련간 충돌사건과 관련하여 하기 사항을 보고바람.

　　가. 혁신계인 요꼬하마 시장이 평소에 민단을 차별 대우하거나 조총련을 두둔한 처사의 유무와 그 실태.

　　나. 혁신계 시장하의 시청의 전반적 분위기가 아국 또는 민단에 대하여 특기

할만한 점이 있는지의 유무와, 그러한 분위기와 금번 사건 발생과의 관계 유무.

다. 일본 형법 92조와 "나가사끼 국기사건"에 비추어보면 금번의 아국 국기 파손자의 형사처벌이 가능한 바, 일측에 형사처벌을 요청하므로서 정치 문제화하는 경우 발생될 정치적 효과 및 득실에 대한 귀견.

2. 국기 파손 사건과 관련, 하기 사항 유의바람.

가. 정부방침 확정될 때까지 형사처분 요청 여부에 관한 의사 표시를 하지 말 것.

나. 형사 처분을 요청키로 결정하는 경우에 대비, 제반 증거의 수집 및 보존에 노력할 것. (북일)

7. 서한

외무부는 일본국 대사관에 경의를 표하며, 1975.6.16. 일본국 요꼬하마시에서 발생한 대한민국 국기 파손 사건에 관하여 언급하는 영광을 가지는 바이다.

1975.6.16. 일본국 요꼬하마항 부두에서 재일본 대한민국 거류민단(민단) 가나가와현 지부 주최의 "북한 만경봉호 요꼬하마 기항 반대"의 평화적 시위가 행해졌었는 바, 동 시위중인 16:10경 부근에서 별도로 시위중이던 조총련 가나가와현 지부의 시위대가 민단측에서 호지하고 있던 아국 국기를 파손하고 동 호지원에게 부상을 입히는 폭행을 가하였음.

민단지부는 조총련 데모대의 폭력행사를 예견하고 이를 방지하기 위하여, 6.14. 일본 경찰당국에 대해 적절한 대책의 강구를 요청하여두었는바, 이러한 요청에도 불구하고 여사한 아국 국기 모독 사건이 발생하였다는 것은 극히 유감된 일임.

대한민국 정부는 일본국 정부에 대하여 본건 국기 훼손범의 신속한 의법 처단과, 유사 사건의 재발 방지를 위한 유효 적절한 대책의 강구를 요청하는 바이다.

8. 외무부공문(착신전보)-만경봉호 기항 반대 데모 보충 보고

외무부
번호 YOW-0608

일시 191215
수신시간 75.6.19. 15:02
발신 주요꼬하마 총영사
수신 장관

　　연: YOW-0606, 0607
　　연호로 보고한 만경봉호 기항 반대 데모의 보충 보고임.
　　1. 데모계획 계출에 관하여
　　　　가. 계출 일시
　　민단측: 1975.6.13 10:00
　　조총련측: 1975.6.14 15:00
　　　　나. 계출 방법: 양측 구두신고
　　　　다. 계출 접수 일본 기관
　　민단측: 요꼬하마 수상경찰서(주: 요꼬하마만 전반에 걸친 일반적 경비 책임기관)
　　조총련측: 요꼬하마시 항만국 오산바시 부두 사무소(부: 오산바시 부두내의 일
　　발행정적 책임기관)
　　　　라. 데모주최 단체명
　　민단측: 민단 가나가와현본부
　　조총련측: 조총련 가나가와현본부
　　　　마. 데모명칭: 양측 모두 정식 명칭 계출된바 없음.
　　2. 집합시간: 민단측: 6.16 13:00부터
　　조총련측: 6.16 09:00부터
　　3. 충돌 시간: 6.16 14:10-14:30
　　4. 부상자: 민단측: 기보고, 조총련: 없음
　　5. 민단은 6.18 1300 피해자의 진단서를 첨부하여 민단 가나가와현 본부단장
　　명의로 수상경찰서에 정식으로 고소하였음.
　　(요총-북일, 교일, 정보)

9. 외무부공문(착신전보)–오사카 총영사 수상결창 서장 방문 보고

외무부

번호 YOW-0609
일시 191740
수신시간 75.6.20. 8:04
발신 주요꼬하마 총영사
수신 장관
참조(사본) 중정부장

　　연: YOW-0606, 0607, 0608.
　　1. 75.6.19 11:20-12:00 당관 이만화 영사는 수상경찰 서장(나까오 다께시)을 방문, 조총련의 폭행자에 대한 엄중 수사처리를 촉구하고, 민단원 부상사건이 재발되지 않도록 만전의 조치를 취하여 주기를 요망하였음.
　　2. 이에 대하여 동 서장은 자신이 경비 지휘자로서 현장을 목격하였고, 사진자료도 준비되었음으로 폭력단체인 조총련의 가해자를 색출, 법적조치를 취할 것이라고 답변하였음.
　　3. 이영사는 서장에게 교민 보호의 필요상 인신 상해가 재발되지 않도록 경비에 철저를 기하고, 충돌의 원인이 만경봉호의 내항 부두 정박임으로 이를 시정하도록 필요에 따라 일본당국에 공식 요청여부를 검토중이라고 말하였음.
　　4. 동서장은 외교루트를 통한 그와 같은 의사 표시는 좌경적인 요꼬하마 시장(아쓰가다 야쨔오)이 민단과 조총련 양측에 대한 공정한 행정처리에 유익한 일이 될 것으로 본다고 말하였음.(요총-북일, 교일, 정보)

10. 외무부공문(착신전보)-민단대표의 오산바시 부두 사무소장 항의 방문 보고

외무부,
번호 YOW-0610
일시 191740
수신시간 75.6.20. 7:37
발신 주요꼬하마 총영사
수신 장관
참조 중정부장

연: YOW-0606, 0607, 0608, 0609

1. 민단 대표(부단장 김항덕)는 6.19. 11:00 요꼬하마시 항만국 오산바시 부두 사무소장(고바야시 하지메)를 방문, 조총련 맹원이 공로 통행을 방해하도록 방치한데 대하여 항의하였음.

2. 이에 대하여 동사무소장은 조총련측이 사전에 육교상□에 집결하여 공로 통행 방해하도록 승인한 일은 없다고 말하고 금번 충돌사고를 교훈삼아 부두 안전 확보책으로 앞으로 만경봉호를 오산바시 부두(국제여객선 기항 부두)에 정박치 못하게 하고 입항허가가 부득이하면 회항 정박만 허가하도록 상부에 공문으로 건의할 생각이라고 답변하였음(오총 - 북일, 교일, 정보)

11. 북괴대외 동향속보

북괴대외 동향속보

75년 8월 6일
8. 4(月) 北傀 만경봉號, 第174次 在日僑胞北送을 爲해 淸津港出港(朝鮮中央放送)

8.6(水) 北傀만경봉호, 第174次 在日僑胞北送을 爲해 日本나가다港에 寄航 (平壤放送)

② 일본 정부의 한국인 밀입국자 황정하 북한 송환 조치, 1975

○ ○ ○

기능명칭: 일본 정부의 한국인 밀입국자 황정하 북한 송환 조치, 1975

분류번호: 791.242

등록번호: 8986(17944)

생산과: 동북아1과

생산연도: 1975

필름번호: P-0015

파일번호: 07

프레임 번호: 0001-0057

1. 협조문-문서이첩

협조문
분류기호 및 문서번호 북일700-17
발신일자 1975.1.30.(협조제의)
발신명의 아주국장
수신 영사교민국장
제목 문서 이첩

중앙정보부로부터 "밀입국자 북송 희망사실 통보" 공한을 접수하였는 바, 귀국 소관사항으로 사료되어 별첨과 같이 이송하오니 사수하시기 바랍니다.
첨부: 중앙정보부 공한 1부. 끝.

2. 기안-밀입국자의 북송저지

분류기호 문서번호 교이725-
시행일자 75.2.1.
기안책임자 박승무
경유수신참조 주일대사
제목 밀입국자의 북송 저지

1. 중앙 정보부로부터의 제보에 의하면, 1963년 일본에 밀입국한 하기인은 1974.11월 일경에 피검되어 오무라(大村)수용소에 수용중 북송을 희망하여 현재 가나가와현(神奈川県) 혼목(本牧)수용소로 이전, 법무성의 북송 결정을 대기 중에 있다고 합니다.
2. 전기인의 본적지는 제주도로서 북한과는 하등 연고 관계가 없을 뿐만 아니라, 그의 모(母)가 일본에 거주하고 있어 인도적인 견지에서도 북송은 부당하므로, 일본 관계 당국과 접속하여 동인이 북송되지 않도록 적극 노력하시고 그 결과를 보고하여 주시기 바랍니다.
　　-북송 희망자의 인적 사항-

성명: 황정하(42.10.14.생)
본적: 제주도 북제주군 조천면 조천리 하동
주소: 京都府 長岡京市 馬場川原町 34.

첨부: 중앙정보부 공한 사본 1부. 끝.

2-1. 첨부-중앙정보부 공문-밀입국자 북송 희망 사실 통보

중앙정보부
번호 중동이400
일시 1975.1.28.
발신 중앙정보부장
수신 외무부 장관
제목 밀입국자 북송 희망 사실 통보

1963년 일본에 밀입국하였든 자가 74.11월 일경에 피검되어 오무라(大村)수
용소에 수용되였으나, 북송을 희망하여 현재 가나가와현(神奈川県) 혼목(本牧)
수용소로 이전 법무성의 결정을 대기중에 있다는 첩보가 입수되였기 외교경로
를 통한 저지 활동이 필요할 것으로 사료하옵고 별첨과 같이 통보하오니 업무에
참고하시기 바랍니다.
유첨: 밀입국자 북송 희망사실 통보 1부. 끝.

2-1-1. 유첨-밀입국자 북송희망 사실통보

밀입국자 북송희망 사실 통보
1. 인적사항
   본적: 제주도 북제주군 조천면 조천리 하동
   주소: 京都府 長岡京市 馬場川原町 34
   성명: 황정하(黃瑛河) 42.10.14일생
2. 가족사항: 부 황진식(黃鎭式) 74세 한국 이하 불상
           모 김을봉(金乙奉) 53세

※모친은 현재 일본에 거주하고 있음. (島根縣 隱岐郡 西鄕町)

매 황대순(黃大順) 32세 서울 이하 불상

3. 북송희망 경위

　가. 본명은 63년에 일본에 밀항, 총련 경영 음식점에서 종사 타 74년 11월 피검 大村수용소에 수용되고 있으나, 모친의 끈질긴 회유에도 불구하고 계속 북송을 희망하는 자임.

　나. 입관측은 본인의 북송희망의사 확인 등 모든 절차가 끝났기 때문에 법무성의 결정만 있게 되면 북송시킬 계획이라고 함. 끝.

3. 기안-아국인 밀입국자의 북송

분류기호 문서번호 교이725-
시행일자 75.2.14.
기안책임자 박승무
경유수신참조 중앙정보부장
제목 아국인 밀입국자의 북송

　　주일대사로부터 접수한 서종복의 북송 보고를 별첨과 같이 송부하오니 참고하시기 바랍니다.

　첨부: 동 보고서 사본 1부. 끝.

3-1. 첨부-주일대사관 공문-서종복 북송보고서

주일대사관
번호 일본(영)725-021
일시 1975.2.7.
발신 주일대사
수신 장관
참조 영사국장
제목 한국인 밀입국자 북송에 관한 보고

1. 아사히 신문 1975.1.29.자(유첨기사 참조) 보도에 의하면 한국인으로부터의 밀입국자 "A"를 북한에 보내 교육을 시킨 후 재입국시키고자 기도했기 때문에 출입국 관리령 위반교사, 범인 은익죄 등으로 기소된 조총련계 김호인과 이찬구 양인에 대하여 오오사까 고등재판소는 지난 1.28. 개정된 공소심에서 북한왕래 기도에 대하여는 증거 불충분으로 무죄로 판결하고 밀입국자 은닉죄에 관하여만 유죄판결을 내린 바 있읍니다.

2. 전기 "A"의 신원에 관해 일본 법무성 입관당국을 통해 조사한 바 "A"는 1968년 2월 일본에 밀입국한 서종복(徐鐘福)이란 자로 상기 재판이 진행되는 도중 가방면되었으며 본인의 희망에 따라 74.11.2. 니이가다에서 북한으로 출국한 사실이 밝혀졌는 바 이에 관하여 법무성에 항의한 결과 및 "A"의 신원에 관하여 다음과 같이 보고함.

가. 밀항자 신원사항 (동 신원파악에 시일 소요되어 보고가 지연됨)

    (1) 본적: 경북 달성군 월배면 상인동 612

    (2) 주소: 상동

    (3) 성명: 서종복(徐鐘福) 남

    (4) 생년월일: 1947.6.28. 생

    (5) 비고: 상기 신원사항은 본인의 진술에 의거하여 법무성 문서에 기록된 내용인 바 이의 사실여부에 관하여는 확인할 방법이 없음을 첨언함.

나. 아측 항의 및 일측 답변내용:

    (1) 이용훈 총영사는 2.4. 법무성 입관국 다께무라 차장을 방문, 한국국민을 한국측과 사전 협의없이 북송시킨데 대해 항의하고, 일본의 출입국 관리령 53조에 비추어 밀항자는 당연히 한국으로 송환되어야 할 것이며, 한일 양국간의 우호관계에 비추어서도 이러한 일본정부의 조치는 있을 수 없는 일이라고 지적하였던 바, 이에 대해 다께무라 차장은 상기자는 일본정부가 강제 퇴거시킨 것이 아니며 일본정부의 기본입장은 일본에 체재하는 외국인이 출국을 원하는 경우 출국 행선지가 어디든지 간에 그 출국을 막을 수 없다는 것이며 과거에 공산권 국가의 국민이 서방측 국가로 또는 중공계 국민이 대만으로 가기를 원하는 경우 이를 막지 않은 사례를 들고 상기 서종복도 밀입국한 후 한국으로 돌아갈 것을 희망하지 않고 북한으로 갈 것을 원하여 자기 스스로가 북한으로 가는 방법을 마련한 것으로 알고 있다고 말하였음.

    (2) 그는 또 일본정부가 동인의 출국에 필요한 도움을 준 것은 아니며 일본의 출입국 관리령 53조는 출국을 거부하는 외국인에 대한 강제송

환을 규정한 것으로서 피강제 송환자가 속하는 국가의 정부와 교섭하여 송환하되 강제 송환 비용을 일본정부가 부담토록 되어있다고 말하고 따라서 상기 서종복을 일본정부가 북송하거나 그의 강제송환 비용을 부담한 바 없다고 답변했음.

(3) 이에 대해 이용훈 총영사는 서종복이 북한으로 가기를 희망했다고 하나 동인의 완전한 자유의사에 의해 그러한 희망을 표명했는지 여부에 대해 확인하기 곤란하며 동인으로 하여금 공산교육을 받게 하려고 조총련이 획책한 사실이 있을 뿐만 아니라 조총련의 알선이 없이는 이러한 북송이 이루어질 수 없다는 것은 능히 판단할 수 있으며 또한 재판중에 가방면까지 시킨 것은 일본정부가 동인의 북송을 도와준 것과 같은 인상을 주지 않겠는가라고 지적했음.

(4) 동 차장은 이러한 일이 발생하지 않도록 한국정부가 밀입국자를 철저히 단속해줄 것을 요망했는 바 이에 대해 이용훈 총영사는 한국정부는 밀입국자 단속을 철저히 해오고 있으며 밀입국자의 단속과 밀입국자의 북송은 별개의 문제라고 말하고, 이와 같은 밀입국자의 처리에 있어서는 앞으로 당관과 사전에 충분한 협의를 할 것과 이런 일이 차후에는 없도록 조치해줄 것을 강력히 요청했음.

(5) 이에 대해 동 차장은 한국측의 요청과 제반사정을 충분히 알겠으며 앞으로의 처리에 있어서 신중히 검토하고 당관과 협의할 것이라고 답변하였음.

첨부: 동기사 1부. 끝.

4. 외무부공문(발신전보)—황정하 북송저지 지시

외무부
번호 WJA-02214
일시 181550
발신 장관
수신 주일대사

대: 일본(영) 725-999 (75.2.13.)

대호 황정하의 북송 저지 교섭 노력을 계속하고 결과 보고 바람. (교이)

5. 기안–밀입국자 북송저지 교섭

분류기호 문서번호 교이725-
시행일자 75.2.18.
기안책임자 박승무
경유수신참조 중앙정보부장
제목 밀입국자 북송 저지 교섭

    대: 중동이 400 (75.1.28)
    1. 대호 밀입국자 황정하의 북송저지에 관한 주일대사의 교섭 결과보고를 별첨과 같이 송부하오니 업무에 참고하시기 바랍니다.
    2. 동인의 북송저지를 위하여 계속 노력할 것을 주일대사에게 재차 지시하였음을 첨언합니다.
    첨부: 일본(영)725-999 사본 1부. 끝.

5–1. 첨부–주일대사관 공문–밀입국자 북송저지 교섭 결과 보고

주일대사관
번호 일본(영)725-999
일시 1975.2.13.
발신 주일대사
수신 장관
제목 밀입국자 북송 저지 교섭 결과 보고

    대: 교이 725-1995 (75.2.5.)
    대호로 지시한 밀입국자 "황정하"의 북송 저지 교섭결과를 다음과 같이 보고합니다.

1. 당관 정보영 일등서기관은 2.12. 법무성 "야시끼" 경비과장 및 "하라다" 집행
   계장을 오찬에 초대하고 아국으로부터의 밀항자 "황정하"가 북송을 희망하
   고 있는 것으로 듣고 있으나 다음과 같은 이유를 들어 일본정부에서 북송을
   용인하지 않도록 조치해줄 것을 강력히 요청하였음.
   가. 일본의 출입국 관리령 제53조의 규정에 의거하여 피퇴거 강제자의 국적
      이 속해있는 국가에 송환해야 한다는 점.
   나. 밀항자는 범법자임으로 송환된 후 관계법규에 의하여 처벌받는 것은 당
      연한 일이며 이러한 처벌을 기피하기 위하여 타지역으로 출국하기를 원
      한다고 하여 이를 허용하는 경우, 밀항자(범법자)를 옹호하는 결과를 초
      래하게 되며 따라서 밀항을 조장할 우려가 있다는 점.
   다. 일본정부는 외국인이 출국을 원하는 경우, 행선지가 어디든지 간에 그
      출국을 막을 수 없다는 입장을 취하고 있으나 밀항자는 범법자임으로 합
      법적으로 입국한 일반 외국인과는 다르며 본인의 의사 여하에 불구하고
      원거주지로 강제 송환되어야 하는 점.
      또한 자비출국의 경우도 강제송환을 전제로 한 것임으로 이러한 원칙을
      준수하여야 함.
   라. 만약 본인이 정치범 또는 정치 난민이라고 주장하여 정치범 불인도 원칙
      을 내세운다 하드라도 해인은 단순한 밀항자(범법자)에 불과하며 정치범
      또는 정치난민이 아니라는 것은 극히 명백하다는 점. 즉 정치범의 구성요
      건은 거주국에서 정치적 범죄로 인하여 유재판결을 받았거나 또는 기소
      된 사실이 증명되어야 하는 바 해인은 이러한 사실이 전혀 없는 단순한
      밀항 잡범임.
   마. 더욱이 일본이 승인하지도 않은 북한으로 출국하는 것을 허용한다는 것
      은 한·일 양국간의 우호관계를 도외시한 처사이며 한국측에서 피송환자
      의 인수를 거부하지 않는 한 타지역으로 출국시키는 것은 명백히 국제관
      례에 어긋나는 조치임을 지적함.
2. 이에 대하여 "야시끼" 과장은 불법입국자라 하드라도 자의에 의하여 일본으
   로부터 출국하겠다는 것을 막을 수 있는 법적근거가 없으며 해인이 정치범
   은 아니라 하더라도 한국으로 송환되는 것을 완강히 거부하고 있으므로 행
   정 소송 등을 제기하는 경우 법적인 절차를 거쳐야 하는 등 문제점이 있음을
   지적하고 그러나 해인을 계속 설득시켜 북송되지 않도록 행정적인 조치를
   강구해보겠다라고 말하였음.
3. 해인은 1974년 11월 피검된 후 현재까지 가나가와현 소재 혼목 수용소에
   수용되어 있는 바, 일본에 거주하는 친모의 면회조차 거절하고 있다고 함.

6. 외무부공문(착신전보)—황전하 북송 저지 상황 보고

외무부
번호 JAW-08069
일시 041456
수신시간 75.8.4. 16:32
발신 주일대사
수신 장관

대: WJA-02214
연: 일본(영) 725-999
1. 대호 밀항자 "황전하"의 북송문제에 관하여 8.1 법무성 경비과장으로부터 일본측에서 그간 해인의 북송의사를 번의시키기 위해 계속 설득하여 왔으나, 전혀 번의할 가능성이 보이지않기 때문에 부득이 북한으로 출국하는 것을 묵인하지 않을 수 없는 형편임을 통보하여왔음.
2. 이에 대하여 당관 정보영 일등서기관이 야시끼 경비 과장에게 재차 연호로 보고한 아측의 입장을 설명하고 북한으로 출국시키지 않도록 강력히 요구하였으며 이어 "윤영노"참사관이 "다께무라"차장을 방문, 해인의 북송을 불허토록 요청하였으나 입관측에서는 본인이 번의할 의사가 없는 한 북송하는 것을 막을 수 없다는 주장을 되풀이하고 있음.
3. 당관에서는 외무성을 통하여도 해인을 북송하지않도록 교섭하겠으나 극히 비관적임을 첨언함. (일본영-교일, 북일)

7. 외무부공문(착신전보)—주일대사관 북송관련 항의

외무부
번호 JAW-03102
일시 051557
수신시간 75.8.5. 17:25
발신 주일대사
수신 장관

연: JAW-08069

8.5 김옥민 1등서기관이 외무성 "엔도" 북동아과장을 방문, 면담한 내용을 아래와 같이 보고함.

1. 동과장은 밀항자 "황전하"의 북송문제에 관하여 법무성 입관당국으로부터 통보받은 바 일본의 관계법령에 의하여 동 밀항자가 자비로 출국을 원할 경우 본인의 의사에 따라 본인이 희망하는 곳으로 출국시키도록 되어있으며 한국적을 가진 밀항자 2명이 자비출국으로 북송된 선례가 있음을 감안 (동 출국시기는 알 수 없으나 확인, 알려줄 수 있다고 하였음) 부득이 입관당국에서 동인을 북송하는 조치를 취하게 된 것으로 알라고 하면서 8.8 요꼬하마를 출항하는 북송선으로 출국토록 되어있다고 하였음.

2. 이에 대하여 김옥민 일등서기관은 밀항자의 송환에 관한 관계법령의 적용에 있어서 동인의 국적이 있는 한국측에서 동인의 송환을 인수하지 않겠다고 하지 않는 이상, 동인을 본국으로 송환토록 되어있는 규정을 우선적으로 적용해야할 것이 마땅하며, 송환될 경우 불법 출국으로 인한 처벌을 받는 것을 우려하여 단순히 밀항자의 의사를 구실로 북송한다는 것은 부당하며 또한 한국적이 있는 밀항자를 북송한 선례가 있다고 하나 아국정부에서 그러한 것을 인정했거나 묵인한 사실은 결코 없으며 어디까지나 일본측에서 일방적으로 (한국정부에 통고치않어 그 불지의 사이에) 취한 조치에 불과한 것임으로 어떤 의미에서든지 결코 선례가 될 수 없는 것임을 지적하였음.

3. 일본측에서 그러한 단순한 불법 밀항자를 북송하는 경우 북괴 간첩 루트 같은 것을 스스로 인정하는 것이 될 것이며, 나아가서는 한일 양국 우호관계와 시이나 메모 이행 문제와도 관련, 바람직하지못한 결과를 초래할 우려가 있음에 비추어 동 밀항자의 북송조치를 즉시 불허 중지하여 줄 것을 강력히 요청하였음.

4. 이에 대하여 동과장은 입관 당국에 연락, 아측요청을 재검토하도록 하겠다고 하였기 입관당국뿐만 아니라 외무성 당국에서도 동 밀항자를 북송하지 않도록 즉시 신중이 재검토하여 줄 것을 재차 요청 등 조치결과를 알려줄 것을 당부하였음. 본건 북송되지 않도록 주재국정부와 계속 적극 교섭 위계임. (일정-교일, 북일)

8. 외무부공문(착신전보)—북송 관련 일본측 법률적 이유로 거부

외무부

번호 JAW-08119
일시 052025
수신시간 75.8.6. 10:13
발신 주일대사
수신 장관

연: JAW-08102, 08069
대: WJA-02214

1. 연호 황전하의 북송에 관하여 금 8.5 당관 정문순 공사(정보영 일등서기관 대동)가 법무성 입관국장 및 차장을 방문, 연호로 보고한 아측의 입장을 설명하고 북송하지 않도록 재차 강력히 요청하였으나 일측은 자비출국하는 자에 대하여는 본인의 의사를 존중하지 않을 수 없으며 비록 범법자(밀항자)라고 하더라도 본인이 자비출국하는 경우, 행선지를 일본측에서 강제로 정할 수 없다는 주장을 되풀이하였음.

2. 정공사는 현행 일본의 출입국 관리령 제53조에 의하여 원칙적으로 피퇴거 강제자의 국적이 속해 있는 국가로 송환해야하므로 본건 북송은 부당함을 지적하였던 바 일측은 자비 출국은 강제송환이 아니므로 본인의 의사를 존중해야하며 일본 입관법의 해석에 대하여는 일측이 유권적인 해석을 할 수 있다고 주장하였음.

3. 이에 대하여 아측은 한일 양국간의 우호관계를 고려하여 해인의 북송을 불허토록 강력히 요청하고 본인의사 확인 및 설득을 위하여 영사가 직접 면접할 수 있는 기회를 가지기 위해서 오는 8.9 북송하는 것을 보류하여 줄 것을 요청하였던 바 일측은 그간 당관의 요청에 의하여 지금까지 북송을 보류하여 왔으나 객관적인 여건으로 보아 더 이상 보류시키기는 극히 곤란한 입장이라고 주장하였음.

4. 상기와 같이 "법무성의 입장이 이례적으로 강경한 바" 당관에서는 본건 북송 저지를 위하여 외무성에 계속 강경한 REPRESENTATION을 하고 그 결과를 추보하겠음. (일본영-교일, 북일)

9. 외무부공문—황전하 관련 항의 지시

외무부

번호 WJA-0888
일시 061840
발신 장관
수신 주일대사

   대: JAW-08102
1. 밀항자 "황전하"의 북송을 중지하여 줄 것을 주재국 외무성 고위층에 강력히
   Representation 바람.
2. 대호 3항까지의 이유외에도 현재 홍콩 정부는 중공으로부터 홍콩에 밀입국
   (탈출)한 중국인을 중공측에 강제 송환하고 있는 사례를 들어 아국민으로서
   일본에 밀입국한 자가 북송되는 일이 없도록 강력히 반대하시기 바람.
3. 지금까지 밀항자가 북송된 선례는 다음 2건이 있는 바, 일측의 사전통보 또는
   협의를 받은 바 없고, 사후에 신문보도를 통해 알게 되어 일측에 항의한 바
   있음.
   가. 68.2. 밀항자 "서종복", 74.11.2. 북송(일본(영) 725-921 참조 75.2.7자.)
   나. 68년(월·일 미상) 밀항자 "김윤찬", 73.10.19 북송(JAW-10346 (73.10.20.
       자) 참조)

10. 외무부공문(착신전보)–황전하 북송 1차 저지 성공 보고

외무부
번호 JAW-08198
일시 072028
수신시간 AUG.8. AM9:17
발신 주일본대사
수신 장관
참조(사본) 중정부장

   대: WJA-0888
   연: 08102
   1. 8.7. 윤공사는 외무성 아주국 나까에 국장대리 (현국장은 휴가중)를 방문 다

음 내용의 AID MEMOIRE를 수교하고 (다음 파우치편 송부 위계임.) "황정하"의 북송 예정을 중지, 한국으로 송환하여 줄 것을 강력히 요청하였음.

가. 황은 대한민국 국적을 가진 한국민이므로 한국으로 송환되어야 함.

나. 동인이 북으로 행선지 선택을 하였다고 하나 그의 경우 그는 단순한 밀항자 이므로 일반적인 출입국관계법령 위반자의 강제 퇴거와는 전혀 성격이 다르며, 행선지 선택의 여지가 없는 것임.

다. 그를 북송할 경우 아국 정부의 보호를 받을 수 없음은 물론 고생과 고독 처하게 될 것이며 현재 그의 부모 친지가 한국에 거주하고 있음에 비추어 당연 히 한국에 가야할 것임.

라. 밀항자의 북송을 인정할 경우 한국에서의 보안 사범을 포함한 일반 범법자 가 일본으로 도피경유지로 삼을 염려가 있음.

마. 대호 2항의 한국인을 한국정부가 모르는 사이에 북송 조치한 것은 유감임.

바. 황의 북송문제를 일본 관계당국이 신속 적절히 재검토 그를 한국으로 송환 할 것.

2. 윤공사는 한국적을 가진 한국인 밀항자를 한국정부에 사전 통보하지 않은 채 일본 관계당국이 일발적으로 북송조치를 한 것은 매우 유감스러운 일이며, 앞으로 밀항자 추방의 경우 반드시 사전에 알려줄 것을 요망하였는 바, 동차장 은 이를 시인하고, 앞으로는 사전 통보토록 관계당국에 알리겠다고 하였음.

3. 동차장은 한국측 관계영사가 조속 황과 면회 조치토록 함이 좋을 것이라고 하였기 그리하도록 함.

4. 또한 동차장은 밀항자의 송환문제에 대하여도 일본 당국은 관계법령을 적용 함에 있어서 변천하고 있다는 견해를 표시하면서 자비 출국의 경우 본인의 희망 하는 곳으로 송환조치 해야 한다는 일본정부의 법적 견해를 설명하였음.

5. 이에 대하여 윤공사는 밀항자 송환에 관한 해석에 대한 우리와의 견해차이가 있음을 설명하고 법적인 문제를 제외하고도 밀항한 자라 할지라도 우리 국민을 북송할 경우 우리를 민감하게 자극하게 될 것이며, 이러한 문제로 인하여 한일 양국관계에 쓸데없는 마찰을 야기시킬 우려가 있음에 비추어 황정하의 북송을 중지하여 줄 것을 강력히 요청하였던 바, 동 차장은 이관당국과 접촉하여 아측 요청을 받아주는 방향으로 노력하겠다고 하면서 8.8. 출항 예정의 북송은 우선 일단 저지된 것으로 간주해도 좋다고 하였음. (일정 북일)

11. 외무부공문(착신전보)–황전하 출국 확인

외무부
종별 긴급
번호 JAW-08232
일시 081835
수신시간 75.8.8. 19:24
발신 주일대사
수신 장관

　　대: WJA-02214
　　연: JAW-08226
　　니이가다 입관을 통하여 연호 황전하 외 2명을 태운 만경봉호가 금일 8일 1730
　　니이가다 항을 출항했음을 확인하고 이에 보고함.
　　(일본영-북일, 영사)

12. 외무부공문(착신전보)–황전하 출국 확인

외무부
종별 긴급
번호 JAW-08232
일시 081835
수신시간 75.8.8. 19:24
발신 주일대사
수신 장관

　　대: WJA-02214
　　연: JAW-08226
　　니이가다 입관을 통하여 연호 황전하 외 2명을 태운 만경봉호가 금일 8일 1730
　　니이가다 항을 출항했음을 확인하고 이에 보고함.
　　(일본영-북일, 영사)

13. 외무부공문(발신전보)-황전하 북송 관련 유감표명 지시

외무부
번호 WJA-08132
일시 082000
발신 장관
수신 주일대사

    대: JAW-08198, 08232
    연: WJA-0888

1. 일본정부가 연호 아측의 강력한 반대를 무시하고 황전하의 북송을 강행한 것은 유감스러움.
2. 더욱이나 외무성이 황전하의 8.8. 북송은 일단 저지된 것으로 간주해도 좋다고 한 바로 8.8.에 북송한 것과, 또한 한국인 밀항자 북송시에는 아측에 사전 통보토록 관계당국에 알리겠다는 전일의 약속이 있음에도 불구하고 아무런 자진 사전 통보가 없었음은 이해하기 어려움.
3. 일측에 대하여 금번의 납득키 어려운 처사에 대한 충분한 해명을 요청함과 동시에, 이 기회에 일본정부가 금후 한국인 밀항자를 북송하는 사례가 재발하지 않도록 최선의 노력하고, 결과 지급 보고 바람. (북일-장관)

14. 외무부공문(착신전보)-외무성 해명 보고

외무부
종별 지급
번호 JAW-03246
일시 082050
발신 주일본대사
수신 장관

    연: JAW-08198
1. 8.8. 김옥민 1등서기관이 외무성 엔도 북동아과장에게 연호와 관련 외무성이

구체적으로 어떠한 조치를 취하고 있는지 문의하였던 바 외무성으로서는 아측의 요청사항을 법무성 일관 당국에 전달하였음으로 일관당국의 조치내용을 확인하여 알려주겠다고 하였음.

2. 금 18:00시 동과장은 황전하 외 2명이 금 07:00시경 열차편으로 욕고하마에서 니이가다로 가출국수속을 끝내고 17:30시 만경호에 승선 출국하였음을 입관당국으로부터 연락 받았다고 알려왔기 아측의 요청에도 불구하고 일본 정부 관계당국이 극히 비우호적인 조치를 취한 것은 매우 유감스러운 처사로서 납득하기 어려우며 이에 항의한 바라고 말하였 이에 대하여 동과장 외무성은 아측의 요청을 입관당국에 전달하였으나 동출국문제는 전적으로 법무성 입관당국에 전관사항에 속하기 때문에 외무성으로선 그 이상 입관당국의 조치에 관여하거나 개의할 수 없는 입장에 있음을 이해하여 달라고 말하였음. (일정 북일 영일)

15. 외무부공문(착신전보)—북송 관련 일본측에 강력히 유감 표명

외무부
번호 JAW-08310
일시 121003
발신 주일대사
수신 장관
참조(사본) 중정부장

대: WJA-0888
연: JAW-08246
8.11. 당관 윤공사는 다까시마 아주국장을 방문 다음과 같이 설명하였음.

1. 본건에 관하여는 한국정부가 특별한 관심을 갖고 있으며, 동인이 한국에 송환(REPATRIATE)될 수 있도록 재고하여줄 것을 요청하였음에도 불구하고 동인이 8.8. 니이가다를 경유 만경봉호로 북송되었음은 한일 양국간의 우호관계와 그 정신에 비추어 볼 때 심이 불행한 일이며 매우 유감된 처사라고 말하였음.

2. 특히 동인이 한국국적을 갖고 있음에 비추어 그에 대하여 아직 한국이 관할권을 갖고 있다는 것은 엄연한 사실이며 동인이 일본 영내에 있다하여 일본 법을 적용시켜 DEPORT 시키는 것은 일본정부의 일에 속한다고 볼 수 있겠으나

한국의 대인관할권을 존중한다는 의미에서도 우리들에 대한 사전통고 내지는 연락은 하여야 할 일이었다고 생각되며 그렇지 않고 일반적인 조치로서 우리정부에 아무런 연락 내지 통고도 없이 그들을 북송시켰다는 처사는 한국정부로서 도저히 이해할 수 없음.

3. 또한 동인이 정치적 난민 또는 망명을 구한 것도 아니고 기타 물리적으로 한국에 송환시킬 수 없는 이유가 없음에도 불구하고 일방적으로 북송시킨 것은 국제 관례상 납득이 안감. 금번 동인들에 대하여도 그들의 소위 자유북송 의사 표명의 확인, 영사면회, 동인들에 대한 설득등의 양국 당국자간의 협조로 가능하다고 보여지는 절차에 일체 없이 북송이 이행되었음은 유감임.

4. 여하튼 장래에 있어서 이러한 일이 없도록 함이 매우 중요하다고 여겨짐에 비추어 이를 위하여 양국의 실무당국인 입관당국과 당지 주재 영사 사이에 밀입국자 처리문제에 대하여 더 긴밀한 연락과 협의를 거치는 어떤 방도가 필요할 것이라고 말하였던 바 동국장은 양국 당국간에 적절한 방법으로 가능한 대책을 검토할 것에 관하여 우선 법무성측에 말할 것이며 법무성에서도 그런 검토를 하려고 하고 있는 것이라고 말하였음. (일정-북일)

16. 외무부공문(착신전보)—북송 관련 재발 방지 당부

외무부
번호 JAW-08354
일시 131454
발신 주일대사
수신 장관
참조 경제차관보

연: JAW-08310
1. 8.12. 1630 본직이 이나바 법무상을 방문한바 이 자리에서 연호 아측의 입장을 다시 설명하였음. 이 자리에서 특히,
1) 밀항자 중에서 본인들의 희망이라 하여 일본의 입관당국이 아측에 아무런 사전통고 또는 협의없이 이들을 북송조치한 것은 양국 우호관계에 비추어 매우 유감된 처사임을 표명하고,

2) 한국으로부터의 밀항자를 본인들의 희망이라 하여 일방적으로 북송하게된 경위 일반 범법자들 특히 파괴분자, 간첩이 일본을 도피 경유지로 이용할 우려가 있으며 북괴가 일본을 대한공작을 위한 공공연한 간첩 루투로 만들 가능성이 큼에 비추어 앞으로는 일본의 관계당국이 금번과 같은 조치를 취하지 않도록 신중히 조처하여 줄 것을 강력히 당부하였음.

2. 이에 대하여 동 법무상은 아측 입장이 매우 이치에 맞는다 (수지가 도오루)고 말하고 실무당국자에게 "신중히 검토 처리하도록" 지시하겠다고 하였음. (일정-북일 영일)

17. 황전하 사건 경위 및 대일교섭일지

경위

75.1.30 - 중앙정보부로부터 63년에 일본에 밀항하여 조총련계 음식점에서 근무하던 중 74.11월 밀입국 혐의로 일경당국에 피검된 아국인 황전하가 북송을 희망하여 本牧수용소에 수용되어 있으며 법무성 결정을 대기중에 있다는 제보에 접함.

75.2.1 주일대사에게 동 사실을 통보하고 동인의 북송 저지 교섭을 지시함.

75.2.12 정보영 주일 일등서기관, 일 법무성 경비과장과 면담, 일본국 출입국관리령 53조의 규정에 의거 동인을 아국에 송환해주도록 요청함.

　　- 일측은 이에 대해 불법입국자라 하더라도 자의에 의해 일본을 출국하겠다는 것을 막을 수 있는 법적 근거가 없다고 말함.

75.2.18 - 주일대사에게 계속 교섭을 지시함.

75.8.1일 법무성 경비과장 "황전하"의 북송의사 고수로 인해 북송이 불가피함을 주일 대사관에 통보함.

　　- 정보영 일등서기관, 재차 아국 입장설명코 북송중지를 요청.

　　- 윤영노 주일참사관은 동일 "다께무라" 입관국 차장을 방문하여 북송중지를 재차 요청함.

　　- 이에 대해 일측은 본인이 번의할 의사가 없는 한 북송을 막을 수 없다고 함.

75.8.5 정문순 주일공사, 법무성 입관국장 및 차장을 방일하여 아국입장을 재삼 설명코 북송 불허를 요청함

- 일측은 자비로 출국하는자에 대하여는 본인의사를 존중하지 않을 수 없으며 비록 범법자라 하더라도 그 행선지를 일측이 강제로 정할 수 없으며 자비 출국은 강제 송환이 아니라고 말함.
- 정공사는 아국영사의 직접 면담 설득을 위해 8.8자 북송은 일단 보류해 줄 것을 요청
- 일측은 그간 한국측 요청에 의해 북송을 지금까지 보류하여 왔으나 객관적인 여건으로 보아 더 이상 보류시키기는 곤란한 입장이라고 말함.

75.8.5 주일 김용민 일등서기관, 외무성 엔도 북동아 과장을 방문고 아국입장을 설명, 북송 불허조치를 요첨함.
- 외무성측은 법무성측의 입장을 인용 설명함.

75.8.6 주일대사에게 황전하 북송중지를 요청하는 Representation을 외무성 고위층에 제시토록 지시함.
- 아울러 일본의 아국 밀항자 북송 전례 (73.10.19 및 74.11.2) 시 일본으로부터 하등 사전통보 또는 협의를 받은 바 없고 사후에 신문보도를 통해 알게 되어 일측에 항의한 바 있음을 상기시킴.

75.8.7 윤하정 주일공사, 외무성 아주국 "나까에" 국장대리를 방문하여 황전하의 아국 송환을 요청하는 Aid Memories를 수교함
- 나까에 차장은 법무성 입관당국과 접촉, 아측 요청을 받아주는 방향으로 노력하겠다고 말함. 또한 8.8로 예정된 동 북송건은 일단 저지한 것으로 간주해도 좋다고 말함. 강제퇴거조치시 아국에 대한 사전통고를 약속

75.8.8. 주일대사는 니이가다 입관을 통하여 황전하 외 2명을 태운 망경봉호가 동일 17:30 니이가다를 출항하였음을 확인함.

75.8.8 주일대사에게 일본정부의 충분한 해명을 요청하고 금후 여사한 사태 재발 방지를 위해 노력토록 지시.

75.8.8 김옥민 주일 일등서기관, 외무성 엔도 북동아과장과 면담, 동 북송조치에 대한 유감의 뜻을 표명하고 강력 항의함.
- 북동아과장은 동 북송문제가 전적으로 법무성의 전관사항이므로 외무성으로서는 그 이상 관여 개입할 수 없는 입장이라고 말함.

75.8.11. 윤하정공사 외무성 "다까시마" 아주국장을 방문하여 일본정부가 사전통고 없이 북송조치한데 대해 아국정부의 유감의 뜻을 표명하고 금후 여사한 경우에 대비한 양국간 긴밀한 협의 필요성을 역설함
- 이에 대해 일측은 법무성 당국에 아국 의견을 전달할 것임을 약속.

75.8.12. 주일대사, 이나바 법무상을 방문코 아국정부의 유감의 뜻을 재삼 표명함.

특히 일본을 대한 공작기지화 하려는 북괴의 책동과 관련 금후 여사한 사태 발생시 일본정부의 신중한 검토와 조치를 요청함.
  - 동 법무상은 아국주장이 합당함을 인정하고 금후 신중히 조치할 것임을 약속함.

대일교섭일지

75.1.30. 중앙정보부로부터 밀항 아국인 황전하의 북송희망 사실을 제보받음.

75.2.1 주일대사에게 동 사실을 통보하고 북송 저지 교섭 지시

75.2.12. 정보영 주일 일등서기관, 일법무성 경비과장과 면담하고 일본국 출입국 관리령 53조에 의거 동인을 아국에 송환해주도록 요청함

75.2.18 주일대사에게 교섭 계속 지시

75.8.1 일법무성 경비과장, 황전하의 북송의사 고수로 인해 북송이 불가피함을 주일대사관에 통보함.

75.8.5 정문순 주일공사, 법무성 입관국장 및 차장을 방문 아국입장을 설명, 북송불허를 요청함.

75.8.5 주일 김옥민 일등서기관, 외무성 북동아과장을 방문하여 북송불허를 요청함.

75.8.6. 주일대사에게 북송중지를 요청하는 Representation을 외무성 고위층에 제시토록 지시함.

75.8.7 윤하정 주일대사, 외무성 아주국 나까에 국장대리를 방문, 복 황전하의 아국 송환을 요청하는 Aid Memoire를 수교함.

75.8.8. 주일대사는 니이가다 입관국을 통하여 황전하 외 2인이 북 만경봉호에 승선 8.8. 19:30분여 니이가다항을 출항하였음을 확인함.

75.8.8. 주일대사에게 일 정부의 해명 요청하고 여사한 사태 재발 방지를 위해 노력토록 지시.

75.8.8. 김옥민 주일 일등서기관, 외무성 북동아과장과 면담, 북송조치에 대한 유감의 뜻을 표명하고 강력항의함.

75.8.11 윤하정공사, 외무성 "나까시마" 아주국장 방문코 아국 정부의 유감의 뜻을 표명하고 금후 여사한 경우에 대비한 양국간 협의 필요성을 강조함.

75.8.12 주일대사, 이나바 법무상을 방문코 아국정부의 유감의 뜻을 표명하고 일본을 대한 공작기지화 하려는 북괴행동과 관련 금후 여사한 사태 발생시 일정부의 신중한 검토·조치를 요청하여 확약을 받음.

18. 주일대사관 공문-밀항자 북송관계 Aide-Memoire 송부

주일대사관
번호 일본(정)700-5414
일시 1975.8.14.
발신 주일대사
수신 장관
참조 아주국장
제목 밀항자 북송관계 Aide-Memoire 송부

연: JAW-08198
연호와 관련, 주재국 외무성에 수교한 Aide-Memoire (사본)을 송부합니다.
첨부: Aide-Memoire 사본 1부. 끝.

18-1. 첨부-Aide-Memoire

Aide-Memoire

Regarding the pending deportation of Mr. Hwang Jung Ha, a stowaway holding Korean nationality, which was referred to during the conversation between Mr. Ock Min Kim, first Secretary of the Korean Embassy and Mr. Tetsuya Endo, Director of Northeast Asia Division, Ministry of Foreign Affairs, on August 5, 1975, the Korean Embassy elaborates on the following points:
1. In view of the fact that Mr. Hwang Jung Ha is a Korean national, having had resided in Cheju Island until his illegal exit from the Republic of Korea and smuggling into Japan, the Korean Embassy is of the view that he be repatriated to the Republic of Korea where his nationality belongs.
2. His alleged choice of destination to northern part of Korea deemed out of consideration here, since the case in question appears purely that of a deportation for his act of smuggling into Japan, not being that of a normal expulsion for a violation of entry and exit regulations.
3. His deportation to the northern part of Korea where is an entirely strange

land to him and beyond the protection of the Korean Government, would only turn out to be a cruel exile for him to face untold hardship and solitude in his own personal life. It is to be noted that his parents and relatives are still living a happy lives in Cheju Island, the Republic of Korea, the fact of which leads one to believe little reason for him to be sent to northern part of Korea.

4. It may be further apprehended that his deportation to the northern part of Korea may, if implemented, open the way of the possibilities for other Korean criminal offenders including those of security offenses in Korea, to take refuge to the outside of the Republic of Korea making the territory of Japan as a transit in the future.

5. It is further learned that two other stowaways, namely, Mr. Jong Bok Suh and Mr. Yoon Chan Kim, both holding Korean nationalities, were deported to northern part of Korea on November 2, 1974, and October 19, 1973, respectively without the knowledge of the Government of the Republic of Korea. The Korean Government greatly regrets such arbitrary disposition imposed on these Korean nationals by the authorities concerned of the Japanese Government.

6. Such being the case, it is kindly requested that the authorities concerned of the Japanese Government be generous enough to give prompt and due reconsideration to the case of Mr. Whang's deportation presently destined to the northern part of Korea, to be repatriated to the Republic of Korea, his fatherland.

August 7, 1975

19. 외무부 보고사항-일본 정부의 아국 밀항인 북송조치에 관한 보고

외무부 보고사항
번호 북일700-1689
일시 1975.8.16.
발신 외무부 장관
수신 대통령 각하, 국무총리 각하

제목 일본 정부의 아국 밀항인 북송조치에 관한 보고

다음과 같이 보고합니다.

일본 정부는 일본에 밀입국하여 불법 체류중 일본 관계당국에 의하여 피검, 강제 수용되어온 한국인 황전하에 대하여 75.8.8. 북송조치 하였는 바, 본건에 관한 그간의 경위와 금후 대책을 아래와 같이 보고합니다.

1. 경위

　가. 황전하(인적사항 별첨 참조)는 1963년 (월·일 불명) 일본에 밀입국한 후, 74.11.(일자 미상) 일본 경찰에 의하여 밀입국 혐의로 피검, 8.8. 북송 되기 전까지 "오오무라"수용소에 수용되어 왔습니다.

　나. 당부는 1975.1.30. 중앙정보부로부터 황전하의 피검, 수용사실과 동인이 북송 희망의사를 표명하고 일본 법무성의 결정을 대기중이라는 제보에 접한 이래, 일본 외무성 및 법무성 당국에 대하여 누차에 걸친 북송 저지 교섭을 전개하여 왔는 바, 동 교섭중 아측이 일측에 대하여 밝힌 입장은 아래와 같았습니다.

　　1) 황전하는 대한민국 국민이며 또한 한국에는 그의 부모 친지가 거주하고 있으므로 한국으로 송환되어야 함.

　　2) 단순한 밀항자이므로 북송을 희망하더라도 행선지 선택의 여지가 없음.

　　3) 밀항자의 북송을 인정할 경우, 일본이 범법자의 도피 경유지화할 우려가 있음.

　　4) 북송할 경우 일본이 북괴의 대남공작 기지화 되는 것을 일측이 스스로 인정하는 결과가 되고, 이는 시이나 문서 이행 문제와 관련 크게 문제 시 될 것임.

　　5) 상술한 제반 사유에 비추어 북송이 될 경우 한국의 국민 감정을 자극하고 한·일 우호관계를 저해하게 될 것임.

　다. 상기 아측의 입장에 대하여 일측은 일본의 출입국 법령상 자비 출국자에 대하여는 비록 범법자라 하더라도 거주지 선택의 자유를 거부할 근거가 없다는 입장을 계속 고집하고, 8.8. 북송을 강행하였읍니다.

　라. 당부는 일측의 북송 강행조치에 대하여 문서 및 구두(주일대사가 법무대신 방문 면담)로 일측의 아측에 항의함과 아울러 사전통고 없는 북송조치에 심심한 유감을 표명하고 금후 유사한 경우가 발생될 때에는 본국 송환하여 줄 것과 아측에 대해 사전 통보 또는 협의할 것을 강력히 요청하였읍니다.

2. 금후 대책

당부는 여사한 사건의 재발을 방지하기 위하여, 일측이 사전에 정보를 제공 해주도록 양국 실무진간의 협조체제를 강화하고, 일측이 북송조치를 결정함에 앞서, 충분한 대책을 아측이 강구할 수 있도록 적극 노력하겠읍니다.

첨부: 황전하의 인적사항. 끝.

20. 외무부공문(착신전보)−북송 문제 관련 외무성 방문 결과 보고

외무부
번호 JAW-10312
일시 141520
수신시간 OCT.14. PM.5:36
발신 주일대사
수신 장관

연 일정 700-5414 JAW-00354
1. 10.13 외무성 엔도 북동아과장의 요청으로 김옥민 1등서기관이 외무성으로 동 과장을 방문한 바 연호 Aide-Memoire에 대한 일본측 회답각서를 전하여 주었음(동회답각서는 파우치편 송부위계임).
2. 동 과장은 일본측 회답 각서에는 앞으로의 한국인 밀항자의 북송문제 처리에 대한 구체적인 설명은 하지 않고 있으나 양국 우호관계에 비추어 적절하게 처리토록 조치할 것이라고 말하였음. 이에 대하여 김과장은 일본이 한국인 밀항자를 북송하게 될 경우 한국에 있는 일반 범법자 특히 안보사범 등이 일본을 도피경유지로 이용할 우려가 있음은 물론 북괴가 또한 일본을 대한공작을 위한 공공연한 간첩루트로 만들 가능성이 크다는 것을 재차 설명하고 앞으로 한국인 밀항자 처리문제에 있어서는 기본적인 양국 우호 관계에 비추어 반드시 사전협의를 하여줄 것을 강력히 당부하였음 동과장은 아측 입장을 충분히 유념하여 조치토록 하겠다고 말하였음 (일정 북일 영일)

21. 주일대사관 공문–밀항자 황전하의 북송에 대한 일본정부 회답 각서

주일대사관
번호 일본(정)700-6615
일시 1975.10.14
발신 주일대사
수신 장관
참조 아주국장, 영사국장
제목 밀항자 황전하의 북송에 대한 일본정부 회답 각서

　　연: JAW-10312
　　연호로 보고한 일본외무성 회답각서를 별첨 송부합니다.
　첨부: 일본외무성 회답각서 사본 1부. 끝.

21–1. 첨부–일본 외무성 회답 각서

昭和50年10月11日

覚

　　在本邦大韓民国大使館より日本政府関係当局に対し大韓民国向け送還するよう再考慮方の要請があつた黄琪河は、1975年8月8日新潟港から北朝鮮に向かい出港した万景蜂号に乗船し、出国した。

　　黄碘河は、所定の退去強制手続を経て1974年11月20日から横浜入国者収容所に収容されていたものである。その間、実母金巳奉には、同年12月17日黄と面接させた。また同大使館側から黄と面接したい旨の希望が表明されたので、これに対する好意的配慮から1975年1月20日及び同年8月7日の2回にわたり、大韓民国横浜総領事館員にそれぞれ面接の機会を与えたが、黄は、関係職員の説得にもかかわらず、いずれの面接をも拒否した。しかし、これらの措置によつても、黄の退去処分決定上考慮すべき主観的諸事情にはなんらの変化が認められなかつた。

　　日本政府関係当局は、今後とも、このような案件については、日韓両国の友好関係を念頭におき、関係法令に従い、適正な処理を図る所存であることを念のため附言する。

주일 대한민국 대사관으로부터 일본 정부 관계당국에 대하여 대한민국에 송환토록 재고 요청이 있었던 "황 전하"는 1975.8.8. "니이가다"항에서 북한을 향해 출항한 만경봉호에 승선하여 출국하였다.

"황 전하"는 소정의 강제 퇴거수속을 거쳐 1974.11.20.부터 "요꼬하마" 입국자 수용소에 수용된 자였다. 그간 생모 "김 기봉"에게는 동년 12.17. "황"과 면접시켰다. 또한 동 대사관측으로부터 "황"과 면접하고저 하는 희망을 표명하였기에 이에 대한 호의적 배려에서 1975.1.20. 및 동년 8.7.의 2회에 걸쳐, 대한민국 "요꼬하마" 총영사 관원에게 면접의 기회를 주었으나 "황"은 관계 직원의 설득에도 불구하고 어떠한 면접도 거부하였다. 그러나 이러한 조치에 의해서도 "황"의 퇴거 처분 결정상 고려해야 할 주관적 제 사정에는 아무런 변화가 인정되지 않았다.

일본 정부 관계당국은 금후에도 이와 같은 안건에 관해서는 일한 양국의 우호관계를 염두에 두고 관계 법령에 따라, 적정한 처리를 기할 것이라는 것을 위념 부언한다.

22. 협조문–강제송환에 관한 의견 문의

협조문
분류기호 및 문서번호 교일725-955
발신일자 75.10.22.
발신명의 영사교민국장
수신 아주국장
제목 강제송환에 관한 의견 문의

일본국 법무성 출입국관리국 다께무라 차장이 법무부 초청으로 10.23일 방한하여 7일간 체류 예정이며, 동 기간 중 당부를 방문하여 강제송환 문제에 관하여 아측과 협의하기를 희망하고 있다는 바, 동 문제에 관하여 주일 대사 보고 (JAW-10486) 전문 2항 가.나.다. 3개 이유 이외의 귀국 의견을 통보하여 주시기 바랍니다. 끝.

22-1. 관련 공문—외무부 공문(착신전보)

외무부
종별 지급
번호 JAW-10486
일시 □□1123
발신 주일대사
수신 장관

연: JAW-1□□□
대: J-□□□□

1. 연호 주재국 법무성 다께무라 입관국 차장은 법무부장관의 방한요청을 수락 11.2□. 11:□□발 □□□-7□0편으로 서울 향발 예정임.

2. 동차장은 7일간 체류 예정이며, 방한기간 중 주요 강제송환문제에 관하여 아측과 협력하기를 희망하고 있는 바, 이에 관하여 하기사항을 참조, 일본측의 인도적인 □□를 강력히 요청하여 주시기를 건의함.

　　가. 한·일 법적지위협정 제□□조 □항 해당자 및 법률 □□ 126-2-6해당자에 대하여는 전원 □□□□ □□□□ 인도적 배려 대상자로 간주, 구제하여야함.

　　나. 밀항자 중 일본에 친지가 있는 경우에는 인도적인 견지에서 송환대상에서 보류하여 □□ □□허가를 부여하여야함.

　　다. 일본측은 일본 국제법상에 따라 강제퇴거 대상자를 처리하겠다는 입장을 취하고 있으나 다음과 같은 특수성을 고려하여 일본측의 특별한 배려가 요망됨.

(1) 한일간의 역사적 배경: 재일국민 대다수가 과거 일본정부의 징병, 징용 등에 의하여 일본에 건너와서 정착하였으므로 가족 이산 등의 가정적 사정으로 인하여 밀항하는 사례가 □□해지는 점

(2) 한국인에 대한 사회적 차별: 재일 한국인에 대한 사회적 차별로 인하여 범법하는 사례가 □□하다는 점.

(3) 일본 출입국 관리법의 □□성: 전전부터 일본에 거주한 자 또는 그 자녀(일본 출생)에 대하여는 범법자라 할지라도 계속 일본에 거주할 수 있는 권리를 부여해야 한다는 점. 이들이 미국등의 경우에는 시민권을 취득할 수 있는 대상자이나 일본 출입국 관리법상 지위조건이 엄격하기 때문에 이들은 명목상 한국 국적을 가지고 있는데 불과하며 사실상 일본인과 동일한 대우를 해야한다는 점. (일본영-교일, 법무부)

23. 협조문-강제송환에 관한 의견 회보

협조문
분류기호 및 문서번호 북일700-136
발신일자 1975.10.25.
발신명의 아주국장
수신 영사교민국장
제목 강제송환에 관한 의견 회보

    대: 교일 725-255 (75.10.22.)
    일 법무성 출입국 관리국 "다께무라" 차장의 방한 중 아측과의 협의사항에
별첨 사항을 추가하여 주시기 바랍니다.
    첨부: 밀항자 북송 관계. 끝.

23-1. 첨부-밀항자 북송 관계

밀항자 북송 관계

1. 한국으로부터 밀항한 자 본인의 의사라는 명목으로 일본 당국이 밀항자를 북송시
킨 사례가 있었는 바, 여사한 범법자를 한국 정부의 송환 요청에도 불구하고 적대
관계에 있는 북괴 지역으로 북송함은 선린 우호 정신에 위배됨.
2. 더욱이나 북괴의 끊임없는 간첩밀파(직접 또는 일본 우회)와 조총련의 대남 파괴
공작이 계속되고 있는 이 시기에, 한국 국내법으로서 일본으로 도피한 자를 북송
시키는 것은 대남 간첩으로 하여금 언제라도 일본으로 밀항하면 북괴로 안전하
게 귀환할 수 있다고 생각하게 하여, 일본이 북괴의 대남 공작에 협조하는 결과가
됨으로 금후 한국 밀항자의 북송은 전무하여야 할 것임.
3. 지금까지 아국 공관으로부터 자비 귀국허가를 득하고 여행 증명을 발급받은 밀항
자에 한하여 자비 귀국시켜 왔음에도 불구하고, 75.8.8.의 황 전하 북송시에는
아국 공관의 허가나 여행 증명의 발급없이 일본 당국이 "자비 귀국"을 승인하였
는바. 앞으로는 종전의 아국 공관 허가 및 여행 증명 발급을 자비 귀국의 절대
요건으로 하여야 하겠으며, 아국 공관의 자비 귀국 허가를 득하지 못한 자는 무조
건 한국으로 강제 송환되어야 함.

③ 재일본 한국인 북한 송환, 1976

○ ○ ○

기능명칭: 재일본 한국인 북한 송환, 1976

분류번호: 791.242

등록번호: 10010(25705)

생산과: 동북아1과

생산연도: 1976-1976

필름번호: P-06-0018

파일번호: 06

프레임 번호: 0001-0020

1. 외무부 공문(착신전보)– 176차 북송자 출발보고

외무부
번호 osw-0335
일시 241150
수신시간 76.3.26. 4:21
발신 주오오사카총영사
수신 장관

176차 북송자 출발보고
당지 경찰 당국으로부터 입수한 정보에 의하면 오오사카 관하에서는 조련계 교포 45명이 금 24 1020 오사카 역발 특급 "하꾸쬬오" 편으로 "니이가다" 향발 예정이며 동인들은 3.26 니이가다 항에서 만경봉호편으로 북송될 것이라고 함.
(교일)

2. 외무부 공문(착신전보)– 176차 북송출발보고(계속)

외무부
번호 OSW-0338
일시 251415
수신시간 76.3.25. 17:24
발신 주오사까총영사
수신 장관

연: OSW-0335
176차 북송출발보고(계속)
1. 연호 최종 출발 인원은 48명으로 확인됨.
2. 당초 북송 지망 인원은 87명이었으나 탈락자가 39명이 있었다고 함.
(교일)

3. 외무부 공문(발신전보)—만경봉호 일본 기항 일정 등 보고 지시

외무부
번호 WJA-09388
일시 251430
발신 장관
수신 주일대사

1. 만경봉호가 9.20. 남포(진남포)를 출발, 9.27. 니이가다 입항이라고 알려진 바, 동 선박의 일본기항 및 일정 등에 관하여 관계 당국에 확인 보고 바람.
2. 동 선박은 과거 주로 청진을 출발하였으나, 금번은 남포를 출발한 점으로 보아, 동 선박이 콜롬보에서 황해를 거쳐 직접 귀환한 후 처음 일본으로 향 발한 듯하니 이점 염두에 두고 확인하기 바람.　(북일-　　)

4. 외무부 공문(착신전보)—177차 북송자 수 보고

외무부
관리번호 176-1572
번호 JAW-10045
일시 021148
수신시간 10.2. 13:21
발신 주일대사
수신 장관

연: JAW-09875
10.1. 1640 출발 만경봉호 편으로 제177차 북송자 95세대 161명(일본인처16명 포함)이 송환됨. (북일, 교일)

5. 외무부 공문(착신전보)—북송자 현황 보고

외무부
종별 지급
번호 jaw-11444
일시 181633
발신 주일대사
수신 장관

대: WJA-11217
대호 1974년 이후 북송자 현황을 다음과 같이 보고함.

차별	년월	세대수	인원수(일인)
170	1974.2.	97	175(3)
171	1974.6.	88	167(5)
172	1974.11.	67	136(3)
173	1975.4.	58	120(14)
174	1975.8.	83	151(7)
175	1975.12.	55	108(7)
176	1976.3.	55	95(6)
177	1976.10.	95	161(14)

(인원수 난의 팔호내 숫자는 팔호 앞의 총 북송자수 중 일본인 수임)
(일본영-북일, 교일)

6. 외무부 공문—재일교포 북송 자료 송부

외무부
번호 북일700-
일시 1976.11.19.
발신 외무부 장관
수신 국회도서관장
제목 재일교포 북송 자료 송부

대: 법정 제122호
대호 관련한 재일교포 북송관계 자료를 별첨 송부합니다.
첨부: 동 자료 1부. 끝.

7. 국회도서관 공문—자료 협조 의뢰

국회도서관
번호 법정 제122호
일시 1976.10.15.
발신 국회도서관장
수신 외무부 장관
참조 아주국장
제목 자료 협조 의뢰

　　　1. 당 국회도서관 입법조사국은 국회의원의 입법활동과 국정 심의를 돕기 위한 참고자료의 수집 및 조사연구 업무를 담당하고 있습니다.
　　　2. 국회의원으로부터 다음 사항에 대한 자료 요청이 있었으므로 협조하여 주시기 바랍니다. (1976.10.19까지 회신 요망)
　　　　　가. 재일교포 북송의 연혁, 배경, 제1차 북송부터 지금까지의 매회 북송 인원수 및 정부의 저지책과 그 대책
　　　　　나. 북송 일본인의 실태 내지 현황 및 전망 끝.

8. 재일 교포 북송(6.의 첨부 자료임)

재일 교포 북송

-76.11.18. 현재-

1. 북송 경위
　　가. 당초 북송문제는 1958.8.11. 일본 가나가와현 가와사끼시 거주 재일교포가

북송 희망을 표시함으로서 제기되었으며, 이를 근거로 일적은 북적과 수십차례의 회담을 걸쳐 1959.8.13. 칼카타에서 소위 칼카타 협정을 체결하였음. 동 협정에 따라 재일교포 북송은 1959.12.14.부터 시작되었으며, 동 협정은 1965.12. 한일 국교 정상화 후인 1967.11.12. 협정기간이 만료됨으로써, 동 협정에 따른 북송은 일단 중단되었음.

나. 그 후 일적과 북적은 동 칼카타 협정 유효기간 중 북송 신청을 하였으나, 북송되지 못한 15,000명의 처리를 위한 잠정 조치로서, 소위 모스코바 합의서에 71.2.5. 서명, 이들의 북송을 가능케 하였는 바, 동 합의서 유효기간은 6개월(1971.5.14—10.14.)이였으며, 동 잠정조치(동 기간 중 북송된 자는 1,081명)가 끝난 후부터 현재까지의 재일 교포 북송은 일반 외국인의 출국 경우와 동일하게 처리되고 있음.

2. 북송 인원수*

79.3.14 작성

년도별 북송자 현황

년도	회수(회별)	인원
1959	3(1차-3차)	2,942
1960	48(4차-51차)	49,037
1961	34(52차-85차)	22,800
1962	16(86차-101차)	3,497
1963	12(102차-113차)	2,567
1964	8(114차-121차)	1,822
1965	11(122차-132차)	2,255
1966	12(133차-144차)	1,860
1967	11(145차-155차)	1,831
1971	7(156차-162차)	1,318
1972	4(163차-166차)	1,003
1973	3(167차-169차)	704
1974	3(170차-172차)	478
1975	3(173차-175차)	379
1976	2(176차-177차)	256
		92,549

재일교포 북송

가. 교포 북송 경위

---

* 원자료 숫자 오류(합산치 불일치)

(1) 소위 칼카타 협정에 따른 북송

  (가) 협정 체결 경위

    - 58.8.11. 일본 가나가와현 가와사끼시 거주 교포 북송희망 표시.

    - 58.8.15. 소위 조선해방 13주년 재일조선인 중앙대회에서 귀국 실현 결의 채택.

    - 58.10.16. 북괴 부수상, 북송선 배선

              북괴부담 및 교포 인수 준비완료 성명 발표.

    - 59.2.13. 일본각의, 북송 희망교포의 북괴 송환 결정.

    - 59.3.20. 북괴 적십자사, 일적 대표와의 직접 협상 요구.

    - 59.4.13. 제네바에서 일적, 북적회담 개시.

    - 59.6.10. 일·북적, 북송계획 완전합의 공동 성명 발표.

    - 59.8.13. 인도 칼카타에서 북송협정 체결.

  (나) 북송회수 및 인원수

    - 59.12.14. 부터 69.12.22. 까지 일적, 북적은 유효기간이 1년인 동 협정을 매년 연장시켰으며(7회 연장) 총 155차에 걸쳐서 북송된 인원은 총 88,411명임.

(2) 소위 모스코바 합의서에 따른 북송

  - 66.8.23. 일본정부는 소위 칼카타 협정 연장 문제에 대하여,

    (가) 북송협정은 1966.11.12.부터 1년간 연장한다.

    (나) 상기 협정은 갱신할 수 없다.

    (다) 일본정부는 동 협정의 폐기 후 북한에의 귀환 희망자를 최대한 지원한다

    라는 입장을 밝힌 바 있고, 이에 따라 동 협정은 67.11.12.로 폐기되었음.

  - 그러나 동 협정 유효기간 중 북송 신청을 하였으나 동 협정 폐기로 북송되지 못한 소위 15,000명의 북송과 추후 북송희망자 처리를 위하여 일적·북적은 소위 모스코바 합의서로 71.2.5. 합의하였음.

    (가) 합의서 합의 경위

      - 67.8.25. - 9.23. 모스코바에서 일·북적 16차에 걸친 회담.

      - 67.11.27. - 68.1.24. 콜롬보에서 일·북적 25차에 걸친 회담.

      - 71.2.5. 동 합의서 서명

    (나) 합의서 주요 내용

      - 잔류 희망자(소위 15,000명 잔류자)를 위한 잠정 북송.

      - 잠정 북송기간을 6개월로 함.

- 동 협정 이후 북송 희망자는 모스코바 회담 요록에 따라 북송.
  (다) 북송 회수 및 인원
    71.5.14. - 71.10.22. 6차에 걸쳐 북송된 교포 수는 1,081명임.
(3) 소위 모스코바 회담요록에 따른 북송
  (가) 주요내용
    - 북송자는 출입국 관리사무소로부터 출국허가증을 발급받음. (일반 외국인 출국절차와 동일함)
    - 북송희망자가 250-300명이 되면, 배선 인정(북적은 2-4개월마다 배선 희망)
  (나) 북송회수 및 인원수
    - 71.12.15. - 76.10.2. (161차부터 177차까지 걸침) 3,268명의 인원이 북송되었음.

근거	시기	인원수
칼캇타 협정(59.8.13)	59.12.14 - 67.12.22.	88,411
모스코바 합의서(71.	71.5.14. - 71.10.22.	1,081
모스코바 회담요록	71.12.17. - 76.11.20.	3,057
		계: 92,549

9. 출국절차

出國節次(1967.8.12 法務省告示 第1467號)

1. 法務省에 對한 節次
  가. 申請
    出國 1個月前까지 入管局事務所에 出頭
    出國 證明書 發給申請
    所定書類: 申請書 2通, 外國人登錄證(提示), 寫眞 3枚
  나. 證明書 支付
    申請人에 出國證明書 支付
    (1世帶 代表 1名이 出頭하여 支付받을수 있음)
  다. 出國

出國證明書에 記載된 出國港에서 入國審査官으로부터 出國承認을 받음.

라. 證明書 返納

出國證明書에 記載된 時限까지 出國하지 않을 경우 出國證明書 返納

2. 自由歸還者 出國에 對한 日赤의 協調

(根據: 71.2.5字 日赤·北傀間의 會談要錄)

(1) 日赤은 上記 北送者에 對한 出國證明書 發給 保障

(日赤 北送者 名單 法務省에 提出)

(2) 北赤은 2個月 乃至 4個月에 1回 配船하며, 日赤으로부터의 北送希望者 相當 數 到達(대략 250-300名) 되었다는 通報에 따라 配船可能

3. 參考事項

北送區分

正規 北送: 1959.12.4 - 67.12.22

暫定北送: 1971.5.14 - 71.10.22

事后措置: 1971.12.15 -

④ 북한 송환 대기 재일본 한국인 김미혜 탈출사건

○ ○ ○

기능명칭: 북한 송환 대기 재일본 한국인 김미혜 탈출사건. 1977

분류번호: 791.242

등록번호: 11184(17943)

생산과: 동북아1과/교민1과

생산연도: 1977-1977

필름번호: 2009-65

파일번호: 12

프레임 번호: 0001-0022

1. 외무부 공문(착신전보)-김미혜 탈출 사건 보고

외무부
종별 긴급
번호 JAW-04056
일시 012316
수신시간 77.4.1. 23:37
발신 주일본대사
수신 장관

    연 JAW-04017
1. 77.4.1 출항하는 만경봉호 편에 북송 대기로 되어 있던 김 미에꼬(일본국적: 아오끼 미에꼬)가 작 3.31 오후 8시경 북송자 집합소에서 탈출 현재 민단 간부 집에서 보호중임.
2. 금 4. 1 급거 니이가다에 향발한 박성무 총영사는 연호 한식 성묘단 김행강 납치 사건 및 본 건 김미에꼬 탈출사건에 대한 경위 조사 및 사후 대책을 현지에서 강구중인 바 상세는 계속 보고위계임(북일. 교일. 영일. 중정)

2. 외무부 공문(착신전보)-김행강 납치 사건 참조

외무부
번호 JAW-04096
일시 022243
발신 주일대사
수신 장관

    대: WAJ-0417   연: JAW-04017
북송직전 탈출한 김미에꼬(일본명 아오끼 미에꼬) 및 성묘단원으로 납치된 김행강 사건 수습차 4.1. 18:00 니가다에 도착한 박성무 총영사는 동건 수습과 관련 현지제반사정을 감안, 다음과 같은 조치를 취하였음.
1. 납치된 김행강의 모친으로 하여금 4. 1. 1900 현지 경찰당국에 수습원을 정식

으로 제출하는 동시, 상기 김양의 행방을 조속히 탐색하도록 일본경찰당국에 요청하였음.

2. 북송작전에 탈출한 김미에꼬로 하여금 4.2. 1700동경으로부터 당지에 도착한 한국특파원 9명과의 기자회견을 마련하였음. 동 회견에서 김양은 북송수용소 내에서의 공포분위기로 비추어 북한의 실정을 감히 짐작할수 있기 때문에 죽음을 무릅쓰고 탈출하기로 결심하였다 하며 현재는 자기가 자유를 되찾게 된 것을 무한 기쁘게 생각하며 앞으로 제2의 인생을 걸어나가겠다고 피력한바 있음.

3. 동일1500시 니이가다시의 일신문 기자단 17명과의 기자회견을 마련하였던 바 상기 2항과 같은 제반설명으로 조총련의 기만선전과 수용소내의 공포 분위기를 폭로했으로서 일본기자들이 새로운 것을 느끼도록한바 있음.

4. 상기 김미에꼬양은 4. 2. 1650 당지를 출발 동경으로 귀환(한국특파원 6명 동행)토록 조치하였음.

5. 4.1. 1740 박 총영사는 그간 납치되었던 김양을 민단 니이가다 본부 이원세 단장 주선으로 시내모처에서 만났는바 동양은 3.31. 행방불명된 이후 이바라기현 미도시(동양이 조선고등학교에 다니던 곳)에 동창생과 같이 있었으며 금일 1630 니이가다에 돌아왔다고 말하면서 그간 여러분에게 심려를 끼쳐서 매우 미안하게 생각한다고 말한 바 있음. 박총영사는 제반수단을 강구하여 동양이 조속한 시일 내에 모국을 방문하기를 권유한 끝에 동양이 모국을 방문할 뜻을 비친 바 있어 4.3. 0850 당지를 출발 동경으로 향해 4.4. 1330 한국으로 향발 예정임   (일본영-북일, 교일, 정일, 파견관)

3. 외무부 공문(착신전보)-김미혜 사건 홍보 관련 보고

외무부
일시 031411
번호 JAW-04104
발신 주일대사
수신 외무 장관

1. 4.1. 니이가다에서 발생한 김행강 사건 및 김혜자 북송선 탈출에 따른 홍보조치 및 확대홍보에 관한 보고임

2. 김행강 납치사건 관계

가. 4.1. 상오 10시 사건 내용이 파악된 직후 이원홍 공사는 우리 특파원들을 소집 사건 내용 김양주변의 사정 등을 브리핑.

나. 유시호 수석 공보관은 니이가다 민단에 연락, 민단간부 및 교육문화 전파 소장에게 사건 규명, 일본 경찰에의 신고사실을 확인, 이를 현지 요원들이 사건 해결 및 홍보에 앞장서도록 당부했음.

다. 합동통신이 KDD(일본 국제전선 전화국)을 통해 김행강 양의 사진을 전송하도록 조치했음

마. 통일일보등 교포신문에 사건진상 □□정 및 민단을 통합한 사건 전개 계속 파악.

3. 김혜자 북송직전 탈출사건 관계

가. 4.1. 하오 4시 김혜자(일본명: 아오끼 미에코)가 북송선에 탑승직전 숙소인 "고□"을 탈출, 민단 유지(박수정씨: 전 니이가마 민단 단장) 집에 보호를 받고있음이 알려지자 당관은 주재관과 협조, 이사건이 갖는 의의와 앞으로의 파급확대 홍보를 위해 1730시 우리 특파원들을 재차 소집 사건 전모 브리핑(김양의 신원 보호를 고려, 동 내용의 즉시 공개를 지연했음).

나. 우리 특파원 9명을 현지로 긴급 야간 출발토록 조치완료(자동차 편으로 0900 현지로 떠난 특파원은 지역 6시반 니이가타 도착했음).

라. 특파원단은 박성무 총영사의 주선으로 4.2. 상오 7시 주인공 김혜자양과 기자회견을 갖고 촬영 및 취재를 끝내고 현지서 송고 완료하였음

다. 당관은 일본인 기자들과의 기자회견을 위해 구체적인 진행방법을 현지 박 총영사에 연락 2일 15□0부터 1600시 까지 □□ "하이마□" 에서 요미우리, 마이니찌, 아사히, 산케어, 니이가타 □보, 공동통신, 니이가다 종합TV를 비롯한 일본인 기자등 일본인 7명, 주일한국 특파원 9명 총 26명이 참석. 보호자인 허인오씨의 소개로 효과있게 진행했음.

마. 합동통신은 현지에서 공동통신을 라인을 이용 기자회견 모습을 동경AP 전송(4.2. 1300)완료.

사. 4. 2. 하오부터 당관은 탈출 경위, 국내신문 보도 내용, 김혜자양의 기자회견 내용을 일본신문이 보도토록 추진중이나 □□□□임.

아. 김혜자와 특파원 일부는 도꾜 향발 2050서 우에노에 도착 예정임.

자. 4.2. □00 참의원 예산위원회 질의에서 민사당 소속 "나까무라 도시쯔구" 의원이 북송문제와 일본인 처의 소식 확인 문제를 추궁했음. 당관 동 내용을 "니이가다"의 특파원에게 홍보 기사화도록 조치했음.

4. 김혜자 탈출 사건은 70회 걸친 북괴 조총련의 특송 계획에 재일교포의 의사와는 달리 강압적인 인권유린하에 추진되여 왔음을 단적으로 보여주고 있음에 비추어 다음과 같은 확대조치를 추진중임

가. 외신 FEATURE 기사 (북송의 진상, 북송된 사람들의 생활상) 및 4대 통신 기사화

나. 교포신문 통신. 국내 신문 유통한 지속적인 진보 폭로.

다. 이미 보도된 국내 기사를 합동 및 동양통신이 역으로 인용, 영문 서비스로 일본 영자신문, 교포 통신에 제공.

5. 위의 4항 확대 홍보를 위해 제 70회 북송의 진상을 폭로하는 "홍보자료"(북한에서 온 편지, 북송의 경과와 그 동안에 일어난 사건 및 에피소드 중심)를 본부에서 국내신문에 제공하여 주시고 당관에도 지원하여 주시기 바람. 이상 홍보자료 확보 문제는 주재관과 협의한체 합의된 것의 사항임)

(공보관-문공부)

4. 외무부 공문(착신전보)—김행강 후속 조치 관련 보고

외무부
종별 긴급
번호 JAW-04112
일시 032314
수신시간 4.4. 7:56
발신 주일대사
수신 장관

연: JAW-04096

1. 연호 김행강 양은 박성무 총영사 및 이원세 민단 니이가타 지방 본부단장과 동행 4.3. 8:50 니이가타를 출발 동일 13:00 동경에 도착하였음.

2. 김양은 이 단장과 함께 4.4. 13:00 동경발 KE-704편으로 서울로 향발함.

3. 북송선에서 탈출한 김미혜 양은 당지 교포 허인호(동경도 호도가야시) 댁에 머무르고 있는바 당관은 동 양에 대한 후원대책 등을 검토중에 있음.

(일본영, 북일, 정일, 부장)

5. 면담요록-김미혜(아오끼 미에꼬) 북송자 수용소 탈출건

면담요록

1. 일시: 1977년 4월 4일(월요일) 11:00시~11:45시
2. 장소: 정무차관보실
3. 면담자: 김정태 정무차관보
   마에다 기이찌 주한 일본대사관 공사
   (배석: 박련 동북아1과장)
4. 내용:
   1. 김미혜(아오끼 미에꼬) 북송자 수용소 탈출건

김 차관보:

김미혜가 77.3.31. 니이가다에서 북송자 숙박소로부터 탈출하여 숙박소 내의 상황을 전한바에 의하면, 숙박소내가 공포 분위기로 가득 차 있었다고 합니다.

우리정부로서는 처음부터 북송을 반대하였으며, 이러한 기본입장을 기회 있을 때마다 일정부측에 전달한바 있읍니다마는, 이번 사건을 통해서 볼 때 북송방법이 반드시 자유스러운 분위기나 자유의사에 의하여 이루어지고 있는 것이 아니라는 것이 분명해졌읍니다.

우리 정부는 이러한 강제성을 띄고 공포분위기하에서 이루어지고 있는 북송에 깊은 관심과 우려를 갖지 않을수 없읍니다.

이러한 상황하에서 이루어지는 북송이라면 일측이 중단해 줬으면 좋겠다는 것이 우리 입장입니다. 북송자를 수송하는 만경봉호도 단순한 수송선이 아 니라 북한의 공작선이라는 것이 널리 알려진 이상, 일정부는 이 이상 만경봉 호의 일본 입항을 금지시켜주기 바랍니다.

   2. 김행강 납치 사건

김차관보:

김미혜 탈출 사건과 때를 같이하여, 김행강이 부모와 더불어 한식성묘를 위해 모국(한국)을 방문하려는 직전에 조총련에 의하여 납치된 사건이 발생 하여 우리 정부의 관심을 끌고 있읍니다.

조총련계 동포의 모국방문 사업이 지난 75년 시작된 이래 매우 성공적으 로 추진되고 있으며, 이를 위해 일본정부가 보여준 협조는 우리로서도 평가 하고 있읍니다. 그러나 조총련에 의한 모국방문 방해사건은 이번이 처음이 아니라, 지난해 어당씨 및 강영희양 납치사건에 이어 번번히 되풀이되고 있

는데 대하여 우리정부는 깊은 관심과 우려를 갖지 않을수 없읍니다.

이러한 불법납치 사건이 되풀이되는 것은 일본정부 당국으로서도 바람직하지 않을 것이므로 보다 적극적인 조치가 있기를 요망하는 바입니다.

이러한 납치사건을 법률적인 측면에서만 볼것이 아니라 현실적으로 납치, 협박 등 가진 방법에 의한 조총련의 방해사건이 존재한다는데 보다 유의하여, 이러한 일이 재발되지 않도록 일정부가 적절한 조치를 취해주길 재삼 요청합니다.

마에다 공사:

김미혜 및 김행강 양 사건은 한국신문의 보도에 의하여 알고 있으며, 한국측이 깊은 관심을 가지고 두 사건을 크게 다루고 있어 이러한 상황을 본국정부에 4.2. 이미 보고한 바 있읍니다.

오늘 다시 차관보께서 이 문제를 제기하셨으니 한국정부의 입장을 본국정부에 보고 하겠읍니다

사건 경위, 일본 경찰이나 입관당국의 조사결과 및 일본정부의 조치사항에 관하여 본국정부로부터 조사 지시가 있으면 그때 말씀드리기로 하겠읍니다. 다만 이러한 사건을 일본신문이 어떻게 보도하고 있는지는 모르겠읍니다마는 북송된 일본 부인의 사건과 더불어 북한의 실상을 일본 대중에게 알리는 교훈적 역할을 하는 적극적인 면도 없지 않을 것이라는 것이 제 개인의 생각입니다. 끝.

6. 외무부 공문-면담록 송부

외무부
번호 북일700-
일시 1977.4.7.
발신 외무부 장관
수신 주일대사
제목 면담록 송부

연WJA-0454
연호 관련, 77.4.4.자 김정태 차관보-마에다 공사의 면담록 사본을 별첨 송부

하오니, 업무에 참고하시기 바랍니다.

첨부: 동 면담록 사본 1부. 끝.

⑤ 북한송환 대기 재일본 한국인 김태훈 일가족 탈출사건, 1978

○ ○ ○

기능명칭: 북한송환 대기 재일본 한국인 김태훈 일가족 탈출 사건, 1978

분류번호: 791.242

등록번호: 12497(26377)

생산과: 교민1과/동북아1과

생산연도: 1978-1978

필름번호: 2008-81

파일번호: 11

프레임 번호: 0001-0058

1. 외무부공문(착신전보)—북한송환 대기 재일본 한국인 김태훈 일가족 탈출 보고

외무부
종별 긴급
번호 JAW-03622
일시 301429
발신 주일대사
수신 장관

8-C-J-1-12
1. 3.31 니이가다 출항예정인 북송선을 대기중인 하기 가족 일행 5명이 3.30.
11:00시 집합 장소인 니이가다시 소재 호반호텔을 탈출하였다함.
김태훈(남) 39.3.21생 본인
김궁미자(여) 69.11.21. 장녀
김융웅(남) 68.5.16. 장남
김융일(남) 72.2.29. 차남
김융사(남) 73.4.9. 3남
본적: **********
현주소: 오오사카시 모리구찌시 후지다마찌 1-115
직업: 메리야스 가공업
2. 당관은 박성무 총영사를 니이가다로 급파하였는 바 진전상황 추보위계임.
(일본영-교일,북일,중정)

2. 외무부공문(착신전보)—김태훈 기자회견

외무부
번호 JAW-03638
일시 301735
수신시간 3.30. 20:46
발신 주일본대사
수신 장관

(I-C-J-1-12)

연: JAW-03622

1. 연호 김태훈(김태득은 오식임)은 3.30. 16:30시 한일양국 특파원단과 회견을 가진바 이자리에서 동인은 한때 착각하여 조총련의 기만선전에 속았다고 말하고 자기가 조총련지정 집합장소에 3.27 도착하자 곧 속았다는 것을 깨닫고 탈출을 계획하던차 30일 08시 동생 김태봉 부부가 면회온 틈을 타서 탈출하였다고 말하였음.

2. 동인은 앞으로 될수있는대로 한국에 가서 살면서 조총련의 기만선전을 폭로하고 북송하려는 사람들을 적극만류하는데 힘쓸 생각임을 피력하였음.

3. 추보위계임. (일본영-교일 북일 증정)

3. 외무부공문(발신전보)−일가족 탈출 관련 지시 사항

외무부
번호 WJA-03528
일시 311150
수신시간 3.31. 15:57
발신 장관
수신 주일대사

대: JAW-03622

1. 금번 사건으로 특히 거년 3월 김미혜양 탈출 이후 아국이 계속 북한측의 강제 북송을 반대하고 있음에도 불구하고 일측이 종래 주장하는 거주지 자유권 선택권이 강제로 유린되고 있음이 다시한번 실증된 바이니 이런 부당처사에 □하여 일측에 항의하고 보고 바람.

2. 보도에 의하면 김태훈 일가족은 북괴측 기만 전술에 속았음을 깊이 뉘우치고 본국에서 가족과(모친과 형제) 같이 살기를 희망하였다하니 이에 관한 진상을 확인하여 지급 보고 바람.

3. 한편 북한의 강제 북송의 비인도적인 처사를 비난하는 홍보 활동을 적극 전개 바람. (교일)

4. 외무부공문(착신전보)–김태훈 북송선 선적 재산 관련 보고

외무부
종별 긴급
번호 JAW-03670
일시 311437
수신시간 78.3.31. 15:57
발신 주일대사
수신 장관

    (1-C-J-1-12)
    연: JAW-03638
1. 연호 김태훈의 약 2천만엥 상당의 소유물품이 북송선에 실려있는 것을 찾기 위하여, 이원세 민단 니이가다 본부 단장이 대리인으로서 변호사를 통하여 "재산 확보를 위한 선박 출항정지 가처분 신청"을 3.31. 14:00시 니이가다 지방 재판소에 제출하였는 바, 수리여부는 15:00시경 결정될 것이라 함. (북송선은 3.31. 17:00시경 출항 예정임)
2. 상기 진전 여하에 따라 당관은 김태훈과 그 가족을 동경으로 데려오도록 조치할 예정임. (일본영-교일, 북일, 중정)

5. 외무부공문(착신전보)–선박출항정지 가처분신청 기각 및 재산확보 인출 신청서 제출 사실 보고

외무부
종별 긴급
번호 JAW-03673
일시 311555
수신시간 78.3.31. 17:06
발신 주일대사
수신 장관

(1-C-J-1-12)

연: JAW-03670

1. 연호 선박출항정지 가처분 신청은 재판소에 의하여 수리되지 않아 "재산 확보 인출 신청서"를 재차 제출, 15:40시 동 신청서에 입각한 집행 명령서가 발급되었음.

2. 진전상황 추보위계임. (일본영-교일, 북일, 중정)

6. 외무부공문(착신전보)–집행명령서 집행 불가 보고

외무부

종별 긴급

번호 JAW-03680

일시 311725

수신시간 78.3.31 18:31

발신 주일대사

수신 외무부 장관

(1-C-J-1-12)

연: JAW-03673

연호 집행명령서를 휴대한 재판소측 집행관 2명(변호사 동행)이 급기 출동, 16:25 부두에 도착하였으나, 북송선은 이미 출항중이여서 집행이 불가능하게 되었음. (일본영-교일,북일,중정)

7. 외무부공문(착신전보)–김태훈 일가 동경 송환 보고

외무부

종별 긴급

번호 JAW-03682

일시 311758

수신시간 78.3.31. 19:28
발신 주일대사
수신 장관

   (1-C-J-1-12)
   연: WJA-03670, 03680
   1. 김태훈 및 가족은 3.31. 18:50시 동경으로 향발키로 하였음.
   2. 당관 박성무 총영사 및 민단 간부들이 동행할 것임. (일본영-교일,북일,중정)

8. 외무부공문(착신전보)–김이명 참사관 아주국 방문 결과 보고

외무부
종별 긴급
번호 JAW-03684
일시 311901
수신시간 78.4.1. 8:19
발신 주일대사
수신 장관

   연: (1): JAW-03683
   연 (2): JAW-03622
   1. 3.31. 김이명 참사관은 아주국 "미야끼" 차장을 연호(1)과 관련, 방문한 자리
   에서 연호(2) 김태훈 및 그의 가족의 북송거부 및 망경봉호 승선 거부의 사실을
   일측에 설명하였음. (일측은 동 사실을 알지 못하고 있었음)
   2. 김참사관은 김태훈 및 그 가족이 한국 국민인 점에 문제가 있으나 오늘은
   이 문제를 거론치 않고 후일 이야기 하겠다고 유보한 다음 김태훈이 북송 거부
   한 이상 망경봉호에 그 의사에 반하여 승선, 북송되어서는 아니될 것이고 일본
   정부도 응당 그런일이 없도록 보장할 것으로 기대한다고 말하였던 바, 일측은
   본인 의사가 북송을 거부하는한 북에 가는일은 있 을 수 없다고 잘라 말함.
   3. 일화 1,200만엥 상당 김태훈 소유 화물이 망경봉호에 적재되어 있어 김태훈
   재판소에 동선박 출항 정지 가처분 신청을 제기한다고 하고 있다하니 외무성이

이점 유념하여 호의있는 조치 있기 바란다고 하였던 바, 일측은 그 문제는 사법부의 사항이기 때문에 외무성으로서는 할 수 있는 바가 극히 제한되어 있다고 말함.

4. 이건은 재외국민 보호의 문제로서 아측도 관심을 가지고 있음을 외무성이 유의하기 바란다고 말하였음.

(일정-북일)

9. 북송대기자 김태훈 일가족 탈출사건

북송대기자 김태훈 일가족 탈출사건

1978.3.31. 교민1과

1. 김태훈 일가의 인적 사항
   가. 성명
   김태훈 1939.2.11.생
   김궁미자 1969.11.12.생(장녀)
   김융웅 1968.5.16.생(장남)
   김융일 1972.2.29.생(차남)
   김융사 1973.4.9.생(삼남)
   나. 본적: **********
   다. 현주소: 오오사카시, 모리구찌시 후지다마찌 1-115

2. 탈출 경위
   가. 1978.3.27(28) 오오사카로부터 니이가다 호반 호텔에 도착한 후 달라진 대기소 분위기에 조총련 기관 전술에 속았음을 깨닫고 탈출을 계획하던 중
   나. 1978.3.30. 08:00 동생 김태봉 부부가 면회 온 기회를 이용, 탈출
   다. 1978.3.31. 현재 니이가다현 민단 본부에서 보호를 받고 있는 중임.

3. 김태훈은 1978.3.30. 16:00 한일 양국 특파원단과 기자회견을 갖고, 탈출 동기 및 탈출 경위를 밝히고, 본국에 영주 귀국할 희망을 피력하였음.

4. 조치사항
   1978.3.31. 11:50 주일대사관에 긴급타전, 아래와 같이 지시함.
   가. 본 사건은 아국의 반대에도 불구하고 일측이 계속 북송을 허가함으로써 발생한 사건으로, 거년 3월 김미혜 탈출사건에 이어 종래 일측이 주장해온 거주지

자유선택권이 유린되고 있음을 다시 한번 실증해주는 case임을 지적, 동 부당 처사에 대하여 일측에 항의할 것.
나. 북한 당국의 비인도적 강제북송 처사를 비난하는 홍보활동을 적극 전개할 것.
다. 김태훈의 영주귀국 의사 피력 사실을 확인 보고할 것.

10. 외무부공문(발신전보)—집행명령서 집행 불가능 건에 관해 일 정부에 대한 강력 항의 지시

외무부
종별 긴급
번호 WJA-0401
일시 011030
발신 장관
수신 주일대사

　　대: JAW-03680, 03684
　　연: WJA-03528
　　대호건 집행명령서의 집행이 불가능하였던 경위를 상세히 보고 바라며, 우리 교포의 재산이 일사법 당국에 의하여 충분히 보호를 받지 못하였는 바, 일본 관헌의 직무 태만에 기인하였던, 고의적이었던 이로 인하여 아국 교포의 재산이 손실당하였음으로 이에 대하여 강력히 항의하고 일측의 책임있는 조치를 요구, 결과 보고 바람.
　　(교일, 북일)

11. 외무부공문(착신전보)—만경봉호 탈출사건 관련 홍보 기사 보고

외무부
번호 JAW-04038

일시 012057
발신 주일대사
수신 장관

1. "만경보호 탈출사건"(3.31자 이미 NIGATA 발신 주일특파원 보도)에 관한 홍보 측면 종합 보고임.

2. 지원사항

가. 동 사건 발생 직후인 3.30. 14:20 주일 특파원단은 □포 NIGATA로 떠났으며, 윤□준 공보관이 동일밤 합류, 현재 지원했음.

나. 주일 외신, 특히 AP 통신 동경지국에 사태 진전을 소상히 제보(동 통신은 작년 4월 김. 미에꼬 탈출 사건도 포함시킨 북송선에 관한 통합 FEATURE STORY로 금일 보도토록 양해되었음)

다. 장거리 전화로 상께이 신문 NIGATA 지국 참석기자(전동경 본사 사회부 UEKI KEN 기자)에 보도상 협조 요청. 동신문은 NIGATA를 포함한 지방판 4.1자 주간 사회면 TOP으로 다음과 같이 동사건을 보도.

표제: "귀국은 싫다고 탈출"

-북조선 귀환선 출발 직전, 이바지와 아이들 5명

부제: 보호 요청코 파출소에, □□□에 싸고 골머리 앓는 법무성

사진: 김태훈씨와 아이들(2단)

(동 기사는 동경판에는 "과격파-이전에는 전화 □□□, 케이블 절단" 기사로 대체되었음. 지방판 □파편 송부하겠음)

라. 주일 특파원단에 대해서는 김씨 화물을 인출토록 NIGATA 지방 법원이 "처분"했는데도 불구하고 NIGATA 항만 당국이 이에 성실히 응하려 들지 않은 점, 만경봉호가 일본측 법원 조치를 무시하고 떠난점을 클로즈업시키므로서 북괴와 더불어 일본측의 불성실하고 석연치 않은 동향을 비판토록 배경 설명했음.

마. 3.31자 석간 보도용 전송사진 현상 지원(3.31. 06:30)

3. 금후 대책:

동 사건이 다음 측면이 주재국 □□□ 등에 반영되도록 주력할 것임.

가. 제일교포 "북송"은 강제 □□의 전형이며, 인도주의의 탈을 쓴 비인도주의적인 조치임(북송자의 일본 왕래 일체 금지)

나. 만경봉호에 대한 NIGATA 지방 법원의 조치가 무시당함으로서 일본은 법치국가로서의 체면을 잃었으며, 그결과 재일교포 김씨의 개인 재산(일화 2천만엔 추정)이 부당히 침해당했음.

다. 만경봉호의 성격(간첩선, 밀수선의 측면) 부각
라. 조총련의 "북송"을 이용한 교묘한 세금 포탈 행위 폭로(북송 예정자 김씨 명의 법이 부동산 처분)
마. 일본측의 불투명한 대북괴 태도 비판.
(공보관-문공보)

12. 외무부공문(착신전보)—북송대기자 김태훈 일가족 탈출사건

외무부
종별 긴급
번호 JAW-04062
일시 311608
수신시간 78.4.3. 18:06
발신 주일대사
수신 장관

연: JAW-03682
1. 4.3. 12:00 민단, 상공인 및 주일상사 대표들이 참석, 김태훈 일가족을 돕기 위한 회"를 발기시켰으며 동석에서 각계로부터의 성금 전달이 있었음(대판 지역에서도 금일중으로 상기회가 발기될 예정임)
2. 김태훈 및 자녀 4명은 4.3. 17:45 KE-001편으로 당지출발 입국예정임.
(일본영-교일, 북일)

13. 외무부공문(착신전보)—집행명령서 집행 불가 경위 보고

외무부
종별 긴급
번호 JAW-04181
일시 071855

수신시간 78.4.8. 9:07
발신 주일대사
수신 외무부 장관

대: WJA-0401
1. 대호 경위를 아래와 같이 보고함.
가. 3.31. 11:00 일본인 변호사(중립계)를 선정, 관계법규를 검토한 후 14:00 경, "만경봉호 출항정지 가처분 신청"을 니이가다 지방 재판소에 제출하였으나 재판소측으로부터 국제관례상 출항정지 시킬수 없다는 통고를 받고 즉시 선장 양순철을 상대로한 "재산인도 가처분 신청"을 제출하였음.
나. 15:40 경 동 지법 연립판사에 의해 공탁금 60만엥으로 "재산인도 가처분 결정"이 내려져 즉시 공탁금을 걸자, 16:00경 동 지법은 만경봉호 선장에 대하여 채권자 대리인 변호사에게 물품인도를 명령하는 영장을 발급하였음.
다. 이에 따라 변호사 및 집행리 2명은 16:20경 니이가다 항만사무소에 도착하여 집행을 요구한바 승객터미날 사무소 소관이라고 하여 다시 터미날 사무소에 갔으나 아무도 없어서 부득이 만경봉호에 승선하여 선장에게 영장을 제시코저 시도하였으나 출항준비를 완료하고 있었고 조충련계 환영인파의 고의적인 방해로 집행이 불가능한 상태였고 만경봉호는 16:35경 출항하였음.
2. 상기 가처분 결정은 공탁금을 찾고 취하하지 않는 한 계속 유효함을 참고 바람.
3. 재판소 결정 등 자료는 파견 송부할 것임.
(일본영 교일 북일)

14. 북송중 탈출자 김태훈 조사상황

北送中 脫出者 金泰勛 調査狀況
1. 人的事項
   本籍 濟州 南郡 西歸浦邑 *** ***
   住所 日本國 大阪府守口市 藤田町 1-115
        前 末廣 닛도 株式會社 工場長 金太勛 1939.3.23生
2. 出身性分

本籍地에서 貧農家인 亡夫 金漢謹의 2男으로 出生하여 新孝國民學校를 거쳐 西歸浦中學校를 54.3에 卒業

3. 渡日經緯

1955.1.頃 生活□□을 打開하기 위하여 當時 日本國 靑森에서 빠징고業을 하는 外叔 高泰光을 依持 密航渡日

4. 在日動向

가. 1955.1 密航渡日 卽時 靑森에서 빠징고 業을 하는 外叔 高泰光의 店鋪에서 從事

나. 1956. 봄경 大阪市 福島에서 메리야쓰業 金田商店을 經營하는 親戚 金熙明의 周旋으로 高橋商店의 유리 見習工으로 종사

다. 1957. 봄경 靑森 高泰光 經營 빠징고店 丸高쎈터 店員으로 從事

라. 1957. 가을頃 下宿生活을 하면서 大阪市生野區 所在 不二化學(고무공장) 職工과 프라스틱 職工 등으로 轉轉 從事

마. 1964.6. 大阪入管에 被檢 大村收容所에 拘束

바. 1965.1. 高泰光의 周旋下 特別在留許可 取得코 釋放

사. 1965.2 大阪市 城東區 野江所在 김봉윤 經營의 메리야쓰 工場 見習으로 入職 從事

아. 1969. 봄頃 大阪市 城東區 關目町 所在 "村上 메리야쓰"工場을 設置運營타가 70.12.30. 燒失

자. 1971. 봄頃 大阪市 守口市 梶町 4-79-11 所在 末廣 닛도 株式會社(玄永鑛 中立系) 經營의 工場長으로 就業從事타가 78.3.24 北送關係로 辭退

5. 家族狀況

가. 直系家族

日本人妻 簗場絹江(야나바 기누에)

　　1964. 結婚 同居中, 70.12頃 合意離婚했으나 다시 同居中

長男 隆雄 1968.5.16生

2男 隆一 1972.2.29生

3男 隆司 1973.4.9生

長女 弓美子 1969.11.21生

나. 在日親族

① 大阪市 城東區 政育4-12-3

　　메리야쓰 製造業 藤 金太奉 37才

② 東京都 澁谷區 代代木町 5-45

　　　　外叔 高泰光 55才
　　　　　〃 高泰俊 46才
　　③ 大阪市 東淀川區
　　　　　親戚 金熙明 70才
　다. 國內家族
　　　母 高泰吉 61才
　　　兄 金太立 41才
　　　第 金太晚 30才
　　　姉 金愛己 47才
　　　妹 金愛烈 28才
　　　〃 金愛玉 25才
　　　〃 金愛花 25才
　　　〃 金愛福 25才
　　　〃 金愛基　等이 本籍地 等에 各各 居住하고 있음.

6. 財産關係
　가. 本名 密航渡日后 國內 家族에게 送金한 事實이 없으므로 國內所有 財産 없음.
　나. 現在 本名이 所有하고 있는 不動産은 全혀 없으며 只今껏 末廣 닛도 工場長으
　　　로 月 15萬円의 給料를 受領하여 居住家屋月貰 17,000円을 支拂한 殘額으로
　　　5名 家族을 扶養하는 極貧生活을 하여 온 實情임
　다. 現在까지 貯蓄해온 財産은 離婚했으나 實弟로 同居中인 日本人妻에게 전부
　　　탕진하였음.

7. 北送希望動機
　가. 密航渡日 3年后인 1958年度頃 當時 生活難으로 北送을 希望하였다가 中止
　나. 日本人妻 築場絹江와 不和로 因해 70.12 合意離婚하였으나 其后 지금까지
　　　同棲生活을 하는 狀態로 恒常 不和로 厭症을 느껴 生活意欲喪失
　다. 將來 事業發展 展望이 없고 成長하는 兒童의 敎育問題 등 生活 打開方案이
　　　없어 苦惱
　라. 1977.9.17. 自動車事故로 因한 被害 100萬円 辨償 督促을 받고 苦惱中, 朝
　　　總聯의 도움을 받아 現□生活環境에서 脫皮하여 보겠다는 意圖下에
　마. 1977.10. 中旬頃 電話番號簿에 依據 朝總聯 大阪府 本部에 掛電하여 自信의
　　　生活實態를 說明하는 同時 打開策支援을 要請
　바. 其 卽時 自宅으로 來到한 朝總聯 大阪府 本部 經濟部長 鄭大昇 外 2名에게
　　　自身의 生活環境을 補充說明하는 한便 同人 등으로부터 社會主義 社會制度의

優越性과 北傀의 發展相에 對한 敎養 및 交通事故事件은 朝總聯에서 責任지고 解決해 주겠다는 등의 約束을 받음으로서 그와 連繫된 后 그들이 投入하는 朝鮮新報 등 宣傳刊行物 등에 依하여 北傀를 憧憬

사. 78.1.頃 大阪府 守口市 梶町 4-79-11 末廣 닛도 株式會社 앞 所在 屋號未詳 茶房에 同 鄭大昇으로부터 只今의 生活狀態에서는 資本主義社會인 日本에서 더이상 견기기가 어려울 것이며 交通事故로 因한 被害補償을 足할 方法이 없으니 入北하라. 그러면 朝總聯에서 同辨償을 責任지겠다. 祖國에 가면 貧富의 差가 없는 平等한 生活을 榮爲할 수 있으며 子女들도 無料로 金日成大學까지 보낼 수 있으니 그보다 더 幸福한 일이 있겠느냐 機械를 마련하여 가지고 가도록 하겠으니 入北하면 優待를 받으며 生活할 수 있도록 保障하겠다.

아. 印鑑 等 一切의 手續을 委任한다면 入北時 携帶할 機械準備와 關聯文書를 具備하겠으니 安心하라는 等 勸告를 받고 北送을 希望할 것을 決心하였다.

8. 脫出動機

가. 78.3.28. 08:40 大阪方向에서 北送希望者 20世帶와 같이 朝總聯 大阪府本部 社會部副部長 朱元昊의 引率下에 汽車便으로 大阪驛을 出發하여 同日 17:25 新潟驛에 倒着하는 동시 湖畔호텔 312號室에 收容된 다음날인 3.29. 18:30 同 호텔 315號室에서 다른 大阪出身 20餘名과 같이 동 朱元昊로부터

나. 이 時間부터 日本에서 生活하여온 方式의 行動은 禁止하며 每事班長의 指示에 따라야 한다

다. 個人이 所有하고 있는 貨幣는 英國貨幣가 아닌 限 携帶할 수 없으며 換錢하도록 하라는 等으로 出發前부터 行動의 自由를 拘束하는 한 便 同 호텔內 監視가 삼엄한 것을 勘案 北傀社會는 더할 것이 아니냐는 豫想이 들어 北送希望을 后悔하여

라. 前日 北送을 反對하여 오던 同生 金太奉에게(大阪932-4132番) 掛電 "來日 出航하는데 面會을 수 없으냐"는 內容으로 新潟에 올 것을 慫慂하는 등 그 巢窟에서 脫出할 것을 決意하였음.

9. 脫出經緯

가. 1978. 3.30. 07:50 同 湖畔호텔 로비에서 同生 金太奉 夫婦를 相逢하고 監視員 등에게 大阪으로부터 歡送次 來到한 同生夫婦라고 紹介 收容實인 312號室에 臨하여 脫出을 謀議

나. 3.30. 08:00頃 本名 兄弟는 寫眞撮影을 한다는 口實을 가추기 위하여 寫眞機를 携帶하는 한 便 洋服을 입고 金太奉의 妻는 4名의 子女를 다리고 房을 나와 正門 監視員에게 英國貨幣로 換錢할 日本貨가 兄에게 膳物할 짐 속에

넣어 驛前 日本人店鋪에 保管하여 두었는 바 같이 나가서 本人이 必要한 物件이라면 그 物件과 돈을 가지고 같이 돌아오겠다는 內容으로 外出許可 申請을 한즉 同 監視員은 09:00까지 歸還條件으로 外出을 許可함으로 同 호텔을 나와 約 300메터 相距한 地點에 臨하였을 當時 待機中인 택시 2臺에 分乘 新潟市 西警察署 驛前 派出所에 臨하여 身邊保護를 要請하였음.

다. 3.30. 08:30 身邊保護 要請을 받은 新潟驛前 派出所에는 當時 4名이 警察官이 있었는 바 빨리 몸을 避해야 한다면서 本名一行을 派出所內의 宿直室로 引導하여 카텐을 치는 등 保護하고

라. 本名 등이 領事館 또는 民團에 連絡하여 保護를 받도록 하던지 不然이면 飛行機便을 利用 大阪에 가서 民團의 保護를 받도록 하겠으니 도와달라고 要請한 즉 同 警察官 등은 新潟에는 아직 領事館이 없고 民團長은 알고 있으나 現段階에서는 連絡을 取할 수 없으니 本署 上官이 올 때까지 待機指示

마. 同 09:00頃 本署로부터 來到한 幹部에게 우리를 本署에 데려가 保護措置를 하여 달라고 要請한 즉 알겠다고 對答하면서 2臺의 택씨를 準備 分乘시켜 警察官 1名의 案內下에 警察本署가 아닌 新潟入管局에 移送措置하였음

바. 同 10:00 入管에 倒着 卽時 身邊保護措置 乃至 湖畔호텔에 남겨둔 物件을 찾아달라고 要請한 즉 이런 事件은 入管의 所管事務가 아니고 或是 赤十字의 協力을 求하여 解決하고 民團의 保護를 받는 것이 좋을 것이 아니냐 只今 朝總聯에서는 空港 등 要所에 監視를 配置하고 있을 것이니 個人行動은 危險하다고 警告

사. 同 10:40頃 入管에 來到한 赤十字社員은 東京本社와의 連絡을 取한 后, 脫出하여 목숨만 살아난 것을 多幸으로 생각하고 이미 船積된 物件은 抛棄하는 것이 좋겠다고 通告하면서 協力을 忌避

아. 當時入管에서는 敎示한 電話番號에 依한 民團通話를 企圖했으나 通話하지 못하였음(이때 入管電話를 使用할려 했으나 拒絕 當해 同 廳舍 外部에 設置된 公衆電話 使用)

자. 3.30. 11:50頃 入管에서 周旋해준 택시 2臺에 分乘하여 民團 新潟縣 地方本部에 臨하고저 하였으나 運轉手가 길을 몰라 同 運轉手가 車에서 내려 入管에 들어가 方向敎示를 받은 다음 同日 12:00頃에 同 民團 本部에 到着하여 保護를 받았음

10. 携帶品
收容時 携帶한 物品은 가방 4개
   (가로 50cm × 세로 70cm 1개

　　　　〃　30　×　〃　90　　1개

　　　　〃　15　×　〃　30　　1개

　　　　〃　10　×　〃　20　　1개)로서　內容物은

洋服 內衣 잠바, 세타, 오바, 구두, 넥타이, 벨트, 兒童服, 學用品, 時計, 화장품 등 時價 230萬円 相當이라고 主張하고 있으나 本名이 脫出后 總聯에 押留 當하였음.

11. 託送貨物

　　가. 萬景峰號에 船積한 本名의 物件은 日常生活 日用品 등 500萬円 相當이라고 主張하고 있으며, 北送 申請時부터 주선한 鄭大昇이 本名 名義로 自動車 2臺와 메리야쓰 製造機 등 2000萬円 相當을 託送하였다고 하나 本名은 丸の門 세다아미機(메리야스 製造機) 2臺 時價 1,600萬円만을 記憶할 뿐 其外는 무엇을 얼마나 託送한지도 모르고 있는 狀況이며 自動車 亦是 78.4.1 現在 新潟港에 金太勛 名義로 託送依賴된 事實이 없으며 託送貨物 카드는 全部 4枚로서 金太勛 名義 2枚, 李太勛 名義 1枚, 金太勳 名義 1枚 등으로 表示되어 있으나 物品名이 記錄되어 있지 않은 것이 2枚이었음.

12. 本名이 返還 받아야 한다고 主張하는 財産

　　가. 78.1 本名의 北送을 주선하는 鄭大昇이, 北送時 携帶시킬 物件賣買 等에 必要하니 印鑑證明書를 해달라고 하기에 即時 印鑑證明書 5枚와 印鑑을 委任하였던 바 名未詳人의 財産을 金太勛 名義로 登記移轉하고 다시 이를 日本人 第三者인 쉘 石油株式會社 大阪支店 앞으로 ~金 1億 5千萬円에 賣渡하였는데 이때 알선자는 韓國系 山本 以下 不詳者 興南土地株式會社(전화 395-2121, 935-2121) 社長이 주선하였고 賣渡金額中 1억 1000萬円은 大阪商銀 東淀川支店에 78.3 中旬 金太勛 名義로 일단 預置한 事實이 있었음

　　나. 이와 같이 自己自身의 財産이 아님에도 不拘하고 自己財産인 樣 處理한 理由는 鄭大昇과 山本가 本件에 協調하면 手數料條로 1千萬円을 떼어 北送時 편물기와 크라운 自動車 2臺를 金太勛 名義로 財産搬出시켜 주겠다는 提議에 利用되었음.

　　다. 편물기는 搬出된 事實이 通關카드를 받음으로서 確認되었으나 自動車는 通關카드를 發給받지 못해 搬出되지 않은 것으로 확인됨.

13. 財産搬出阻止, 法的鬪爭

　　가. 本名이 脫出后, 自己所有의 搬出財産을 返還받기 위해 78.3.31. 11:00 辯護士 原和弘(中立系)를 選定, 關係法規를 檢討, 13:50分에 萬景峰號에 積載된 財産의 搬出申請을 船長 梁順鐵을 相對로 新潟地法에 提起하였던 바 連立判事에

依해 金太勛을 審理后 同日 15:30 公託金 60萬円에 財産引出命令 假處分이 判定되어 卽時 公託金을 걸자, 地法은 16:00 萬景峰號 船長 梁順鐵은 貨物主 金太勛에 代身하여 原辯護士에게 物品引渡命令令狀을 發給하여 辯護士와 執行吏 2名은 즉각 新潟港灣事務所에 臨해(16:20) 執行을 要求하자 乘客터미날 事務所 所管이라 하여 다시 터미날 사무소에 갔으나 아무도 없어 時間이 急迫하여 不得已 萬景峰號에 乘船, 船長에게 令狀을 提示코저 試圖하였으나, 出港 準備를 完了하고 있었으며 總聯 歡迎人波의 姑意的인 妨害로 執行이 不能한 狀態였으며 萬景峰號는 16:35分에 出港하였음

나. 展望으로는 收容호텔에 保管한 携帶品은 現地 總聯이 押留하고서 本名이 나타나면 返還하겠다고 4名의 辯護士를 選立, 法庭鬪爭을 展開하였음.

我側이 同 物品을 찾기 위하여 總聯의 常套的인 挑發에 對抗 法的鬪爭할 價値가 없다고 判斷되어 携帶品은 포기함이 可할 것으로 思料됨.

萬景峰號 船長 梁順鐵을 相對로 提起한 假處分申請決定事項(物品引渡命令書)은 我側이 公託金을 찾고 取下하지 않는 限 有效함으로 同 船長은 同港에 寄港할 때마다 被告로서 法的拘束制裁를 免치 못할 것임에 我側은 繼續 法院이 決定事項을 履行하도록 强力히 要求할 것임.

그러나 北傀의 生態로 보아 返還받기는 어려울 것으로 豫想됨.

다. 自動車件은 本名이 脫出할 以上 向后 本名의 名義로는 搬出치 않을 것이므로 法的鬪爭의 對象은 되지 않을 것임.

14. 北送者를 利用 變則的인 財産處分糾明

今般 金太勛을 利用 處分하였다는 財産의 所有主 및 關聯者에 對한 眞想糾明은 最初 本名이 印鑑을 委任하였기 때문에 財産處理科程에서 得聞한 人的事項만으로는 糾明할 수 없어, 좀더 時間을 두고 內□와 □한 蒐集后 處理方案을 講究할 計劃임

15. 裁判關係書類, 命令書 등은 追報하겠음

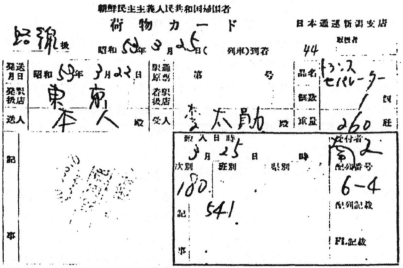

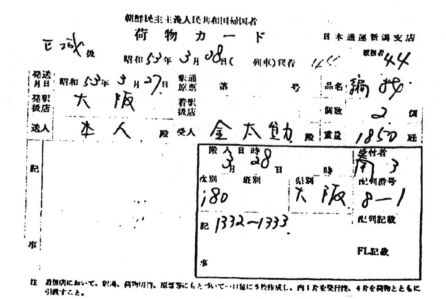

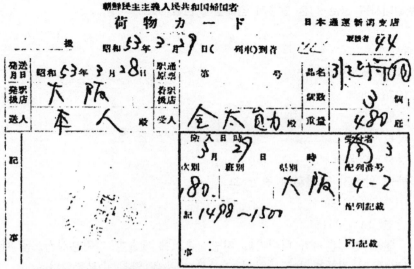

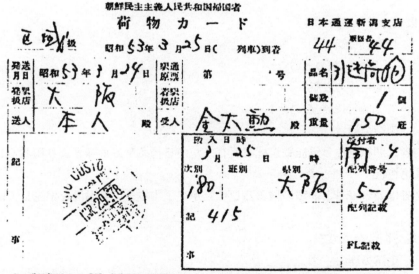

15. 주일대사관 공문—북송 탈출자 김태훈에 관한 보고

주일대사관
번호 일본(영)725-1859
일시 1978.4.8.
발신 주일대사
수신 장관
참조 영사교민국장
제목 북송 탈출자 김태훈에 관한 보고

　　　연: JAW-04181
　　　연호 김태훈씨가 니이가타 지방재판소에 제출한 가처분신청, 동 재판소의
결정문 및 김태훈씨에 관하여 조사한 내용을 별첨 송부합니다.
　　　첨부: 상기 자료. 끝.

15-1. 첨부—가처분신청, 가처분 결정문

　　　　仮処分命令申請書
　　　　　　当事者目録
　　　　　　　　別紙記載のとおり
　　　　　　目的物件の表紙
　　　　　　　　別紙目録記載のとおり
　　　　　　申請の趣旨
　　　債務者は別紙物件目録記載責権者所有にかかる物品を万景峰号より積おろして
債権者に引渡せ
　　　債務者は万景峰号と前項の積おろし作業が完了するまで新潟港を出港してはな
らない。
との仮処分命令を求める。
　　　　　　　申請の理由
一、債権者は昭和三〇年韓国より渡航し以来、大阪府に居住し、昭和四二年以来、
　　同五三年三月二五日まで大阪府守口市所在末広ニット株式会社のメリヤス工場
　　長として勤務していたものである。

二、債権者は昨年一〇月前妻築場絹江と離婚後四児をかかえて生活の行き詰りに逢着していた当時朝鮮総連大阪本部経済部長鄭大昇等にすすめられ、北朝鮮行を決意し、同出国に要する所定の手続を経て本年三月三一日午後四時新潟港発北朝鮮帰還船万景峰号に乗船して、北朝鮮に向かう予定になったものである。

三、右に従い債権者は今月二九日朝大阪府より新潟に到着したものであるが、これまでに北朝鮮の国内事情について種々周囲の話を聞くうちに、日本で生活する方がはるかに良いと判断するに至り、三〇日早朝遂に出国の意思をひるがえし、日本に滞在することを決意した。

四、右により、債権者は既に万景峰号に積込まれてあった手持の荷物につき、船長等関係当事者に返還を求めたが、これが回答は要を得ず、このまま手をこまねいておれば、債権者の全財産であり、価額約二〇〇〇万円相当の荷物は全て北朝鮮に運ばれてしまうことが必至の状況にある。

右の次第で右債権者の所有財産がこのまま北朝鮮に運送されてしまえば、債権者の同財産に対する権利回復は事実上不能に帰するおそれが十分にある。

五、よって申請の趣旨に記載の如き仮処分命令を求めるものである。

　　　　　　疎明資料
一、外国人登録証明書　　　五通
二、荷物カード　　　　　　四通
三、上申書　　　　　　　　一通
　　　　　　添付資料
一、疎明資料写し　　　　　各一通
二、委任状　　　　　　　　一通

　　　　昭和五三年三月三一日
　　　　　　債権者代理人

　　　　　　　弁護士　　原　和弘

新潟地方裁判所御中

－－－－－－－－－－－－－－－－－－－－－－－－－－－－－－－－－

当事者目録
大阪府守口市藤田町一丁目一一五番
　　債権者　金田太勘こと金太勘
新潟市寄居町六九七番地
　　債権者代理人弁護士　原　和弘
新潟市竜ヶ島新潟港中央埠頭
　　債権者　万景峰号船長
　　　　　梁順鉄

　　　　　ーーーーーーーーーーーーーーーーーーーーーーーーーーー

　　　物件目録
一、トランスセンパレーター一個
　　　　但し、梱包番号五四一
　　　　　配列番号六ー四
二、メリヤス丸編機二台
　　　　但し、梱包番号一三三二～一三三三
　　　　　配列番号八ーー
三、引越荷物三個
　　　　但し、梱包番号一四九八～一五〇〇
　　　　　配列番号四ー二
四、引越荷物一個
　　　　但し、梱包番号四一五
　　　　　配列番号五ー七

　　　　　ーーーーーーーーーーーーーーーーーーーーーーーーーーー

　　　　　仮処分決定
　　　当事者の表示
　　　　　別紙当事者目録の記載のとおり

右当事者間の昭和五三年(ヨ)第五六号　動産引渡仮処分事件について、当裁判所

は債権者の申請を相当と認め、債権者に保証として金六〇万円(供託番号　新潟地方
法務局　昭和五二年度金第二八一九号)をたてさせて、つぎのとおり決定する。
　　　　　　主文
　　債務者は別紙物件目録記載の債権者所有にかかる物品を偏に債務者に引渡せ。
　　　昭和五三年三月三一日
　　　　　新潟地方裁判所第一民事部
　　　　　　裁判官　馬渕　勉

　　　　　ーーーーーーーーーーーーーーーーーーーーーーーーーーーー

　　　当事者目録
大阪府守口市藤田町一丁目一一五番
　　債権者　金田太勘こと金太勘
新潟市寄居町六九七番地
　　債権者代理人弁護士　原　和弘
新潟市竜ヶ島新潟港中央埠頭
　　債権者　万景峰号船長
　　　　　梁順鉄

　　　　　ーーーーーーーーーーーーーーーーーーーーーーーーーーーー

　　　物件目録
一、トランスセンパレーター一個
　　　　但し、梱包番号五四一
　　　　　配列番号六ー四
二、メリヤス丸編機二台
　　　　但し、梱包番号一三三二～一三三三
　　　　　配列番号八ー一
三、引越荷物三個

但し、梱包番号一四九八～一五〇〇

配列番号四－二

四、引越荷物一個

但し、梱包番号四一五

配列番号五－七

右は正本である。

昭和五参年参月参壱日

昭和　　年　　月　　日

裁判書記官　小林正三郎

16. 외무부공문(착신전보)-김태훈 일가 화물 관련 보고

외무부
번호 NIW-0403
일시 121655
발신 니이가다 총영사 대리
수신 장관
참조(사본) 주일대사

지난 3.30일 북송 탈출한 김태훈 일가의 화물 인도에 대하여 그간 아측이 변호사를 통하여 가처분 조치등을 취하였으나 시간적으로 맞지않아 3.31일 일차 만경봉호가 귀국하였으나 잔여 화물 수송을 위하여 지난 4.10. 재입항 11일 출항하였으며, 동선 입항시 조치 내역을 아래와 같이 보고함.
1. 니이가다 민단본부에서는 민단 중청의 지원을 받아 김태훈의 화물전부의 즉시 반환과 일적은 비인도적인 북송을 즉시 중지하라는 차량데모를 하였음

가. 동원 차량대수: 50대

나. 동원인원: 150명

다. 일시: 78.4.10. 13시-15시

2. 정찬식 영사는 소송 대리인 "하라"변호사와 잔여 물품 확인과 잔여 물품에 대하여 반출중지토록 관계 기관장을 만나 조치하였으며 이미 1차때 북송한 물품에(기계류 3개) 대하여도 반환토록 변호사가 일 재판소 집행관 대동 만경봉호 선장에게 집행코저 하였으나 선장 부재등 이유로 승선거부와 가처분 통달서 인수를 거부하였음.

3. 상금 미반품 물품은 가재도구 4개 수화물 4개로 가재도구 4개는 일통에 보관 중이고 수화물 4개는 조총련에서 보관중이라 함. 상기 화물에 대하여 인수토록 노력함과 동시에 북송화물도 반환토록 일적에 조치하였으며 금후 진척사항은 수시 보고위계임. (북일, 교일)

17. 김태훈 일가족 북송 탈출 사건

김태훈 일가족 북송 탈출 사건
(김태훈(39)과 자녀 4명)

1978.4.14.

교민1과

1978.	3.30.	11:00	니가다 호반호텔 탈출
		16:30	기자단(한.일) 회견
	3.31.	11:50	주일대사에 지시(WJA-03528)
			(거주지 선택자유 의사 유린)
		14:00	니가다 지방재판소에 선박(만경봉호) 출항정지 가처분 신청-기각
		15:40	재산확보인출 집행명령서 발급
		16:25	집행명령서 집행 불가능
			(집행관 2명, 변호사 대동, 선박 출항중)
		18:50	김태훈 일가 동경 귀환
	4.1.	10:30	주일대사에 지시(WJA-0401)

(일본 관헌의 행위로 교포의 재산침해당함)

4.3.	12:00	김태훈 일가 돕기회 발기(동경, 민단 및 상공인)
	17:45	김태훈 일가 귀국(KE001)
4.6.	16:40	주일대사에 독촉 지시(WJA-0478)
4.8.		경위 보고 접수(동경 JAW-04181)
4.13.		경위 보고 접수(니가다 NIW-0403)

4.10. 만경봉호 재입항 4.11. 출항

민단 주관 규탄 차량 데모 행함.

차량: 50대

인원: 150명

일시: 4.10. 13:00-15:00

선장(양순철) 부재 이유 들어 승선 거부, 가처분 통달서 인수 거부

* 김태훈 소유화물 관계

1. 기계류 3상자(2천만엥).... 북송

2. 가재도구 4상자.... 일통에 보관중

3. 수화물 4상자.... 조총련 보관중 화물 반환토록 일적에 조치 요청함.

18. 외무부공문(발신전보)–일정부에 대한 조치 촉구에 대한 답신 재촉

외무부

종별 긴급

번호 WJA-04223

일시 141830

발신 장관

수신 주일대사

연: WJA-0401, 0478

연호 일측에 강력히 항의하고 책임있는 조치를 요구, 결과 보고토록 지시한데 대한 보고가 아직 없는바, 동 경위 보고바람 (교일, 북일)

⑥ 북한 송환 예정자 중 귀환 의사 변경 재일교포 처리문제, 1979

○ ○ ○

기능명칭: 북한송환 예정자 중 귀환 의사 변경 재일교포 처리문제, 1979

분류번호: 791.242

등록번호: 13917(17942)

생산과: 일본담당관실

생산연도: 1979-1979

필름번호: 2009-92

파일번호: 19

프레임 번호: 0001-0073

1. 관계일지

관계일지

79. 2.2.	일경찰(안) 제시
2.16.	중정의견조회
3.9.	관계관 회의(일측입장분석 및 아측입장 검토)
3.13.	중정 회신
3.23.	아측안 수립 및 각부서 송부 및 검토 요망
4.20.	중정 No Objection
4.25.	법무부 〃
5.2.	니이가다 회보안
8.23.	주일대사관 회보안

전제사항

1. 경찰측과 일적과의 양해사항
2. 적절한 시기에 외교경로를 통하여 아측의 반대의사를 다시한번 명백히 표명
3. 일본경찰/일적과의 협조관계만으로 불가능. 이들과 아국 영사관이 협조관계 유지할 수 있는 보장을 일정부로부터 받아야함.
4. 일적/경찰의 원만한 협조하에 한국영사관 은밀히 개입.

2. 송환 예정자의 의사 변경 사례에 대한 취급

송환 예정자의 의사 변경 사태에 대한 취급

79.8.28.

일측안(79.2.2)	아측 기본안 (79.3.23)	중정검토안 (79.3.13)	니이가다 건의안	주일대사관 건의	최종안
1. 귀환 예정자가 귀환의사를 변경, 경찰에 보호 요청을 했을 경우				「모든단계에서 총영사관 적극 참여」	-모든 단계에서 총영사관의 적극참여 □□ 촉구
가. 사태발생의 통보 경찰은 귀환의사변경 사태 발생을 인지한 때는 가급적 속히 사태개요를 일적 및 입관에 통보	한국총영사관에도 즉시 통보(추가)	〃	〃	총영사관 적극참여토록 함.	-총영사관에도 통보 요망

나. 의사 변경자의 의사 확인 기관 1) 귀환예정자의 의사변경확인은 일적책임하에 행하며, 확인장소는 원칙적으로 일적 니이가다 현지부로 하되, 동지부 내에서 행함이 적합치 못할 때는 타장소 고려함.	1) 일적은 북송자의 최소한의 편의를 위한 뒷바라지에 국한 의사변경확인은 입관이 경찰 및 한국총영사관측(또는 그 지정인)의 입회하에 행하고, 이 경우 일적은 참관하는 것에 그치도록 함.	한국영사관 관계자(또는 지정인) 참여 (추가)	한국영사관측(지정인) 필히 입회	일경 및 입관 담당	- 의사 확인은 입관책임하로 하는것이 바람직 -동 확인시 총영사관 관계자(또는 지정인)의 참여 허용
2) 일적은 의사변경자의 의사확인을 할때, 그것이 본인의 자유의사에 의한것임을 명확히 하기 위하여 가능한 한 당해인으로부터 의사변경을 표시하는 문서(성명, 날인)를 받도록 하고 그 결과를 속히 경찰에 통보토록함.					
다. 경찰의 책무 1) 경찰은 일적의 의사확인시 의사변경자 및 일적직원의 신체의 안전에 위해가 예상되거나 또는 일적의 요청이 있을시는 안전확보를 위한 필요조치를 취하도록 함.	총영사관의 요청에 따라서도 안전조치를 취하도록 함. (추가)	〃	〃	총영사관 적극 참여. 일경 및 일관 담당	- 총 영사관 요청시에도 경찰 필요 조치 취함
2) 경찰은 일적의 의사확인이 끝난 후, 경찰독자의 입장에서 적당한 장소에서 의사변경자로부터 사정 청취를 하도록 함.					
라. 의사변경자의 신병 조치 일적의 의사확인 및 경찰의 사정 청취가 끝난 때의 의사변경자의 처리는 본인의 희망에 따라 일적책임하에 행하도록 함. 상기조치를 취함에 있어 "트러블"이 발생할 것이 염려될 때에는 경찰은 필요에 따라 또는 일적의 요청에 따라 필요한 조치를 강구하도록 함.	한국 총영사관의 협조(추가)	한국 영사관의 요청(추가)	한국영사관과의 긴밀한 협조하에 일본 거주 및 한국 귀국 여부는 전적으로 본인의 자유의사	총영사관 적극 참여(일경 및 입관 담당) 영사관 요청시(추가)	-총영사관과 긴밀한 협조하에 신병조치 처리 -총영사관 요청시에도 경찰필요조치
마. 기타 필요한 연락					

경찰과 일적은 의사변경사태에서 파생하는 상기 이외사항에 대하여도 적절히 연락을 취하도록 함. 1) 일적이 의사변경사태를 조총련에 연락하는 경우 2) 조총련이 일적에 대하여 의사 변경자와의 면회를 요구하는 경우 3) 기타 화물을 둘러싼 트러블 등				영사관에도 연락(추가)	
2. 귀환예정자가 귀환의사를 변경, 한국총영사관의 비호하에 있는 경우				일측요망사항 가급적 협력	
가. 총영사관에 대한 요청 경찰 및 일적은 총영사관에 대하여 사후의 분의를 피한다는 관점에서 사태개요를 경찰 및 일적에 즉각 통보하도록 협력을 요청함과 동시, 의사 변경이 본인의 자유의사에 의한것임을 객관적으로 확인하기 위하여 일본측 의사 확인기관인 일적 및 입관의 조치에 위임하도록 요청하도록 함. 또한 조총련과의 트러블 발생 방지를 위하여 경찰은 상기 사태에 관하여 총영사관 및 일적과 필요한 연락을 취하도록함.	원칙적으로 객관적인 의사변경 확인을 전적으로 일측위임 곤란「긴급피난」		한국측 영사관측(지정인) 필이 입회 (일본관련측이 최종 의사 확인 요청시에도 한국총영사관내 영사 입회하 자유분위기 속에서 행함.)	모든단계에서 총영사관의 적극 실시 □ □□수락시에 「1항수락시 위임 허락」 「1항 불수락시 아국 영사관이 필요 인정시 "의변자"의 신병을 일본 경찰의 보호하에 두고 영사관 관여하에 의사 확인 절차 등을 취하게 할 수 있음.」 (아측안 구체화 필요)	-원칙적으로 객관적인 의사변경 확인을 전적으로 일측에 위임할 수 없으므로 만약 일측이 총영사관의 일측에 대한 협조요청 등 참여를 허용할 시는 총영사관으로서도 구체적인 □□에 따라 원활한 협조를 제공할 수 있음
나. 경찰의 책무 상기조치를 취함에 있어 트러블 발생의 염려가 있을때는 경찰은 필요에 따라, 또는 일적등 당사자의 요청에 따라 필요한 조치를 강구하도록 함.				영사관요청 시에도 (추가)	-총영사관의 요청에 □해서는 필요한 조치 및 적절한 안전조치를 취하여 줄 것
다. 의사변경자가 의사를 재변경할 경우 1) 일적은 총영사관의 비호하에 있던자가 일적(또는 입관)의 의사확인으로 그 의사를 재변경, 북송을 희망하는 경우는,	삭제		삭제		-본항 상정 불가능으로 삭제 필요함을 적극 설득

즉각 총영사관의 확인을 득한 후, 어디까지나 본인의 자유 의사에 따라 조치함. 2) 일적은 상기 의사변경자의 관계자와의 면회 등에 관하여 사태의 성질상 사후 문제가 확대되지 않도록 배려하여 경찰에 필요한 연락을취하도록 함.					
	가. 일관헌의 협력요구 북송자가 집합소인 "호반호텔"에 입소하여 출항하기까지 일측 관헌이 동호텔에 상시주재, 귀환예정자가 조총련의 위해를 쉽게 극복하고 귀환 의사를 변경, 일관계당국의 보호를 쉽게 요청 할 수 있는 분 위기 보장		가. 일관헌의 협력 요구 1)호반호텔에 일측 관헌 상주, 자유 분위기 구성 필요함을 일측에 유효적절히 요청. 2)	별도 실리없으며 일측 수락 곤란 사항 사료.	
			2) 1. 가항경우 뿐 아니라 일적 또는 입관 당국에 의사변경 표시를 하였을 시도 즉시 한국 총영사관에 통보하도록 조치		-북송예정자의 귀환의사 변경 표기가 입관 및 일적에 행하여 졌을 경우에도 상기함을 모든 단계에서 총영사관 참여 촉구
			3) 귀환의사 변경자 발생 시, 한국 총영사관의 요청이 있을시 의사변경자의 처리를 위하여 필요한 조치를 취하고 또한 적절한 안전조치를 취하여야 함.		

3. 메모

외무부

1. 주일대사관으로 하여금 검토, 검의토록 할 것
2. 中情側과 協議后 訓令토록 配慮

4. 외무부공문(착신전보)—조총련 북송 관련문제

외무부

종별 긴급
번호 NIW-0203
일시 021700
수신시간 1979.2.3. 2:10
발신 주니이가다 총영사
수신 장관
참조(사본) 부장, 주일대사 대리

(1-C-J-1국8라)
조총련 북송 관련문제
1. 79.2.2. 11:00 "니이가다"현 경찰본부 "오키" 경비부장이 당관을 방문, 조총련 북송사업과 관련, "김미혜", "김태운" 탈출과 같은 사건이 다시 발생할 가능성을 배제할 수 없음을 감안, 사태발생이 혼잡과 후유증 없이 동사태를 원만히 수습하기 위한 대치방안을 경찰측과 일본 적십자사간의 양해사항으로 문서화하는 작업이 진행중임을 밝히고, 동 초안을 제시, 상기 양해사항이 일본관계기관간에 이루어지는 것이기는 하나 사태가 발생하면 어떤 형태로든 한국총영사관과 협력하지 않으면 안되기 때문에 최종 문서화에 앞서 동초안에 대한 당관의 견해를 문의하는 것이라고 하는 바, 당관은 동 초안을 검토, 적절한 시기에 아측 견해를 회시하기로 하였음.
2. 한편, 경찰청 본부는 근일중 적절한 경로를 통해 동초안을 주일대사관에도 제시할 것이라는바 별첨초안 내용(요약)을 검토, 182차 북송이 3월 하순에 있음을 참작, 이에 대한 아측의 견해를(필요할 경우 아측의 대안과 함께) 지급 회시

바람(일어원문은 파편 송부함)

다음

"송환예정자의 의사 변경사태에 대한 취급(도리아쓰가이)(안)"

1. 귀환예정자가 귀환의사를 변경, 경찰에 보호를 요청한 경우:

가. 사태발생의 통보

경찰은 귀환의사 변경사태 발생을 인지한때는 가급적 속히 사태개요를 일본적
식자사(일적) 및 입관에 통보함

나. 의사변경자의 의사확인기관

(1) 귀환예정자의 의사변경확인은 "일적" 책임하에 행하며 확인장소는 원칙적으
로 일적 니이가다 현지부로 하되 동지부내에서 행함이 적합치 못할때는 타장소
를 고려하도록 함.

(2) 일적은 의사변경자의 의사확인을 할때, 그것이 본인의 자유의사에 의한것임
을 명확히 하기 위하여 가능한한 당해인으로부터 의사변경을 표시하는 문서(성
명, 날인)를 받도록 하고 그 결과를 속히 경찰에 통보토록함.

다. 경찰의 책무

(1) 경찰은 일적의 의사확인시 의사변경자 및 일적직원의 신체의 안전에 위해가
예상되거나 또는 일적의 요청이 있을시는 안전확보를 위한 필요조치를 취하도
록 함.

(2) 경찰은 일적의 의사확인이 끝난 후 경찰독자의 입장에서 적당한 장소에서
의사변경자로부터 사정청취를 하도록 함.

라. 의사 변경자의 신병조치

일적의 의사확인 및 경찰의 사정청취가 끝난 때의 의사변경자의 처리는 본인의
희망에따라 일적책임하에 행하도록 함. 단, 상기조치를 취함에 있어 TROUBLE
이 발생할 것이 염려될 때는 경찰은 필요에 따라 또는 일적의 요청에 따라 필요
한 조치를 강구하도록 함.

마. 기타 필요한 연락

경찰과 일적은 의사변경사태에서 파생하는 상기이외사항에 대하여도 적절히 연
락을 취하도록함.

예:(1) 일적이 의사변경사태를 조총련에 연락하는 경우

(2) 조총련이 일적에 대하여 의사 변경자와의 면회를 요구하는 경우

(3) 기타 화물을 둘러싼 TROUBLE 등

2. 귀환예정자가 귀환의사를 변경, 한국 총영사관의 비호하에 있는 경우

가. 총영사관에 대한 신립(모시이래)

경찰 및 일적은 총영사관에 대하여 사후의 분의(어지러울 분, 의논할 의)를 피한다는 관점에서 사태개요를 경찰 및 일적에 즉각 통보하도록 협력을 요청함과 동시, 의사변경이 본인의 자유의사에 의한 것임을 객관적으로 확인하기 위하여 일본측 의사확인 기관인 일적 및 입관의 조치에 위임하도록 신립하도록 함. 또한 조총련과의 TROUBLE 발생 방치를 위하여 경찰은 상기사태에 관하여 총영사관 및 일적과 필요한 연락을 취하도록 함.

나. 경찰의 책무

상기조치를 취함에 있어 TROUBLE 발생의 염려가 있을때는 경찰은 필요에 따라 또는 일적 등 당사자의 요청에 따라 필요한 조치를 강구하도록 함.

다. 의사변경자가 의사를 재변경할 경우

(1) 일적은 총영사관의 비호하에 있던자가 일적(또는 입관)의 의사확인으로 그 의사를 재변경, 북송을 희망하는 경우는 즉각 총영사관의 확인을 득한 후 어디까지나 본인의 자유 의사에 따라 조치함.

(2) 일적은 상기 의사변경자의 관계자와의 면회등에 관하여 사태의 성질상 사후문제가 확대되지 않도록 배려하여 경찰에 필요한 연락을 취하도록 함.(아일, 정일)

5. 외무부공문(착신전보)—만경봉호 보고

외무부
번호 NIW-0205
일시 051700
발신 주니이가다 총영사
수신 장관
참조(사본) 부장, 주일대사대리(중계필)

(1-C-J-1-8)
만경봉호 보고
연 NIW-0106, 0119
연호 만경보호는 예정을 변경, 2.8.-9일경(잠정) 당지 입항할 것이라 함.(아일, 교일, 정일)

6. 주니이가다 총영사관 공문—조총련 북송 관련 문제

주니이가다 총영사관
번호 니총영-0017
일시 1979.2.5.
발신 주니이가다 총영사
수신 장관
참조 아주국장
제목 조총련 북송관련문제

　　연: NIW-0203
　　조총련의 북송사업과 관련, 북송 예정자의 의사변경사태 발생시의 대처방안을 일본경찰과 일본 적십자사간의 양해사항으로 문서화 하려함은 연호로 이미 보고한바 있거니와 동초안(일어 원문)을 별첨송부하오니, 본건 검토에 참고하시기 바랍니다.
　　첨부: 동초안(일어 원문) 1부. 끝.

6-1. 첨부—초안

北帰予定者の意思変更事案に対する取扱い(案)

１．帰還予定者が帰還意思を変更し警察に保護要請した場合
　（１)「事案発生の通報」
　　　　警察は帰還意思変更事案発生を諒知した場合には可及的速みやかに事案の概要を日赤及び入館に通報するものとする。
　（２)「意思変更者の意思確認の機関」
　　ア．帰還予定者意思変更の確認は日赤の責任(業務)において行うものとする。
　　　　　意思確認の場所は原則として日赤新潟県支部とする。
　　　　　ただし信支部内で行うことが不都合の場合他の場所を考慮するものとする。
　　イ．日赤は意思変更者から意思確認を行う場合、これが本人の自由意思に基

づく意思変更であることを明確にするため可能な限り当該人から意思変更を表示する文書に本人の署名(押印)を徴し結果を速みやかに警察に通報するものとする。

（3）「警察の責務」

ア．警察は日赤の行う意思確認に際し意思変更者及び日赤職員の身体の安全について危害が予想される場合、又は日赤側から要請がある場合にはその安全確保のため必要な措置を構ずるものとする。

イ．警察は日赤の意思確認が終了した後、警察独自の立場から適当な場所において意思変更者の情報聴取を行うものとする。

（4）「意思変更者の取得措置」

日赤の行う意思確認及び警察の事情聴取が終了した場合意思変更者の処理については本人の希望に基づき日赤の責任において行うものとする。

ただし、上記処理を遂行する上でトラブル発生のおそれがある場合には、警察は必要に応じ又は日赤側の要請により必要な措置を構ずるものとする。

（5）「所要の連絡」

警察と日赤は意思変更事案に派生する上記此外の事項についても所要の連絡をとるものとする。例えば、

ア．日赤が意思変更事案についてその旨を朝鮮総聯へ連絡を行う場合

イ．朝鮮総聯が日赤に対し意思変更者との面会を求めてきた場合

ウ．その他荷物をめぐるトラブル等

2．帰還予定者が帰還意思を変更し韓国総領事館の庇護下にある場合

（1）「総領事館に対する申し入れ」

警察及び日赤は総領事館に対し事後の紛議を回避する観点から事案の概要について総領事館から警察及び日赤に対し直ちに通報が得られるよう協力方を申し入れるとともにその意思変更が本人の自由意思に基づくものであることを客観的に担保するため日本側意思確認機関である日赤及び入管による措置に委ねるべきことを申し入れるものとする。

なお、朝鮮総聯等とのトラブル発生防止のため警察は上記事案につい総領事館及び日赤と所要の連絡をとるものとする。

（2）「警察の責務」

上記措置をめぐってトラブル発生のおそれがある場合には警察は必要に応じ又は日赤等当事者の要請により必要の措置を構ずるものとする。

（3）「意思変更者意思再変更の場合」

    ア．日赤は総領事館において庇護したものが日赤(入管)による意思確認においてその意思を再変更し北帰を希望することになった場合には直ちに総領事館の確認をとったうえ、あくまでも本人の自由意思に基づき措置する。

    イ．日赤は上記意思変更者に対する関係者との面会等について事柄の性質上、事後問題が拡大しないよう配慮し警察に所要の連絡をとるものとする。

7. 외무부공문—조총련 북송 예정자의 귀환 의사 변경에 따른 일측 조치

외무부
번호 아일700-
일시 1979.2.16.
발신 외무부 장관
수신 중앙정보부장
제목 조총련 북송 예정자의 귀환 의사 변경에 따른 일측 조치

    79.2.2. 주니이가다 총영사관의 전문 보고(NIW-0203)에 의하면, 일본 적십자와 경찰측은 조총련계 동포 북송 예정자가 출국전 귀환 의사를 변경할 경우의 사태에 대처하기 위한 방안을 강구중에 있으며, 이와 관련하여 한국 총영사관측의 견해를 물어 왔다는 바, 북송 사업의 성격, 지금까지 아국정부가 북송을 반대해온 입장, 과거 북송 도중 탈출한 사건 발생시 수습 상황 및 재외국민에 대한 보호 대책 강구라는 관점등에 비추어 일측안에 대하여 아측의 의견을 적극적으로 제시할 것인지의 여부와 제시할 경우 아측 입장에 대한 귀부의 의견을 조속 회보하여 주시기 바랍니다.
    첨부: 니총영-0017(79.2.5)(일측문안 사본 1부) 끝.

8. 협조문—회의소집

협조문

분류기호 및 문서번호 아일700-41
발신일자 79.3.6.(협조제의)
발신명의 아주국장
수신 영사교민국장
제목 회의소집

　　조총련계 동포 북송 예정자가 출국전 귀환의사를 변경할 경우의 사태에 대처하기 위해 일본 적십자와 경찰측이 강구중인 방안에 대한 아국정부의 견해에 관하여 협의코자 다음과 같이 회의를 개최코자 하오니 참석토록하여 주시기 바랍니다.

-다음-

1. 회의일시: 79.3.9(금) 10:00
2. 장소: 일본담당관실(438호실)
3. 참석범위: 외무부 및 중앙정보부 관계관. 끝.

9. 중앙정보부 공문–의견회신

중앙정보부
번호 단조400-663
일시 79.3.13.
발신 중앙정보부장
수신 외무부 장관
제목 의견회신

　　귀부에서 아일700-290(79.2.16)로 문의하신 조총련 북송 예정자의 귀환의사 변경에 따른 일측 방안에 대한 당부 검토의견을 첨부와 같이 통보합니다.
　　첨부: 당부 검토의견 1부. 끝.

9-1. 첨부–중앙정보부 검토 의견

<u>당부검토의견</u>

1. 본건을 검토함에 있어서는 소위 "북송사업"의 성격과 "일본정부의 본 사업 추진에 대한 의도" 분석 및 "본 처리(안)"의 대상이 되는 "사안의 발생 동기" 등에 관한 검토가 선행되어야 할 것으로 사료됨
2. 일경당국이 작성한 "처리(안)"은 북송사업을 조용한 가운데 순조롭게 계속 추진키 위한 의도가 내재되고 있음은 물론, 북괴 및 조총련의 강제 북송으로부터 탈출하여 나오려는 출구를 봉쇄하는 결과가 될 가능성이 농후함으로서 결과적으로 아측에 크게 불리한 결과를 초래할 가능성이 있음
3. 조정 희망사항
   가. 귀환 예정자가 귀환의사를 변경하여 경찰에 보호요청을 하였을 시,
      1) 일적 및 입관에 통보한다는 것에 "한국 영사관에 통보" 추가
      2) 의사변경 확인시, 일적 책임하에 행하도록 되어 있는 바, 동 내용에 "한국 영사관 관계자(또는 지정인)참여" 추가
      3) "경찰의 책무중"에도 의사변경자 등의 신체안전을 위해 "한국 영사관에서도 요청할 수 있도록 추가"
      4) 신병조치에도 일적 요청외에 "한국 영사관의 요청을 추가". 끝.

10. 외무부공문(발신전보)–재일교포 북송탈출현황과 일측안 분석 및 의견

외무부
번호 WNI-0303, WJA-03184
일시 171300
발신 장관
수신 주 니이가다 총영사(참조: 주일대사)
제목 북송관련 문제

   대: NIW-0324(79.3.16)
   1. 재일교포 북송문제는 아국정부가 애초부터 이를 강력하게 반대하여 왔고 지

금도 그 입장에는 변함이 없는 만큼, 금번 귀지 일본 경찰과 적십자측에서 추진중인 북송 예정자의 귀환 의사 변경시 사태 처리에 관한 대책에 대하여는 북송 사업의 배경과 실태, 금번 제안의 동기와 동 안이 확정, 실시될 경우 문제점등을 고려하여 차제에 우리가 취하여야할 아측의 기본적인 입장과 동안에 대한 구체적인 의견을 신중히 검토하여 대처코자함.

2. 일측안에 대해서는 그간 관계부처의 검토 결과를 토대로 3.9. 본부에서 실무자 회의를 개최하여 논의된 내용을 다음주중 귀관을 포함한 주일대사관 및 관계부처에 송부하여 검토케한 후 아측 입장을 최종적으로 조정위계이니 양지 바람.

11. 재일교포 북송탈출현황과 일측안 분석 및 의견

I. 일측안 분석
  1. 일측안 내용
    가. 귀환 예정자가 귀환의사를 변경, 경찰에 보호 요청을 했을 경우
      1) 경찰의 임무
        - 일적 및 입관에 신속한 사실 통보
        - 일적의 의사확인시 의사 변경자 및 일적 직원의 신체 안전에 위해가 예상될 때, 또는 일적의 요청이 있을 때, 안전 확보에 필요한 조치 강구
        - 의사 변경자에 대한 독자적인 사정 청취
        - 변경의사 확인 후 필요에 따라 또는 일적 요청에 따라 필요한 신병 조치 강구
        - 일적과 기타 필요한 사항 연락
      2) 일적의 임무
        - 의사 변경 확인(장소: 원칙적으로 일적 니이가다 지부)
        - 의사 변경 표시 문서에 본인 서명 날인을 받아, 경찰에 신속히 통보
        - 변경의사 확인 후 변경자의 처우
        - 경찰과 기타 필요한 연락
          ○ 의사 변경사실의 조총련에의 연락
          ○ 조총련의 의사 변경자와의 면회 요청

○ 기타 화물을 위요한 분쟁 등

나. 귀환 예정자가 귀환의사를 변경, 한국 총영사관의 비호하에 있을 경우

　1) 경찰 및 일적의 임무

　　- 총영사관에 사태 통보 요청

　　- 의사변경 확인의 객관적 담보를 위해 일적 및 입관의 조치에 맡기도록 총영사관에 요청

　2) 경찰의 임무

　　- 조총련과의 분쟁 발생 방지를 위해 총영사관 및 일적과 필요한 연락

　　- 필요에 따라 또는 일적등 당사자의 요청에 따라 필요한 조치 강구

다. 의사 변경자의 의사 재변경의 경우

　- 총영사관 비호하의 의사 변경자가 일적(입관)에 의사를 다시 변경, 북송을 희망할 경우, 일적은 총영사관의 확인을 받아 본인의 의사에 따라 조치

　- 일적은, 의사 재변경자의 관계자와의 면회등에 있어 사후 문제가 확대되지 않도록 경찰에 필요한 연락

2. 분석 및 문제점

가. 경찰의 보호조치

　- 북송 자체가 조총련에 의해 기만과 강압적인 수단으로 이루어지고 있고 승선 순간까지 북송자의 신병 확보를 위해 철저한 통제 조치가 취해짐으로써, 북송자의 의사표시와 행동의 자유가 거의 봉쇄당해있는 상황에 비추어, 의사 변경의 뜻을 품고 있거나, 의사 변경을 표시한 자를 위한 일경찰의 조치가 지나치게 소극적임.

나. 의사 변경 확인

　- 귀환 예정자가 의사를 변경, 경찰에 보호 요청을 했을 경우의 의사확인은 일적의 책임으로 행하여 지고, 총영사관의 비호하에 있을 경우는 일측 의사 확인기관인 일적 및 입관에 맡기므로써 2중으로 행하는 것처럼 되어 있음.

　- 일적이 의사변경을 확인하는 것은 제도상으로나, 현실적으로나 부당함.

　- 칼카타협정 및 모스코바 합의서에 의한 북송자의 의사 확인은 일적 및 국제 적십자위원회가 담당하였으나,(협정상 및 실제상) 상기 협정과 합의서가 모두 폐기된 현재에 있어서는 제도상 입관당국이 하도록 되어 있음.

　- 일적은 모스코바 회담요록에 의거, 북송자에 대한 최소한의 편의 도모를

위한 뒷바라지만 하도록 되어 있음.

- 일적이 한국정부의 강력하고 계속적인 반대에도 불구하고 조총련의 북송 사업을 사실상 방조해온 점에 비추어, 일적에 의한 귀환의사 변경 확인은 실효를 기대하기 어려움.

다. 총영사관의 비호하에 있는 경우

- 귀환 의사 변경의 객관적 담보를 위해 일적 및 입관 조치에 맡기도록 요청하는 것으로 되어 있는 바, 이는 영사는 자국민을 보호할 기능을 가진다는 국제법(영사관계에 관한 비엔나 협약 제5조(a))에 비추어서도 허용될 수 없음.

라. 총영사관의 비호하의 의사변경자의 의사 재변경

- 총영사관의 비호하에 있는 의사 변경자의 일측에 의한 의사확인이 허용될 수 없는 이상, 의사 재변경에 관한 조항은 필요 없음.

- 일적이나 입관이 개인의 자유의사 존중이라는 구실로 귀환 의사 변경의 재변경까지를 배려하는 것은 어디까지나 조총련을 의식한데서 오는 수작임. 일적이 그정도로 개인 존중에 철저하다면, 북송자체를 포기하여야 하며, 북송 희망자가 처음부터 한국공관측의 적극적인 보호 활동하에 북송을 단념토록하는 방향에서 지원을 해야할 것임.

재일교포 북송

1. 현황

근거	기간	인원수
칼카타협정(정규북송) (1959.8.13. 서명, 유효기간 1년, 7회 연장 1967.11.12. 만료)	59.12.14.-67.12.22. (1-155차)	88,611
모스코합의시(잠정북송) 1971.2.5. 서명. 6개월 유효 (71.5.14-10.14)	71.5.14-71.10.22 (156차-162차)	1,081
모스코바 회담 요록(사후조치, 일반 출국) 71.2.5. 채택	71.12.17-79.□.2현재 (163차-181차)	3,535
	합계:	93,227

2. 출국절차
   - 정규북송: 칼카타협정에 따름
   - 잠정북송: 모스코바 합의서에 의거 칼카바협정에 따름
   - 사후조치: 모스코바 합의서 및 회담요록에 의거, 일반 재일 조선인과 동일한
     귀국절차에 따름(법무성 고시)
3. 재일조선인의 귀환을 위한 출국수속(법무성고시 제1467호 1967.8.12)
   가. 법무성과의 관계
      1) 출국증명서 신청
         - 출국 1개월전까지 입관사무국에 출두, 출국증명서 발급신청
         - 미성년자와 신체고장자에 대한 대리 신청 가능
      2) 증명서 교부
      3) 출국
         출국증명서에 기재된 출국항에서 입국심사관으로부터 출국 승인 받음.
      4) 출국증명서 반납
         출국 증명서에 기재된 시한까지 출국하지 않을 경우 출국 증명서 반납
   나. 일적십자와의 관계(71.2.5. 모스코바 회담 요록)
      - 일적은 니이가다의 숙박시설, 화물보관운송, 의료, 명부 작성 북적수교 등
        귀환자에 필요한 뒷바라지를 함.
      - 북적은 2-4개월에 1회 예정으로, 일적으로부터 귀환 희망자수가 250-300에
        달하였다는 통보에 따라 배선
      - 일적은 북적 대표 3-4명의 재일 보증인이 되며, 이들의 입국허가 수속을 함.
      - 일적은 선박도착 1개월 전 출국증명서 발급보장
4. 북송 희망자의 귀환 의사 확인 사무
   가. 71.10.22. 종료된 모스코바 합의서에 의한 잠정 북송까지는 일본 적십자사와
       적십자 국제위원회에 의해 취급
   나. 모스코바 회담 요록에 의한 자비 북송의 경우부터(1971.12.17)는 일법무성
       입국관리 직원에 의해 의사 확인 사무 실시
5. 출국직전의 절차
   - 북송자합숙소인 니이가다시 소재 "호반호텔"에 집결, 투숙
   - 입관 당국에 의한 의사 확인
   - 세관 당국의 휴대품 소화물 검사
   - 뻐스로 부두에 도착
   - 입관당국의 출국증명서 심사와 출국 승인

- 북괴적십자측의 출국증명서에 대한 개별 확인
- 입관 직원 입회하에 승선

6. 북송 탈출 실태 분석

가. 북송후 탈출(1962.-63.8)(3건):
- 간첩으로 남파후 자수
- 휴전선 월남 귀순
- 일본 밀입국

나. 북송선 탈출(1967.-78.3)(5건):
- 북송자 합숙소 "호반호텔"에서 탈출
- 북송선 만경봉호 출항 또는 승선 직전 탈출

(북송 탈출자 현황)

탈출년.월.일	성명	상황
1962.	林鍾文(77차)	61.10.20후 간첩으로 남파 즉시 자수, 북괴탈출 성공
1962.11	金幸一(58차)	61.5.12. 58차 북송자 휴전선을 넘어 월남 귀순
1963.8	金鍾國(9차)	60.2.19. 북송후 일본으로 밀항 탈출
1967.	張柳石(155차)	67.12. 155차 북송 만경봉호 출항직전 탈출
1971.5.12	郭扶英(156차)	북송자 합숙소(호반호텔)에서 탈출
1971.5.14	權永子(156차)	만경봉호 승선직전 탈출
1977.3.31	金美枝子(178차) (日本名: 青木美枝)	북송자 합숙소(호반호텔)에서 탈출
1978.3.27	金太勳(180차) 및 子女 5名	니이가다 집합장소에서 탈출 (만경봉호 78.3.31 출항)

2. 아측입장

가. 원칙적인 입장

1) 부정적인 면
- 북송 자체를 강력하게 계속 반대하여온 아국이, 북송 예정자가 의사를 변경할 경우에 대처하기 위한 일경찰과 적십자의 조치방안에 대해서 적극적인 의견을 제시하여, 동 방안이 확정되도록 하는 것은 종래의 아국 입장에서 벗어나며, 결과적으로 북송 자체를 인정하는 것이 됨.
- 현재의 북송이 칼카타 협정이나 모스코바 합의서에 의한 일적-북적간의 사업이 아니고, 재일본 일반 외국인의 출국과 마찬가지로 다루어지고

있다 하더라도 사실상은 조총련과 일적에 의한 반강제 북송 사업이라는 점에 비추어, 아측 의견제시를 거부해야할 것임.

2) 긍정적인 면

- 지금까지의 북송이 아국의 반대에도 불구하고 강행되어 오기는 하였으나, 현실적으로 북송 저지는 실현되지 못하였고, 또 근래 비록 숫자가 격감되고 있기는 하나 북송사업 자체는 계속될 전망인 바, 북송 직전의 탈출 사태가 최근에 와서 발생되었다는 사실 및 재외 국민은 보호되어야 한다는 넓은 취지에서 보아, 일측과 협조하여 가능한 많은 사람이 북송의사를 변경, 안전하게 일본에 재체류 할 수 있도록 제도적인 조치를 강구할 필요도 있을 것임.

나. 일측안에 대한 의견

1) 경찰의 조치

- 북송자 집합소인 "호반호텔" 입소에서 출항까지 경찰에 상시 주재, 조총련의 위해를 쉽게 극복하고 귀환의사를 변경, 경찰에 보호 요청을 할 수 있도록 함.

- 경찰은 귀환 예정자가 귀환의사를 변경하여, 전화로 또는 직접적으로 경찰의 보호를 요청하였을 경우, 조총련으로부터의 추급과 위해로부터 본인의 신변안전을 위해 적극적이고 계속적인 보호조치를 취하도록 함.

- 한국총영사관과 긴밀한 연락과 협조를 하도록 함.

2) 변경의사 확인

일적은 변경의사 확인 업무를 할 수 없을 뿐 아니라, 해서도 안되므로, 입관당국만이 한국 총영사관 당국 및 필요하다면 일적 입회하에 하도록 함.

3) 총영사관의 비호하에 있을 경우

대사관에 비호 요청을 했다는 것만으로 충분하며, 일측에 의한 별도의 의사확인은 허용될 수 없음. 경찰은 본인 및 총영사관에 대한 외부로부터의 위해 방지에 적극 임하도록 함.

4) 일적의 임무

일적은 숙박시설, 의료등 북송자의 최소한의 복지 문제에만 전념토록 함.

12. 기안-북송 예정자중 귀환의사 변경시 처리문제에 관한 회의 결과 통보

문서기호 분류기호 아일700-585
시행일자 79.3.23.
기안책임자 조남신, 일본담당관실
경유수신참조 수신처 참조
제목 북송 예정자중 귀환의사 변경시 처리문제에 관한 회의 결과 통보

　　　재일동포 북송 예정자가 출국전 귀환 의사를 변경할 경우의 사태에 대처하기 위한 일본 경찰과 적십자사간의 방안에 대한 아측의 의견을 문의해온 데 대하여, 그간 관계부처에서 검토한 결과를 토대로 79.3.9(금) 외무부에서 관계실무자 회의를 가졌는바, 동 회의에서 논의된 내용을 다음과 같이 종합, 통보하오니 검토하시어 아측이 취할 입장에 관하여 귀건을 회보하여 주시기 바랍니다.

　　　아측의 입장안
1. 원칙적인 입장
　　가. 재일교포의 북송 중지 요구 및 문제점 지적
　　　　1) 정부의 재일교포의 북송 반대에는 변함이 없음.
　　　　2) 현재의 북송이 칼카타 협정이나 모스코바 협의서에 의한 사업이 아니고 재일본 일반 외국인의 출국과 마찬가지로 다루어지고 있다하더라도 사실상은 조총련과 일적에 의한 북송 사업이라는 점에 비추어, 북송에 대해 반대입장을 다시한번 명백히 표명하고 재일 교포의 처우개선을 주장해온 지금까지의 우리의 입장을 재확인, 강조함.
　　　　3) 일측이 그간 기본적 인권에 근거를 두는 거주지 선택의 자유와 외국인의 출국의 자유는 존중되지 않으면 안된다는 국제통념, 일본국 헌법상 원칙을 이유로 북송을 강행하여 왔으나 북송된 재일 교포나 일본인처들이 북괴 공산치하에서 비참한 생활을 하면서 억압과 박해를 받고 있다는 것은 널리 알려진 사실임에 비추어, 일측의 북송 사업은 진정한 인도주의에 배치됨을 지적함.
　　　　4) 일측은 71.2.26일자 외무성 구술서 및 아이찌의상의 설명을 통하여 신규 북송 희망자를 위한 북괴의 배선은 희망자수가 250-300명 정도가 되지 않는한 일본 적십자가 북괴에 배선통지를 하지 않도록 한것으로서 실제로는 배선이 없을것이라고 하였던바, 74.2. 제171차 북송

시 175명에서 78.9. 제181차 북송시 60명에 이르기까지 그 숫자가 격감되었음에도 불구하고 일측은 계속 배선 요청을 함으로써 스스로 약속을 어기고 있음을 지적하고 앞으로라도 일관계당국이 약속한 바를 준수토록 촉구함.

5) 북송된 교포는 간첩으로 침투하고, 만경봉호는 간첩 지령선과 물건 운송의 임무를 수행하여 온 바도 있어 이는 아국의 안보문제와도 관련됨을 아울러 지적함.

6) 상기 제점에 비추어, 일측이 지금이라도 북송자체를 곧 중지하도록 촉구함.

나. 북송이 계속될 경우, 도중 의사변경 및 이탈자 구제 조치 병행

1) 지금까지 북송이 아국의 반대에도 불구하고 현실적으로 강행되어 왔고, 또 근래 비록 북송자의 수가 격감되고 있기는 하나, 북송자체는 계속될 전망인 바, 북송 도중 의사변경 또는 탈출 사태가 발생하고 있는 사실 및 재외국민은 보호되어야 한다는 점에서 비록 오도되어 북송을 일시 희망하였던 자라도 가능한 많은 사람이 북송 의사를 자유로이 변경, 안전하게 일본에 재체류할 수 있도록 할 수 있는 제도적인 조치를 강구하도록 일측에 요구할 필요가 있음.

2) 일・북괴간 교류의 관문이라 할 수 있는 니이가다에 아국의 총영사관을 개설한 목적과 일정부와의 개설 교섭 경위로 보아 현지 경찰이나 적십자 등과 적절한 협조 관계를 유지시킴으로써 불필요하게 문제를 야기시키지 않고 장기적인 안목에서 대처해 나감이 바람직하다는 점도 고려되어야 함.

2. 일측안에 대한 구체적인 의견과 아측의 조정희망 사항

가. 일관헌의 협력 요구

1) 북송자체가 일적의 지원과 북괴 적십자를 대신하는 조총련의 관여하에 이루어지고 있고, 북괴측에 의하여 승선 순간까지의 신병확보를 위해 철저한 통제조치가 취해짐으로써 북송자의 자유 의사 표시와 행동의 자유가 제약당해 있는 상황하에 있고, 지금의 사례로 보아 의사 변경의 뜻을 품고 있거나, 의사 변경을 표시한 자를 위한 일측 관헌의 조치가 극히 소극적이었던 점에 비추어 북송자가 집합소인 "호반호텔"에 입소하여 출항하기까지 일측 관헌이 동호텔에 상시 주재, 귀환 예정자가 조총련의 위해를 쉽게 극복하고 귀환 의사를 변경, 일관계 당국의 보호를 쉽게 요청할 수 있는 분위기가 보장되어야 한다고 사

료됨.

2) 북송 예정자가 의사를 변경, 경찰에 보호 요청을 하였을 시, 일경찰 당국은 일적 및 입관에 통보한다는 것으로 되어 있는 바, 이때에 한국 총영사관에도 즉시 통보하도록 함.

3) 일경찰은 의사 변경자 및 일적 직원의 신체 안전에 위해가 예상되는 경우와 일적의 요청에 따라 필요한 조치를 취하게 되어 있는 바, 한국 총영사관의 요청에 따라서도 안전조치를 취하도록 함.

나. 의사변경확인

1) 일측안에 의하면 북송 예정자가 의사를 변경, 경찰에 보호요청을 했을 경우의 의사 확인은 일적의 책임으로 행하여지고, 총영사관의 비호 하에 있을 경우는 일측 의사 확인 기관인 일적 및 입관에 맡기므로써 2중으로 행하는 것으로 되어있는 바, 일적은 북송자의 최소한의 편의 를 위한 뒷바라지에 국한하여야하며, 의사 변경 확인 등 북송 예정자 에게 불리한 일을 하지 않도록 배제되어야 함.

2) 의사변경확인은 입관이 경찰 및 한국총영사관측(또는 그 지정인)의 입회하에 행하고 이 경우 일적은 참관하는 것에 그치도록 함.

다. 귀환 의사 변경자가 한국총영사관의 보호하에 있을 경우 및 귀환 의사 변경을 재변경할 경우의 문제

1) 신체의 안전과 생명에 대한 긴박하고 현실적인 위험으로부터의 일시 적인 피난(Temporary Refuge)은 인도적인 견지에서 허용되고 있으 며, 영사는 자국민을 보호할 기능을 가진다는 점에 비추어(재외공관 에서의 망명자 등의 처리 지침 79.8.1. 참조) 객관적인 의사 변경확인 을 전적으로 일측에 위임하는 것은 곤란함.

2) 일단 북송의사를 변경한 자가 의사를 재변경하여 북송을 희망하는 경 우까지를 규정하려는 것은 북송을 조장하는 의미가 내재되어 있어 부 당함.(여기에는 특히 북괴와의 마찰을 회피하려는 저의가 개재되어 있으며, 만일 총영사관의 비호하에 있던 북송 의사 변경자가 일측에 넘겨져 재북송되는 사태가 일어날 경우 등 공관의 위신과 재일동포의 신뢰를 저해하는 결과를 초래할 수도 있음).

3) 북송 예정자가 의사를 변경한다는 것은 종래와 같은 합법적인 체류자 로서 원상으로 돌아가는 것에 불과하므로 일측은 이들의 의사변경을 재확인하는 번거로운 절차는 전혀 불필요하며, 북송을 조장하려는 인 상을 받음.

라. 사후 신병 조치

　　　의사 변경 확인후의 처우문제는 본인의 희망에 기하여 일적의 책임하에
　　　하는 것으로 되어 있는 바, 한국 총영사관과의 협조 하에 하도록 함.
첨부:1. 북송 탈출자 현황 1부.
　　 2. 모스코바 회담 요록(사후조치)에 의한 자비 북송현황. 끝.

수신처: 법무부장관, 중앙정보부장, 주일대사, 주니이가다총영사.

13. 자료(*원자료가 일부만 발췌되어 있어 용처 불명)

에서 1□로 줄여 配船해 줄것을 傳達한 바 있어 注目되고 있음.

〈北送脫出者 現況〉

脫出年月日	姓名	狀況
1962.	林鍾文(77次)	61.10.20後 間諜으로 南派 卽時自首, 北傀脫出 成功
1962.11.	金幸一(58次)	61.5.12 58次 北送者 金幸一이 休戰線을 넘어 越南 歸順
1963.8.	金鍾國(9次)	60.2.19. 北送後 日本으로 密航 脫出
1967.	張柳石(155次)	67.12. 155次 北送 万景峰號 出港直前 脫出
1971.5.12	郭扶英(156次)	北送者 合宿所「호반호텔」에서 脫出
1971.5.14	權永子(〃)	万景峰號 乘船直前 脫出
1977.3.31	金美枝子 (日本名: 靑木美枝)(178次)	北送者 合宿所「호반호텔」에서 脫出
1978.3.27	김태훈(金太勳) 및 子女5名 (180次)	니이가다 집합장소에서 탈출. 만경봉호 78.3.31 출항

모스코바 회담요록(사후조치)에 의한 자비 북송현황

차수별	일자	세대수	인원
162차	71.12.17	111	237
163차	72.3.17	260	265
164차	72.5.26	83	238

165차	72.8.25	143	261
166차	72.12.15	105	239
167차	73.3.23	88	244
168차	73.6.15	122	248
169차	73.10.19	122	212
170차	74.2.	97	175(3)
171차	74.6.	88	167(5)
172차	74.11.	67	136(3)
173차	75.4.	58	120(14)
174차	75.8.	83	151(7)
175차	75.12.	55	108(7)
176차	76.3.	55	95(6)
177차	76.10.	95	161(14)
178차	77.4.1	51	103
179차	77.10.5	52	77
180차	78.3.1	52	90
181차	78.9.22	34	60

(   )은 일본인

14. 중앙정보부 공문–의견 회신

중앙정보부
번호 단조400-1143
일시 79.4.20.
발신 중앙정보부장
수신 외무부 장관
제목 의견 회신

　　1. 귀부 아일700-585(79.3.28)로 문의하신 북송예정자 출국전 의사 변경에 따른 실무자 회의결과에 관한 당부의견을 아래와 같이 회신합니다.

가. 북송예정자 출국전 의사변경에 따른 실무자 대책회의 결과는 당부의 견해가 기반영되어 있으므로 별도 의견이 없음을 통보합니다.

나. 아측의 조정 희망사항이 일본측에 관철될수있도록 적극적인 독려가 있으시기를 바라며, 본건 조치 결과를 당부에 통보하여 주시기 바랍니다. 끝.

15. 법무부 공문—북송예정자중 귀환의사 변경자 처리지침

법무부
번호 검삼700-9822
일시 1979.4.25.
발신 법무부 장관
수신 외무부 장관
참조 아주국장
제목 북송예정자중 귀환의사 변경자 처리지침

아일 700-505(79.3.8.)로 요청하신 위 건에 대하여 의견 없음을 통보합니다. 끝.

16. 주니이가다총영사관 공문—북송 예정자중 귀환의사 변경자 처리문제

주니이가다총영사관
번호 니총영-0040
일시 1979.5.2.
발신 주니이가다 총영사
수신 장관
제목 북송예정자중 귀환의사 변경자 처리문제

대: 아일700-585
재일동포 북송예정자가 출국전 귀환 의사를 변경할 경우의 사태에 대처하기 위한 일본경찰과 적십자사간의 방안에 대한 당관의 의견을 다음과 같이 보고하

오니 본건 검토에 참고로 하시고 일본측에 제시할 최종안이 확정되면 당관에도 통보하여 주시기 바랍니다.

-다음-

1. 원칙적인 입장
    가. 재일동포 북송예정자가 출국전 귀환의사를 변경할 경우에 대처하여 일본경찰과 적십자사간의 방안을 설정하려는 것은 상호간 적절한 협조관계를 유지하므로서 사태발생시 야기할지도 모를 문제의 복잡성을 극소화 하기 위한 고려인 것으로도 보이나 정부가 재일동포의 북송을 계속 반대하여 왔고 또한 대호 1, 가(재일동포의 북송 중지요구 및 문제점 지적)에 열거된 제반 문제점이 현저하게 존재하고 있으므로 적절한 시기에 외교 경로를 통해 아측의 반대의사를 다시한번 명백히 표명하는 동시, 제반 문제점의 조속한 시정을 일본정부에 촉구하여야 할 것임.
    나. 아국의 반대에도 불구하고 현실적으로 북송이 강행되고 있어 북송도중 의사변경 또는 탈출사태가 발생할 가능성이 지대하므로 그러한 경우에 일본경찰과 적십자간의 협조관계 확립만으로는 사태가 편파적으로 처리될 우려가 없지 않으므로 재외국민 보호의 임무를 가진 한국총영사관이 어떤 형태이던 선의적으로 관여하여 이들과 협조관계를 유지할 수 있는 보장을 일본정부로부터 받아야 할것임.
    다. 북송기지인 "니이가다"에 한국총영사관이 개설되기까지의 일본 정부와의 교섭경위에 유념하고 또한 1978.4.28. 한국총영사관이 설치되면 북송예정자를 납치하는등 하여 북송사업을 방해한다는 구실로서 한국총영사관 설치반대 운동을 장기간 전개하였음을 감안할때 귀환의사 변경사태 발생시 경우에 따라서는 한국총영사관에 대한 각종 비난 및 모함의 호자료로 악용할 우려가 있으므로(특히 귀환의사 변경자가 한국총영사관의 보호하에 있다가 의사를 재변경할 경우), 사태발생시 한국총영사관이 적극적으로 보이지 않게 개입하여 일본 경찰 및 적십자사와 원만한 협조하에 사태에 대처하는 것이 일본혁신세력이 강하고 조총련의 아성인 당지에서 한국 총영사관에 대한 잡음을 빠른 시일내에 불식시키는데 효과적일 것으로 사료되며, 홍보 활동을 조심스럽고 효과적으로 전개하므로서 조총련 세력을 점차적으로 와해시키고 선전에 현혹되어 북송되는 자의 수를 줄이도록 제반대책을 강구하는 것이 장기적인 안목에서 더욱 유익할 것임.

2. 일측안에 대한 구체적인 의견 및 아측의 조정 희망사항

　가. 일관헌의 협력 요구

　　1) 북송예정자가 북송자 집합소인 "호반" 호텔에 입소하여 출항시기까지 조총련의 엄격한 통제하에 있어 설사 귀환의사 변경을 하고자 하더라도 공포 분위기속에서 용단을 내리는 것이 쉽지 않은 실정이므로 동 호텔에 일측 관헌이 상주하여 자유 분위기를 조성하는 것이 필요함을 일본측에 유효적절하게 요청하여야 함.(현재는 인적사항 확인, 출국 절차 진행 등을 위하여 입관직원 및 일적직원이 필요시만 동호텔을 방문하고 있음)

　　2) 의사 변경자가 경찰에 보호를 요청을 하였을 때 뿐만 아니라 일적 또는 입관당국에 의사변경 표시를 하였을 시도 즉시 한국총영사관에 통보하도록 조치되어야 함.

　　3) 귀환의사 변경자가 발생하였을 경우 한국총영사관의 요청이 있을시는 의사 변경자의 처리를 위하여 필요한 조치를 취하고 또한 적절한 안전조치를 취하여야 함.

　나. 의사변경 확인

　북송예정자가 의사를 변경, 경찰에 보호를 요청했을 경우나 또한 총영사관의 비호하에 있을 경우를 막론하고 공정한 의사확인을 위하여 한국총영사관측(또는 그 지정인)이 필히 입회하도록 함.

　다. 귀환 의사 변경자가 한국총영사관의 보호하에 있을 경우 및 귀환의사 변경을 재변경할 경우

　　1) 귀환예정자가 "호반" 호텔로부터 또는 승선직전에 탈출하여 한국총영사관에 귀환의사 변경을 표명하고 보호를 요청하였을 시는 긴급 피난의 성격을 띤것이므로 한국총영사관이 당연히 보호하여야 할 의무가 발생하며, 일본 관헌측이 최종 의사확인을 요청할 시도 한국총영사관 내에서 영사 입회 하에 자유 분위기속에서 행하여야 함.

　　2) 일단 북송의사를 변경한자가 의사를 재변경하여 북송을 희망하는 경우를 규정하는 것은 북송을 조장하는 의미가 내재되어 있을 뿐만 아니라 조총련으로 하여금 위장 의사변경자(조총련의 지령 또는 사수에 의한)를 한국총영사관에 잠입시켜 각본에 따라 의사를 재변경하도록 하여 한국총영사관이 납치하였다고 역선전할 수 있는 결과를 초래하게 되므로, 동 조항의 삭제를 일본측에 요구하도록 함.

　라. 사후 신병조치

의사변경 확인후의 처리는 필히 교민보호의 임무를 맡고 있는 한국 총영사관과의 긴밀한 협조하에 행하여야 하며, 일본에 계속 거주하느냐 또는 한국으로 귀국하느냐(78.4.1. 북송탈출자 "김태훈"의 경우)는 전적으로 본인의 의사에 맡겨야 함.

17. 주일대사관 공문—북송 예정자 중 의사 변경자 처리문제

주일대사관
번호 일본(정)700-332
일시 1979.8.23.
발신 주일대사관
수신 장관
참조 아주국장
제목 북송 예정자중 의사 변경자 처리문제

　　대: 아일 700-585
　　대호 본부에서 마련한 입장안에서 제시한바와 같이 원칙적으로는 북송 반대 입장을 계속 견지하는 한편, 실제로는 피해자의 구제에 만전을 기하기 위하여, 일경의 보호 및 의사 확인 절차에 아측이 적극 관여할 수 있도록 하므로서, 일본 관헌측과 아국 총영사관과의 접촉 관계를 원활히 하도록 하는 기본방향에 입각하여, 세부적인 사항에 관한 당관 의견을 다음과 같이 제출하오니 참고하시기 바랍니다.
1. 일본 경찰 보호하에 있는 의사변경자의 경우
　　가. 의사변경자가 발생할 경우, 사건과 관련된 사실 통보, 신병 보호조치등 모든 단계에서 총영사관이 적극 참여할 수 있도록 하는 것이 좋을 것임.
　　나. 일본 경찰 보호하에 있는 의사 변경자의 보호 및 의사 확인 절차는 일경 및 입관이 담당하도록 하는 것이 필요함.
　　다. 또한 경찰의 책무와 관련 대호 공문 5면 9행에서 "한국총영사관의 요청에 따라서도" 필요한 안전조치를 취하도록 요구하고 있는 바, 이와 동일한 조치가 다음 경우에도 가능하도록 하여야 할것임.
　　　　1) 의사변경자의 신병 조치의 경우 Trouble이 발생될 것이 염려될 때에

는 총영사관의 요청에 의해서도 경찰이 필요한 조치를 취하도록 하고,

2) 의사변경자가 한국총영사관의 보호 하에 있을 경우에도 Trouble이 발생할 염려가 있을 때에는 총영사관이 요청하는 경우에도 필요한 조치를 강구하도록 하며,

3) 기타 필요한 연락을 경찰과 일적이 취하도록 되어 있는 바, 이 경우 총영사관에도 연락을 취하도록 함.

2. 의사변경자가 총영사관의 보호하에 있을 경우

가. 대호 공문 6면 14행에는 "객관적인 의사 변경 확인을 전적으로 일측에 위임하는 것은 곤란하다"고 지적되어 있는바, 이를 좀 더 구체화하는 것이 좋을것임.

나. 이와 관련하여 전기 1항과 같이 일본경찰의 보호하에 있는 자의 경우에 있어서 의사 확인등 각단계에 아측 총영사관의 입회등 적극적 관여를 일본측에 요구하고저 하는 만큼, 아국 총영사관의 보호하에 있는 자의 의사 확인에 있어서도 일본측의 요망에 가능한한 협력해주는 것이 본건 교섭상 필요할 것임.

다. 따라서, 전기 1항 아측안을 일측이 수락하는 것을 전제로, 우선 교섭의 첫단계에 있어서는 일본측 관계자가 아국 총영사관내에서 의사 확인함을 허용토록하고, 일측이 이를 수락하지 않을 경우 다음 단계에서, 아국 총영사관이 필요하다고 인정하는 경우는 의사변경자의 신병을 일본 경찰의 보호하에 두게하여 아국 총영사관 관여하의 의사확인 절차등을 취하게 할수도 있을 것임.

3. 한편, 대호 공문 5면 1행에서 제시한바와 같이 일측 관헌이 출항시까지 호텔에 상주토록 요구하는 점에 관하여는, 일측에서 받아들이지 않을 사항일뿐만 아니라 일측에 이를 제기할 경우 자칫하면 아측의 북송 반대 입장을 약화 내지 손상시킬 우려가 있으므로, 별로 실리가 없을 것으로 사료됨. 끝.

18. 기안-북송예정자중 귀환 의사 변경자 처리문제에 대한 정부 입장

문서기호 분류기호 아일700-
시행일자 79.8.28.

기안책임자 이규형, 일본담당관실

협조 조약국장

경유수신참조 품위

제목 조총련 북송예정자중 귀환 의사 변경자 처리문제에 대한 정부 입장

1. 1979.2.2. 일본 니이가다현 경찰은 재일동포 북송 예정자가 출국전 귀환 의사를 변경할 경우의 사태에 대처하기 위한 동 경찰과 일본 적십자간의 방안에 대하여 주니이가다 총영사관의 의견을 문의하였으므로 본부는 지난 3.9. 관계 실무자간 회의를 거처 일측 입장 분석 및 아측안을 수립하여 관계부서(중앙 정보부, 법무부, 주니이가다 총영사관, 주일 대사관)로 하여금 재검토케 한바 있읍니다.

2. 이에따라 상기 관계부서의 회보안을 종합 검토하여 표제건 일측안에 대한 아측 수정안을 별첨과 같이 수립, 제시코자 하오니 재가하여 주시기 바랍니다.

첨부: 1) 북송 예정자중 귀환 의사 변경자 처리문제에 대한 아측 수정안. 끝.

18-1. 첨부—북송 예정자중 귀환 의사변경자 처리문제에 대한 아측 수정안

북송 예정자중 귀환 의사변경자 처리문제에 대한 아측 수정안

1979.8.28.

1. 귀환 예정자가 귀환 의사를 변경, 경찰에 보호요청을 했을 경우

가. 사태 발생의 통보

경찰은 귀환의사 변경 사태 발생을 인지한때는 가급적 속히 사태 개요를 일적, 입관 및 <u>주니이가다 한국총영사관</u>(이하 영사관)에 통보한다.

나. 의사 변경자의 의사 확인 기관

1) 귀환 예정자의 의사 변경 확인은 <u>일경 및 영사관 관계자(또는 그 지정인)의 입회 및 일적 참관하에</u> 입관 책임하에 행하며, 확인장소는 원칙적으로 <u>입관 니이가다현</u> 지부로 하되, 동 지부내에서 행함이 적합치 못할 때는 타장소를 고려함.

2) 입관은 의사 변경자의 의사 확인을 할 때, 그것이 본인의 자유 의사에 의한 것임을 명확히 하기 위하여 가능한 한 당해인으로부터 의사 변경을 표시하는 문서(성명, 날인)를 받도록 하고 그 결과를 속히 경찰

일적 및 영사관에 통보하도록 함.

다. 경찰의 책무

1) 경찰은 입관의 의사확인시 의사 변경자 및 관계직원의 신체의 안전에 위해가 예상되거나, 또는 입관의 요청이나 영사관의 요청이 있을시는 안전확보를 위한 필요조치를 취하도록 함.

2) 경찰은 입관의 의사확인이 끝난 후, 경찰 독자의 입장에서 적당한 장소에서 의사 변경자로부터 사정 청취를 할 수 있음.

라. 의사 변경자의 신병 조치

입관의 의사확인 및 경찰의 사정 청취가 끝난때의 의사변경자의 처리는 본인의 희망에 따라 경찰 및 일적 책임하에 영사관과 긴밀히 협조하여 행하도록 함.

상기 조치를 취함에 있어 "트러블"이 발생할 것이 염려될 때에는 경찰은 필요에 따라, 또는 일적이나 영사관 요청에 따라 필요한 조치를 강구하도록 함.

마. 기타 필요한 연락

경찰과 일적, 입관 및 영사관은 의사변경사태에서 파생하는 상기 이외의 사항에 대하여도 적절히 연락을 취하도록 함.

1) 일적이 의사변경사태를 조총련에 연락하는 경우

2) 조총련이 일적에 대하여 의사 변경자와의 면회를 요구하는 경우

3) 기타 화물을 둘러싼 "트러블" 등

2. 귀환 예정자가 귀환 의사를 변경, 한국 총영사관의 비호하에 있는 경우

가. 총영사관에 대한 신립

경찰 및 일적은 총영사관에 대하여 사후의 분의(말썽)를 피한다는 관점에서 사태개요를 경찰 및 일적에 즉각통보하도록 협력을 요청함과 동시, 영사관내에서 한국영사의 입회하에 자유로운 분위기에서 의사 변경이 본인의 자유 의사에 의한것임을 객관적으로 확인할 수 있음. 또한 조총련과의 "트러블" 발생 방지를 위하여 경찰은 상기 사태에 관하여 영사관 및 일적과 필요한 연락을 취하도록 함.

나. 경찰의 책무

상기 조치를 취함에 있어 "트러블" 발생의 염려가 있을때는 경찰은 필요에 따라, 또는 영사관, 일적 및 당사자의 요청에 따라 필요한 조치를 취하고 또한 적절한 안전 조치를 취하여야 함.

다. 의사변경자가 의사를 재변경할 경우(삭제)

3. 기타(추가사항)

　　귀환 예정자가 일적 또는 입관에 귀환의사 변경표시를 하였을때, 상기
당국은 즉시 경찰 및 영사관에 동 사실을 통보하며, 이에 따른 조치는 1항에
의거 행함.

19. 외무부공문(발신전보)—북송예정자중 귀환의사 변경자 처리문제에 대한 일경찰과 일적간의 양해사항에 대한 아측 견해 통보

외무부
번호 아일700-1477
일시
발신 장관
수신 주니이가다 총영사

　　제목: 북송예정자중 귀환의사 변경자 처리문제에 대한 일경찰과 일적간의 양해
　　　　사항에 대한 아측 견해 통보
　　대: NIW-0203(79.2.2)
　　　　니총영-0040(79.5.2)
　　연: 아일 700-585(79.3.23)

1. 재일교포의 북송에 반대한다는 아국의 기본적 입장을 연호 1항에 의거 적의
　 재천명하기 바라며, 특히 동 '가' 항 4)에 의거 일측이 칼카타 협정이나 모스
　 코바 합의서에 의한 사업이 아니라고 하면서 교포 북송을 지금까지 계속하
　 고, 북송선 배선에 관한 일외무성 문서 및 설명에 의한 과거의 약속에도 불
　 구, 북송 희망자가 격감된 현재에 있어서도 약속과는 달리 배선요청이 계속
　 되고 있음을 관계기관에 지적 바람.

2. 그러나 사실상 북송이 계속되고 있고 북송 예정자가 의사를 변경하여 일측이
　 나 아측에 보호를 요청할 경우가 상정되므로, 이러한 경우에 대처하기 위하
　 여 일측이 귀관에게 제시한 안에 대하여는 다음 지침에 따라 아측 입장을
　 일측에 표명하고 그 결과를 회보 바람.

-다음-

3. 일경찰과 일적간의 양해사항(안) 내용중 1항에 대하여는 모든 단계에서 귀관의 적극적인 참여를 허용하여,

　가. 사태발생의 통보를 귀관에도 행하여 주고

　나. 의사확인은 일적 책임하보다는 입관 책임하로 하는 것이 바람직함을 표명하고, 동 확인시 귀관 관계자(또는 지정인)의 참여를 허용케하며,

　다. 경찰은 귀관의 요청에 의해서도 안전확보를 위한 필요 조치를 행하여 주도록 하고,

　라. 의사 변경자의 신병조치에 있어서 귀관이 적극적으로 협조할 수 있게하며, 또한 귀관이 요청하는 경우에도 경찰이 필요한 조치를 취해주도록 견해 표명 바람.

4. 동 양해사항 2항 내용에 관하여는,

　가. 차후 북송 예정자의 의사변경이 본인의 자유의사에 의한 것임을 객관적으로 확인키 위하여 일측 의사확인 기관인 일적 및 입관의 조치에 위임토록 경찰 및 일적이 귀관에 요청하는 문제는 원칙적으로 객관적인 의사변경 확인을 전적으로 일측에 위임할 수 없으나, 만약 일측이 귀관의 일측에 대한 협조요청 및 참여를 허용할시는 귀관으로서도 구체적인 케이스에 따라 가능한 한 협조를 제공할 수 있음을 표명 바라며,

　나. 경찰의 책무에 있어서는, 일적 및 당사자의 요청뿐 아니라 귀관의 요청에 따라 필요한 조치 및 적절한 안전조치를 취하여줄 것이 요망됨을 표시하고

　다. 의사변경자가 의사를 재변경할 경우는 상정할 수 없으므로 본 항의 삭제가 필요함을 적극 설득바람.

4. 기타 이와 관련하여, 일측 경찰이 상기 귀환자의 의사 변경표시를 경찰 및 귀관에게만 국한하여 고려함에 비추어, 동 표시가 일적 또는 입관측에 행하여졌을 경우에도 본문 3항에 의거한 조치가 요망됨을 피력하기 바람.

(아일-　　)

20. 외무부공문—북송 관련 문제

외무부

번호 NIW-0916
일시 181645
발신 주니이가다 총영사
수신 장관
참조(사본) 주일대사(처리 필)
제목 북송 관련 문제

대:(1) 아일 700-585(2) 아일 700-1477
연: NIW-0203, 니총영-0040
179.9.18. 10:00-10:40 당관 정찬식 영사가 니이가다 현 경찰본부 경비부장대리를 방문, 대호(1) 1항의 제문제점을 지적하면서 재일동포의 북송에 반대하는 아국의 기본적 입장을 재천명하는 동시 "일측안"에 대한 대호 지참에 의거한 아측입장을 조항별로 설명하였던 바 동관계관은 아측 견해를 즉각 상부에 보고, 검토 후 그 결과를 당관에 통보해주겠다고함.
2. 상기 면담중 대호(1) 4) 신규 북송희망자를 위한 배선은 희망자수 250-300명 정도가 되지 않는 한 "일적"이 북괴에 요청하지 않는다는 부분에 언급되었을 시 동관계관은 "일적"이 북송희망자가 점차 격감하고 있음을 감안, 현재의 6개월간격 배선요청을 1년에 한번 또는 8개월 간격 등으로 하는 문제를 금차 북송선 입항시 북괴 적십자사측과 협의할 것이라는 것을 일본 적십자사 관계관으로부터 들은바 있다고 부언함.

(아일, 정일)

⑦ 재일본 한국인 북한 송환, 1979-81

○ ○ ○

기능명칭: 재일본 한국인 북한 송환, 1979-81

분류번호: 791.242

등록번호: 17941

생산과: 동북아1과

생산연도: 1981

필름번호: 2009-94

파일번호: -

프레임 번호: -

1. 외무부 공문(착신전보)-182차 북송(만경봉호)

외무부
번호 NIW-0335
일시 261520
수신시간 3.26. 18:□□
발신 주 니이가다 총영사
수신 장관
참조(사본) 부장, 주일대사

1-C-J-1-8
182차 북송(만경봉호)
연: NIW-0318
1. 금차 북송 희망자는 49세대, 78명으로 집계되었으며 이들은 3.28. 당지에 도착, 호반호텔에투숙하여 출국수속을 받게 됨.
2. 북송 20주년 기념행사가 3.29.경 거행될 것으로 전해졌으나 조총련 중앙본부로부터의 최종지시가 없어 행사거행 여부는 상금 미정이라 함.
3. 당지 공안당국은 180차 북송시의 김태훈 일가족 탈출과 같은 사건이 발생할 경우에 대비한 만반태세를 갖추고 있는 것으로 보임.
(아일, 교일, 정일)

2. 외무부 공문(착신전보)-182차 북송(만경봉호)

외무부
번호 NIW-0341
일시 301710
수신시간 3.31. 12:14
발신 주 니이가다 총영사
수신 장관
참조(사본) 부장, 주일대사

182차 북송 (만경봉호)

연: NIW -0318, 0335, 0339

만경봉호 182차 북송자 42세대 65명을 실고 3.30. 17:00 출항함

(아일, 교일, 정일)

3. 외무부 공문(착신전보)–183차 북송

외무부

번호 NIW-0821

일시 301500

수신시간 79.8.31. 0:07

발신 주 니이가다 총영사

수신 장관

참조(사본) 부장, 주일대사(중계필)

연: NIW-0810

1. 183차 북송을 위해 만경봉호가 9.19. 당지 입항 예정인 바 금차 북송 희망자는 70명선이 될 것으로 일본관계당국은 잠정 추산하고 있음.

2. 금년에 북송 제 20주년(1차: 59.12.14.)이므로 조총련 및 일본혁신계는 대중집회, 사진전 및 식수 등 기념행사를 계획할 것으로 전해지고 있으나 상금 확인되지 않았음. (아일,교일,정일)

4. 외무부 공문(착신전보)–만경봉호 보고(183차 북송)

외무부

번호 NIW-0904

일시 051630

수신시간 79.9.6. 07:42

발신 주 니이가다 총영사

수신 장관
참조(사본) 주일대사
제목 만경봉호 보고(183차 북송)

연: NIW-0902
79.9.4. 도아마현 "후시끼" 항에 입항, 화물 하역후 당지 입항 예정이던 연호 만경봉호는 예정을 변경, 9.16, 17경 후시끼항 기항후 9.19. 당지 입항, 북송자를 싣고 출항 예정임(아일, 교일,정일)

5. 외무부 공문(발신전보)–한국적 소지자 북송선 승선

외무부
번호 WNI-0901, WOS-0912, WJA-09172
일시 13201□
발신 장관
수신 주일대사(사본: 주오오사카, 니이가다 총영사)

제목: 한국적 소지자 북송선 승선
대: OSW-0918, 0920
대호 관련, 주재국 외무성 및 법무성과 긴급 접촉하여 하기에 따라 아국입장을 표명하고, 본건에 대한 일측의 입장에 해명을 구함과 동시에 아측의 요망을 전달하고, 결과 수시 보고 바람.
또한 본건 한국적 소지자의 북송이 허용될시, 국내여론이 크게 자극될 것은 물론이고 양국관계에 바람직하지 않은 결과를 초래할 우려가 크므로 본건 저지를 위하여 귀관 및 산하관계 총영사관을 동원하여 최대의 노력 바람.
1. 아측 입장
  가. 소위59년 칼카타 협정, 71.5. 모스코바 합의서 및 71.12. 모스코바 회담 요록에 의거 일측이 북송을 허용해은 것을 아국이 계속 반대해 왔음에도 불구하고 아직도 북송이 계속되고 있음은 대단히 유감스러움.
  나. 특히 금번 한국 국적소지자 8명이 복송선 승선 신청을 하였다는데, 만약 그것이 사실이고 일측이 이들의 복송을 허용하는 사태가 발생한다면 그

간 칼카타 협정이나 잔무처리 목적의 북송마저 끝난 현시점에서, 이제는 국적을 한국으로 명백히 하고 있는 사람까지 북송 대상에 확대시키는 결과가 되어 이는 소위 북송 사업의 ESCALATION이라는 중대한 사태로 됨.

다. 한국적 교포까지 북송대상에 확대시키는 경우 이는 일본을 근거로 한 북괴의 대남 적화 공작과 관련, 한국의 안보에 위협을 초래함은 물론, 한국민의 북송은 아국 국민의 감정을자극하여 양국관계를 크게 저해할 것이 우려됨.

라. 따라서 북송 사업 자체가 즉각 중지되어야 함은 물론 한국적 교포의 북송은 여하한 경우에도 허용되어서는 안 될 것임.

2. 일측입장 해명요구 및 아측입장 전달 사항

가. 소위 북송에 관련된 1971년 일적과 북적간의 모스코바 회담요록이나 1967년 법무성 고시에 따르면 "재일 조선인"이 그 대상자임에 비추어 금번 경우 한국 국적의 재일한국인도 소위 북송의 대상이 되는지에 대한 일측의 입장 해명을 요구함.

나. 1971.2.26일자 외무성 구상서로 일측이 소위 칼카타 협정을 연장하거나 새로이 체결할 의향이 없고, 새로이 출국을 희망하는 자가 다수에 달하지 않으면 사실상 북송배선이 불가능함을 밝혔고 동일자 아이찌 당시 의상이 당시 이호 주일대사에 잔무처리를 위한 잠정조치 후의 배선은 북송 희망자가 250-300명에 달하지 않을 경우 실제 배선 요청이 없을 것이라고 밝힌 바 있음에도 불구하고, 최근 희망자가 100명 미만임에도 빈번히 배선이 되고 있는 바 이에 대한 해명을 구함.

다. 본건8명의 북송선 승선 신청에 관련된 제반 사실관계 및 경위를 문의하고 특히 동인들에게 출국 증명서 및 니이가다 입국심사관으로부터의 출국승인 발급 여부를 지급 확인해 줄 것을 요망함.

라. 만약 상기 8명을 포함한 한국적 교포에 대한 북송에 관련된 절차가 진행 중인 경우 즉각 이를 중지해줄 것과 여하한 경우에도 한국적 소지자에 대한 북송은 허용치 말것 .(아일-   )

6. 외무부 공문(발신전보)–한국적 소지자의 북송선 승선

외무부

번호 WOS-0913
일시 132010
발신 장관
수신 주오오사카 총영사

제목: 한국적 소지자의 북송선 승선
대: OSW-0918, 0920

1. 대호 8인이 한국민임을 구체적으로 증명하는 자료(협정 영주권 소유 재외
   국민등록증)와 동인들이 신청하게 된 배경 경위, 그들의 조총련계로의 전향
   여부 등 최근 동향 및 현재소재지를 지급 파악 보고 바람.
   (사본 본건 관계 보고 주일대사관에 요송부)
2. 본건 관련 관계당국과 접촉시 주일대사앞 전문 WJA-091712 내용을 지침으
   로 참고 바람

7. 외무부 공문(착신전보)–한국적 소지자 북송선 송환

외무부
번호 JAW-09281
일시 142340
수신시간 79.9.15. 11:33
발신 주일대사
수신 장관
제목 한국적 소지자 북송선 송환

대: WJA-09172

1. 금 79.9.14. 1730 당관 이재□ 정무과장은 외무성으로 모찌즈끼 북동아 과장
대리를 방문 대호 요령에 따라 문제를 제기하면서 아측의 입장을 밝히는 동시
에 사실관계를 시급히 조사하여 여하한 경우에도 한국적 소지자에 대한 북송을
허용치 않도록 강력히 요청한바 일측은 본건에 관하여 전혀 아는 바 없으므로
우선 법무성 등에 사실관계를 알아보겠다고 말하고 한국측 입장은 알겠으나(우
께다맛데 오리마스) 현재로서 무어라 말할 수 없다는 반응을 보였음. (일측으로

부터 8명의 명단 입수원에 대한 문의가 있었기 본부에서 통보 받았다고 답변하였음)

2. 상기와 같은 시간에 양세훈 영사는 법무성 입국심사과장을 방문 같은 요령에 따라 아측의입장을 밝히고 일측의 해명을 요구한바 일측은 북송 대상자는 재일조선인으로 되어 있으며 재일조선인이란 한반도 출신자를 의미하는 것으로 해석해 왔고 따라서 한국 국적 소지자가 포함되는 경우도 있고 과거에도 한국적 소지자가 북송된 경우가 있다고 말하고 한국측 입장은 알겠으나 한국적자라도 자의로 북송의사를 밝힌 사람에 대하여는 북송을 중지시킨다는 것은 불가능하다고 말했음. 일측은 한국적자 북송케이스는 새로운 것이 아니며 한국측도 이를 알고 있었던 것이 아니겠는가 라는 반응을 보였으므로 아측은 이에 대하여 과거에 그러한 전례가 있다는 것은 한국정부로서 전혀 모르며 매우 유감스러운 일이라고 말하고 일측이 한국적자를 북송대상에 포함시키는 해석을 하고 또한 북송...(조회중)... 있음에 대하여 극히 유감스럽게 여긴다고 말하였음.

3. 동일 1930경 모찌즈끼 외무성 북동아과장 대리로부터 이재춘 과장에게 전화가 있었는 바 통화 요지는 아래와 같음.

가. 일측은 법무성측에 확인한 결과라고 전제하고 아국측이 제시한 8명의 명단이 북송자 명단에 포함되어 있으며 그중 4명은 협정영주권 소지자라고 말하고 이번 케이스는 일적과 북적 간의 약정에 따라 ROUTINE하게 해오고 있는 북송이므로 일적이 신청접수 의사 확인등 제반절차를 취하고 있고 당사자의 의사에 따라 인도적으로 처리하고 있는 것이라고 부언함

나. 아측은 전항 법무성의 태도를 납득할 수 없으며 한국정부로서는 한국적 소지자가 북송된 선례를 아는 바 없다고 말하고 한일 간에 큰 문제로 발전되지 않도록 외무성이 전면에서 작용하여 줄 것을 촉구하면서 외국인의 출입국 사무는 정부와 국가차원에 비추어 일본정부가 일·북 양 적십자 간 약정에 따라 처리되는 것이라는 구실로 북송 중지가 불가능하다는 자세라면 도저히 납득할수 없음을 지적함. 아측은 이어 한국정부로서도 어떠한 경위로 한국국적 소지자가 북송자명부에 포함되었는지 자국민 보호상 알아보아야 할 책임이 있으므로 승선을 우선 보류하는 조치라도 취해주어야 할것이라고 말하였음.

다. 이에 대하여 일측은 일적 등에 좀더 구체적인 사실관계를 알아보려고 하나 시간이 늦어 연락이 안 되고 9.15, 16은 연휴이므로 9.17(월) 아침에 일적에 알아보고 다시 이야기하자고 말하면서 한국측 입장은 상사에 보고하는 동시에 법무성측에도 전달하겠다고 말하였음.(일정-아일)

8. 외무부 공문(착신전보)–한국적 소지자의 북송선 승선

외무부
번호 NIW-0913
일시 141915
수신시간 79.9.15. 12:29
발신 니이가다 총영사
수신 장관
제목 한국적 소지자의 북송선 승선

대: WNI-0902
대호 관련사항 다음과 같이 조사 보고함
1. 법무성 입관국이 최종집계한 183차 북송 희망자는 83명이나(9*NIW-0910 참조) 인적사항은 상금 당지 입관에 도착되지 않았으며 79.9.14. 조총련측이 당지 입관에 제출한 최종명단(41세대 70명)의 오오사카 지방 북송 희망자 26명중에 대호 8명이 포함되어 있음.
2. 북송자에 대한 출국증명서는 법무성 입관국에서 교부하므로 상기8명에 대한 동 증명서 교부 여부를 현시점에 당지에서 확인할수 없으며 당지 입관 심사관에 의한 출국증 승인은 절차상 9.20.에 있을 최종 의사 확인을 위한 예비심사 이후에 있게 됨.
3. 기보고한 바와 같이 북송선박인 만경봉호는 도야마현 "후시끼"(9.17입항, 9.18 출항)를 거쳐 9.19. 09:00경 당지 도착 9.21. 16:30-17:00 출항함. (NIW-0810, 0821, 0904 참조)
4. 북송희망자가 각지로부터 79.9.18 당지에 집합하므로 상기 8명의 현소재를 당지에서 확인할 수는 없음.
5 법무성으로부터의 최종명단이 당지 입관에 도착되지 않았고 또한 조총련이 제출한 70명에 대하여도 국적표시가 없어 상기 8명 이외의 한국적 소지자의 북송출원 유무를 알수 없음. 또한 법무성 명단의 경우도 협정영주권 취득자만이 명기되므로 명단만으로는 한국적 여부를 확인할수 없으며, 승선직전 회수, 법무성에 송부하는 외국인 등록증의 국적란을 보아야 국적을 확인할 수 있다고함. (9.20. 예비심사시 당지에서 확인할수 있도록 입관측에 요청중임)
6. 상기와 같은 이유로 당지 입관에는 한국적 소자자의 과거 북송실태통계를 비치하지 않고 있으며, 180차 북송자 65명 중 한국적 소지자 17명(협정 영주권

취득자: 4명, 협정영주건 미취득자 :12명, 특별재류허가자:1명)이 포함된 비공식 기록만을 가지고 있음. (181차 이전의 한국적 소지자 북송 여부는 법무성 입관국에 확인되어야 함) (아일)

9. 통화기록

통화기록

제목: 한국적소지자의북송문제
내용:
- 중정으로는 현재 특기할만한 Action취한것 없음. 시기적으로 신원관계, 연고관계 등 조사할 수 없으리라 봄. 과거 전례 파악된 것 없음. 다만 조총련계에 한국적 소지자 다소 있음은 이미 알고있음.
- 기본입장은 북송저지임.
- 실무자 입장으로 강제적으로 저지 불가능
- 따라서 외교적 채널로 교섭, 타결해야 할 것으로 봄.
- 인원에 구애될 필요 없이 적어도 한국적으로 확인된 사람의 북송은 저지해야 될 것으로 봄.
- 추후본건 관련 상호 연락 희망

송화자: 중정 일본과 과장대리 강기원
수화자: 외무부 일본담당관실 이규형 사무관
시각: 1979.9.17. 1450-15:00시

10. 자료

자료

1. 71.2.26일자 구술서에서 일정정부는 칼카타 협정의 연장이나 새로운 협정체결을

할 생각이없다고 하였으나, 유효기간이 무한정한 모스코바 회담요록(71.3.5)에 따라 사실상 같카타 협정 내지 일정부의 의도대로 북송을 계속해 왔음.

2. 모스코바 합의서에 의한 북송이 종료된 후의 재일조선인의 북송은 재일 일반 외국인의 출국과 마찬가지로 취급된다고 해 놓고 일적과 북적이 여전히 북송사업을 전개하고 있는 것은 인도주의라는 명분하에 재일동포를 강제적으로 출국시키고 있다는 비판을 면키 어려움.

3. 모스코바 합의서에 의한 소위 잔무처리로서의 귀환 미료자 북송 종료후, 새로운 출국 희망자에 대한 배선은 정기적이 아니며, 따라서 출국희망자수가 다수에 달하지 않으면 사실상 배선은 정지하게 된다고(71.2.26일자 일측 구술서 아북 제29호)하고 당시 아이찌 외상도 주일 이호 대사에게 북송희망자가 250-300명 정도가 되지 않는한 일본적십자가 북괴에 배선 통지를 하지 않도록 할 것이므로 실제로는 배선이 없을 것이라고 말한바 있으나 일측은 이를 지키지 않았음.

4. 일측이 내세우는 북송이유가 기본적 인권에 근거한 거주지 선택의 자유와 외국인의 출국자유 존중라고 하나 북송의 근본원인이 재일교포의 생활안정 문제를 일본정부가 소홀히 다룬데 있다는 점을 직시하여야함 .

5. 자유로운 사회에서 자유로운 생활을 영위하는 사람을 폐쇄적이고 통제된 사회로 북송하는 것은 인도주의에 어긋남.

6. 대한민국은 한반도의 유일합법정부이며, 북한공산주의자는 대한민국을 무력으로 전복시키려는 정책을 추구하고 있는 만큼 우리는 한국국민의 북송을 반대함.

　가. 북송으로 한국국민의 대일감정 악화 및 불신감을 증대시키고 결과적으로 한·일 우호협력관계를 저해하게 됨.

　나. 재일한국인은 일법무성 외국인등록 국적표기에 있어 조선이든 한국이든 모두 대한민국국민이며, 단지 조선적은 실제에 있어 조총련의 속박에 매여있다는 점 이외는 한국적 재일동포와 차이가없음. 따라서 한국정부는 소위 재일조선인(조총련계)의 북송을 처음부터 강력히 반대하여왔으며, 더구나 한국적의 재일동포가 북송되는 것은 법적인문제에서뿐만 아니라 한·일 간의 정치•외교적인 친선 우호관계에 비추어서도 용납될 수가 없는 것임.

　다. 북송루트는 북괴의 대한민국 안보를 저해할 목적에 이용될 수가 있으며, 따라서 북송계획의 계속적인 실시는 양국우호 협력관계 증진에 심히 저해될 것임.

　라. 과거 북송교포가 북송 직전에 탈출하거나 북송후 간첩으로 남파되었다가 자수한 사건등을 불 때 인도주의 명목하의 북송이 잘못된 것임을 알수 있음.

11. 북송근거 및 현황

북송근거 및 현황

1. 칼카타 협정(정규 북송)
   가. 협정효력
      ○ 1959.8.13. 일본적십자회와 "조선민주주의 인민공화국" 적십자회 간에 서명
      ○ 발효: 1959.11.12.(서명 3개월 후)
      ○ 유효기간: 1년
      ○ 연장: 7회
      ○ 만료: 1967.11.12.
   나. 북송대상자(협정 1조)
      ○ 재일조선인(Koreans in Japan)
      ○ 일본국적을 취득한 조선인
      ○ 상기인의 배우자(미등록인 자 포함)
      ○ 기타 상기인의 피부양자
   다. 북송기간 및 인원
      ○ 1959.12.14-67.12.22.(1차-155차)
      ○ 88,611명
2. 모스코바 합의서(잠정 북송)
   가. 합의서효력
      ○ 합의: 1971.2.5. 일적과 북적간에 합의
      ○ 유효기간: 6개월
         (제1회 북송선의 니이가다 입항일부터 가산하여 6개월째의 말일로 종료)
   나. 북송대상자
      ○ 귀환미료자(칼카타 협정 기간 중 귀환 신청후 동 기간내 미귀환자)
   다.북송기간 및 인원
      ○ 71.5.14-71.10 · 22.(156차-162차)
      ○ 1,081명
3. 모스코바 회담요록(사후조치 내지 일반출국)
   가. 채택: 71.2.5. 일적과 북적간에 채택
   나. 내용

제1조: 일적과 북적이 "일적과 북적간의 재일조선인의 귀환에 관한 협정"의 기간만료에 따라, 금후 새로히 귀환을 희망하는 재일조선인의 귀환방법에 관해 협의하였다.

제2조: 일적과 북적은 재일조선의 귀환에 관한 일본 국내에 있어서 일정부의 조치가 다음과 같이 실시될 것을 확인하고 또한 일적은 이를보장하였다.

1) 귀환자 범위

　　귀환을 희망하는 재일조선인(일본 국적을 취득한 조선인 포함)과 그배우자(내연 관계자 포함)및 그의 자, 기타 피부양자

2) 출국신청

- 입국관리사무소에 출원
- 신청자에 대해 모든 출국증명서 발급

3) 출국 수속

　　재일조선인의 귀환을 위한 출국 수속(1967.8.12. 법무성고시 제1467호)에 의함.

제3조: 일적과 북적은 재일 조선인의 귀환에 관한 일·조 양적십자 단체의 업무에 관하여 다음과 같이 합의하였다.

1) 일적은 니이가다의 숙박시설, 화물보관운송, 의료, 명부작성 북적에의 수교 등 귀환자에 필요한 뒷바라지를 함.

2) 북적은 2-4개월에 1회 예정으로, 일적으로부터 귀환 희망자수가 250-300에 달하였다는 통보에 따라 배선

3) 일적은 북적 대표 3-4명의 재일 보증인이 되며, 이들의 입국허가 취득에 필요한 수속을 함.

4) 일적은 북적이 출국신청자로부터 출국 신청사실을 통보 받기를 희망하고 있음을 신청자에게 주지시킴.

5) 일적은 선박도착 1개월 전 출국증명서 발급 보장

다. 유효기간: 명시되어 있지 않음.

라. 모스코바 회담 요록에 의한 북송인원

○ 1971.12.17(163차)-1979.3.30.(182차)

○ 3,452명

인원총계 북송: 3,452명

12. 일측제시사항에대한 대응

일측 제시사항에 대한 대응

1. 북송된 선례가 있었다라는 점.
   - 아측이 파악하고 있기로는 금번이 처음
   - 과거에 있었다는 것은 매우 유감스러운 새로운 사태 파악임.
   - 도대체 어떻게 한국민을 한국에 일언반구 통고없이 일본이 자의적으로 처리할 수 있는가.
   - 선례가 있었다니 그간 얼마나 북송되었는지 즉각 명단 통보하여 줄 것
2. 한국적자라도 자의로 북송의사 밝힌 자에 대하여는 거주지선택, 인도적견지에서 북송 불가피라고 하는 점.
   - 출생지/본적지 등을 검토해 보았는가.(북한 무연고)
   - 자유의사로 간주할 수 없음.(조총련의 악랄한 활동)
     (시이나 메모상 "반한단체 활동 일본 국내법상 적의 규제" 즉 반한단체가 있다는 것은 분명)
   - 그렇다고 이들이 정치적 망명자인가? 천재지변에 의한 난민 본국 송환인가?
   - 일측이 북송중지에 성의 없는 것은 알고 있으나 진정 인도적 견지라면 북한실정을 잘알고 있는 귀국으로서는 당연히 아국으로 인도(引渡)해 주어야 할 Moral Obligation
   - 자국민에 대한 보호권(영사관계 비엔나 협약)
3. 재일조선인은 한반도 출신자를 의미하는 것으로 해석하여 왔다는 점.
   - "65. 한.일기본관계에 관한 조약중 일본 거주 대한민국 국민의 법적지위" 내용상 "대한민국 국민" 기술사항
   - 우리가 이해하고있는 "대한민국 국민"이라는 개념은 바로 일본에 거주하는 "한반도 출신자" 의미
   - 그렇다면 재일조선인=대한민국 국민이라는 개념인가?
   - 또한 71.12. 회담요록상 "일본 적십자사와 조선인민 민주 공화국 적십자사 간에 재일조선인의 귀환 문제······협의"
   - 일본측 해석에 따르면 일적-북적 간에 "일본 거주 한반도 출신자"의 북송 문제를 협의한 □이 되는데, 어떻게 남의나라 국민의 소위 귀환 문제를 협의할 수 있는가?
   - 따라서 용어 해석상 "재일조선인"은 한반도 출신자로 볼 수 없고, 더구나 그

범주에 한국적 소지자가 포함되지도 않고, 포함될 수도 없음.

4. 과거부터 일적-북적 간 약정에 의거한 Routine한 처리였다는 점.

5. 외국인의 출입국이 분명 정부간 국가적 차원의 문제인데 단순히 적십자 간의
   Routine 업무처리라는 이유 타당치 못함.

13. 북송탈출자 현황

(북송탈출자 현황)

탈출년.월.일.	성명	상황
1962.	林鐘文(77차)	61.10.20후 간첩으로 남파 즉시 자수, 북괴 탈출성공
1962.11	金幸一(58차)	61.5.12. 58차 북송자 金幸一이 휴전선을 넘어 월남 귀순
1963.8	金鐘國(9차)	60.2.19. 북송후 일본으로 밀항 탈출
1967.	張柳石(155차)	67.12. 155차 북송 만경봉호 출항 직전 탈출
1971.5.12	郭扶英(156차)	북송자합숙소(호반호텔)에서 탈출
1971.5.14	權永子(156차)	만경봉호 승선직전 탈출
1977.3.31	金美枝子(178차) (日本名: 青木美枝)	북송자 합숙소(호반호텔)에서 탈출
1978.3.27	金太勳(180차)	니이가다 집합장소에서 탈출(만경봉호 78.3.37 출항)

14. 외무부 공문(착신전보)-한국적 소지자 북송선 승선

외무부

번호 NIW-0915

일시 171840

수신시간 79.9.18. 7:28

발신 니이가다 총영사

수신 장관

제목 한국적 소지자의 북송선 승선

대: WNI-0902,
연: OSW-0922
연: NIW-0913
1. 183차 북송자 최종 확정 명단은 79.9.17. 15:00 현재 법무성 입관국으로부터 당지 입관에 도착되지 않았으나 보고한 초총련 명단에는 문제된 8명 이외에 추가 5명도 포함되어 있음이 확인됨.
2. 오사카지방 북송희망자 26명은 79.9.18. 10:18 "백조"호로 오사카를 출발. 동일 17:24 당지 도착함. (아일)

15. 외무부 공문(착신전보)—한국적 소지자 북송선 승선

외무부
번호 JAW-09306
일시 171804
수신시간 79.9.18. 10:02
발신 주일대사
수신 장관
제목 한국적 소지자 북송선 승선

   연: JAW-09281
   대: WJA-09172
1. 금 79.9.17(월) 정오 외무성의 모찌즈끼 북동아 과장대리는 표제 건에 대하여 법무성 및 일적 등에 알아본 결과라고 하면서 당관 이재춘 정무과장에게 아래와 같이 알려옴
가. 외국인의 일본입국문제에 있어서는 일본정부의 규제조치가 가능하나 출국에 있어서는 개개인의 출국의사가 확인되는 한 출국을 규제할수 있는 수단이 없다고 함.
나. 금번 케이스에 있어서도 북송신청이 있은 후 법무성(비자사무소)이 개개인에 대한 출국의사를 확인하였으며 이미 출국증명서를 발급하였으므로 승선만을 보류시키는 것도 불가능하다 함. 만일 승선을 보류시킬 경우 행정소송 대상이

되고 소송이 된다면 국가가 패소하게 됨.

다. 지난 금요일 저녁 대사관측의 입장을 법무성에 전했으나 법무성측은 한국적 소지자가 전부터 여러번 있었는데 한국측이 왜 새삼스럽게 이를 문제시하는지 궁금하다는 반응을 보이고 있음.

라. 한국측입장은 이해가 되나 외국인 출국 문제는 개인의 자유의사의 문제이며 출국의사가 확인된 이상 일본정부로서는 전혀 재량권이 없다는 점을 이해 바람.

2. 상기에 대하여 아측은 법무성측이 선택은 하나 한국정부는 이를 아는 바 없음으로 과거에 관하여는 앞으로 자료제공을 요청하고자 하며, '한국국민 특히 협정 영주권자가 한국정부가 전혀 모르는 사이에 북송되더라도 일본정부로서는 속수무책이라는 것은 납득할 수 없으며 한일 법적지위 협정정신에 비추어서라도 한국국민의 법적지위의 기본적 변경에 관하여는 일본정부가 최소한 한국측에 사전연락을 해주어야 마땅하다고 생각한다고 말하고 이와 같은 논의는 차치하고라도 한국정부로서는 자국민 보호상 우선 실태를 파악할 필요가 있으므로 이번에는 승선을 일단 보류토록 강구해줄 것을 거듭 요망하였음.

3. 이에 대하여 일측은 한국측 요망을 법무성에 전달을 하겠으나 승선보류조치는 어려울 것이라는 반응을 보였음.(일정, 아일)

16. 외무부 공문(발신전보)−한국적 소지자 북송

외무부
번호 WJA-09233
일시 181820
발신 장관
수신 주일대사
제목 한국적 소지자 북송

연: WJA-09172(79.9.13)

연호, 한국적 소지 제일동포의 북송문제와 관련, 금 9.18. 오전 아주국장은 주한일본대사관 마부찌 공사를 초치 다음과 같이 면담하였는 바 참고바람.

1. 아측 입장 및 요청 사항

가. 최근 주일 공관 보고에 의하면 금번 소위 북송 예정자 중 한국적 소지자

가 포함되어 있으며, 지금까지 조사한 바로는 그것이 사실로 밝혀졌음. 이 문제에 대한 아측입장은주일대사관을 통하여 일 외무성 및 법무성에 이미 제시되었으나 문제의 중요성에 비추어 주한일대사관을 통해 다시 한번 아국 입장을 밝히면서 일측의 조처를 요망코자 함. 과거 우리가 소위 북송을 반대하여 왔음에도 불구하고 일본이 이를 계속해온 것은 유감임. 한국적 소지자가 지금까지 북송된 예가 없는 것으로 알고 있는바, 대한민국과 국교를 맺고 있는 일본으로서도 한국이 전혀 모르는 가운데 한국적 소지자가 북송된다는 것은 중대한 문제가 아닐 수 없음. 따라서 이들이 북송되지 않도록 일정부가 필요한 조치를 취해주기 바람.

나. 과거 한국적 소지자가 북송된 예가 있으면 이를 제시하여 주기 바람.

다. 아국으로서는 한국적 소지자가 북송되면 여러 면에서 대단히 어려운 문제가 발생되어 한·일관계가 바람직스럽지 않은 상태로 전개되지 않을까 우려됨. 따라서 한국적 소지자의 북송문제는 이들이 일본과 국교를 맺고 한국국민이라는 견지에서 사전에 한국측과 협의를 하는 것이 바람직스러움.

라. 일측은 71.2·26.일자 구술서(아북 제29호)에서 모스코바 합의서에 의한 귀환 미료자 북송 종료후 새로운 출국희망자에 대한 배선은 정기적이 아니며, 희망자수가 다수에 달하지 않으면 사실상 배선은 정선된다고 하였고, 당시 아이찌 외상도 이호 주일대사에게 북송 희망자가 250-300명 정도가 되지 않는 한 일적이 북괴에 배선 통지를 하지않도록 할 것이므로 실제는 배선이 없을 것이라고 약속한 바 있으나, 최근 북송 실적을 보면 일측은 100명도 미달한 경우까지 배선을 하고 있는데 해명해주기 바람.

마. 일측은 자유의사에 의한 송환이라고 하지만, 1973.10. 제 169차 북송시 재일교포 장갑종(베풀 장, 갑옷 갑, 마루 종)은 전송나온 그의 미성년인 두 아들(협정 영주권자로서 한국 여권 발급됨)을 양육권자인 모로부터 탈취, 강제로 승선시킨데 대해 일 정부측이 유감을 표하고 그런 일이 재발되지 않도록 하겠다고 한 사례가 있는 바 그런일도 있음에 비추어 한국적 소지자의 북송문제는 한국측과 사전협의하는 것이 마땅하다고 봄.

2. 일측발언 내용

이문제에 대한 일측의 입장은 9.14 및 17. 법무성과 외무성에서 주일 한국대사관에 회답하였는바, 이 기회에 확실히 해 두고자 함.

가. 재일 외국인의 출국자유는 헌법상으로도 보장되어 있음(헌법 22조 2항). 여하한 외국인에 대해서도 일본입국은 규제할 수 있으나 출국

은 규제할 수 없음. 한국적 소지자의 북괴귀환은 그들의 자유로서 이를 억지하는 것은 곤란할 뿐 아니라 사전에 한국측과 협의할 필요가 없다고 보며, 한국측이 이러한 일본의 법체계를 이해해 주기 바람. 다만 한국측의 의견은 본국 정부에 전달하겠음. 이에 대해 아측은 일본이 한국과 국교를 맺고 있다는 점, 송환되는 곳은 북한이라는 점, 따라서 북송은 인도면은 물론 안보면에서도 한국에 위험을 내포하고 있다는 점 등을 지적하고 한국적 소지자의 북송문제의 중요성과 사전 협의 필요성을 거듭 강조함.

나. 종래에도 북송자중에는 협정영주권자도 포함되어 있었는 바, 금번 북송에 제하여 한국측이 이 문제를 제기하는 것은 이해하기 어려움. 일본 내에 한국의 민단이 있고 그들의 활동도 활발하므로 한국적 소지자의 이탈은 곧 민단에 알려지고 한국정부에도 알려질 것으로 생각됨.

다. 출국희망자가 250-300명이 되어야 배선한다고 하는 문제는 그보다 수자가 적어도 배선이 가능하다고 생각함. 이에 대해 아측은 상기 배선문제는 일측 구술서와 당시외상의 약속이므로 사정에 따라 변경될 수 있다고 간단히 무책임하게 말할 수는 없다고 하였던 바, 일측은 그 내용을 잘 모르므로 본부에 보고하여 알아보겠다고 함. (아일-   )

17. 외무부 공문(착신전보)–한국적 소지자 북송선 승선

외무부
번호 JAW-09327
일시 181807
수신시간 79.9.19. 7:24
발신 주일대사
수신 장관
제목 한국적 소지자 북송선 승선

  대: WJA -09072
  연: JAW -09281

당관 김영곤 총영사는 금 9.18. 법무성 입관국 이또 심의관을 방문 대호 내용의 아측입장을 표명하고 협조요청한 바 동 심의관은 아측입장은 충분히 이해하겠다면서 다음과 같이 답변하였음을 보고함.

1. 소위 북송의 대상자로서 재인조선인이란 조선반도의 출신자로 해석하고 있다.
2. 조총련측에서 배선요청할 당시는 250-300명의 명단을 제출해 왔기 때문에 배선하면 실제와서는 이를 지키지 않고 명부에 있는 자가 많다고 하고 비신사적으로 나오고 있다. 또 250-300명이란 목적수(절대수)가 아니고 합의상으로는 상당수에 달하였을 때로 되어있고 동 숫자는 괄호안의 숫자이고 당초 2개월 내지 4개월만에 배선토록 되어었으나 2년서부터 년 2회로 배선하고 있다. 금후에는 사태로 보아 불필요한 배선이 없도록 검토할 것이다.
3. 출국증명서는 관할 입관사무소에서 해인들에게 발급되었으며 출국 승인은 니이가다에서 승선직전에 발급하게 된다
4. 외국인의 출국자유를 막을수 없는 입장이다. (일정-아일)

18. 외무부 공문(착신전보)-한국적 소지자 북송선 승선

외무부
번호 JAW-09332
일시 182004
수신시간 79.9.19. 10:05
발신 주일대사
수신 장관
제목 한국적 소지자 북송선 승선

연: JAW-09306
1. 금 79.9.18. 오후 경찰청측은 당관 내무주재관에게 연호 일본 정부의 입장을 인용 당사자의 출국의사가 확인된 한 일본정부로서 출국을 중지시키는 일이 불가능하다고 말한후 그러나 니이가다에서 자유의사에 의한 것이냐의 여부를 둘러싸고 소란이 생기는 것은 경찰로서는 피함이 좋을 것으로 생각하므로 한국측이 원한다면 일적과 협의하여 민단과 조총련 양측 입회하에 의사확인을 할수도 있을 것임을 시사해 왔음.

2. 상기에 대하여 내무주재관은 본건은 한국국적 소지자를 북송시켜서는 않된 다는 것이며 출국의사가 있느냐 없느냐는 확인하는 차원의 이야기가 아니라고 말하고 일측의 시사를 일축하였음. (일정,아일)

19. 외무부 공문(착신전보)—한국적 소지자 북송선 승선

외무부
번호 JAW-09395
일시 202116
수신시간 79.9.21. 0:49
발신 주일대사
수신 장관
제목 한국적 소지자 북송선 승선

연: JAW-09346
대: WJA-09233
1. 79.9.20. 오후 외무성의 모찌즈끼 북동아과장 대리는 당관 이재춘 정무과장을 초치 아래와 같이 알려옴.
가. 한국적 소지자 북송 선례에 관하여 전부터 정리되어 있는 자료는 없으나 71.12월 이후(잔무처리를 위한 모스코바 협정 실효 이후) 일반 외국인과 같은 출국형식으로 북송된 법무성이 조사한 바로는 그간 20회에 걸쳐 126명의 협정 영주자가 북송되었다 함(상세 별건 보고)
나. 한국측이 제기한 71 년도 구술서 건에 관하여는 첫째 동구술서에 언급된 바는 일본정부의 당시의 방침을 말한 것이고 한국에 대한 약속형식은 아니라고 인식하고 있으며 둘째 A CERTAIN SUBSTANTIAL FIGURE에 달했을 때 일적 통보하여 배선 운운한 부분의 FIGURE는 구체적인 숫자를 의미하는 것이 아니고 상황에 따라 달라질수 있으며 셋째 아이찌 당시 외상이 확실한 숫자를 이야기했다는 기록이 없음.
다. 김택지 국장의 언급 중 자유의사확인에도 문제점이 있다는 지적에 대하여 법무성 입관 당국은 지금까지 본인의 자유의사가 존중되도록 충분한 조치를 취해오고 있다고함.

라. 그간 한국측에 누차 알린바와 같이 일본의 법제상 외국인의 출국에 관하여
는 본인의 자유의사에 의한 것인 한 그행선지 여하에 불구하고 이를 제한할 수
없게 되어 있으므로 북송자 중에 한국적 소지자가 포함되더라도 일본정부의 행
위로서 이를 막는 것(사시도메루 고도)은 불가능함을 재학인하는 바임.

2. 일측은 이어 개인견해임을 전제하고 아래와 같이 언급함.

가. 76년까지 북적은 북송예정자 수를 실제보다도 2-3 배 위장확대하여 신청하
였는바 이는 북괴가 북송선 왕래회수를 늘리기 위한 수법이었다고 판단되었으
므로 77년부터는 년간 2회(그전까지는 3-5회)로 줄이도록 입관당국이 일적을
의도적으로 지도했다고 함. 이는 법무성이 한국정부의 관심을 고려하여 취한
조치라는 것을 한국측에서도 이해해 주기바람.

나. 일본내에서는 민단의 활동을 통하여 북송 희망자가 생기지 않도록 평소에
선도해 나가는 것이 문제 해결의 첩경이 아닐까 생각됨

3. 아측은 이에 대하여 한국적 소지자 북송선례가 다수임에 놀라움을 표시함과
아울러 대호와 같은 취지로 한국적 소자자가 북송되어서는 안 된다는 아측일장
을 재확인 표명하면서 일측설명은 본부에 보고하겠다고 말한바 일측은 한국측
의 기본입장을 잘 알고 있으며 이를 법무성 당국에 다시 알리겠다고 말하였음.

(일정-아일)

20. 외무부 공문(착신전보)–한국적 소지자 북송선 승선

외무부
번호 JAW-09396
일시 202116
수신시간 79.9.21. 1:10
발신 주일대사
수신 장관
제목 한국적 소지자 북송선 승선

　　연: JAW-09395
　　연호 외무성이 제공한 협정 영주자의 년도별 북송선례는 별지와 같음.

(일정-아일)

별첨:

회수	년월일	협정 영주자	총북송자
1	71.12.17	7	237
2	72.3.17	0	265
3	72.5.26	4	238
4	72.8.25	1	261
5	72.12.15	3	239
6	73.3.23	4	244
7	73.6.15	4	248
8	73.10.19	10	212
9	74.2.22	2	176
10	74.6.21	6	167
11	74.11.2	6	136
12	75.3.28	10	120
13	75.8.8	10	151
14	75.12.9	8	108
15	76.3.26	4	95
16	76.10.1	8	161
17	77.4.1	13	103
18	79.10.7	8	77
19	78.3.31	3	84
20	78.9.22	11	60
21	79.3.31	4	65

협정영주자 계 126

끝

21. 외무부 공문(착신전보)-183차 북송

외무부
번호 NIW-0919
일시 211603

수신시간 79.9.22. 10:08
발신 주니이가다 총영사
수신 장관
제목 183차 북송

연: NIW-0810, 0821, 0904, 0917
1. 만경봉호 79.9.20. 09:06 당지 입항, 북송자 62명을 싣고 9.21. 16:20 출항함.
2. 동선박 입항시 "가와가미" 니이가다 시장, 조총련 의장 한덕수 등 조총련 및 일본혁신계 인사 100여명이 출영하였고 니이가다현 재일조선인 귀국협력회는 북송20주년 기념사업의 일환으로 79.9.20 오전 당지 중앙 부두에 있는 □□공원에서 동 협력회 간부, 니이가다 시장대리, 한덕수, 조선적십자사 대표단 등이 참석, 기념식수(자귀나무)를 함. (우선 묘목 1개를 식수하였으며 20주년란 뜻에서 북괴로부터 묘목을 도입, 적절한 시일에 나머지 19개를 식수 예정)
또한 79.9.20 18:00 한덕수가 주최한 리셉션에는 "가와가미" 시장을 비롯 귀국협력회, 일조협회, 현평간부 및 조총련계 등 약 270명이 참석함.
3. 한편 귀국협력회는 79.12.14(북송선 출항 20주년 기념일) 축하 대회 개최, 10월 중순 13명의 대표단의 북괴파견(2주일간) 및 귀국 사업 20년사 출판(80년 1월 발간예정) 등을 추진하고 있는 것으로 알려짐. (아일, 교일, 정일)

22. 외무부 공문(착신전보)−한국적 소지자의 북송선 승선

외무부
번호 JAW-09430
일시 221150
수신시간 79.9.22. 22:10
발신 주일대사
수신 장관
제목 한국적 소지자의 북송선 승선

연: NIW-0919

금 9.22(토) 외무성 북동아과 "모찌쯔끼" 과장 대리에게 금차 북송자 61명 중 한국적 소지자를 확인하여 줄 것을 요청하였던바 금후 일측은 법무성으로부터 확인한 것이라고 전제하고 금차 북송자중에는 한국적으로 협정영주권자12명이 포함되어 있다고 알려왔음. (일정 아일)

23. 외무부 보고사항-한국적 소지 재일 교포 북송

외무부 보고사항
수신 대통령 각하, 국무총리 각하
제목 한국적 소지 재일교포 북송

다음과 같이 보고합니다.

1. 지난 9.21. 61명의 재일교포가 제 138차로 북송되었는바, 이중 5가구 12명의 한국적 소지자가 포함된 사실이 사전에 발견되어 외무부에서는 일정부에 대하여 북송사업의 전면중지와 특히 이들12명이 북송되지 않도록 조치하여 줄 것을 요청했읍니다. 이에 대해 일정부는 일본 헌법상 보장된 거주지 선택의 자유와 외국인의 출국의사존중에 따라 본인이 자유 의사로 북송을 희망하는 이상 이를 규제할 수 없다는 입장을 밝혀왔읍니다.

   또한 일측은 협정 영주권을 소지한 한국 국적 소지 교포도 71.12월부터 21차에 걸쳐 126명이 북송되어, 금번 한국적 소지자의 북송이 새로운 사건은 아니라고 말하고 있습니다

2. 본건은 한국국적을 가진 자가 북송된다는 데서 안보면의 문제도 있어서 당부는 금번 사건과 관련하여 아국의 입장을 일측에 문서로서 항의할 예정이고, 북송의 전면중지를 계속 주장하면서, 북송선 배선이 현재의 년 2회에서 더많은 시간적 간격을 두고 시행되게 함으로써, 북송이 사실상 무실화 되도록 함과 동시에, 한국적 소지자의 북송문제는 반드시 아국과 사전 통고협의케 함으로써, 가능한 이를 사전 봉쇄 저지토록 노력하고자 합니다.

   또한 주일 각총 영사관에 지시하여 민단을 적극 지도하여 재일교포 보호대책을 일층 강화하고 기북송된 한국적 소지자 현황을 파악하여 관계부처에서 안보문제에 유념, 대처토록 하겠읍니다.

3. 참고(북송현황)

○ 59.8. 칼카타협정에 의한 정규 북송

(59.12-67.12): 88,611명

○ 71.2. 모스크바 합의서에 의한 잠정북송

(71.5-71.10): 1,081명

○ 71.2 사후조치에 의한 일반출국

(71.12-현재): 3,513명

총인원 :93,205명.

첨부: 아측의 구술서(국문)

23-1. 첨부-구술서

구술서(안)

아총700-

대한민국 대사관은 일본국 외무성에 경의를 표하며, 재일한국인의 북송문제에 관한 1971년 2월 6일자 대한민국 외무부 구술서 OAT-117과 1971.5.14일자 동 OAT-394 및 1971년 2월 26일자 일본국 외무성 구술서 No. 29/SAN과 관련하여, 다음과 같은 견해를 표명하는 바입니다.

1. 대한민국 정부는 아국의 거듭된 항의에도 불구하고, 일본국 정부가 1979년 9월21일 니이가다 항으로부터 61명이 (최근) 북송된 사실에서 증명되는 바와 같이, 상당한 수에 달하는 재일한국인들이 집단적으로 또한 조직적으로 북송되었으며, 아울러 이들이 소위 1959년도 일본과 북한 적십자사 간의 칼카타 협정 및 그 잔무처리를 위한 부속 양해에 따른 북송사업이 1971년에 종료된 이래 8년 이상이 경과하였음에도 불구하고, 종래와 동일한 방법으로 북송되었음을 인지하였다.

또한 놀라웁게도, 일본 관계당국에 의하면, 1965년 대한민국과 일본국간에 체결된 협정에 따라 일본 영주권을 취득한 126명의 한국적 소지자가 1971년 12월 이후, 21차에 걸쳐 일괄적으로 북송되었음을 인지하였다.

2. 과거 많은 기회에 일본국 정부에 대하여 표명한 바와 같이, 대한민국 정부는 재일한국인의 그러한 북송은 한국과 일본간의 기본조약의 정신에 배치되며 이들 양국 및 양국민들 간의 기존 우호 협력 관계에 좋지 않는 영향을 야기하게 될 것으

로 본다.

　대한민국 정부는, 이에 따라, 전술한 북송이 계속 되고 있음에 강력히 항의하는 바이며, 이러한 사례들이 중지될수 있도록 일본국 정부가 시급히 조치하여 줄 것을 거듭 강하게 요청하는 바이다. 이와 아울러 한국 정부는 대한민국 국민으로 확인되는 사람들이 그러한 북송사업의 일환으로 포함되어 있는 사실에 특히 심각한 관심을 가지는 바이다.

3. 한국정부는, 재일 한국인에 대하여 보다 안정적이고 합당한 생활여건을 부여함으로써 그들의 북송에 연관되는 근본원인이 제거될수 있으리라는 것을 다시 표명하는 바이다. 일본국정부가 그들의 생계 및 복지향상을 위해 보다 적극적인 자세로서 가일층 노력하여 줄 것을 진심으로 희망하는 바이다.

부록
역대 외무부 장관과 주일대사 명단, 대사관 정보

해방이후 재일한인 외교문서 해제집

제6권 (1975~1979)

1. 역대 외교부장관 명단

정부	대수	이름	임기
이승만 정부	초대	장택상(張澤相)	1948년 8월 15일 ~ 1948년 12월 24일
	2대	임병직(林炳稷)	1948년 12월 25일 ~ 1951년 4월 15일
	3대	변영태(卞榮泰)	1951년 4월 16일 ~ 1955년 7월 28일
	4대	조정환(曺正煥)	1956년 12월 31일 ~ 1959년 12월 21일
허정 과도내각	5대	허정(許政)	1960년 4월 25일 ~ 1960년 8월 19일
장면 내각	6대	정일형(鄭一亨)	1960년 8월 23일 ~ 1961년 5월 20일
국가재건최고회의	7대	김홍일(金弘壹)	1961년 5월 21일 ~ 1961년 7월 21일
	8대	송요찬(宋堯讚)	1961년 7월 22일 ~ 1961년 10월 10일
	9대	최덕신(崔德新)	1961년 10월 11일 ~ 1963년 3월 15일
	10대	김용식(金溶植)	1963년 3월 16일 ~ 1963년 12월 16일
제3공화국	11대	정일권(丁一權)	1963년 12월 17일 ~ 1964년 7월 24일
	12대	이동원(李東元)	1964년 7월 25일 ~ 1966년 12월 26일
	13대	정일권(丁一權)	1966년 12월 27일 ~ 1967년 6월 29일
	14대	최규하(崔圭夏)	1967년 6월 30일 ~ 1971년 6월 3일
제4공화국	15대	김용식(金溶植)	1971년 6월 4일 ~ 1973년 12월 3일
	16대	김동조(金東祚)	1973년 12월 4일 ~ 1975년 12월 18일
	17대	박동진(朴東鎭)	1975년 12월 19일 ~ 1980년 9월 1일
전두환 정부	18대	노신영(盧信永)	1980년 9월 2일 ~ 1982년 6월 1일
	19대	이범석(李範錫)	1982년 6월 2일 ~ 1983년 10월 9일
	20대	이원경(李源京)	1983년 10월 15일 ~ 1986년 8월 26일
노태우 정부	21대	최광수(崔侊洙)	1986년 8월 27일 ~ 1988년 12월 5일
	22대	최호중(崔浩中)	1988년 12월 5일 ~ 1990년 12월 27일
	23대	이상옥(李相玉)	1990년 12월 27일 ~ 1993년 2월 26일
김영삼 정부	24대	한승주(韓昇洲)	1993년 2월 26일 ~ 1994년 12월 24일
	25대	공로명(孔魯明)	1994년 12월 24일 ~ 1996년 11월 7일
	26대	유종하(柳宗夏)	1996년 11월 7일 ~ 1998년 3월 3일

김대중 정부	27대	박정수(朴定洙)	1998년 3월 3일 ~ 1998년 8월 4일
	28대	홍순영(洪淳瑛)	1998년 8월 4일 ~ 2000년 1월 14일
	29대	이정빈(李廷彬)	2000년 1월 14일 ~ 2001년 3월 26일
	30대	한승수(韓昇洙)	2001년 3월 26일 ~ 2002년 2월 4일
	31대	최성홍(崔成泓)	2002년 2월 4일 ~ 2003년 2월 27일
노무현 정부	32대	윤영관(尹永寬)	2003년 2월 27일 ~ 2004년 1월 16일
	33대	반기문(潘基文)	2004년 1월 17일 ~ 2006년 11월 9일
	34대	송민순(宋旻淳)	2006년 12월 1일 ~ 2008년 2월 29일
이명박 정부	35대	유명환(柳明桓)	2008년 2월 29일 ~ 2010년 9월 7일
	36대	김성환(金星煥)	2010년 10월 8일 ~ 2013년 2월 24일
박근혜 정부	37대	윤병세(尹炳世)	2013년 3월 13일 ~ 2017년 6월 18일
문재인 정부	38대	강경화(康京和)	2017년 6월 18일 ~ 2021년 2월 8일
	39대	정의용(鄭義溶)	2021년 2월 9일 ~ 2022년 5월 11일
윤석열 정부	40대	박진(朴振)	2022년 5월 12일 ~ 2024년 1월 10일
	41대	조태열(趙兌烈)	2024년 1월 10일 ~ 현재

2. 역대 주일대사 명단

정부	대수	이름	임기
제3공화국	초대	김동조(金東祚)	1966년 01월 07일 ~ 1967년 10월
	2대	엄민영(嚴敏永)	1967년 10월 30일 ~ 1969년 12월 10일
	3대	이후락(李厚洛)	1970년 02월 10일 ~ 1970년 12월
	4대	이호(李澔)	1971년 01월 21일 ~ 1973년 12월
제4공화국	5대	김영선(金永善)	1974년 02월 09일 ~ 1978년 12월
	6대	김정렴(金正濂)	1979년 02월 01일 ~ 1980년 08월
	7대	최경록(崔慶祿)	1980년 09월 26일 ~ 1985년 10월
제5공화국	8대	이규호(李奎浩)	1985년 11월 14일 ~ 1988년 04월
노태우 정부	9대	이원경(李源京)	1988년 04월 27일 ~ 1991년 02월
	10대	오재희(吳在熙)	1991년 02월 19일 ~ 1993년 04월
김영삼 정부	11대	공로명(孔魯明)	1993년 05월 25일 ~ 1994년 12월
	12대	김태지(金太智)	1995년 01월 20일 ~ 1998년 04월
김대중 정부	13대	김석규(金奭圭)	1998년 04월 28일 ~ 2000년 03월
	14대	최상용(崔相龍)	2000년 04월 17일 ~ 2002년 02월
	15대	조세형(趙世衡)	2002년 02월 06일 ~ 2004년 03월
노무현 정부	16대	라종일(羅鍾一)	2004년 03월 05일 ~ 2007년 03월 17일
	17대	유명환(柳明桓)	2007년 03월 23일 ~ 2008년 03월 15일
이명박 정부	18대	권철현(權哲賢)	2008년 04월 17일 ~ 2011년 06월 06일
	19대	신각수(申珏秀)	2011년 06월 10일 ~ 2013년 05월 31일
박근혜 정부	20대	이병기(李丙琪)	2013년 06월 04일 ~ 2014년 07월 16일
	21대	유흥수(柳興洙)	2014년 08월 23일 ~ 2016년 07월 01일
	22대	이준규(李俊揆)	2016년 07월 08일 ~ 2017년 10월 27일
문재인 정부	23대	이수훈(李洙勳)	2017년 10월 31일 ~ 2019년 05월 03일
	24대	남관표(南官杓)	2019년 05월 09일 ~ 2021년 01월 17일
	25대	강창일(姜昌一)	2021년 01월 22일 ~ 2022년 06월 23일
윤석열 정부	26대	윤덕민(尹德敏)	2022년 07년 16일 ~ 현재

3. 주일 대사관 및 총영사관 창설 시기

주일본 대한민국 대사관	1965년 도쿄에 창설
주고베 총영사관	1966년 5월 창설, 1974년 5월 7일 총영사관 승격
주나고야 총영사관	1966년 5월 창설, 1974년 5월 총영사관 승격
주니가타 총영사관	1978년 4월 창설
주삿포로 총영사관	1966년 6월 총영사관 창설
주센다이 총영사관	1966년 9월 창설, 1980년 5월 총영사관 승격
주오사카 총영사관	1949년 사무소 창설, 1966년 총영사관 승격/현재 임시 청사
주요코하마 총영사관	1966년 5월 25일 창설
주히로시마 총영사관	1966년 5월 시모노세키 총영사관 창설 및 폐관(1996년 12월), 1977년 1월 히로시마 총영사관 개관
주후쿠오카 총영사관	1946년 9월 사무소 개설, 1966년 1월 총영사관 승격

4. 주일 대사관 및 총영사관 소재지

주일본 대한민국 대사관	東京都 港区 南麻布 1-7-32 (우-106-0047)
주고베 총영사관	兵庫県 神戸市 中央区 中山手通 2-21-5 (우-650-0004)
주나고야 총영사관	愛知県 名古屋市 中村区 名駅南 1-19-12 (우-450-0003)
주니가타 총영사관	新潟市 中央区 万代島 5-1 万代島ビル 8階 (우-950-0078)
주삿포로 총영사관	北海道 札幌市 中央区 北2条 西12丁目 1-4 (우-060-0002)
주센다이 총영사관	宮城県 仙台市 青葉区 上杉 1丁目 4-3 (우-980-0011)
주오사카 총영사관	大阪市 中央区 久太郎町 2-5-13 五味ビル (우-541-0056)
주요코하마 총영사관	神奈川県 横浜市 中区 山手町 118番地 (우-231-0862)
주히로시마 총영사관	広島市南区翠5丁目9-17 (우 734-0005)
주후쿠오카 총영사관	福岡市 中央区 地行浜 1-1-3 (우-810-0065)

저 자 약 력

이경규   동의대학교 일본어학과 교수, 동아시아연구소 소장

임상민   동의대학교 일본어학과 조교수

이수경   도쿄가쿠게이대학 교육학부 교수

소명선   제주대학교 일어일문학과 교수

박희영   한밭대학교 일본어과 조교수

엄기권   한남대학교 일어일문학과 강사

이행화   동의대학교 동아시아연구소 연구교수

이재훈   동의대학교 동아시아연구소 연구교수

김선영   동의대학교 동아시아연구소 연구교수

이 저서는 2020년도 정부(교육부)의 재원으로 한국연구재단의 지원을 받아 수행된 연구임. (NRF-2020S1A5C2A02093140)

해방이후 재일한인 외교문서 해제집

▌제6권▌ (1975~1979)

초판인쇄   2024년 06월 20일
초판발행   2024년 06월 25일

편   자   동의대학교 동아시아연구소
저   자   이경규 임상민 이수경 소명선 박희영
              엄기권 이행화 이재훈 김선영
발 행 인   윤석현
발 행 처   박문사
등록번호   제2009-11호
책임편집   최인노

우편주소   서울시 도봉구 우이천로 353 성주빌딩
대표전화   (02) 992-3253(대)
전   송   (02) 991-1285
전자우편   bakmunsa@hanmail.net

ⓒ 동의대학교 동아시아연구소 2024 Printed in KOREA

ISBN 979-11-92365-65-7   94340   **정가** 56,000원
       979-11-92365-14-5   (Set)